市场经济理论典鉴

列宁商品经济理论系统研究

杨承训 - 著

LESSONS FROM MARKET ECONOMY THEORY
A systematic study of Lenin's theory of commodity economy

图书在版编目（CIP）数据

市场经济理论典鉴：列宁商品经济理论系统研究 / 杨承训著 .
—北京：知识产权出版社，2019.12
ISBN 978-7-5130-6582-5

Ⅰ.①市… Ⅱ.①杨… Ⅲ.①列宁主义—社会主义经济—商品经济—理论研究 Ⅳ.①A821.66

中国版本图书馆 CIP 数据核字（2019）第 253896 号

内容提要

本书第一次系统研究列宁商品经济理论。同时，还论证了列宁的方法论。本书通过系统研究，理清了列宁商品—市场经济理论体系，提出了许多独创性的新观点，对于完整理解马克思主义经济学说，特别是理解社会主义市场经济和社会主义初级阶段，具有极其宝贵的借鉴意义，并具有一定的实用价值，是一部全面评析列宁商品经济理论的百科全书。

总 策 划：王润贵　　　　　　　　　项目负责：蔡　虹
套书责编：蔡　虹　石红华　　　　　责任校对：潘凤越
本书责编：杨晓红　　　　　　　　　责任印制：刘译文

市场经济理论典鉴——列宁商品经济理论系统研究

杨承训　著

出版发行：	知识产权出版社有限责任公司	网　　址：	http://www.ipph.cn
社　　址：	北京市海淀区气象路 50 号院	邮　　编：	100081
责编电话：	010-82000860 转 8114	责编邮箱：	1152436274@qq.com
发行电话：	010-82000860 转 8101/8102	发行传真：	010-82000893/82005070/82000270
印　　刷：	三河市国英印务有限公司	经　　销：	各大网上书店、新华书店及相关专业书店
开　　本：	880mm×1230mm　1/32	印　　张：	18.5
版　　次：	2019 年 12 月第 1 版	印　　次：	2019 年 12 月第 1 次印刷
字　　数：	500 千字	定　　价：	78.00 元

ISBN 978-7-5130-6582-5

出版权专有　侵权必究
如有印装质量问题，本社负责调换。

出版说明

　　知识产权出版社自 1980 年成立以来，一直坚持以传播优秀文化、服务国家发展为己任，不断发展壮大，影响力和竞争力不断提升。近年来，我们大力支持经济类图书尤其是经济学名家大家的著作出版，先后编辑出版了《孙冶方文集》《于光远经济论著全集》《刘国光经济论著全集》和《苏星经济论著全集》等一批经济学精品力作，产生了广泛的社会影响。受此激励和鼓舞，我们和孙冶方基金会携手于 2018 年 1 月出版《孙冶方文集》之后，又精选再版孙冶方经济科学奖获奖作品。

　　"孙冶方经济科学奖"是中国经济学界的最高奖，每两年评选一次，每届评选的著作奖和论文奖都有若干个，评选的对象是 1979 年以来的所有公开发表的经济学论著。其获奖成果基本反映了中国经济科学发展前沿的最新成果，代表了中国经济学研究各领域的最高水平。这次再版的孙冶方经济科学奖获奖作品，是我们从孙冶方经济科学奖于 1984 年首次评选到 2017 年第十七届共评选出的获奖著作中精选的 20 多部作品。这次再版，一方面是为了缅怀和纪念中国卓越的马克思主义经济学家和中国经济改革的理论先驱孙冶方同志；另一方面有助于系统回顾和梳理我国经济理论创新发展历程，对经济学同人深入研究当代中国经济学思想史，在继承基础上继续推动我国经济学理论创新、更好构建中国特色社会主义政治经济学都具有重要意义。

　　在编辑整理"孙冶方经济科学奖获奖作品选"时，有几点说明如下。

第一，由于这20多部作品第一版时是由不同出版社出版的，所以开本、版式、封面和体例不太一致，这次再版都进行了统一。

第二，再版的这20多部作品中，有一部分作品这次再版时作者进行了修订和校订，因此与第一版内容不完全一致。

第三，大部分作品由于第一版时出现很多类似"近几年""目前"等时间词，再版时已不适用了。但为了保持原貌，我们没有进行修改。

第四，本书再版时作者对文字与观点未作任何修订或校订，与第一版（中国社会科学出版社，1984年3月出版）内容一致，以保持历史原貌。

在这20多部作品编辑出版过程中，孙冶方经济科学基金会的领导和同事对本套图书的出版提供了大力支持和帮助；86岁高龄的著名经济学家张卓元老师亲自为本套图书作了思想深刻、内涵丰富的序言；这20多部作品的作者也在百忙之中给予了积极的配合和帮助。可以说，正是他们的无私奉献和鼎力相助，才使本套图书的出版工作得以顺利进行。在此，一并表示衷心感谢！

知识产权出版社
2019年6月

总　序

张卓元

　　知识产权出版社领导和编辑提出要统一装帧再版从1984年起荣获孙冶方经济科学奖著作奖的几十本著作，他们最终精选了20多部作品再版。他们要我为这套再版著作写序，我答应了。

　　趁此机会，我想首先简要介绍一下孙冶方经济科学基金会。孙冶方经济科学基金会是为纪念卓越的马克思主义经济学家孙冶方等老一辈经济学家的杰出贡献而于1983年设立的，是中国在改革开放初期最早设立的基金会。基金会成立36年来，紧跟时代步伐，遵循孙冶方等老一辈经济学家毕生追求真理、严谨治学的精神，在经济学学术研究、政策研究、学术新人发掘培养等方面不断探索，为繁荣我国经济科学事业做出了积极贡献。

　　由孙冶方经济科学基金会主办的"孙冶方经济科学奖"（著作奖、论文奖）是我国经济学界的最高荣誉，是经济学界最具权威地位、最受关注的奖项。评奖对象是改革开放以来经济理论工作者和实际工作者在国内外公开发表的论文和出版的专著。评选范围包括：经济学的基础理论研究、国民经济现实问题的理论研究，特别是改革开放与经济发展实践中热点问题的理论研究。强调注重发现中青年的优秀作品，为全面深化改革和经济建设，为繁荣和发展中国的经济学做出贡献。自1984年评奖活动启动以来，每两年评选一次，累计已评奖17届，共评出获奖著作55部，获奖论文175篇。由于孙冶方经济科学奖的评奖过程一直是开放、公开、公平、公正的，在作者申报和专家推荐的基础上，由全国著名综合性与财经类大学经济院系和中国社会科学院经济学科领域研究所各推荐一名教授组成的初评小组，进行独立评审，提出建议入围的论著。然后由基金会评奖委员会以公开讨论和无记名投票方式，以简单多数选定获奖作品。最近几届的票决结果还要进行公示后报基金会理事会最终批准。因此，所有获奖论著，都是经过权威专家几轮认真的公平公正的评审筛选后确定的，因此这些论著可以说代表着当时中国经济学研究成果的最高水平。

作为17届评奖活动的参与者和具体操作者，我不敢说我们评出的获奖作品百分之百代表着当时经济学研究的最高水平，但我们的确是尽力而为，只是限于我们的水平，肯定有疏漏和不足之处。总体来说，从各方面反映来看，获奖作品还是当时最具代表性和最高质量的，反映了改革开放后中国经济学研究的重大进展。也正因为如此，我认为知识产权出版社重新成套再版获奖专著，是很有意义和价值的。

首先，有助于人们很好地回顾改革开放40年来经济改革及其带来的经济腾飞和人民生活水平的快速提高。改革开放40年使中国社会经济发生了翻天覆地的变化。贫穷落后的中国经过改革开放30年的艰苦奋斗于2009年即成为世界第二大经济体，创造了世界经济发展历史的新奇迹。翻阅再版的获奖专著，我们可以清晰地看到40年经济奇迹是怎样创造出来的。这里有对整个农村改革的理论阐述，有中国走上社会主义市场经济发展道路的理论解释，有关于财政、金融、发展第三产业、消费、社会保障、扶贫等重大现实问题的应用性研究并提出切实可行的建议，有对经济飞速发展过程中经济结构、产业组织变动的深刻分析，有对中国新型工业化进程和中长期发展的深入研讨，等等。阅读这些从理论上讲好中国故事的著作，有助于我们了解中国经济巨变的内在原因和客观必然性。

其次，有助于我们掌握改革开放以来中国特色社会主义经济理论发展的进程和走向。中国的经济改革和发展是在由邓小平开创的中国特色社会主义及其经济理论指导下顺利推进的。中国特色社会主义理论体系也是在伟大的改革开放进程中不断丰富和发展的。由于获奖著作均系经济理论力作,我们可以从各个时段获奖著作中,了解中国特色社会主义经济理论是怎样随着中国经济市场化改革的深化而不断丰富发展的。因此,再版获奖著作,对研究中国经济思想史和中国经济史的理论工作者是大有裨益的。

最后,有助于年轻的经济理论工作者学习怎样写学术专著。获奖著作除少数应用性、政策性强的以外,都是规范的学术著作,大家可以从中学到怎样撰写学术专著。获奖著作中有几套经济史、经济思想史作品,都是多卷本的,都是作者几十年研究的结晶。我们在评奖过程中,争议最少的就是颁奖给那些经过几十年研究的上乘成果。过去苏星教授写过经济学研究要"积之十年",而获奖的属于经济史和经济思想史的专著,更是积之几十年结出的硕果。

是为序。

2019 年 5 月

导　言

　　（马克思）他从各个社会经济形态中取出一个形态（即商品经济体系）加以研究，并根据大量材料……对这个形态的活动规律和发展规律作了极其详尽的分析。

——列宁

　　在中国共产党第十五次全国代表大会胜利闭幕不久，在列宁领导的十月革命胜利80周年之际，这本书与读者见面了，可以算作对邓小平理论和以江泽民同志为核心的党的第三代领导集体的一份献礼。为了使读者更好地了解本书的写作目的、要回答的问题以及它的逻辑结构和表述方法，特作如下说明以为向导。

从继承中加深对邓小平理论的理解

　　江泽民同志指出："在当代中国，马克思列宁主义、毛泽东思想、邓小平理论，是一脉相承的统一的科学体系。"作为理论工作者，为深入研究邓小平理论的丰富内容和实践基础，应当系统研究它怎样继承和发展了马克思列宁主义，研究它同马克思列宁主义、毛泽东思想一脉相承的关系。历史表明，对邓小平理论的形成影响最直接的是毛泽东思想及中国社会主义建设的实践，其次就是列宁的著作和他领导的俄国革命以及苏联社会主义建设的成败经验了。

　　当初邓小平接受马克思主义，是同十月革命的影响分不开的。1926年，他赴苏联学习列宁的著作，亲自体验了新经济政策的生活环境。中华人民共和国成立以后,他多次从正反两个方面研究苏联的经验,反复领会列宁的论述。特别是十一届三中全会前后,他一方面总结了中国的经验教训,另一方面也对苏联的路子进行历史性的分析。他说:"社会主义究竟是什么样子,苏联搞了很多年,也并没有完全搞清楚。可能列宁的思路比较好,搞了个新经济政策,但是后来苏联的模式僵化了。"❶今天,我们立足于社会主义初级阶段,致力于建立和完善社会主义市场经济体制,很有必要重新研究列宁的思路和实践。然而,列宁的新经济政策的思路不是偶然形成的,而是在他博大精深的经济理论总体系的基础上发展起来的。若按邓小平的论述去领会列宁的思路,就应当研究他的经济理论体系,尤其要系统研究他的商品经济理论以及他的方法论。

列宁的经济理论,内容十分丰富,在马克思主义经济学说史上构成一个特殊的发展阶段,是列宁主义的重要组成部分。列宁经济理论的基本思想,可以概括为:运用马克思的经济学说,结合帝国主义时代和俄国的实际,探索消灭资本主义和建设社会主义的经济变革的规律及形式。其要谛在于揭露和革除私有制,建立和完善公有制,从经济分析的层面丰富和发展了科学社会主义。以往流行的观点认定,列宁经济理论的主体是帝国主义论。现在看来,这个概括还不够全面。应当说,列宁的经济理论包括三个基本内容:(1)揭示资本主义市场经济发育阶段的发展和运行规律;(2)论析资本主义市场经济发达阶段的内在矛盾和客观规律;(3)探索社会主义建设初期经济发展和改革的道路及其运行规律,找寻公有制实现形式。这三个基本内容立论于不同的历史时期,贯穿于其中的一条重要线索,或者说它们的联结点就是商品经济理论。

列宁在阐释马克思的经济思想时,中肯地指出:"他从各

---

❶ 《邓小平文选》第3卷,第139页。

个社会经济形态中取出一个形态（即商品经济体系）加以研究，并根据大量材料（他花了不下25年的工夫来研究这些材料）对这个形态的活动规律和发展规律作了极其详尽的分析。"❶列宁沿着马克思恩格斯的基本思路，继续抓住商品经济这条线，进一步深入研究了新时代社会形态的新现象，揭示它行动和发展的规律，特别是将这一理论与俄国的社会经济实际相结合，在新的高度上丰富和深化了商品经济理论。其内容和形式与马克思相比都有很多新的特色。

从内容上说，马克思恩格斯所剖析的是比较纯粹的资本主义商品经济的次发达阶段，以英国作为基本原型。列宁则不同，他首先面临的是资本主义商品经济比较落后、很不纯粹的俄国，多种经济形式纷繁交错，在很大程度上带有东方的特点（可谓欧亚交错型），大量的是马克思恩格斯未能深入分析的一系列问题。所以，他早期主要是通过认识俄国的国情，深入剖析市场经济发育之初的经济现象和经济规律。其次，他面临的整个世界开始进入发达的资本主义市场经济，出现了一系列马克思恩格斯或未曾遇到，或尚未充分表现的新现象、新特点、新规律，列宁称之为垄断资本主义——帝国主义阶段。为此，他创造性地研究了发达资本主义商品经济新的特征、矛盾、运行规律、具体形式和发展趋势。这是马克思主义经济学说的一大发展。再次，他把马克思恩格斯的社会主义设想，变为社会变革和经济建设的伟大实践，从成功、失败的实际经验比较中认识到商品——市场关系在新制度发展、运行中的作用，开始探索社会主义建设初期的市场关系，改变了马克思恩格斯一些重要的个别结论，以致"对社会主义的整个看法根本改变了"。这在马克思主义经济学说史上，是一个重大突破的开端。实践是理论的基础，正是新的丰富实践为列宁发展马克思关于商品经济的理论体系提出了求索的任务，也提供

---

❶ 《列宁全集》2版第1卷，第110页。

了研究的资料。

从形式上说，马克思的商品经济理论主要集中于《资本论》这一巨著，其他著作基本上都是围绕它展开论述的。列宁虽有代表作，但不是集中于一部巨著，而是在各个时期以不同的重点写成许多书籍和论文，特别是后期并没有完整的写作计划，而是对实践问题进行探索，然后从不同层面上升为理论。打个比方说，仿佛是由多幅画卷组成的画展，从更多的层面体现理论同实际的联系，给人们显示出鲜明的立体感。如果对列宁的研究特点从形式层面作一个概括，就是两个字："过程"，其鲜明地表现为"螺旋式上升"的认识运动。当然，这也增加了对它研究的难度。不过，由于他的思想脉络是随着实践的发展而展开的，又便于把握历史和逻辑的统一。

江泽民同志说："把社会主义同市场经济结合起来，是一个伟大的创举。"本书之所以专门致力于研究列宁的商品经济理论体系，不仅仅基于它确实是贯穿于他的各个时期经济论著的一条重要线索，把诸多历史阶段的各种经济问题联结起来，又在三个基本方面丰富发展了马克思的理论；而且，更重要的还在于，重新系统地研究列宁商品经济思想，对我们今天研究和指导社会主义市场经济以及当代世界市场经济具有特殊的意义。他晚年的新经济政策的理论和实践为我们提供了重要的借鉴，他早年、中年对于市场经济发育阶段和发达阶段的研究，也为我们认识市场经济的一般规律和社会主义初级阶段市场经济的特殊规律提供了理论武器。应当说，以往研究列宁经济理论的论著为数不少，然而多侧重于阐述有关帝国主义理论、社会主义一般理论或某些单项理论（如土地问题、管理理论等），其中有的又不同程度地受制于"计划经济—社会主义"的观念，却没有一脉相承地把三个时期有关商品经济论述及其曲折的认识过程有机地联系起来，加以系统研究。现在我们面对社会主义市场经济，面对发达的世界市场经济，面对国内外复杂多变、纵横交错的经济现象、经济形式、经济行为，更有必要重新系统地整理、发掘和借鉴列宁商品经济理论这份宝贵的精神财富，进而加深对邓小平理论的理解，从历史的高度认识高举邓小平理论伟大旗帜的深远意义。

面对新情况更需要科学地借鉴历史经验和前人的成果

党的十五大报告指出："马克思主义必定随着时代、实践和科学的发展而不断发展，不可能一成不变。对待马克思主义，有个学风问题：究竟是从本本出发，还是用马克思主义的立场观点方法来研究和解决中国的现实问题。"本书正是本着这个宗旨来研究和阐释列宁的商品经济理论的，不是为本本而本本，恰好是为了从中找立场、找观点、找方法，科学地总结历史经验和继承前人的成果，用作研究现实问题。从一定意义上来说，对列宁的商品经济理论的系统研究，则更贴近于现实的需要，尤其有助于加深理解当代中国的马克思主义——邓小平理论和我们在社会主义初级阶段的基本路线、基本纲领。

列宁所处的时代和国情，同我们有许多接近之处。他生活的19世纪末特别是20世纪前期，资本主义市场经济开始进入发达阶段，一些基本特征至今依然存在。尤其是俄国经济落后，农业人口占大多数，发展又很不平衡，与我国的情况有不少相似之处（当然，我国更加落后）。他的许多分析，无论是对世界发达资本主义商品经济的分析，还是对俄国几个发展阶段商品经济的分析，都对我们有一定的参考和借鉴价值。

他的革命实践，也同我们相近。他领导了民主革命、社会主义革命，然后又在一个带有许多东方特点、经济比较落后的国家进行社会主义经济建设，既有正面的经验，又有反面的教训，新经济政策正是经过曲折的历程才逐步实行的，列宁多次进行实事求是的总结。这个进程，同新中国成立后的成功—挫折—成功的历史也有许多相似之处，对我们理解邓小平理论的形成有很大的启迪。用实践的观点看，列宁的研究和实践比马克思恩格斯的论述与我们更接近一些。因为从列宁开始，才真正进入马克思主义由理论的社会主义向实践的社会主义转变的过程、社会主义运动由西方转向东方推移的进程。以毛泽东、邓小平为代表的中国共产党人，正是接过列宁的"接力棒"把社会主义事业推向前进的。

他论述的对象和基本观点，对我们认识时代、认识国情、认识建设的道路和任务，特别是认识社会主义初级阶段和社会主义市场经济以及公有制实现形式，大有借鉴的裨益。他的研究本身就可以构成一个历史的逻辑。他揭示商品经济的一般规律及其在俄国发展运行的特殊规律，深刻反映了社会化生产的普遍的东西，尤其是对于认识东方世界，对于研究多种发展阶段、多种经济成分、多层次经济形式犬牙交错的复杂情形，可视为望远镜和显微镜。邓小平经济理论全面继承和发展了列宁的经济学说。

他从事商品经济理论研究的方法论，可谓实事求是的楷模。他不拘泥任何教条，像江泽民所说的那样"始终严格地以客观事实为依据"进行科学的具体分析，再上升为理论，而且善于总结实践经验，勇于修正错误，从对比中作出新的理论抽象。从一定意义上说，列宁的方法论对我们今天更有指导意义。或许有些人认为，20世纪90年代初苏联的瓦解意味着列宁当年创建的世界第一个社会主义国家已经失败，他有的论断也未实现，这表明他的理论并不成熟或有重大偏误，似乎现在没有必要再去研究列宁的经济思想了，尤其是他早年、中年有关商品经济的论述。这个看法本身，就涉及对社会主义完整体系的理解和对苏联历史教训的认识。

正如一切伟大的导师和领袖一样，不可能保证他们的每一个具体观点都是完美无缺的，更不可能都是已经穷尽的绝对真理，而总是要受历史实践的局限，他们的个别结论经后来的实践证明确实需要修改。用唯物主义认识论的观点来看，这并不是什么不可理解的。而重要的在于完整地把握他们的理论体系，认真领会其基本观点和方法。就列宁而论，确有一些论断需要修改，其中包括他本人已经认识到是"犯了错误"的，但他的世界观、方法论和基本观点整体上还是正确的，他的商品经济理论更是一个有待继续发掘、内容丰富的宝库。

至于苏联的瓦解和社会制度质变，恰恰不在于坚持和发展了列宁的理论，而在于从斯大林开始就没有认真坚持列宁的理论和政策（主要是新经济政策），没有弄清什么是社会主义和怎样建设社会主义，没有解决好社会主义和商品经济的关系问题以及其他重要遗训。后来一些领导人又从一个极端跳到另一个极端（否定一切），致使生产力发展缓慢，经济基础和上层建筑发生质变，最终出现历史的悲剧，社会主义在世界范围内遇到了严重挫折。也正是因为这样，我们更应当坚持马克思列宁主义、毛泽东思想，高举邓小平理论的伟大旗帜。面对今天中国和世界的现实和未来，我们作为用邓小平理论武装起来的理论工作者，应当进一步深入研究从马克思到列宁的商品经济思想，深刻认识经济发展的"自然的历史过程"，揭示客观经济规律，更全面、准确地阐释建设中国特色社会主义的学说，避免再走大的历史弯路。

为现实服务所选择的逻辑结构和表述方式

本书标题为《市场经济理论典鉴》，立意为现实的社会主义市场经济和现代化建设服务，把经典著作作为思想资料引以为鉴。基于此志，着意处理好下面几个关系：

第一，忠于原著和面向现实的关系。既然要系统地研究列宁的理论，就必须以他的论述为依据，以正本清源。所以，引文较多，详释原著，尽可能把他的本意昭示于人，并以当时俄共（布）的文件作为参照（表现以列宁为代表的集体智慧），力图发掘和整理出其中的精华。但要面对现实就不能有文必录，需要在不违背列宁原意的前提下有所选择,着重引用和阐述一些对现实有用的东西,对以往未深刻理解的观点也应该加以引申。实际上,只要抓住精髓便可以使二者统一起来。所谓精髓,也正是被实践反复证明是正确的论点,理所当然能够指导现实,而那些被实践证明有偏误并由列宁本人否定的东西,则不能算作精髓,只能作为教训,也可作为是另一种借鉴。这就需要采取分析的态度。

第二,历史顺序和逻辑结构的关系。为了多视角地汲取列宁商品经济理论的精华,本书论述坚持历史和逻辑相统一的原则,以逻辑顺序为主,史论结合。在阐明其历史基础、实践基础和理论基础之后,按专题展开多方面阐释,并由一般到特殊、由抽象到具体,由经济运行到社会整体运行,而在每一个专题中又注意历史顺序,运用一些重要的史料加以说明。再则,为了把认识商品—市场经济的一般规律同社会主义市场经济的特殊规律恰如其分地结合起来,本书也试图从列宁对资本主义商品经济的剖析中抽象出市场经济所共有的东西,引为社会主义市场经济之鉴。同时,按照"实践是检验真理的唯一标准"的观点,也实事求是地研究列宁当时的历史局限性,弄清哪些是需要后人矫正和丰富的,这样便能更深刻地理解邓小平关于社会主义初级阶段和社会主义市场经济理论对它的重大发展。

第三,商品—市场经济基本原理同部门经济具体原理的关系。为突出实用性,书中在阐述了基本理论之后,又用很大的篇幅论述各个部门经济,使得从事部门经济的实际工作者和理论工作者都可以作为借鉴。二者的统一还在于增加揭示商品—市场经济规律的深度和广度。一般寓于个别之中,普遍原理囊括了部门经济的最重要的东西,而部门经济原理的展开又使得普遍原理具体化,更加丰富多彩。可以作这样的比喻,前者为灵魂,后者为躯体。有鉴于此,本书运用了立体式多维解析和表述方式:纵向,廓清了列宁一生中从事商品经济理论研究的三个阶段和三大贡献;横向,详尽地论述了列宁对商品经济下计划、金融、财政、商业、工业、农业、企业管理和外经贸等部门经济的理论建树;深度,以新的视角阐释了列宁关于商品经济同所有制结构、公有制形式、分配方式以及上层建筑、社会文明相互关系的分析;广度,由国内到国际,专门评价了列宁关于世界经济、世界市场的新见解。同时,还阐发了他的方法论。为什么要论述上层建筑、社会文明?一是由于社会运行本来是一个整体,它们同经济运行互相影响,不涉及它们便无法完整地揭示商品经济运行规律;二是这符合从马克思恩格斯到列宁的原意,列宁一开始就注意从整体上研究市场经济的发展,尤其在社会主义条件下更注重这方面的关系。邓小平整体改革思想特别突出了这一点。我们学习列宁和邓小平的经济理论,都应当格外注意经济学说的整体性。

1997年11月7日,是伟大的十月革命80周年纪念日。正如列宁所说:"这个伟大的日子离开我们愈远,俄国无产阶级革命的意义就愈明显,我们对自己工作的整个实际经验也就思考得愈深刻。"❶80年过去了,尽管发生了许许多多重大的变故,但是十月革命的精神永远不会磨灭,伟大的马克思主义者列宁的理论即列宁主义,仍然是我们极其宝贵的精神遗产。他的经济理论和80年来的经验教训,尤其值得我们今天认真地研究和借鉴。邓小平理论所以博大精深,其中也包含了对列宁理论的继承发展和对其他社会主义国家成败经验的科学总结。

由于本书作为第一次系统研究列宁商品经济理论的专著,试图开创一个新的体系,没有现成的参考样本,又囿于水平,疏漏和偏误难以避免。作为一个初步尝试,愿为引玉之砖,恳请大家讨论、指正。

---

❶ 《列宁全集》2版第42卷,第169页。

目　录

第一篇　基本理论

第一章　历史实践基础和思想发展阶段　3
　　第一节　列宁研究商品经济的历史背景　4
　　第二节　社会主义建设实践的重大转变　7
　　第三节　列宁商品经济理论的三个发展阶段　12

第二章　理论基础和方法　17
　　第一节　《资本论》的研究及哲学基础　17
　　第二节　把发展生产力作为主线　21
　　第三节　研究商品经济的方法　26

第三章　重大贡献（一）：丰富商品经济一般理论　34
　　第一节　对"商品经济""市场经济"范畴的表述　35
　　第二节　阐明商品经济与社会化的内在联系　43
　　第三节　市场对社会经济的调节作用　55
　　第四节　商品经济对生产力的推动作用　64

第四章 重大贡献（二）：论析发达资本主义商品经济 75

第一节 发达商品经济的基础和特征 76

第二节 大规模集中引起垄断竞争 85

第三节 金融成为国民经济的神经中枢和轴心 98

第四节 经济结构和机制的新变化 113

第五章 重大贡献（三）：探索社会主义建设初期的商品—市场关系 125

第一节 从消灭商品交换到利用商品交换 126

第二节 从限制市场到引导市场 133

第三节 探索"以市场、商业为基础"的路子 143

第四节 "整个看法根本改变"和范畴的运用 154

第二篇 部门经济

第六章 计划工作和市场机制结合的求索 171

第一节 计划经济理论及其实践中的教训 171

第二节 试探计划与市场结合的思路 180

第三节 找寻计划与市场结合的形式 188

第七章 金融理论创新和财政思想转变 202

第一节 借鉴发达资本主义银行的经验 202

第二节 对社会主义银行的认识过程 211

第三节 注重发挥银行的杠杆作用 222

第四节 财政税收理论和政策的转变 226

第八章 流通—商业理论的建树 237

第一节 商品流通扩展为大流通 237

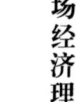

第二节　创立社会主义商业理论　*246*

　　第三节　活跃商业的形式和政策　*252*

第九章　工业企业体制和企业管理研究　*261*

　　第一节　适应市场改变企业管理体制　*261*

　　第二节　商业原则：经济核算和相对集中　*269*

　　第三节　企业的管理和领导体制　*283*

第十章　揭示农村商品经济发展规律　*294*

　　第一节　农业商业化趋势的特征　*294*

　　第二节　土地问题与商品经济发展的关系　*305*

　　第三节　农民商品经济："消灭"—利用—疏导　*315*

第三篇　商品经济同所有制的关系

第十一章　商品经济同所有制形式的相互关系　*331*

　　第一节　商品经济同所有制结构的交互作用　*332*

　　第二节　苏俄的所有制结构与商品经济　*339*

　　第三节　试探公有制的多种形式　*354*

第十二章　同商品经济紧密相联的合作制　*364*

　　第一节　共耕制试验的失败　*365*

　　第二节　向合作制的战略转变　*376*

　　第三节　合作制与农村商品经济的内在联系　*390*

第十三章　首创国家资本主义理论　*404*

　　第一节　国家资本主义同商品经济的关系　*404*

　　第二节　国家资本主义范畴和形式　*412*

　　第三节　对新生资产阶级分子的政策　*419*

第十四章　适应交换关系的分配方式　426
　　第一节　"报酬平等"和"直接分配"的教训　427
　　第二节　同个人利益结合和个人负责的原则　434
　　第三节　在实践中探寻按劳分配与市场交换的联系　444

第四篇　对外经济

第十五章　关于世界经济与世界市场的阐述　459
　　第一节　世界经济范畴　459
　　第二节　世界市场的新特征　467
　　第三节　经济政治发展的不平衡规律　472

第十六章　提出社会主义对外经济理论　481
　　第一节　发展对外经济的必然性　482
　　第二节　苏俄的对外贸易理论和政策　489
　　第三节　引进、利用外资和技术的形式　499

第五篇　其他相关论述

第十七章　商品经济与上层建筑改革　511
　　第一节　商品经济同上层建筑的关系　511
　　第二节　加强法制保证新的经济秩序　516
　　第三节　有步骤地改革国家机关　521
　　第四节　执政党的自我教育和建设　528

第十八章　商品经济与社会文明　535
　　第一节　文化发展的动力和作用　535
　　第二节　依靠科学技术和重视人才　543
　　第三节　加强和改进思想政治教育　555
跋　561

第一篇

1

基本理论

　　列宁对商品经济的研究,像一条红线贯穿于他各个时期的经济著作,从不同层面深化、丰富了马克思的商品生产的思想。本篇的重点,是阐述他在基础理论方面的贡献。而要把握这一理论的精髓,必须了解它赖以产生、发展的历史基础、实践基础、理论基础及其方法论,了解它的基本发展阶段与代表著作,然后再从三个基本方面领会列宁在商品经济基本理论上的贡献。本篇可谓全书的总论,其中第三、四、五章集中了商品经济理论中的核心内容。

第一章 历史实践基础和思想发展阶段

现实的历史是意识所追随的基础、根据、存在。

人类的最高任务，就是从一般的和基本的特征上把握经济演进（社会存在的演进）的这个客观逻辑，以便使自己的社会意识以及一切资本主义国家的先进阶级的意识尽可能清楚地、明确地、批判地与它相适应。

——列宁

辩证唯物论认识论认为，任何伟大的理论都不是个别人物头脑中凭空冥想的产物，而是一个伟大时代的反映，是一个伟大时代的精神结晶，是在丰富的实践基础上产生、发展、完善起来的。正如列宁所说："现实的历史是意识所追随的基础、根据、存在。"❶"在分析任何一个社会问题时，马克思主义理论的绝对要求，就是要把问题提到一定的历史范围之内。"❷ 经济学家列宁首先是一个革命家，时代的脉搏、革命的实践正是他经济理论生长、发育的沃厚土壤。他的商品经济理论发展脉络，同他从事、领导革命和建设的实践脉络完全吻合，特别在后期更是紧紧依靠实践来修改、发展自身的理论观点。有鉴于此，必须认识他

---

❶ 《列宁全集》2版第55卷，第224页。
❷ 《列宁全集》2版第25卷，第229页。

的理论研究同实践活动息息相关的联系,把握其思想发展的三个阶段,方可真正汲取它的精华。

第一节 列宁研究商品经济的历史背景

一、全面理解"列宁主义"

过去,人们将列宁主义定义为:帝国主义和无产阶级革命时代的马克思主义。这个说法,总体上是正确的,反映了它在世界历史发展中的地位。然而,现在看来也有需要补充之处,因为它仅概括了时代的一般特征,没有反映它生长、发展的直接土壤。特别是研究列宁的商品经济理论,更需要对历史背景和实践基础加以展开、细化。按照毛泽东提出、邓小平发展了的公式,基本原则应为马克思主义的普遍真理与各国的具体实践相结合。概括列宁主义,也应当遵循这个原则,坚持一般与特殊(个别)的统一。列宁的理论不仅产生于帝国主义和无产阶级革命时代这个大背景之下,而且更直接地生根、发育于俄国,他正是在首先研究俄国、从事并领导俄国革命和建设的实践中发展了马克思主义。所以,全面地说,列宁主义是马克思主义的普遍真理同帝国主义和无产阶级革命时代的实践,特别是同俄国民主革命、社会主义革命以及社会主义建设的实践相结合的产物。简言之,它是帝国主义和无产阶级革命时代在俄国革命和建设实践中发展了的马克思主义。这样说更符合实际,有利于把握列宁的认识过程、思想脉络、理论体系。下面我们按照一般和特殊相结合的原则作一个简略的分析。

二、列宁生活的时代背景

列宁生于1870年4月22日,卒于1924年1月21日。他生活的54年,正处在世界经济、政治大转折、大动荡、大变革的时代,带有阶段性和部分质变的巨大变革。由于这一时代科学技术的巨大进步促进了社会生产力迅猛发展,特别是电力的广泛应用,钢铁、石油、煤炭、化学等重工业的突飞猛进,铁路逐步形成世界网络,电信、航空、汽车运输开始崛起。由此造成世界市场的扩大,国际竞争也日渐加剧。在此推动下,从19世纪70年代到第一次世界大战(1914—1918年)前,在世界上起主导作用的主要资本主义国家,经济上完成了由自由资本主义阶段向垄断资本主义阶段(即帝国主义阶段)过渡,由次发达的资本主义商品经济向发达的商品经济(市场经济)过渡,经济运行、组织形式、利益关系等出现了一系列新的特征,形成了一个由发达资本主义市场经济所支配的世界经济体系,各种经济单元之间、各资本主义大国之间以及世界各国之间经济发展出现了极不平衡的格局,各种矛盾十分突出又相互交错,经济危机频繁而深刻。现实的复杂经济、政治生活为列宁研究发达的商品经济提出了新的课题,也提供了丰富资料。

世界上各主要资本主义国家先后完成了资产阶级国体与政体(民主共和制或君主立宪制)的建立和完善,各大军事强国为争夺殖民地和势力范围不断对峙,猛力扩充军备,结成这样那样的军事联盟,导致第一次世界大战的爆发,也为社会主义革命首先在帝国主义的薄弱环节取得胜利提供了条件。不久,革命由高潮又转入低潮。与此同时,在国际共产主义运动中出现了修正主义思潮,在第一次世界大战爆发后,参加第二国际的多数社会民主党纷纷背叛了国际无产阶级,而列宁领导的布尔什维克党旗帜鲜明地坚持了无产阶级革命路线,领导俄国人民取得十月社会主义革命的胜利。政治上的矛盾和斗争必然带来思想观点的大论战。当时各种观点、各种矛盾暴露得十分充分,这又为列宁的理论研究提供了极其丰富的正反两方面的思想资料,使列宁在更高层次上能够以前所未有的广度和深度观察、透析各种社会问题,作出新的科学抽象和理论概括。

列宁生活的帝国主义和无产阶级革命时代的俄国，它的经济结构带有明显的二元性。从19世纪60年代到20世纪初，俄国已经进入资本主义社会，并加入了帝国主义行列，也形成了金融垄断资本。但是，它是一个经济落后、商品经济发育不良、封建宗法式的自然经济占有相当大比重的资本主义国家。俄国长期由中世纪的封建农奴制经济和沙皇专制制度统治着，对外开放程度较低，生产力发展远远落后于西欧和北美，也赶不上后起的日本（在1904年日俄战争中，为日本所战败）。虽然自1861年废除农奴制之后资本主义经济有较快的发展，但由于沙皇制度的存在，许多封建的残余相当严重，农民虽有分化，但多数处于半农奴状态，中世纪遗留下来的封建社会虽在解体，但仍起着一定的作用。正是因为这样，俄国城乡所有制特别是农村的土地所有制呈现复杂多样的格局。恩格斯在《资本论》第三卷序言中曾经写道："由于俄国的土地所有制和对农业生产者的剥削具有多种多样的形式，因此在地租这一篇中，俄国应该起在第一卷研究工业雇佣劳动时英国所起的那种作用。"❶ 同时，各种资本主义的组织形式层出不穷、日益扩展，资本主义市场已占据统治地位，工人阶级逐步形成独立的社会力量。由此决定俄国面临着两个革命的任务，首先是民主革命，扫除封建残余和推翻沙皇制度，然后进行社会主义革命。

列宁研究经济理论不是为研究而研究，不是单纯的学术问题，而是为进行革命并争取胜利而探索客观经济规律，以先进的理论武装革命者特别是共产党人。所以，他的研究一直与革命的实践和社会主义建设的实践紧密地联系在一起，并从实践经验中进行科学的抽象。

在十月革命之前，围绕资产阶级民主革命和社会主义革命，列宁主要研究的是资本主义商品经济的两个阶段，十月革命后开

---

❶ 《马克思恩格斯全集》第25卷，第11页。

始触及社会主义建设初期的商品市场关系。这里有一个深刻的转变过程。

第二节　社会主义建设实践的重大转变

1917年十月革命胜利，苏维埃政权建立，并开始进入向社会主义过渡的时期，苏联着手建立新的经济制度，进行经济建设。列宁在世的7年，大体经历了三个发展阶段。

第一阶段（1917年11月—1918年6月），主要实行国有化和经济建设，即对银行、大企业和全部土地实行国有化，着手管理经济。

早在十月革命以前，列宁就根据俄国的情况提出由工人监督逐步实现工业国有化的设想。1917年11月7日工人阶级夺取政权之后，立刻颁布了土地国有化法令，接着制定了《工人监督条例》，对拥有五个职工或一万卢布以上周转资金的一切工业、商业、银行和农业等企业进行监督，并试图走同银行妥协的道路（国家给贷款以资助企业）。但资本家却以空前的怠工和组织一系列叛乱为报答，这在客观上加速了银行和工业国有化的过程。列宁把1917年11月到1918年2月这段时间称之为用"赤卫队"攻击资本主义的时期，把银行、铁路、商船、大型工矿企业收归国有。这样，苏维埃政权就基本上掌握了国家的经济命脉，准备着手进行经济建设。但是，德国帝国主义军队趁机进犯，占领了大片土地，严重威胁着新生的苏维埃政权的生存。在这紧要关头，列宁力排众议，果断地签订了布列斯特和约，赢得了巩固苏维埃的时间，争取了三个月的"喘息时期"。

在暂时喘息时期（1918年3—5月），列宁发表了《苏维埃政权的当前任务》《论"左派"幼稚性和小资产阶级性》等著名论文，提出了进行社会主义建设的大体思路，把"组织对俄国的管理"作为"主要的中心任务"。列宁认为，直接剥夺剥夺者的工作应当让位于计算和监督工作。要求加强纪律、提高劳动生产率，为此要学习外国的先进的管理经验（如泰罗制）和善于利用资产阶级专家。在同"左派共产主义者"论战中，列宁精辟地分析了当时俄国经济结构中的多种成分，并提出利用国家资本主义建设社会主义的理论。在以列宁为首的布尔什维克党的领导下，城市着手恢复工业生产，农村进行分配土地的斗争。

总的来看，这一阶段布尔什维克党采取的方针是比较审慎的。正如列宁所说："一方面，无产阶级国家在1917—1918年在人民意气风发的条件下进行了轰轰烈烈的斗争，取得了胜利；另一方面，苏维埃政权试行了一种经济政策，起初打算实行一系列渐进的改变，打算比较慎重地向新制度过渡"，即"试图通过一种可以说是最能适应当时存在的关系的途径，尽可能采用渐进的办法，不作大的破坏"。❶

到1918年6月，全国只对五百多家大企业实行国有化，而对其余的几十万个中小企业只是采取了工人监督的办法。但是，这并不意味着已经解决了在一个小农国家里如何建设社会主义的问题，"当时这还是一个很模糊的思想"❷，"在估计可能的发展道路时，我们多半……都是从直接过渡到社会主义建设这种设想出发的"❸。

第二阶段（1918年夏到1920年底），史称"国内战争时期"，经济上实行的是"战时共产主义政策"。

自十月革命以来，反革命的叛乱一直此起彼伏。到1918年夏，这些反革命势力在外国帝国主义支持下开始汇集起来，从各方面对苏维埃政权实行包围。先有捷克斯洛伐克军团的叛乱，接着是高尔察克、邓尼金、尤登尼奇的进攻，最后是波兰地主和弗

---

❶ 《列宁全集》2版第42卷，第224—225页。
❷ 《列宁全集》2版第43卷，第277页。
❸ 《列宁全集》2版第42卷，第220页。

兰格尔的进犯。最严重的时候，80%以上的国土被白匪占领，两个首都（莫斯科和彼得格勒）受到直接的攻击，苏维埃政权处于危急之中。而且，国家同自己所有的主要原料和燃料基地、冶金中心、谷物、棉花、煤炭、石油和金属的主要产区都隔开了，因缺粮食、燃料和原料，工厂停工，居民挨饿，国民经济陷入紊乱和破产的状态。在这种形势下，苏维埃政权生存的关键是争取战争的胜利，动员全党全民用生命保卫革命果实。红军最多发展到500万人，在几条战线上同时战斗，一个一个地击溃和消灭了敌人，内战到1920年底基本结束（远东地区到1922年下半年才全部解放）。

为了在严重困难的情况下保障战争的需要，列宁和布尔什维克党不得不采取特殊政策即战时共产主义政策，把全国变为一个"大军营"，集中生产，集中供应，而且残酷的阶级斗争也迫使人们采取一些激烈的措施。对粮食先是采取专卖制度，以固定价格收购，到1918年底和1921年初（1919年1月正式颁布法令），全部实行余粮收集制，把国家所需要的粮食（维持军队、机关和供应城市居民及工业需要）分摊在各产粮省农民身上，按照实物义务的形式强制摊派和国家规定的固定价格偿付（实际上付给农民的纸币买不到东西，而且只相当于黑市价格的1/10）。在执行中不仅拿走了农民剩余的粮食，还往往把农民家庭的必需粮食甚至种子也拿走了。对于机关干部、工厂工人和大部分城市居民，则采取免费供应口粮，大约有两三千万人在食堂免费用饭。关闭市场，禁止粮食买卖，工业日用品由国家直接分配。国家对企业采取高度集中的管理体制，企业没有任何独立自主权，所有产品必须上交给上级总管理局，财务统收统支，计划由总管理局下达，企业只管生产，为了保证企业的劳动力，全国实行普遍义务劳动制。同时，对中小企业实行国有化，到1920年底，凡是拥有机械动力和5人以上或没有机械动力但拥有10人以上的40.4万个企业全部收归国有，其中开工的有34.7万个，约占

85.9%，而拥有机械动力和30人以上的企业还不到半数。所有这些非常措施都是为了削弱资产阶级在反苏维埃内战中的经济实力并保证对红军和企业的供应，这是战争胜利所必需的。正如后来斯大林所说："战时共产主义是战争环境和武装干涉迫使无产阶级专政采取的一种政策，这种政策主要是采用经济以外的、带有某种军事性的手段，不是通过市场，而是在市场以外来建立城乡之间直接的产品交换，这种政策的目的是组织产品分配以保证对前线革命军队和后方工人的供应。" ❶

从保证战争的胜利方面来看，这一政策是起了历史性的积极作用的，但它的消极作用越到后来也就越明显。

1921年初，战争已经结束，恢复和发展经济的任务紧迫地提上了议事日程。四年帝国主义战争与三年国内战争使得本来就比较落后的俄国经济残破不堪。1920年大工业的产值比战前几乎减少了6/7，煤炭减产2/3，石油减产3/5，生铁减产97%，棉织品减产95%，谷物总产量减了45%。由于缺乏粮食、原料、燃料，大部分工厂无法开工，日用工业品严重匮乏，广大的城乡居民处于半饥饿状态。到1921年春天，在全国广大地带出现了饥荒，接着又遇到严重的干旱，使经济危机进一步加剧。列宁在致咸海工人和渔民的信中对当时的情况作了这样的描绘："从阿斯特拉罕省起，直到鞑靼共和国和彼尔姆省，无论庄稼或牧草，都由于干旱几乎完全枯死了。千百万人——劳动农民和工人，千百万头牲畜，都在奄奄待毙，而且已有死亡"。列宁估计处于死亡边缘的有800万劳动者、700万儿童，还有"因饥饿而浮肿的老人"。❷

严重的经济危机，又导致了更严重的政治危机：农民暴动遍及俄国，工人对自己的处境也不满，有些中心城市举行了工人罢

---

❶ 《斯大林全集》第11卷，第129页。

❷ 《列宁全集》2版第51卷，第415—416页。

工。当时规模最大的是1921年3月发生的喀琅施塔得水兵的叛乱。水兵的成分主要是农民，他们的情绪反映了对余粮收集制的严重不满，这又为当时的反革命势力（社会革命党、孟什维克、无政府主义者和白卫分子）所利用，提出了"不要共产党人参加的苏维埃"和"贸易自由"的口号。对于这个教训，列宁是这样论述的："到了1921年，当我们度过了，而且是胜利地度过了国内战争的最重要阶段以后，我们就遇到了苏维埃俄国内部很大的——我认为是最大的——政治危机。这个内部危机不仅暴露了相当大的一部分农民的不满，而且也暴露了工人的不满。当时广大农民群众不是自觉地而是本能地在情绪上反对我们，这在苏维埃俄国的历史上是第一次，我希望也是最后一次。这种特殊的、对于我们自然也是极不愉快的情况是由什么引起的呢？是因为我们在经济进攻中前进得太远了，我们没有给自己留下足够的基地；群众已经感到的，我们当时还不能自觉地表述出来，但是过了几个星期，我们很快就认识到了，这就是：向纯社会主义形式和纯社会主义分配直接过渡，是我们力所不及的，如果我们不能实行退却，即把任务限制在较容易完成的范围内，那我们就有灭亡的危险。我觉得危机是从1921年2月开始的。就在当年春天，我们一致决定实行新经济政策……"❶。

第三阶段（1921年3月至1924年1月列宁逝世；苏联历史称1921—1925年为恢复时期，而新经济政策则是1928年终止的），由战时共产主义向新经济政策过渡。这是一次大的战略的转变，列宁形象地称这个转变为"换过一次车"❷。

1921年春，列宁广泛地听取了党内外的意见，特别是农民的意见，果断地提出废止余粮收集制，改行粮食税，实行商品交换，恢复商品流通。1921年3月在莫斯科召开的俄共（布）第十

---

❶ 《列宁全集》2版第43卷，第277—278页。

❷ 《列宁全集》2版第43卷，第295页。

次代表大会标志着新经济政策的开始，接着实行了一系列经济措施，纠正战时共产主义的做法，使苏维埃经济很快恢复和活跃起来（在第五章中我们将要论述列宁在实行新经济政策过程中认识变化的脉络）。

第三节　列宁商品经济理论的三个发展阶段

列宁从哲学的高度提出："人类的最高任务，就是从一般的和基本的特征上把握经济演进（社会存在的演进）的这个客观逻辑，以便使自己的社会意识以及一切资本主义国家的先进阶级的意识尽可能清楚地、明确地、批判地与它相适应。"❶

他的商品经济理论，大体上是随着经济的演进和革命实践的发展而发展的。他对商品经济理论的研究，同他的革命实践活动十分密切：（一）在民主革命时期，主要研究市场经济发育时期的理论；（二）在第一次世界大战期间和领导社会主义革命活动中，主要研究发达资本主义商品经济理论；（三）在社会主义建设初期，主要探索向社会主义过渡时期的商品、市场关系。

在我们开始论述这三个发展阶段之前，先说明一下商品经济发展阶段分期的概念。流行的观点是把商品经济分为三个阶段或三种形态，即简单商品经济、资本主义商品经济、社会主义商品经济。现在看来，特别是用市场经济的视角研究，那种划分过于笼统、简单，不太容易具体把握。本书把它分为4个发展阶段（形态）：（1）商品经济萌芽阶段，即简单商品经济阶段，大体从原始社会末期到奴隶社会和封建社会，其末期市场机制开始对社会经济起到一定的调节作用，用邓小平的话说："市场经济，在封建社会时期就有了萌芽"❷；（2）次发达资本主义商

---

❶ 《列宁全集》2版第18卷，第340页。

❷ 《邓小平文选》第2卷，第236页。

品经济阶段，或者说资本主义市场经济发育阶段，大体为自由资本主义阶段（包括手工工场时代到大机器生产占统治地位的时代）；（3）发达资本主义商品经济阶段，或者说成熟的市场经济阶段，大体上是在垄断资本主义形成之后，再细分还有若干小的阶段（如第二次世界大战前的市场经济和战后的现代市场经济）；（4）社会主义市场经济阶段，看来也会有初期、中期、后期之分，这将由未来的实践去证明。以上4个大的阶段在各国的发展中是不平衡的，很多是互相交叉的，特别在东方国家往往是五颜六色，多种形式交错。本书阐发的列宁的商品经济理论，主要是后面的三个阶段，所使用的概念即为上面的论述。

下面，我们分述列宁的商品经济理论的三个发展阶段。

一、对资本主义市场经济发育阶段的分析（1893—1913年）

在他早期20多年中，列宁着重剖析俄国资本主义市场经济的发展，揭示从简单商品经济到次发达资本主义商品经济的发展和运行规律，特别是对经济成分复杂交错、农民经济占很大比重的国家进行了透彻的分析。这个阶段又可分为两小块：一是分析俄国资本主义国内市场的形成，二是分析土地问题与商品经济的关系。

19世纪90年代和20世纪早期，以《俄国资本主义的发展》（副题：《大工业国内市场形成的过程》）为代表作，对俄国从简单商品经济到次发达资本主义商品经济进行了详尽的分析。当时，所要解决的基本任务，是要运用《资本论》的原理认识俄国的国情，认识俄国的经济关系和阶级关系，尤其侧重解决资本主义国内市场形成问题。那时，论敌首先是民粹派，其次是合法马克思主义者和后来的孟什维克。争论的焦点在于：俄国是不是资本主义制度、有什么特殊性、资本主义在俄国发展的条件是什么。年轻的列宁对社会实际作了充分的调查研究，详细占有俄国的经济资料，着重阐述了俄国资本主义发展的国内市场问题，先后写了《论所谓市场问题》(1893年)、《什么是"人民之友"以及他们如何攻击社会民主党人?》(1894年)、《评经济浪漫主义》(1897年)、《俄国资本主义的发展》(1895—1897年)、《非批判的批判》(1900年1—3月)等一系列重要论著。其中列宁在流放期间所写的《俄国资本主义的发展——大工业国内市场形成的过程》,是一部经济学世著。这些著作科学地分析了俄国资本主义商品经济状况,研究资本主义商品经济形成阶段的特征,深化了商品经济的一般原理,特别是关于"商品经济""市场经济"范畴的论述,关于"社会分工是商品经济的基础"的分析,关于市场形成和市场作用的论证等,对于我们认识商品经济有重要指导意义,对于打开社会主义商品经济的秘密是一把不可缺少的钥匙。不仅如此,由于当时的俄国是一个生产力落后、农民占多数、带有浓厚封建色彩的资本主义国家,分析它的资本主义商品经济的规律和形式,就其普遍意义上来说,对于认识那些经济落后国家的社会主义建设,尤其是认识社会主义初级阶段的许多经济现象,认识农村商品经济的发展趋势和具体形式,也有一定的借鉴意义。

20世纪的最初十几年,列宁用了大量时间研究土地问题,目的在于解决民主革命中满足农民的基本要求、为社会主义准备条件。这些论述同商品经济理论有着密切的联系。论敌是孟什维克和社会革命党(前身为民粹派)。列宁关于土地问题的著作有20多篇,代表作为:《社会民主党在1905—1907年俄国第一次革命中的土地纲领》(1907年11—12月)。其他重要著作还有:《土地问题和马克思主义批评家》(1901—1907年)、《关于农业中资本主义发展规律的新材料》(1915年12月)等。

二、对发达的资本主义商品经济(市场经济)阶段的研究(1914—1918年)

第一次世界大战前后,以《帝国主义是资本主义的最高阶段》（简称《帝国主义论》）为代表作，列宁又进一步研究了发达的资本主义商品经济（或者说发达的资本主义市场经济）。当时所要解决的问题，是对资本主义发展新阶段的认识，揭示战争的根源和无产阶级革命的发展规律，创立"一国胜利学说"（即社会主义革命首先在个别国家胜利的理论），以指导革命的实践。那时的论敌是以考茨基为代表的第二国际及其在俄国的分支孟什维克，论战的激烈程度是空前的，涉及的范围从经济到政治，十分广泛。由于在19世纪末到20世纪初，资本主义已进入了一个新的阶段，完全依靠《资本论》的分析已经不够了，必须进一步发展马克思主义的经济理论。为此，列宁在详细占有各国的经济资料的基础上，写了一系列重要著作，如《第二国际的破产》（1915年）、《社会主义与战争》（1915年）、《论欧洲联邦口号》（1915年）、《帝国主义是资本主义的最高阶段》（1916年）、《无产阶级革命的军事纲领》（1916年）、《论面目全非的马克思主义和"帝国主义经济主义"》（1916年）、《大难临头，出路何在》（1917年）、《国家与革命》（1917年）等以及关于帝国主义的笔记，揭示了一般垄断资本主义和国家垄断资本主义的特征，分析了帝国主义的五大特征，提出了"帝国主义是无产阶级革命前夜"的著名论断。同时，从普遍意义上说，也是剖析了发达商品经济形态的一般现象和普遍规律。这不仅对于认识现代资本主义商品经济有指导意义，而且由于揭示了发达商品经济中共同的东西，也对认识发达的社会主义商品经济的运行体制有借鉴意义。这是马克思主义商品经济理论中的新内容。

三、对社会主义建设初期的商品、市场关系的探索（1918—1923年）

在十月革命后，列宁领导社会主义建设的实践经历了一个曲折的过程。1921年之后，他开始探索社会主义建设初期的商品、市场关系。在他最后的三年中，其著作多为论文、讲演、文件、书信、批示、笔记、电报等,后来由于患病又采取口述的形式。前后 200 多篇(若包括电报批示约 2000 多篇),以探索社会主义同商业、市场的关系为主线,认识上有一个逐步深入的过程。主要论著有:《俄共(布)第十次代表大会文献》(1921 年 3 月)、《论粮食税》(1921 年 4 月)、《十月革命四周年》(1921 年 10 月)、《新经济政策和政治教育局委员会的任务》(1921 年 10 月)、《在莫斯科第七次党代表会议上关于新经济政策的报告》(1921 年 10 月)、《按商业原则办事》(1921 年 10—11 月)、《论黄金在目前和在社会主义完全胜利后的作用》(1921 年 11 月)、《关于工会在新经济政策条件下的作用和任务的提纲》(1921 年 12 月—1922 年 1 月)、《俄共(布)中央委员会政治报告》(1922 年 3 月)、《俄共革命的五年和世界革命的前途》(1922 年 11 月)、《在莫斯科苏维埃全会上的讲话》(1922 年 11 月)等,特别重要的是他最后的著作之一《论合作社》(1923 年 1 月),已经有很明确的倾向。还有一些笔记、电报、文件等也迸发出重要的思想火花。如果把这些论著的思想脉络厘清,可以明晰地看出他对社会主义建设初期商品、市场关系的初步认识,蕴含着丰富的理论内容。此外,列宁在世时的俄共(布)和苏维埃政府的一系列文件,也体现了列宁的思想。当时一些领导人,如斯大林、布哈林等人的著作,还可以印证列宁的思想。

第二章 理论基础和方法

>从原则上说情况还和从前一样,但在形式上发生了变化。这种变化马克思本人当时是预见不到的,我们只有根据马克思主义的哲学和政治学说才能认识到。
>
>只有不可救药的书呆子,才会单靠引证马克思关于另一时代的某一论述,来解决当前发生的独特而复杂的问题。
>
>政治经济学的基础是事实,而不是教条。
>
>——列宁

列宁的商品经济理论,是马克思主义经济理论宝库中的一个重要部分,是马克思关于商品生产、剩余价值学说的继续和发展。它不是马克思恩格斯有关论述的简单重复,而是运用他们的基本观点和方法对新的实际进行深入的分析研究,创造性地做出新的理论概括,把马克思主义经济理论推进到一个新的阶段。我们研究列宁的商品经济理论体系,首先必须认识他把握的理论基础、基本观点和科学的方法,学习他怎样在新的历史条件下坚持和发展马克思主义。

第一节 《资本论》的研究及哲学基础

一、掌握和运用《资本论》的基本原理

列宁商品经济思想最直接的基础,就是马克思的《资本论》。早在中学时期他就开始攻读《资本论》前两卷,当《资本论》第三卷出版时(1894年),列宁刚刚24岁。他不仅悉心研读原文,而且将它翻译成俄文加以传播。以后,他在《弗里德里希·恩格斯》《马克思主义的三个来源和三个组成部分》《卡尔·马克思》等论文中,对马克思恩格斯的经济理论作过系统的介绍和精辟的概括。

特别值得注意的是,列宁突出地抓住商品经济这条主线发挥马克思的思想。在他24岁那年(1894年)所写的《什么是"人民之友"以及他们如何攻击社会民主党人?》的长篇论著中,详细地阐释了《资本论》的基本观点,鲜明地指出:马克思"从各个社会经济形态中取出一个形态(即商品经济体系)加以研究,并根据大量材料(他花了不下25年的工夫来研究这些材料)对这个形态的活动规律和发展规律作了极其详尽的分析。这个分析仅限于社会成员之间的生产关系。马克思一次也没有利用这些生产关系以外的任何因素来说明问题,同时却使人们有可能看到商品社会经济组织怎样发展,怎样变成资本主义社会经济组织而造成资产阶级和无产阶级这两个对抗的(这已经是在生产关系范围内)阶级,怎样提高社会劳动生产率,从而带进一个与这一资本主义组织本身的基础处于不可调和的矛盾地位的因素。《资本论》的骨骼就是如此。可是全部问题在于马克思并不以这个骨骼为满足,并不仅以通常意义的'经济理论'为限;虽然他完全用生产关系来说明该社会形态的构成和发展。但又随时随地探究与这种生产关系相适应的上层建筑,使骨骼有血有肉。"❶ 这段文字说明,列宁领会马克思的经济理论是紧紧抓住了商品经济这条主线,剖析从商品、货币、市场到资本的演化,同时由生产关系扩及上层建筑,构成"使骨骼有血有肉"的完整体系。

---

❶ 《列宁全集》2版第1卷,第110—111页。

在《马克思主义的三个来源和三个组成部分》（1913年3月）这篇著名的短文中，列宁进一步用十分简洁的语言来说明《资本论》的思想脉络："凡是资产阶级经济学家看到物与物之间的关系（商品交换商品）的地方，马克思都揭示出**人与人之间的关系**。""剩余价值学说是马克思经济理论的基石。"❶他用商品经济这条主线，把几个基本范畴串联起来，揭示出《资本论》的内在逻辑。后来，在新经济政策时期，他又把这些基本原理和基本范畴再加以抽象，应用于社会主义经济运行之中。

列宁之所以能够把商品经济理论推向一个新的阶段，这和他对马克思恩格斯的经济理论理解深邃、运用谙练是分不开的。比如，他运用商品交换和再生产的原理分析俄国的市场形成和机制，运用手工工场的运作和演化原理分析俄国经济中的过渡形式，运用地租理论分析俄国和各资本主义国家的土地问题和农业问题，运用资本集中和股份公司理论分析垄断资本的形成和扩展问题，运用金融理论分析金融资本的形成和特点，运用商品生产与资本主义生产相区别又相联系的理论分析社会主义建设初期的商品、货币、市场关系及其正负效应等。列宁对《资本论》原理的应用是全面的，涉及各种各样的社会经济问题。不过，他不是生搬硬套，而是掌握理论体系的精神，又具体地分析实际问题，不是机械地引章摘句或拘泥于个别结论。他强调："马克思主义的全部精神，它的整个体系，要求人们对每一个原理只是（α）历史地，（β）只是同其他原理联系起来，（γ）只是同具体的历史经验联系起来加以考察。"❷正是坚持这样的态度和方法，补充、丰富了马克思的理论，发现了许多新的规律，提出了一系列新的观点、新的范畴。

---

❶ 《列宁全集》2版第23卷，第46页。
❷ 《列宁全集》2版第47卷，第464页。

二、坚实的哲学基础

列宁的商品经济思想除了《资本论》这一最重要的理论基础之外，还有坚实的哲学理论基础。他透彻地领会马克思的辩证唯物论、历史唯物论和辩证法，又进一步发展了马克思的哲学思想，写了名著《唯物主义和经验批判主义》一书和内容十分丰富的《哲学笔记》，其中实践第一的观点、对立统一的观点等对商品经济研究有着重要的指导作用。在实行新经济政策的前一年，他对马克思主义的精髓作了哲学上的概括，即"**马克思主义的精髓，马克思主义的活的灵魂：对具体情况作具体分析。**"❶1921年1月，又提出辩证逻辑的四个要点：一、"要真正地认识事物，就必须把握住、研究清楚它的一切方面、一切联系和'中介'。我们永远也不会完全做到这一点，但是，全面性这一要求可以使我们防止犯错误和防止僵化。"二、"辩证逻辑要求从事物的发展、'自己运动（像黑格尔有时所说的）'、变化中来考察事物。"三、"必须把人的全部实践——作为真理的标准，也作为事物同人所需要它的那一点的联系的实际确定者——包括到事物的完整的'定义'中去。"四、"没有抽象的真理，真理总是具体的。"❷这些论述应当视为列宁认识社会主义建设初期商品——市场关系的哲学思想基础。

更为直接的是，列宁在《谈谈辩证法问题》中，以《资本论》中从商品分析入手为例说明个别与一般的相互关系。他说："马克思在《资本论》中首先分析资产阶级社会（商品社会）里最简单、最普通、最基本、最常见、最平凡、碰到过亿万次的**关系：商品交换**，这一分析从这个最简单的现象中（从资产阶级社会的这个'细胞'中）揭示出现代社会的**一切**矛盾（或一切矛盾

---

❶ 《列宁全集》2版第39卷，第128页。
❷ 《列宁全集》2版第40卷，第291—292页。

的萌芽）。往后的叙述向我们表明这些矛盾和这个社会——在这个社会的各个部分的总和中、从这个社会的开始到终结——的发展（既是**生长**又是**运动**）。"他由此得出结论说："一般辩证法的阐述（以及研究）方法也应当如此。"❶ 接着他精辟地论述了个别与一般的辩证统一关系。可以说，他对发育中的市场经济（俄国资本主义市场形成）的分析，对发达资本主义商品经济（成熟的市场经济）的分析，特别是对社会主义建设初期商品、市场关系的分析，都运用了这一辩证思想。

总之，列宁的商品经济理论体系建立在科学的马克思主义理论基础之上，《资本论》是他运用的最直接的理论武器，同时他又十分谙熟哲学理论和以科学社会主义体系作为坚实的功底。正如列宁所说，在革命和建设中"从原则上说情况还和从前一样，但在形式上发生了变化。这种变化马克思本人当时是预见不到的，我们只有根据马克思主义的哲学和政治学说才能认识到"❷。

第二节 把发展生产力作为主线

列宁在各个时期之所以致力于研究商品经济，主要不是出于理论兴趣，而首先在于研究客观存在的最革命的因素——生产力发展的需要。革命的根本任务在于解放生产力、发展生产力，而是否有利于生产力发展又是衡量生产关系是否与之相适应的标准，也是衡量所有制形式和政策优劣的标准。近现代历史表明，社会化的生产力同商品经济有着不可分离的有机联系。列宁正是遵循历史唯物主义的基本观点，把生产力摆在第一位来研究生产关系和商品经济的。

---

❶ 《列宁全集》2版第55卷，第307页。
❷ 《列宁全集》2版第42卷，第251页。

一、以生产力为主线研究资本主义商品经济

他从研究俄国的经济生活开始,就把马克思在《资本论》序言中的一个重要论点作为他的指导思想。这就是:"社会经济形态的发展是一种自然历史过程。"❶列宁抓住这条基本原理,从生产关系到上层建筑,一直分析到决定它们的生产力。他认为,马克思的"假设之所以第一次使科学的社会学的出现成为可能,还由于只有把社会关系归结于生产关系,把生产关系归结于生产力的水平,才能有可靠的根据把社会形态的发展看作自然历史的过程。"❷接着,他提出了研究同生产力相联系的商品经济形态的任务。

在《弗里德里希·恩格斯》一文中,他介绍了马克思恩格斯的历史观:"他们用唯物主义观点观察世界和人类,看出一切自然现象都有物质原因作基础,同样,人类社会的发展也是受物质力量即生产力的发展所制约的。生产力的发展决定人们在生产人类必需的产品时彼此所发生的关系。用这种关系才能解释社会生活中的一切现象,人的意向,观念和法律。生产力的发展造成了以私有制为基础的社会关系,似是我们现在看到,生产力的发展又夺走了大多数人的财产,将它集中在极少数人的手中。生产力的发展正在消灭私有制,即现代社会制度的基础,这种发展本身就是朝着社会主义者所抱定的那个目标前进的。"❸列宁把生产力这一基本动力作为研究经济理论的出发点。他坚持对商品经济的研究,原因也在这里。在以后30年的生涯中他始终如一。

早在青年时代,他就明确提出以有利于发展生产力为标准来研究经济问题。在批评小资产阶级经济浪漫主义的时候(1897

---

❶ 《马克思恩格斯全集》第23卷,第12页。

❷ 《列宁全集》2版第1卷,第110页。

❸ 《列宁全集》2版第2卷,第6页。

年），他指出如何解决对扩大自由贸易评价的"难题"，马克思找到一个"标准"，"**这个标准就是生产力的发展**"。他之所以反复肯定商品经济的进步性，就是立足于它对生产力的推动作用。"**自由贸易扩大了生产力**"❶。他强调："促进生产力的发展""是社会进步的最高标准。"❷

当民粹派极力否定俄国资本主义商品经济的时候，列宁却中肯地指出，它的"进步的历史作用，可以用两个简短的论点来概括：社会劳动生产力的提高和劳动的社会化"。以俄国为例，"在资本主义这个高级阶段以前，还保持着手工生产与原始技术，这种技术的进步纯粹是自发的，极端缓慢的。改革后的时代（指19世纪60年代俄国废除农奴制以后——引者），在这方面与以前俄国各个历史时代截然不同，……资本主义生产所支配的国民经济各个部门，没有一个不曾发生这样完全的技术改革"，❸从此进入大机器工业时代。他一方面深刻揭示资本主义固有的矛盾，一方面充分肯定商品经济对生产力发展的巨大推动作用。这就跟留恋小商品生产的民粹派划清了界限，坚持了历史唯物论的基本观点。

即使对于帝国主义的分析，他也是坚持了生产力决定论的观点。在《帝国主义是资本主义的最高阶段》一书第一节开头，他就指出："资本主义最典型的特点之一，就是工业蓬勃发展，生产集中于愈来愈大的企业的过程进行得非常迅速。"❹尽管现在看来，列宁对垄断资本主义制度变革的进程估计得过短，但有一点是完全可以肯定的，这就是他认定生产力决定生产关系，在帝国主义时代生产力有了巨大发展，而要进一步发展就必须改变这种制度。

---

❶ 《列宁全集》2版第2卷，第229、230页。
❷ 《列宁全集》2版第19卷，第209页。
❸ 《列宁全集》2版第3卷，第549页。
❹ 《列宁全集》2版第27卷，第332页。

二、把发展生产力作为新制度的主要点和基本点

特别值得认真学习的是，列宁一直把社会主义革命的任务视为解放生产力，把社会主义制度的首要任务规定为发展生产力。这正是他在社会主义建设初期由产品经济观念向商品、市场观念转变的主要原因。

在十月革命前夕，他明确地提出这样的历史抉择："战争是铁面无情的，它严酷地尖锐地提出问题：要么是灭亡，要么是在经济方面也赶上并且超过先进国家。这是可能的，因为在我们面前摆着许多先进国家的现成经验以及它们在技术和文化方面的现成成就。"基于此点，他鲜明地提出要"开足马力奋勇前进"。❶ 在取得政权之后，1918年春，他更明确提出："在任何社会主义革命中，当无产阶级夺取政权的任务解决以后……必然要把创造高于资本主义的社会结构的根本任务提到首要地位，这个根本任务就是：提高劳动生产率"❷。甚至在战时共产主义时期，他也没有忘记这条主线。在1919年他起草的党纲中规定："要以大力提高全国生产力作为决定苏维埃政权全部经济政策的主要点和基本点。""提高劳动生产率是根本任务之一，因为不这样就不可能最终地过渡到共产主义"。在俄共（布）的八大上，他提出："现在我们应当不等待其他国家的援助立刻提高生产力。"❸ 他认为："劳动生产率，归根到底是使新社会制度取得胜利的最重要最主要的东西，……资本主义可以被最终战胜，而且一定会被最终战胜，因为社会主义能创造新的高得多的劳动生产率。"❹ 在列宁看来，社会主义的优越之点首先在于发展先进的生产力，

---

❶ 《列宁全集》2版第32卷，第224页。

❷ 《列宁全集》2版第34卷，第168页。

❸ 《列宁全集》2版第36卷，第414、88—89、151页。

❹ 《列宁全集》2版第37卷，第18页。

而且也是巩固和发展的最根本的保证。

三、向新经济政策转变是为了适应生产力发展的要求

1921年，他之所以改变认识和政策，仍然出于这个根本点。大量事实表明，战时共产主义政策、取消商品经济的"直接生产和直接分配"的办法（如余粮收集制），"阻碍了生产力的提高，它是我们在1921年春天遭到严重的经济危机和政治危机的主要原因"。"这次失败表现在：我们上层制定的经济政策同下层脱节，它没有促成生产力的提高，而提高生产力本是我们党纲规定的紧迫的基本任务。"新经济政策的实践证明，恰恰是商品经济给社会主义经济带来了活力。他坚持以发展生产力为主线进行一系列改革，用他的话说："今后在发展生产力和文化方面，我们每前进一步和每提高一步都必定要同时改善和改造我们的苏维埃制度。"他再一次重申："无产阶级取得国家政权以后，它的最主要最根本的需要就是增加产品数量，大大提高社会生产力。"❶

列宁坚持用先进生产力来武装整个国民经济，直到他最后几篇文章还一再强调实现电气化，要赶上和超过资本主义国家："我们的希望就在这里，而且仅仅在这里。只有这样，我们才能够——打个比喻说——从一匹马上跨到另一匹马上，就是说，从农民的、庄稼汉的、穷苦的马上……跨到大机器工业、电气化、沃尔霍夫水电站工程等的马上。"他坚信新制度"能够迅速地发展生产力和发挥所有能发展成为社会主义的潜力，并向所有的人直观地清楚地证明：社会主义蕴藏着巨大的力量，人类现在已经转入一个新的、有着光辉灿烂前途的发展阶段。"❷

---

❶ 《列宁全集》2版第42卷，第184、247、369页。
❷ 《列宁全集》2版第43卷，第392、389页。

第三节　研究商品经济的方法

列宁的方法论很值得研究和学习。邓小平曾经作了这样的评价："列宁之所以是一个真正的伟大的马克思主义者，就在于他不是从书本里，而是从实际、逻辑、哲学思想、共产主义理想上找到革命道路，在一个落后的国家干成了十月社会主义革命。"❶ 对于列宁研究商品经济的方法，我们可从以下几个方面论述。

一、依靠实践修正理论、发展理论

列宁研究经济理论与一般理论家不同，他首先是一个革命家，他从革命实践中研究理论，又在革命实践基础上丰富理论。他的研究同俄国革命和建设的实践紧密结合。他明确提出："生活、实践的观点，应该是认识论的首要的和基本的观点。"❷

十月革命后，他更加注重这一点。1917年底，他在《怎样组织竞赛？》一文中说过："现在一切都**在于实践**，现在已经到了这样一个历史关头：理论在变为实践，理论由实践赋予活力，由实践来修正，由实践来检验"❸。1918年，列宁在同"左派共产主义者"论战时，批评他们脱离社会现实，从一些抽象的观念出发来观察问题，并且指出：在社会主义的导师们那里，"新社会还是一种抽象的东西，它只有经过一系列建立这个或那个社会主义国家的各种各样的、不尽完善的具体尝试才会成为现实。"❹

这表明，列宁并没有用马克思恩格斯的书本来束缚自己的手脚，没有满足于已有的结论，而是坚持在实践中探索，把科学

---

❶ 《邓小平文选》第3卷，第292页。
❷ 《列宁全集》2版第18卷，第144页。
❸ 《列宁全集》2版第33卷，第208页。
❹ 《列宁全集》2版第34卷，第281页。

原理同亿万劳动群众的社会生活有机地结合起来。早在研究俄国资本主义发展和土地问题时，他就说过："只有不可救药的书呆子，才会单靠引证马克思关于另一时代的某一论述，来解决当前发生的独特而复杂的问题。"❶在确定新经济政策之后，列宁的认识过程并没有终结，也还在根据群众的实践继续发展。例如，"商品交换"的形式试验了半年多，列宁又认为是"失败了"，代之以商品流通、货币交换。用他的话说："实践比世界上所有理论争论都更为重要。而实践证明，我们在这里取得了决定性的成就。"他最后的著作之一《论合作社》在回答一些人的指责时，特别风趣地说："我们没有从理论（一切书呆子的理论）所规定的那一端开始，而是依靠实践。"❷

二、从国情出发选择建设的具体道路

坚持实践第一的观点和方法论，又具体表现在对国情的认识，从本国实际出发。就俄国的国情来说，集中表现为它是一个农民经济占主导地位的经济落后的国家。

在一个小农经济占优势的国家里如何进行由无产阶级领导的民主革命、社会主义革命特别是社会主义建设，这是摆在列宁面前的一个新的重大历史课题。马克思恩格斯关于无产阶级革命和未来社会的理论和设想，是建立在发达资本主义的基础之上的。列宁生活在一个既有大资本主义经济而又经济落后的国家里，社会主义革命和建设的形式、方法必然带有新的特点，仅仅停留在一般原则或墨守根据发达资本主义国家情况提出的某些设想，已经远远不能适应新的形势。因此，必须创造性地运用马克思主义的理论，寻找适合自己特殊历史条件和特殊国情的建设道路。在新经济政策以前的发展阶段，列宁和俄共（布）党恰好是在这一

---

❶ 《列宁全集》2版第3卷，第13页。

❷ 《列宁全集》2版第43卷，第280、368页。

问题上估计不足。后来他在回顾这一点时说道:"我们计划(说我们计划欠周地设想也许较确切)用无产阶级国家直接下命令的办法在一个小农国家里按共产主义原则来调整国家的产品生产和分配。现实生活说明我们错了。"❶

通过总结战时共产主义的教训,列宁指出,在俄国这样一个经济落后的国度里,农民是"决定性的因素"❷,如果忽视这一事实,忽视他们的生产特点和传统习惯,忽视他们的经济利益和要求,不给予同其经济地位相适应的刺激,要在工人和农民之间建立正确的经济关系那是不可能的。

三、在详细占有资料的基础上进行科学抽象

列宁在阅读马克思恩格斯著作时,得到一个重要启示:"**政治经济学的基础是事实,而不是教条。**"❸这就是他研究商品经济一个重要的方法。翻开他的经济著作,很少有空泛的议论,而是首先引出大量的资料、数据。他的第一篇文章《农民生活中新的经济变动》(1893年春),就是具体分析农民经济生活的有关材料进而研究农村商品经济的。他只要有机会便进行实地考察,继而发表了调查研究报告几十篇。为了写《俄国资本主义的发展》一书,他搜集了600多种书籍、报刊和官方调查统计材料,书中大量的统计表格和经济资料,翔实具体。为写《帝国主义论》,他阅览摘录书籍、期刊中的文章232篇,其中德文206篇、法文13篇、英文13篇,运用资料500多条。现在新出版的《列宁全集》(2版)第54卷、56卷、57卷,就是《帝国主义论》《俄国资本主义的发展》和有关土地问题的笔记(其中包括有美国、法国、瑞典等国家的材料)。此外还有《关于哲学笔

---

❶ 《列宁全集》2版第42卷,第176页。
❷ 《列宁全集》2版第43卷,第280页。
❸ 《列宁全集》2版第58卷,第86页。

记》《国家与革命》的笔记、十月革命后的许多笔记。仅其成文的笔记即囊括近500万字的资料。正如他在《帝国主义论》的序言中所说:"为了说明这种客观情况,应当利用的,不是一些例子和个别的材料(社会生活现象极其复杂,随时都可以找到任何数量的例子或个别的材料来证实任何一个论点),而必须是关于**所有**交战大国和**全**世界的经济生活**基础**的材料的**总和**。"❶

与此相关的是,列宁的许多论著是论战性的,针对性很强。其论敌有民粹派、合法马克思主义者、国际各种修正主义者、孟什维克、资产阶级经济学家、反动政府的许多官员等。其中有不少是当时赫赫有名的权威人士,如考茨基、普列汉诺夫、米海洛夫斯基等,还有许多党内和国际上的同志(如布哈林、卢森堡等),有些争论多次反复。为此,列宁多方面阅读他们的著作、文章,作了大量摘录和批注。这无形中构成多种观点和材料的对比和鉴别,促使列宁进行大量的比较研究。对论敌的观点、材料进行具体分析,肯定其正确的东西,批驳其错误的论点;对于考茨基、普列汉诺夫、布哈林、民粹派等人都是既有否定也有肯定。他善于批判地吸收别人论述中合理的东西。这样,列宁的研究不但需要占有十分详尽的各种资料和尽可能多的信息,而且使得自己的思想处于理论交锋的前沿,保持非常活跃的状态,博众家之长,摒论敌之短,比别人看得更深刻、更全面,总是居高临下,优人一等,位于当时的理论顶端。

四、善于处理建设中的突变与渐进的关系

列宁坚持原则性和灵活性相结合,在实践和理论上都不受一种固定的模式束缚,而且善于修正错误。突出地表现在社会主义建设中,他转而利用商品市场关系,是与他善于处理突变与渐进、革命与改良的关系分不开的。列宁在《论黄金在目前和在社

---

❶ 《列宁全集》2版第27卷,第326页。

会主义完全胜利后的作用》一文中,深刻阐明了新经济政策的一个重要特点:"目前的新事物,就是我国革命在经济建设的一些根本问题上必须采取'改良主义的'、渐进主义的、审慎迂回的行动方式。"❶这个提法,在马克思主义的发展中是非常新颖、非常大胆的。世界无产阶级的伟大导师居然提出在取得政权和有效地镇压了敌对阶级的反抗之后,以"改良主义"为主的方针。这不是要脱离革命的轨道吗?恰恰相反,正是列宁的伟大之处,表明他对唯物辩证法的运用达到了纯熟程度。只有善于在无产阶级政权下正确处理突变与渐进、革命和改良的关系,才能顺利地达到完善新制度的目的。

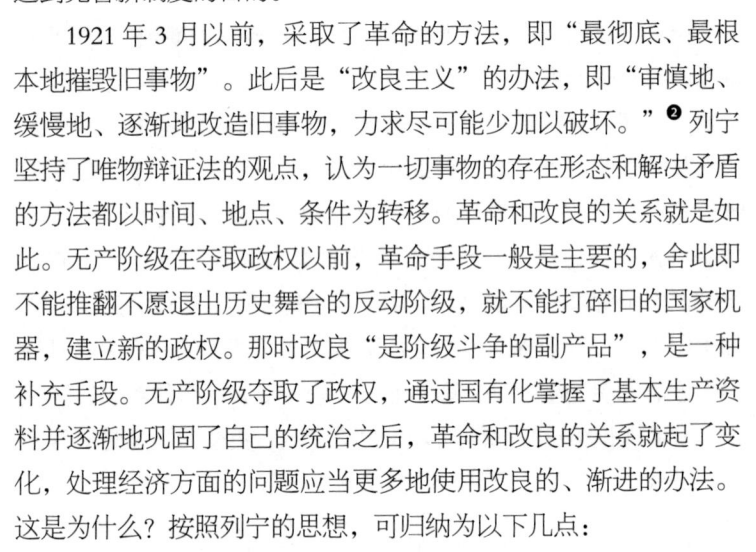

1921年3月以前,采取了革命的方法,即"最彻底、最根本地摧毁旧事物"。此后是"改良主义"的办法,即"审慎地、缓慢地、逐渐地改造旧事物,力求尽可能少加以破坏。"❷列宁坚持了唯物辩证法的观点,认为一切事物的存在形态和解决矛盾的方法都以时间、地点、条件为转移。革命和改良的关系就是如此。无产阶级在夺取政权以前,革命手段一般是主要的,舍此即不能推翻不愿退出历史舞台的反动阶级,就不能打碎旧的国家机器,建立新的政权。那时改良"是阶级斗争的副产品",是一种补充手段。无产阶级夺取了政权,通过国有化掌握了基本生产资料并逐渐地巩固了自己的统治之后,革命和改良的关系就起了变化,处理经济方面的问题应当更多地使用改良的、渐进的办法。这是为什么?按照列宁的思想,可归纳为以下几点:

(1)无产阶级的任务及其实现任务的条件变了,已经取得了政权,突变性的革命自然降为次要形式。

(2)历史上"在每一次伟大的政治变革以后,都要用很长时间来'消化''吸收'"。一般说,夺取政权的政治变革还比

---

❶ 《列宁全集》2版第42卷,第244页。

❷ 《列宁全集》2版第42卷,第245页。

较容易，而"消化它"则比较难，小生产者越多，文盲越多，时间就越长。所谓"消化"，就是使这个伟大政治变革得以巩固，"同日常经济生活以及群众生活条件融为一体"，这就要发展经济与文化，使政治的变革深深扎根于社会之中。正如人的"消化"不能采取"突变"的方式一样，社会变革的"消化"也只能缓慢、渐进，即要大量地采取改良的方式。

列宁曾多次讲过，经济与文化发展的规律和政治运动、军事斗争是不同的。经济任务与文化任务不能像政治事物和军事任务解决得那样迅速。在危机尖锐时期，几个星期就可以取得胜利。但是经济和文化建设在短的时期取得胜利是不可能的，"在经济工作中，建设必定更加困难、更加缓慢、更要循序渐进。这是由于经济工作在性质上不同于军事、行政和一般政治工作。这是由于经济工作有特殊的困难和需要更深厚的基础"。❶战时共产主义政策后期错就错在企图用政治的、军事的方法来解决经济的任务，违背了客观经济规律。

（3）在大的生产资料所有制方面基本完成了"剥夺剥夺者"之后，社会主义改造的主要对象是小生产者的劳动人民，特别是人数众多的农民。对他们既不能剥夺，又不能驱逐，只能采取引导的办法，使之在逐步感到需要的基础上组织起来，由低级到高级，一个台阶一个台阶地上升，而不能使他们感到突然，更不能感到生活不下去。因此，要"争取'以改良方式'过渡的可能性——或者换句话说，争取经过初步接近的道路、经过跳板、经过阶梯走向目标的可能性。"

（4）旧的社会经济结构和新的社会经济结构之间有一定的继承性，后者既要逐渐取代前者，又要利用前者有用的东西，利用某些旧的形式、手段来为自己服务，形成新的经济关系。用列宁的话说，要有"经过一个旧经济适应社会主义经济的时期"。

---

❶ 《列宁全集》2版第42卷，第497—498、114页。

这就是马克思"积极扬弃"的观点。旧经济固然与新经济是两种对立的东西,但新经济是在旧经济基础之上发展起来的,新的既要否定旧的,又要吸取它对自身有益的因素,以利于生产力的发展。所以列宁诙谐地说:新经济政策,实质上"比我们先前的经济政策包含着更多的旧东西"。❶ 这一思想符合马克思所说的"经济是一个自然历史过程"的原理。

(5)从根本上说,还同在社会主义条件下生产力和生产关系的矛盾及其他诸多矛盾的特点有关。政权问题和基本生产资料所有制问题解决之后,生产力和生产关系之间不再是对抗性的矛盾。列宁说:"对抗和矛盾完全不是一回事。在社会主义下,对抗将会消失,矛盾仍将存在。"❷ 生产力以量变的形式逐步积累和提高,与此相适应,生产关系也只能一步一步地改变,以保证生产力的发展。在这样的条件下,对生产关系的变革主要不能采取"彻底革命"的方式,而应以逐步过渡的"改良主义"方式为主。

但是,这丝毫不意味着放弃消灭资本主义、消灭私有制的革命目标,而是改变达到上述目标的方式、方法、形式等。同样,这也不意味着在任何时候都不能采用"革命的手段"。而是说更多地采用"改良的"、逐步过渡的手段,并不排斥必要的革命手段。但不管什么手段都要根据具体情况而定,以有利于生产力的发展为尺度。

五、学习资本主义商品经济的具体方法和形式

自然发展起来、已有几百年发展的资本主义商品经济,是一个物质和精神的宝库。敢于向资本主义经济吸收有益的东西(在很大程度表现了商品—市场经济中的普遍性的东西),为社

---

❶ 《列宁全集》2版第42卷,第242、221、181页。
❷ 《列宁全集》2版第60卷,第281—282页。

会主义所用，这也是对资本主义进行"积极扬弃"。列宁响亮地提出："聪明的共产党员也不会怕向资本家学习"的口号，❶就是向资本主义学习经济管理。这个思想早在十月革命前后就提出来了，但真正见诸实践是新经济政策时期。列宁把经济核算制称之为采用"资本主义的原则"，❷合作社也是利用"资本主义遗产"。再如，银行、"交易所""股份公司"、租让制等，都是从资本主义那里学来的。列宁说得好："我们不向资产阶级学习，又应该向谁学习呢？"❸他的观点是这样的：只要坚持社会主义根本制度，资本主义的一切有用的东西都可学习和采用。作为发达的社会主义商品经济，除了资本主义私有制、雇佣剥削、无计划的盲目状态以及各种剥削欺诈手段以外，现代资本主义采用的一切行之有效的经营方式、管理方式和经验，都可以借来为社会主义所用。因此，应当彻底扫除那种狭隘的、愚昧的"中非洲人"的心理状态。

---

❶ 《列宁全集》2版第41卷，第230页。
❷ 《列宁全集》2版第42卷，第366、367页。
❸ 《列宁全集》2版第38卷，第246页。

第三章　重大贡献（一）：
丰富商品经济一般理论

（商品经济）：使市场成为社会生产的调节者的制度。

市场不过是商品经济中社会分工的表现，因而它也和分工一样能够无止境地发展……

技术进步必然引起生产的各个部分的专业化、社会化，因而使市场扩大。

大资本主义经济，就其技术本性来说，是社会化的经济……

——列宁

列宁对马克思主义商品经济理论的发展，首先表现在他丰富了商品经济的一般理论。主要点在于提出商品经济、市场经济的范畴，突出了市场的支配地位，进一步论述了市场经济与生产社会化的内在联系，全面分析了商品经济对生产力发展的推动作用。他对商品经济的研究是在马克思恩格斯研究的基础上，结合19世纪末20世纪初俄国经济和世界经济的实际，进一步丰富、补充了新的内容，理论的深度和广度得以提高和扩展。他的研究起点与马克思有所不同，他不是从商品细胞开始，而是在马克思研究的基础上从市场开始全面展开，更贴近当时经济的运行轨迹，可以视为对市场经济规律的多层面具体论述。

第一节　对"商品经济""市场经济"范畴的表述

熟悉马克思恩格斯论著的人都知道，他们没有使用过"商品经济""市场经济"的概念，而是使用"商品生产"的表述。"商品经济"一词在19世纪末已为一些学者应用，但是作为一个科学范畴却没有人进行全面、系统的论述。这一任务就落在了列宁的肩上。他在运用《资本论》的基本原理具体分析俄国的实际问题和帝国主义经济特点时，把商品经济理论进一步深化，形成了科学的范畴。在马克思主义政治经济学发展史上，他第一次科学地运用和阐述"商品经济"范畴，提出"市场经济"范畴。这就比马克思使用的"商品生产"概念更准确、更丰富、更全面，更能反映经济生活的实际进程。

一、提出"商品经济""市场经济"范畴

在列宁的著作中，"商品经济"的表述不是偶然使用的名词，而是从早年到晚年大量著作中反复使用、反复阐明的科学概念。1893年，23岁的列宁在他的第一篇著作《农民生活中新的经济变动》中，首次使用了"商品经济"的概念。他说："要证明小经济必然为大经济所排挤，只确定大经济获利较多（产品成本低得多）是不够的，还必须确定货币经济（确切些说，就是商品经济）压倒自然经济，因为在自然经济的条件下，产品是供生产者自己消费而不进入市场"❶。在这里，实际上已经明确了两个含义：一是商品经济和自然经济是绝然不同的经济形式，前者比后者高一级；二是商品经济也就是货币经济（以后也曾多次用

---

❶ 《列宁全集》2版第1卷，第22页。

货币经济表述商品经济),即以货币为媒介的市场交换经济。前者所以比后者更"确切",是因为它的内涵准确,外延全面。"货币经济"很容易被狭义地理解为金融经济、银行经济,而商品经济则囊括了商品生产、交换的一切现象和过程。

接着,列宁在《论所谓市场问题》《什么是"人民之友"以及他们如何攻击社会民主党人?》《俄国资本主义的发展》《评经济浪漫主义》《马克思主义的三个来源和三个组成部分》《卡尔·马克思》以及有关土地问题的一系列著作中,对商品经济作了多次论述。

尤其值得注意的是他使用了"市场经济"的概念。在《土地问题和争取自由的斗争》(1906年5月19日)一文中说:"只要还存在着市场经济,只要还保持着货币权力和资本力量,世界上任何法律都无法消灭不平等和剥削。只有建立起大规模的社会化的计划经济,一切土地、工厂、工具都转归工人阶级所有,才可能消灭一切剥削。"❶

二、"商品经济""市场经济"与"商品生产"的概念比较

如果从整体上看,"商品经济"和"市场经济"的概念比之"商品生产"的概念更准确、更完整、更丰富、更符合市场关系运行系统发展的实际。

大家记得,马克思只用了商品生产这个概念。但是,他实质上也是指的"商品经济"(即全过程、整个体系)。从《资本论》一、二、三卷的理论体系中可以看出,马克思所用的商品生产,是有两重含义的。(1)狭义的商品生产,是和流通过程相对而言的;(2)广义的商品生产,讲的是整个社会生产全过程,既包括生产领域,也包括流通领域。他说:"经济,生产过程本

---

❶ 《列宁全集》2版第13卷,第124页。

身。"❶ 这是指广义的生产过程，即社会生产过程。马克思之所以没有使用"商品经济"这个范畴，主要是因为他强调社会生产为整个经济的基础（即生产实践），着重剖析剩余价值的产生过程，强调流通领域不产生剩余价值，其任务在于揭露资本主义的剥削实质和基本矛盾。因此，马克思着重于分析生产过程。他虽然也使用了"货币经济"的概念，但认为这只能表现"交换方式"，不是指的社会经济整体。他指出作为资本关系基础的"是社会性质，而不是交换方式的社会性质"，以致容易同资产阶级的偏见混在一起，变成"生意经"。❷ 马克思的论述是有道理的，在当时也是可以理解的。不过，与此相联系的是，他和恩格斯提出直接生产、直接分配的设想也引起了后人的一些误解。例如，重生产，轻流通的偏向就是明显的例子。由此看来，商品生产还是不如"商品经济"概念更全面、更完整。实事求是地说，有它的局限性。

列宁使用"商品经济"以及"市场经济"的科学范畴，一方面继承了马克思有关商品生产的理论成果；另一方面，他一开始就面临着研究国内市场问题。只有继承和发展马克思主义，将商品生产和商品交换包括在整个社会经济运行之中，才有助于回答现实生活中的一系列问题。如果站在历史的角度仔细地比较，就可以看出，"商品经济"和"市场经济"作为科学范畴，它能够反映经济的全过程和一切方面，特别是市场关系愈发达，生产过程以外的流通、服务领域就愈开阔，其作用也愈来愈大，尤其是市场配置资源功能、金融的调节功能等愈来愈起着主导作用。联系后来的发展，有一个时期之所以只承认"社会主义商品生产"，不承认"社会主义商品经济"（更不承认"社会主义市场经济"），就在于要把这种经济关系限制在一定的范围内，而不

---

❶ 《马克思恩格斯全集》第24卷，第133页。
❷ 《马克思恩格斯全集》第24卷，第133—134页。

让它成为一个经济体系。从列宁的思想看,他不是把商品、市场关系仅仅视为发达经济形态中的一个侧面、一个表层、一个阶段,而是一个系统、一个制度、一个同所有制融合为一体的经济形态,或者为"经济关系的总和"。由此看来,他比马克思的概括又进了一步。

同时,正是立足于整体的见地,他从两个不同的角度以对比关系使用了两个概念。

"商品经济"的对立面是"自然经济",他多处以两种经济形态相比较的方式加以论述。诸如前面引用的商品经济压倒自然经济的阐发,说明两者的根本区别在于交换关系是否占主导地位。

"市场经济"的对立面是"计划经济",他在提出"市场经济"概念时,恰好同时提出"计划经济"的概念,表示两者是绝然对立的范畴。这是讲的社会经济的调节方式(即资源配置的方式),两者的区别在于什么调节方式占主导地位或作为基础的问题。顺便说,列宁在使用市场经济时,是与商品经济作为同一的概念看待的。他的一个重要特点是,非常注重市场在整个经济体系的核心地位。

上面两个内容,是"商品生产"的概念不易包容的,它带有一定的不全面性(当然,列宁在很多场合也同时使用广义的商品生产的概念,有一个同马克思论述的衔接过程)。

列宁提出和使用"商品经济"和"市场经济"概念,是理论上的一大贡献。后来,在新经济政策时期虽然他还没有使用"社会主义商品经济""社会主义市场经济"的概念(确实他的认识还未达到我们现在的程度),不过提出了苏维埃的经济是否应当"以市场、商业为基础"的问题。俄共(布)十二大(1923年4月)进而说明,当时"转而采取市场的经济形式"❶。这也表明

---

❶ 《苏联共产党代表大会、代表会议、中央全会决议汇编》(以下简称《苏共决议汇编》)第2分册,第260页。

了列宁和俄共当时的取向。

三、"商品经济""市场经济"的丰富内涵

现在我们较为详细地阐释列宁赋予"商品经济"和"市场经济"的丰富内容。

（1）把商品经济视为一种"社会经济组织"❶"生产关系体系"❷"社会关系体系"❸"经济制度"❹

在列宁看来，商品经济不是一种偶然的或局部的经济现象，而是一个内部联系紧密的社会经济运动系统。在《又一次消灭社会主义》（1914年3月）一文中，他讲得很清楚："既然这种'交换关系'的出现不是偶然的、例外的、暂时的，而是一直在有规律地、随时随地重复着，那就很明显，这种'交换关系'把各个经济的总和结成为一种经济制度；那就很明显，在这些经济之间有着固定的分工。"❺可见，它的基础乃是社会分工和劳动社会化或者说它本身是社会化的表现形式。这就划清了两个界限：一是与孤立的、封闭的自然经济根本不同，从生产到生产者之间的关系，从生产目的到消费方式，都发生根本性的变化；二是与单纯以某种经济手段划分经济形式（如信贷经济、地租经济等）也不同，它不只是一种手段，而是囊括社会经济的体系，许多手段都包括在其中，在它整个运动系统中运转。这就是"社会经济组织"的含义。回避"商品经济"这个概念，要害就在于忘记或者忽略了它的整体性。

---

❶ 《列宁全集》2版第1卷，第212、303、397、72、369页。
❷ 《列宁全集》2版第1卷，第159页。
❸ 《列宁全集》2版第26卷，第3页。
❹ 《列宁全集》2版第1卷，第71页；第25卷，第48页。
❺ 《列宁全集》2版第25卷，第48页。

（2）商品经济是"受市场支配的经济"

列宁说："市场是商品经济的范畴。"❶ 商品经济的重要特点不是生产支配市场，而是倒过来，市场支配生产（虽然生产是市场的基础）。所以列宁把商品经济表述为"受市场支配的经济"。他在论述农村商品经济发展引起农民之间竞争时写道："农民中产生经济利益斗争的主要原因就在于存在着一种使市场成为社会生产的调节者的制度。"又说："大经济比小经济优越的规律仅仅是商品生产的规律，因而不能把它用于还没有彻底卷入商品生产、还没有受市场支配的经济。"就是说，在自然经济条件下，生产是面向生产者自身的消费；商品经济则使生产面向市场，满足社会需要。"所谓商品生产，是指这样一种社会经济组织：在这种组织之下，产品是个别的、单独的生产者生产的，同时每一生产者专门制造某一种产品，因而为了满足社会需要，就必须在市场上卖产品（产品因此变成了商品）。"在商品经济条件下，商品生产"也就是通过市场而彼此联系起来的单独生产者的生产"。在商品经济条件下，生产者之间是通过市场发生关系的，生产者和消费者之间也是通过市场实现供求衔接的。这样，"每个人都不依赖别的生产者而各自单独为市场生产，当然，市场量是他们谁也不知道的。这种为共同市场劳动的单独生产者之间的关系叫作竞争。不言而喻，在这种情况下，生产和消费（供给和需求）之间的平衡只有经过多次的波动才能达到"，在这个基础上造成生产者之间的不断分化。❷ 不过，到垄断资本主义时代，就逐步改变了不知道市场容量的状况，而在社会主义制度下则可以通过市场预测加强计划性。但是，只要存在商品经济，那就必然存在市场对经济的支配作用。

---

❶ 《列宁全集》2版第3卷，第17页。
❷ 《列宁全集》2版第1卷，第55、392、72、369、76页。

四、强调了"一般商品经济"与资本主义的区别

他从早年写作开始，就把商品经济与资本主义区别开来。在讲述商品经济的一般特点和资本主义的特点之后，他指出："在资本主义的历史发展中有两个重要关键：（1）直接生产者的自然经济转化为商品经济，（2）商品经济转化为资本主义经济。第一个转化是由于出现了社会分工，即单独的个别的生产者专门从事一种生产部门的生产（注意：这是商品经济的必备条件）。第二个转化是由于个别生产者在各自单独为市场生产商品时，发生一种竞争关系，每个人都力图高价卖出，低价买进，结果必然是强者更强而弱者垮台，少数人发财而大众破产，使独立生产者变为雇佣工人，许多小企业变为少数大企业。"他认为"商品经济发展到一定阶段时必然转变为资本主义经济"❶。但是，他反对把二者等同和混淆起来。最明显的是他对当时理论权威普列汉诺夫的观点的批评。1900年，在普列汉诺夫起草的党纲中提到："以资本主义生产关系为基础的商品生产占统治地位"。列宁批评道："这也是不怎么恰当的。当然，十分发达的商品生产只有在资本主义社会才是可能的，但是一般的'商品生产'无论从逻辑上或者从历史上来说都是先于资本主义的。""这种把一般商品生产和一般资本主义的**基本的**和最一般的特征同以资本主义生产关系为基础的商品生产的形态变化（这时商品已经**不单单**是按价值进行交换）等同起来的做法，清楚地表明格·瓦（·普列汉诺夫——引者）的表述不恰当"❷。列宁强调这一点尤为重要。我们重新领会它有着十分现实的意义，可以澄清商品经济＝资本主义的糊涂观念，把握商品经济所具有的相对独立性。

---

❶ 《列宁全集》2版第1卷，第72—73、179页。
❷ 《列宁全集》2版第6卷，第209、237页。

五、根据商品经济的发展来区分不同的社会经济历史发展阶段

列宁用"商品经济"这个科学范畴,从一个层面上区分了不同的社会经济历史的发展阶段,区分了商品经济的萌芽形式和发达形式。在早期,他批判民粹派时指出,他们的"祖师爷"、小资产阶级经济浪漫主义者的无知:"西斯蒙第不懂得大资本和独立的小生产之间存在着不可分割的自然联系,不懂得这是商品经济的两种形式""西斯蒙第反对大资本,也就是反对商品经济的一种最发达的形式,陷入了空想,而把小生产者(特别是农民)捧上了天,也就是把商品经济的另一种仅仅是萌芽状态的形式捧上了天。"❶ 后来他又重申了这一个观点。到了论证帝国主义的特点时,他进一步发现了商品经济更发达的阶段。按照列宁的划分,在私有制条件下,商品经济有三种形态:萌芽形态(简单商品经济),发达形态(自由资本主义时代,实为次发达的商品经济),高度发达的形态(即帝国主义阶段)。列宁晚年,又逐步认识了社会主义建设初期的商品经济,实践中他所采取的都是发达的商品经济应采取的形式。联系我们今天的实践,可以看出社会主义经济也应是发达的商品经济,即发达的社会主义商品经济。邓小平同志将市场经济区分为萌芽时期、资本主义市场经济和社会主义市场经济,就更为完备,是列宁思路的发展和完善。

概览前言,列宁论述的"商品经济""市场经济",一般从纵的、横的方面给了人们一个完整的科学范畴,便于人们全面地理解商品生产和商品交换相互作用形成的经济运动系统及其发展阶段。同马克思恩格斯的有关论述对照起来,这个科学范畴又前进了一步。

---

❶ 《列宁全集》2版第2卷,第168—169页。

第二节　阐明商品经济与社会化的内在联系

列宁在商品经济理论上的重要贡献之一，是进一步阐明了商品—市场经济的存在和发展同生产劳动社会化之间的必然联系，就是说社会化是市场经济发展的基础，而市场经济的发展又推动社会化程度的提高。所谓社会化包括了社会分工（专业化）和经济联系两个方面。

一、进一步阐释"社会分工是商品经济的基础"

列宁在分析市场存在和发展的生产力基础时，单独把"社会分工"作为第一个命题，开宗明义地指出："社会分工是商品经济的基础。"❶他的创新在于进一步界定社会分工的概念，把它（专业化）同社会化联系在一起，视为市场经济发展的基础。这就把马克思的理论进一步深化，把市场关系的研究在纵深方向上引导。

马克思在《资本论》中论述了社会分工是商品生产存在的条件，列宁在此基础上进一步廓清了生产单位内部的分工与社会分工的区别。当民粹派以手工工场内部的分工故意混淆两种"分工"的概念，以否定"社会分工是商品经济的基础和国内市场建立的基本过程"时，列宁回答说：你们"自己连社会分工和作坊内分工的起码差别都不懂：第一种分工造成单独的商品生产者，他们独立地和互不依赖地生产各种用以交换的产品。第二种分工并不改变生产者和社会的关系，只改变他们在作坊中的地位。根据这个原因，就我的判断，马克思有时也讲'社会分工'，有时只讲分工。"❷在这里列宁作了明确的界定，澄清了对马克思论述的歪曲。

---

❶　《列宁全集》2版第3卷，第17页。
❷　《列宁全集》2版第3卷，第571页。

所谓"独立地和互不依赖地生产各种用以交换的产品"的分工（社会分工）。其要点为：（1）这种分工面向全社会，满足社会需要，而不是面向自我消费，因此它是社会范围内的分工；（2）生产独立的产品，有独立的生产过程；（3）生产者有与劳动成果相联系的独立的利益；（4）必然与交换相联系，通过交换和其他生产者形成相互依赖的关系。这些正是作坊、家庭、古代公社等单位的内部分工一般所不具备的，因为后者"并不改变生产者和社会的关系，只改变他们在作坊中的地位"。

这个区分十分重要。我国经济学家孙冶方在反对"自然经济论"时就碰到这个问题，他特别强调区分两种不同的分工，把企业（即独立的生产过程）之间的分工叫作社会分工；把企业内部的分工叫作技术分工。这对于认识交换关系具有特殊意义。列宁讲交换关系时总是与社会分工联系在一起。他说"商品生产是一种社会关系体系，在这种社会关系体系中，各个生产者制造各种不同的产品（社会分工），而所有这些产品在交换中彼此相等。"❶ 这里讲的分工，乃是社会分工。企业内部的分工只有独立成为一个单独的生产过程和交换单位时，才能变为社会分工。因此，也可以反过来说，只要存在着社会分工，就一定存在着交换关系，没有交换关系就无法沟通社会分工之间的联系。社会分工能够无止境地发展，随之而来的市场也和分工一样能够无止境地发展。由于区分了两种分工，就与"自然经济论"（后来的"产品经济论"）划清了界限。

列宁详尽地分析了商品经济与自然经济存在基础的区别，在于有无日益深化的社会分工。他在《俄国资本主义的发展》一书中作了这样的论述："社会分工是商品经济的基础。加工工业与采掘工业分离开来，它们各自再分为一些小的和更小的部门，这些部门以商品形式生产专门的产品，并用以同其他一切生产部门

---

❶ 《列宁全集》2版第26卷，第63页。

进行交换。这样,商品经济的发展使单独的和独立的生产部门的数量增加。这种发展的趋势是:不仅把每一种产品的生产,甚至把产品的每一部分的生产,都变成专门的生产部门;而且不仅把产品的生产,甚至把产品准备好以供消费的各个工序都变成单独的生产部门。在自然经济下,社会是由许许多多同类的经济单位(父权制的农民家庭、原始村社、封建领地)组成的,每个这样的单位从事各种经济工作,从采掘各种原料开始,直到最后把这些原料制作得可供消费。在商品经济下,各种不同类的经济单位建立起来,单独的经济部门的数量日益增多,执行同一经济职能的经济单位的数量日益减少。"❶

列宁的这一分析包含了如下内容:(1)在自然经济向商品经济转变时,社会分工首先表现为工业与农业的分离。农业自古以来是自然经济的基础,而大工业的本性一开始就是商品生产,反过来工业又影响农业,促使农业内部分工。列宁所说的这个顺序是与产业次序的划分相吻合的,即先有第一次产业,再有第二次产业,然后分离出第三次产业。(2)社会分工表现为相同的(即小而全的)生产单位的减少,出现越来越专业化的独立部门和单位。"联系"正是从不同职能的生产单位之间发生的。职能相同,生产过程相同的单位之间无须联系,也无须交换。所以,"小而全"("大而全"——后来产品经济的派生物)是自然经济特性的表现,商品经济与专业化是相互联系的。(3)社会分工表现为专业化,与技术进步有着必然的、密不可分的联系。(4)社会分工不只有纵向的产业结构,而且有横向的空间结构,主要是地区的分布和扩延。事实上,不同的产业也绝不会都集中在一个地区,它同空间分布是联系在一起的。在《俄国资本主义的发展》一书中,列宁详尽地分析了由社会分工造成的地区专业化和地区差异,而且专业化(甚至农业的专业化)也会"出现在

---

❶ 《列宁全集》2版第3卷,第17—18页。

国际分工中"。❶因此，地方市场必然扩大为全国市场，同时扩大为国际市场。这正是商品经济在各国内部和世界范围内扩展的基础。

二、生产社会化的新见地

生产社会化是近现代生产力的基本特征。但是对"社会化"长期存在着一种误解，即认为社会化仅仅是大规模集中，只看规模的数量，不看社会化的质量。列宁从当时社会生产力发展的实际情况出发，纠正了这种认识，提出了新的见解，这对于认识商品经济的基础有极大的裨益。

社会分工的发展，促进了生产社会化的发展；生产社会化的发展反过来又深化了社会分工的发展。日益发展着的社会分工生产的社会化，不仅是商品经济产生的条件，而且也是商品经济进一步发展的基础和动力。对于实现生产社会化的过程，19世纪人们的认识基于当时社会生产力的具体特点，常常有种种误解。例如俄国民粹派认为，生产社会化"不过是几百或几千工人在一个场所内磨着，锤着，转着，堆着，填着，拖着，以及还从事许多其他操作。这个制度的一般性质很可能拿一句俗话来表示：'人人为自己，上帝为大家'"❷。这种观点把生产社会化与生产大规模地集中等同起来，乃至全国变为一个大的生产单位。似乎它的基本要求是集中统一，社会化程度愈高就愈要求更高度的集中统一。列宁矫正了这种片面的、狭隘的、机械的观点，对生产社会化作了科学论述。

他在早年就指出："资本主义生产使劳动社会化，绝不在于人们在一个场所内做工（这只是过程的一小部分），而在于随着资本集中而来的是社会劳动的专业化，每个工业部门的资本家

---

❶ 《列宁全集》2版第3卷，第19页。

❷ 《列宁全集》2版第1卷，第144—145页。

人数的减少,单独的工业部门数目的增多;就是说,在于许多分散的生产过程融合成一个社会生产过程……在每个现在已更加专业化的工业部门里,资本家的人数日益减少。这就是说,生产者之间的社会联系日益加强,生产者在结成一个整体。分散的小生产者各人兼干几种操作,……正是在这种分散的小商品生产者的制度下(也只是在这种制度下),'人人为自己,上帝为大家'这句俗话,也就是说,市场波动的无政府状态,才是有根据的。当劳动已因资本主义而社会化,情形就完全不同了。织布厂老板依赖纺纱厂老板;后者又依赖种棉花的资本家,依赖机器制造厂老板,依赖煤矿老板等。结果任何一个资本家离了别的资本家都不行。显然,'人人为自己'这句俗话完全不适用于这样一种制度:这里已经是一人为大家工作,大家为一人工作(上帝已没有立足之地,不管他是作为天空的幻影,还是作为人间的'金犊'),制度的性质完全变了。在存在分散的小企业的制度下,其中某个企业停工了,只影响社会少数成员,并未造成普遍的混乱,因而不会引起大家的注意,不会激起社会的干涉。可是,如果一个属于非常专业化的工业部门,而且几乎是为全社会工作但又依赖全社会(为简单起见,我以社会化已达顶点时的情形为例)的大企业停工了,那么,社会其余一切企业都一定会停工,因为它们只能从这个企业取得必需的产品,只有有了这个企业的商品,才能实现自己的全部商品。这样,所有的生产就融合成一个社会生产过程,同时每种生产又由资本家各自经营,以他的意愿为转移,把社会产品归他私人所有。于是生产形式就同占有形式发生不可调和的矛盾……"在同一篇著作中,他把劳动社会化归结为两个特点:"(1)为全社会劳动;(2)把单个劳动者联合起来以取得共同劳动的产品。"❶

在《俄国资本主义的发展》一书中,列宁把劳动社会化的

---

❶ 《列宁全集》2版第1卷,第145—146、280页。

内容、表现及其过程又扩展为7个方面:"第一,商品生产的增长本身**破坏**自然经济所固有的小经济单位的**分散性**,并把小的地方市场结合成为广大的国内市场(然后结合成为世界市场)。为**个体**的生产变成了为**整个**社会的生产;资本主义愈高度发展,生产的这种集体性与占有的个人性之间的矛盾就愈剧烈。第二,资本主义在农业中和工业中都造成了空前未有的生产集中以代替过去的生产分散。……第三,资本主义排挤人身依附形式,……第四,资本主义必然造成人口的流动,……第五,资本主义不断减少从事农业的人口的比例(在农业中最落后的社会经济关系形式始终占着统治地位),增加大工业中心数目。第六,资本主义社会扩大居民对联盟、联合的需要,并使这些联合具有一种与以前的各种联合不同的特殊性质。第七,上述一切由资本主义所造成的旧经济制度的改变,必然也会引起人们精神面貌的改变。"❶

在以后的论著中,列宁一直重视社会化问题,并把社会化同市场的发展程度联系在一起。在他中年论述资本主义商品经济时,特别指出:"生产本身日益社会化,使几十万以至几百万工人联结成一个有条不紊的经济机体,而共同劳动的产品却被一小撮资本家所占有。"❷

如果将他三个阶段对生产社会化不断深入的认识归纳起来,就可以看出主要有以下几个方面的内容:

(1)社会化的含义首先是产品面向社会,满足社会需要。社会化使"生产者之间的社会联系日益加强",把千家万户联系起来,形成"一个整体"。它与自然经济不同,自然经济只是为满足个人消费而进行的"人人为自己"的生产;社会化生产已经是产品面向社会,满足社会需要的"商品生产"。这种因社会化而形成的"我为人人,人人为我"的生产方式,已较自然经济有

---

❶ 《列宁全集》2版第3卷,第550—552页。
❷ 《列宁全集》2版第23卷,第46页。

了质的飞跃。

（2）社会化不等于人们都在一个场所内劳动，而规模扩大仅为表现之一。列宁通过对资本主义发展的高级阶段（帝国主义）的考察，发现生产社会化和大规模地集中不能简单地等同起来，即使是小规模的经营（小企业、家庭企业）也可以实现生产社会化，而资本主义的资本积聚、集中和大垄断组织的出现，并没有消除小企业，也没有消除竞争。因此，他认为劳动的社会化决不限于工厂内部，人们在一个场所内工作这只是社会化生产"过程的一小部分"。列宁把社会化生产看作主要是生产者之间的社会联系、互相依赖关系在加强，通过各种经济联系把各个生产单位融合为一个社会生产过程，虽然会形成日益集中的趋势，形成规模经营，但并非一定要把各种生产合并为一个大的生产单位（实践也证明了，有些大生产单位的生产社会化程度也未必高）。社会化的关键是社会的经济联系。

（3）社会化包含分工与协作、专业化与集中联合之间的相互联系。分工的深化是加强社会经济联系的内在动力。社会分工的深化，使商品生产者的劳动成为单方面的，而需要却是多方面的，随着社会分工的发展，专业化的加强，生产者不需要，也不可能生产它所需要的一切东西，而是要依赖其他千万种专业生产来提供。可见，社会分工是社会化的基础，社会分工与社会联系、专业化与协作、独立经营与统一协调，乃是相辅相成的。因此，横向经济联合的发展不仅对商品经济的发展有促进作用，而且也是分工和社会化发展的必然产物。

（4）社会化的发展并不排斥企业内部的专业化。技术进步同分工深化、社会化程度是紧密联系在一起的，在部门之间、企业之间专业化分工协作日益发展的同时，企业内部分工也更加发展，企业内部的劳动也更加专业化。企业内部和企业外部的专业化在同时加强，二者与社会化共同发展，并行不悖。

（5）社会化与市场范围的扩展、市场关系的深化紧密相联。

国内市场的形成和扩大（小的地方市场变为全国的统一市场），以致"结合成为世界市场"，是社会化广度和深度不断提高的表现和结果。只有市场的扩展、市场关系的深化，方能强化社会经济联系的密切程度，方能把专业化程度越来越高的社会分工联系成一个社会经济过程。而市场关系的扩大和深化，又加速了社会化的进程。从这个意义上说，列宁把社会化同市场经济看作是互为里表、互相联动的经济范畴，二者不可分离。这就在更深刻的层次上揭示了市场经济存在、发展的根基，它表现着日益提高的生产力的一种要求、一种属性。

（6）社会化还包含人与人之间关系和精神面貌变化的某些特征。列宁所列的7种表现，例如"排挤人身依赖关系"、人口的流动、联合的趋势和精神状态的变化等都被看作是社会化进程中的现象。这就把社会化的范围进一步扩张，视之为一种社会整体的化。这种变化，正是市场经济作为一种经济制度形式带来的重大变化。

综合考察列宁的商品经济理论，可以看出，他把社会化视为商品—市场经济的技术基础或生产力基础。他在早期就说过："市场量和社会劳动专业化的程度有不可分割的联系。"❶ 后来，进一步指出："大资本主义经济，就其技术性来说，是社会化的经济，就是说，它为千百万人工作，它通过自己的各种业务把成百、成千、成万个家庭直接或间接地连在一起。"❷ 这实际上讲的是发达商品经济—市场经济的技术经济基础。没有生产社会化就没有市场经济；而没有市场经济，也不会造成高度的社会化。用他的话说："在商品的社会经济组织条件下"，整个劳动过程"日益专业化""日益社会化"，资本和企业"日益集中"。❸

---

❶ 《列宁全集》2版第1卷，第79页。
❷ 《列宁全集》2版第32卷，第199页。
❸ 《列宁全集》2版第1卷，第147页。

这是列宁对商品经济存在和发展基础的新见解。

三、社会联系：社会化与市场经济相沟通的纽带

我们理解列宁关于劳动社会化的论点，要同他强调商品经济联系功能的阐述结合起来，在更深层次上认识市场经济赖以形成和赖以发展的根基。

列宁在反驳经济浪漫主义和民粹派关于资本主义破坏经济联系的论点时，写道："难道破坏中世纪村社、行会和劳动组合等的联系的资本主义没有用别的联系代替这些联系吗？难道商品经济不已经是生产者之间的联系，不已经是市场所建立的联系吗？这种联系具有对抗性，充满波动和矛盾，但我们绝不能否认它的**存在**。……只有浪漫主义者从自己的反动观点出发才会否认这些联系的存在及其比较深刻的意义，而这种联系是以在国民经济中的作用的共同性为基础……现在只有十足的瞎子才会否认这些联系的重大意义。"❶ 在这里列宁所讲的联系包括两个内容，一是内部市场形成的社会经济联系，二是在此基础上形成的**阶级联合**。就单从经济意义上讲的社会联系，本质上就是劳动社会化的主要内容。

在他的著作中反复讲述商品生产中市场的联系作用。如在《马克思主义的三个来源和三个组成部分》一文中，他将商品、货币、资本、市场都视为日益紧密的社会经济联系的手段和形式，可以说他用"联系"二字把马克思的经济学说整个地串在一起："商品交换表现着各个生产者之间通过市场发生的联系。货币意味着这一联系愈来愈密切，把各个生产者的全部经济生活不可分割地联结成一个整体。**资本**意味着这一联系进一步发展……"❷ 在他晚年，强调社会主义初期商业的"**联系**"作用：

---

❶ 《列宁全集》2版第2卷，第182页。
❷ 《列宁全集》2版第23卷，第46页。

"退到**商业**上去：从经济上来说，这是怎么一回事？联系。"❶如果说，社会化的基本功能和表现是社会联系，那么，社会联系（就经济而言）的基本形式就是市场。

我们连贯起来看，列宁把市场的社会联系作用同社会分工视为相辅相成的两个方面。在《论所谓市场问题》一文中，他用六个时期的发展过程（并列出图表）来说明分工深化和社会联系紧密的相互关系。在无明显社会分工的自给自足的自然经济下只微弱的社会经济联系，而随着分工的细化则形成通过市场发生的经济联系，而且愈来愈密切。他认为，"市场不过是这种分工和商品生产的表现"❷。在《卡尔·马克思》一文中，他又指出："把由市场联结在一起的各个生产者之间的社会联系遮蔽起来。"❸就是说，市场本身是一种社会经济联系形式，社会分工和社会经济联系在市场经济中得到统一。还由此可以引申：市场关系本身也是社会化的表现形式和重要内容。

在论述发达资本主义商品经济时，列宁曾进一步指出了社会联系的扩展和紧密化："在资本主义制度下整个社会结合得更加紧密"❹。"资本主义与资本主义前的旧的国民经济体系不同，它使国民经济各部门之间形成了一种极密切的联系和相互依存的关系……由银行统治生产的现代资本主义，又使国民经济各部门之间的这种相互依存关系发展到了最高峰。"❺

从这里，领会列宁关于社会化的论述，应当把握一条主线，即把劳动社会化或生产社会化视为生产力提高的一种标志、一种属性，它最基本的含义是社会经济联系的结构紧密化，以致联为

---

❶ 《列宁全集》2版第42卷，第531页。
❷ 《列宁全集》2版第1卷，第86页。
❸ 《列宁全集》2版第26卷，第64页。
❹ 《列宁全集》2版第9卷，第91页。
❺ 《列宁全集》2版第32卷，第195页。

一体，包括社会分工与社会联系两个方面的辩证统一。而商品—市场经济是建立在社会化的基础上的，市场范围的扩展和市场关系的深化是社会化程度提高的表现和结果，同时反过来又促进社会化的进一步扩展和深化，二者构成联动机制。由此，我们对市场经济的根基能够有进一步的理解，它之所以能够与不同的所有制关系相结合，原因就在于此。

四、技术进步：推动社会化和市场扩展的生产力要素

列宁把市场的形成和扩大，视为社会化的第一个表现，把市场作为专业化分工之间的社会联系的基本形式，同时还一再强调技术进步对专业化和市场的推动作用。这样，就把技术进步—专业化—社会联系—市场形成和扩大的过程联结成一个运动系列。其中技术进步和社会分工都属于生产力范畴，表明生产力发展同市场的相互关系，特别是技术进步起着重大的作用。

列宁把市场的广度和深度的发展同技术进步直接联系起来，提出："技术进步必然引起生产的各部分的专业化、社会化，因而使市场扩大""市场量和社会劳动专业化的程度有不可分割的联系""市场发展的限度决定于社会劳动专业化的限度。而这种专业化，按其实质来说，正像技术的发展那样没有止境"。他又说："市场不过是商品经济中社会分工的表现，因而它也和分工一样能够无止境地发展"❶。列宁之所以作出这样的论断，是由于紧紧抓住了包括社会分工在内的社会化的整个链条。由于社会分工的扩大，才能使各个生产部门之间互为市场；而社会分工是技术进步的结果和新的动因，属于生产力自身的运动和发展，它是无止境的，而且超越社会制度，从而也就决定了市场发展的无止境性。

在《俄国资本主义的发展》一书中，他详尽地分析了由于技术进步推动社会分工深化和扩展的层次同市场关系深化、市场

---

❶ 《列宁全集》2版第1卷，第80、79、81页。

容量和扩展的层次之间的相关性。社会分工首先由工业与农业（即第二次产业与第一次产业）分离开始，然后深化到各大部门的内部以及流通领域（第三次产业）❶，而市场则由地方市场变为全国市场，而后变为世界市场。他说："国内市场的建立（即商品生产和资本主义的发展）的基本过程是社会分工。这一分工就是：各种原料加工（以及这一加工的各种工序）都一个个同农业分离，用自己的产品（现在已经是**商品**）交换农产品的各个独立的生产部门日渐形成。这样，农业本身也变成工业（即**商品生产**），其内部也发生同样的专业化过程。"在这一扩展和深化的过程中，技术进步起着越来越大的作用，即"社会分工的精细程度决定了它（市场——引者）的发展水平"。❷

对于技术进步决定市场发展程度的原理，列宁进行了实证性的研究。他把市场的规模大体划分了与技术进步历史相适应的3个阶段，即：（1）小商品生产——地方小市场。"市场极其狭小，生产者与消费者间的距离不大，微不足道的生产规模容易适应于波动极小的地方需求。"（2）手工工场——地方大市场。"工场手工业是为大市场而工作，有时是为全国而工作"。（3）大机器工业——巨大的全国市场乃至国际市场。"大机器工业必然造成人口的流动性；各个区域间的商业交往大大地扩展了；铁路促进了人们的流动。"它是"为巨大的国内市场与国际市场的生产"，在购买原料及辅助材料上同国内各个地区及各个国家的发生的商业联系日益密切。与市场发展相联系的上述三种工业形式，"首先是以各种不同的技术结构来区分的。小商品生产的特征是完全原始的手工技术，这种技术几乎从古至今都没有变动。手工业者仍是按照传统方法对原料进行加工的农民。工场手工业采用了分工，分工使技术有了根本改革，把农民变为工匠，变为

---

❶ 编者注：即第一产业，第二产业和第三产业。

❷ 《列宁全集》2版第3卷，第50—51、52页。

'局部工人'。但是，手工生产仍旧保存着，在这种基础上生产方式的进步必然是十分缓慢的。分工是自发地形成的，像农民劳动一样是按照传统学来的。只有大机器工业才引起急剧的变化，把手工技术远远抛开，在新的合理的基础上改造生产，有系统地将科学成就应用于生产……在工厂所支配的工业部门中，我们看到彻底的技术改革和机器生产方式的极其迅速的进步。"❶

列宁的这个观点，既坚持了马克思的生产决定（即生产最终决定分配、交换、消费）的原理，又在新的条件下突出了技术进步的特殊作用。他反驳浪漫主义的经济理论时，多次论述"生产本身为自己造成市场，生产本身决定着消费"的观点❷；同时，强调技术进步在新的条件下对生产专业化、社会化的作用。

对于上述论证，我们可以概括为这样的公式：技术进步—专业化—社会化—市场扩大—技术进步。我们可以把它视为市场经济发展的规律。了解和掌握了它，对于揭开社会主义市场经济的奥秘，自觉地掌握市场扩展的法则和完善市场体系，都具有重大的理论意义和实践意义，可以加深理解经济增长方式由粗放型向集约型转变同市场经济发展的内在联系及其客观趋势。

第三节　市场对社会经济的调节作用

列宁把商品经济称之为"使市场成为社会生产的调节者的制度""受市场支配的经济"，这也就是突出市场配置资源的地位。他对市场调节作用进行了多方面的论述。

一、对价值、价格的新解释

他运用价值规律对价格与价值的关系及其调节作用作了新的

---

❶ 《列宁全集》2版第3卷，第500、501、503、505、499页。

❷ 《列宁全集》2版第2卷，第118页。

概括:"价格是价值规律的表现。价值是价格的规律,即价格现象的概括表现。"俄国的"合法马克思主义"代表人物司徒卢威在《经济和价格》一书中,大肆诋毁马克思主义的劳动价值论,说劳动价值论与在价值规律基础上形成的平均价格有矛盾,"价值作为一种不以价格为转移的东西乃是一种幻影"。列宁在《又一次消灭社会主义》一文中回答说:"对能否科学地分析现状感到绝望,不要科学,竭力蔑视任何概括,躲避历史发展的一切'规律',用树木挡住森林——这就是我们在司徒卢威先生那里所看到的那种时髦的资产阶级**怀疑论**和僵硬死板的**经院哲学**的阶级含义。""在这里说什么'不以'价格'为转移',这只能是为了嘲弄科学,因为科学在所有的知识领域都向我们表明,基本规律是通过貌似紊乱的现象表现出来的"。❶

列宁指出,价格离开价值和利润平均化的现象,马克思根据价值规律对此已作了充分说明,"因为全部商品的价值总量是同价格总量相符的。然而价值(社会的)变为价格(个别的),不是经过简单的直接的途径,而是经过极其复杂的途径,因为很自然,在完全靠市场联系起来的分散的商品生产者的社会中,规律性只能表现为平均的、社会的、普遍的规律性,而不同方向的个别的偏离则相互抵销。"❷对此,他在反驳司徒卢威时作了详尽的分析。价格是一种带偶然性的现象范畴,而必然寓于偶然之中,无数偶然现象必定由必然所支配。列宁从价格变动追到交换关系,又从偶然的交换关系追到必然的交换关系,进而追到决定它的分工制度,追到建立在相对稳定基础上的社会关系。"既然价格是交换关系,那就必然会理解在个别的交换关系同经常的交换关系之间,在偶然的交换关系同大量的交换关系之间,在一时的交换关系同长时间的交换关系之间所存在的区别。既然如此

---

❶ 《列宁全集》2版第25卷,第46、47页。

❷ 《列宁全集》2版第26卷,第69页。

（无疑是如此），那我们同样必然会从偶然的和个别的交换关系上升到稳定的和大量的交换关系，从价格上升到价值。"❶换句话说，价格以具体形式来表现价值，价值通过价格来调节经济。这就是市场机制的核心。

二、竞争关系在市场调节中的作用

列宁论述市场调节还突出了竞争的影响。在商品经济条件下，"每个人都不依赖别的生产者而各自单独为市场生产，当然，市场量是他们谁也不知道的。这种为共同市场劳动的单独生产者之间的关系叫作竞争"。而竞争引起投资的冲动和不断调整。"实际上，资本主义社会不进行积累就不能存在，因为竞争迫使每个资本家在破产的威胁下扩大生产"❷。竞争者都在争取利润的最大化，但有机构成高的资本所提供的利润率却低于平均利润率，有机构成低的资本所提供的利润率则高于平均利润率。于是，"资本之间的竞争，资本从一个部门自由地转入另一个部门，会使上述两种情况下的利润率都趋向平均"❸。这是价值规律调节作用的体现。

在这种调节中，资本充当着运行的主体。列宁在一篇调查中指出，要求"**工业自由**""就是**商品经济**的关系"，而这一经济力量"就是领导商品经济的**资本**的力量"。❹在另一处论述中，他更明确地说："我国经济制度的基础是商品经济，而商品经济的领导者，在我国也同别的任何地方一样，是资产阶级。"❺如果说在市场中竞争的载体是资本，那么竞争的主角就是掌握资本

---

❶ 《列宁全集》2版第25卷，第49页。
❷ 《列宁全集》2版第1卷，第76、83页。
❸ 《列宁全集》2版第26卷，第68—69页。
❹ 《列宁全集》2版第2卷，第328页。
❺ 《列宁全集》2版第1卷，第215页。

的人（在资本主义社会即为资本家）。

综上所述，列宁以价值为轴线，分析了供求关系、竞争关系的交互作用，通过价格的变动配置资源。他作了这样的概述："一个社会的全部商品的价值总量是同商品的价格总量相符的，但由于竞争的影响，在各个企业和各个生产部门内，商品不是按其价值，而是按等于所耗费的资本加平均利润的**生产价格**出卖的。"❶寥寥数语，对一个复杂理论问题作了明确的阐释，也回答了一些资产阶级学者的所谓马克思"**矛盾**"的诘难。

三、运用"实现论"分析市场配置资源的功能

列宁对市场经济理论的重要贡献之一，是把马克思的社会再生产原理同市场的形成和配置资源的作用联系起来，构建完整的市场实现论体系。

19世纪末，民粹派为了否定俄国资本主义国内市场的形成，便曲解马克思的社会总资本再生产理论，认为第一部类的积累既不依赖消费品生产的运动，也不依赖任何个人消费，由于人民大众贫困，市场有完全停闭的趋势，唯一的出路是到国外寻找市场，而国外市场又早被别国占领，因此资本主义在俄国没有发展的根基。年轻的列宁从理论上作了详尽的回答。

他中肯地指出："资本主义社会中产品的实现"问题就是"国内市场的理论"。"实现问题就是：如何为每一部分资本主义产品按价值（不变资本、可变资本和额外价值——即剩余价值——引者）和按物质形态（生产资料、消费品，其中包括必需品和奢侈品）在市场上找到替换它的另一部分产品。"❷换句话说，是让社会的各种使用价值和价值的各种构成要素（C、V、M）在市场中以互相交换的形式得到统一，使各类生产产品的价

---

❶ 《列宁全集》2版第26卷，第69页。
❷ 《列宁全集》2版第3卷，第27页。

值得到实现，实物得到补偿。这个完整的过程，以高度的理论抽象概括了商品经济社会的产业结构、产品结构同市场的供求结构之间复杂关系的矛盾运动总体，从最高层次上勾勒了市场配置资源的过程。正如列宁所说："要阐明俄国资本主义国内市场的问题，指出社会经济一切部门中所发生的这个过程的各个方面的联系和相互依存的关系是绝对必要的。"❶可以说，市场实现社会总资本再生产的过程，就是在深层上市场配置资源的规律。

在研究实现理论过程中，列宁对马克思社会资本再生产公式的重要补充，在于突出了技术进步的因素，也就是前面所说的技术进步同市场扩展的关系。列宁在讲到马克思的公式时特别提到："这个公式没有考虑的正是技术进步。如马克思在《资本论》第1卷中所证明的，技术进步表现于可变资本与不变资本的比值（V/C）逐渐缩小，而在这个公式中却是把这个比值当作不变的。"❷这一点并不是出于纯粹的理论推导，而是由同民粹派理论上的争论引发的。列宁批驳了他们对社会总资本再生产公式的曲解，把技术进步因素纳入了马克思的公式。为此，他在马克思公式的基础上重新进行了推导，并作文字说明（此处将公式省略）。

他得出的结论是：增长最快的是制造生产资料的生产资料生产，其次是制造消费资料的生产资料生产，最慢的是消费资料生产。

是不是资本主义国内市场仅仅依靠生产资料的增长即生产消费呢？列宁否定了这种看法。他在论述第Ⅰ部类比第Ⅱ部类发展得快时特别指出："一定的消费状况是比例的要素之一"；"绝不能由此得出结论说，生产资料的生产可以**完全不依赖**消费品的生产而发展，也不能说二者**毫无联系**"，"生产消费（生产资料

---

❶ 《列宁全集》2版第3卷，第5页。

❷ 《列宁全集》2版第1卷，第64页。

的消费）归根到底总是同个人消费联系着，总是以个人消费为转移的。"❶ 在资本主义商品经济建立生产资料市场的同时，也建立了消费品的国内市场。民粹派认为，由于农民破产必然使市场缩小。列宁批驳了这种观点。他说："对市场来说，重要的绝不是生产者的生活水平，而是生产者拥有货币。"在小生产者变成小商品经济之后，一方面他们所需要的生产资料和生产出来的属于生产资料的产品变成了商品，进入市场；另一方面，"这种小生产者的生活资料变成了可变资本的物质要素，即变成了企业主（无论是土地占有者、承包人、木材业者、厂主等都一样）雇用工人所花费的货币额的物质要素。这样，这些生产资料现在也变成了商品，即建立了消费品的国内市场。"❷ 以农民为例，他们是否拥有货币（及其数量），不是由他们的富裕程度决定的，像自然经济条件下的殷实农民，不一定有多少货币，而靠雇佣劳动为生的破产农民，却以货币收入为生。列宁在调查了农民的生活变动之后，得出这样的结论："由此可见，任何关于农民经济及其收入对于市场的意义的论断，如果不是以计算货币收入部分作依据，那是不会有丝毫价值的。"❸ 与此相关，劳动力变为商品之后，市场不但不会缩小，而且会随之扩大。"国内市场随着商品经济从产品转到劳动力而日益扩展，而且只有随着劳动力变成商品，资本主义才囊括国家**全部生产**，主要靠在资本主义社会中占着愈来愈重要地位的生产资料来发展。"❹ 这样，就构成了生产资料市场、消费品市场和劳动力市场（在《俄国资本主义的发展》中有一个专题论述"国内劳动力市场的形成"），同时逐步形成资本市场。

❶ 《列宁全集》2版第4卷，第44页。
❷ 《列宁全集》2版第3卷，第22、51页。
❸ 《列宁全集》2版第1卷，第24页。
❹ 《列宁全集》2版第3卷，第52、49页。

列宁之所以运用马克思的社会总资本再生产的理论（实现论）来分析市场机制，意在探寻隐藏在背后的市场配置资源的客观规律。他说："社会生产各部分之间的比例（按价值和按实物形式），是社会资本再生产理论所必须有的假定，并且事实上只是从一系列经常波动中得出的平均数，——在资本主义社会中，由于为不知道的市场而生产的各个生产者的孤立性，这种相适应经常遭到破坏。彼此互为'市场'的各种生产部门，不是平衡发展，而是互相超越，因此较为发达的生产部门就寻求国外市场。"❶这就是客观比例的制约性同市场调节的自发性、波动性的矛盾运动。当民粹派曲解列宁的上述论点把所谓市场调节"有计划性"硬加到列宁头上的时候，他作了更加明确的回答："经常的、自觉保持的比例性也许确实是计划性，但这不是'只是从一系列经常波动中得出的平均数'的那种比例性了……我坦率地说：比例性（或适应）是理论上'假定'的，事实上它'经常遭到破坏'，要使一种资本分配由另一种资本分配代替而造成比例性，就'必须经过危机'。"❷从这些论述看，列宁的思想中包含两种调节（"两只手"）互为补充的萌芽。

此后，关于实现论也在其他国家进行过讨论。主要是1913年卢森堡发表了《资本积累论》一书，提出了同民粹派大体相近的观点，认为生产资料和消费资料两大部类的全部剩余价值不可能在资本主义国家内实现，而必须靠国外非资本主义经济来消费，因此要争夺殖民地和不发达国家、实行军国主义，而一旦世界上非资本主义领域全部消失，资本主义积累和扩大再生产便无法进行，于是它就陷于崩溃。列宁对这一观点作了驳析，明确指出："在'纯资本主义'社会中实现剩余价值也是可能的""卢

---

❶ 《列宁全集》2版第3卷，第52、49页。

❷ 《列宁全集》2版第3卷，第570页。

森堡的'辩证法'是折中主义。"❶他对该书作了批注,认为"国外市场＝非资本主义的社会环境"的公式是不对的,"在别国使用的是同样的资本和同样的工人。C、V 和 M 并没有因此而改变。资本主义有时向广度发展(别的国家),有时向深度发展。"❷由于种种原因,列宁没有发表已经草拟提纲的讨论文章。

需要说明的是,列宁的论述没有限于单纯的理论演绎和公式推导,他以大量的实际材料为依据进行了实证分析,所以也是以实践为基础得出的科学结论。我们既要学习他的观点,更要学习他的方法,而不能将其个别结论教条化、绝对化。例如,对于列宁运用实现论分析资本主义市场中生产资料优先发展的论断,就不能绝对化,这也不符合列宁的原意。列宁一方面强调了各部门发展的不平衡性,另一方面又论述了它们之间的互相依赖和互相制约的关系。列宁在讲两个部类的关系时,特别指出:"资本主义的**本性**一方面要求无限地扩大生产消费,无限地扩大积累和生产,而另一方面则使人民群众无产阶级化,把个人消费的扩大限制在极其狭窄的范围内。"这是一种矛盾,一种畸形积累结构,"而指出这些矛盾,就使我们清楚地看到资本主义的历史**短暂性**,看到它要求过渡到更高级形式的条件和原因"。又说:"资本主义所固有的生产和消费之间的矛盾就在于:在国民财富增长的时候,人民的贫困也在增长,在社会生产力增长的时候,人民的消费却没有相应增长,这些生产力没有被用来为劳动群众谋福利。""从这个矛盾中只能得出一个唯一正确的结论,即生产力的发展本身将以不可阻挡之势导致资本主义被联合起来的生产者的经济所代替。"❸我们还可引申,如果在社会主

---

❶ 《列宁全集》2版第46卷,第228页。
❷ 《列宁全集》2版第59卷,第418、423页。
❸ 《列宁全集》2版第4卷,第44、45、139、143页。

义条件下不考虑它们之间的协调关系，将生产资料优先发展片面化、绝对化（如苏联计划经济体制下所做的那样），也会导致畸形的经济结构。须知，当年的列宁是反对教条式地滥用公式的。

四、市场调节的缺陷

列宁在论述了市场调节功能的同时，也指出了它的缺陷，主要是由盲目性所导致的波动性、跳跃性、非均衡性，集中表现为经济危机，造成严重的两极分化。列宁说："经营者是为销售而生产，是为市场生产商品。而管理生产的是单个的资本家，他们各干各的，谁也不能准确知道市场上究竟需要多少产品和需要哪些产品。他们盲目地进行生产，所关心的只是只要超过对手。这样，产品的数量就可能不符合市场上的需要，这是很自然的。"❶ 又说："在资本主义生产条件下（可以理解为资本主义市场经济的初期——引者），生产和消费（在另一处特别说明是'供给和需求'——引者）的平衡只有经过一系列的波动才能达到；生产规模越大，它所依靠的消费者范围越广，这些波动也就越厉害。"❷ 由此造成生产的不稳定性，使得"资本主义的生产，只能跳跃式地发展，即进两步退一步（有时甚至两步都退回来）"❸。它"只能通过一系列的不平衡和不合比例来进行：繁荣时期被危机时期所代替，一个工业部门的发展引起另一工业部门的衰落"，农业也是如此。他形象地比作"寒热病"❹。这种波动性带有一定的周期性，表现为经济危机。当然，更深刻的根源，"危机是由现代经济制度（即资本主义制度——引者）中另

---

❶ 《列宁全集》2版第5卷，第73页。
❷ 《列宁全集》2版第1卷，第80页。
❸ 《列宁全集》2版第5卷，第73页。
❹ 《列宁全集》2版第3卷，第549页。

一个更深刻的基本矛盾,即生产的社会性和占有的私人性之间的矛盾引起的",而市场表现的生产和消费之间的矛盾要"放在应有的从属地位"。❶资本主义市场的波动性必然造成两极分化。例如,在竞争中,"手艺较好,精明强干的强的生产者会因这多次波动而更为强大,弱的、手艺差的生产者则会因这些波动而垮台。少数人发财而大众贫困,——这就是竞争规律的必然后果"❷。

同时,列宁又用历史唯物主义观点分析了这种不稳定性和矛盾。他批判经济浪漫主义时指出:"不了解这种'不稳固性',是任何资本主义和商品经济的**必然**特征,使他们陷入**空想**。不了解这种不稳固性**本身**具有的进步因素,使他们的理论成了**反动**的理论。"❸他不同意民粹派因为看到资本主义的矛盾就否定它的存在的合理性和历史的进步性,进而阐明:"资本主义的发展不可能不在一系列的矛盾中进行,而指出这些矛盾,就使我们清楚地看到资本主义的历史短暂性,看到它要求过渡到更高级形式的条件和原因。"❹如果我们撇开资本主义属性去理解市场经济的特征,可以认识它在运行中的波动性、周期性,学会正确地分析和处理这样那样的矛盾。

第四节 商品经济对生产力的推动作用

列宁研究商品经济和市场的作用的出发点及衡量是非得失的标准,是以是否有利于生产力的发展为尺度。他同民粹派的争论,对资本主义商品经济各个阶段的考察,新经济政策的选定,

---

❶ 《列宁全集》2版第2卷,第137页。
❷ 《列宁全集》2版第1卷,第76页。
❸ 《列宁全集》2版第2卷,第185页。
❹ 《列宁全集》2版第4卷,第45页。

都是基于发展生产力这条主线。为什么商品经济（市场经济）对生产力的发展能产生巨大的推动力呢？最基本的原因在于它符合社会化生产力的本性。

一、推进生产力发展的动因

（一）商品经济与社会分工互为因果、相互促进

在列宁看来，社会分工是商品经济的基础，但反过头来，商品经济发展又成为深化社会分工的动因。二者形成一种交互作用的运动系统。列宁一方面论述了社会分工推动着商品生产和市场的扩大，另一方面又分析了商品经济会促进生产专业化。以俄国为例，在自然经济占统治地位的时代，技术进步极端缓慢，而在资本主义商品经济发展起来之后，它所支配的国民经济各个部门，没有一个不曾发生这样完全的技术改革。列宁引用了大量的材料进行实证性分析。在论述农村中初级的资本主义商品经济时，他指出："**商业性**农业的发展表现为农业的专业化。""有一件事实特别值得注意，即商业性农业在增长：按每一口人计算的粮食收获量（扣去种子）增加了，而在这些人口内部社会分工日益发展；工商业人口增加了……"这些地区，由于市场的需要，引起了技术的改良。商品经济进一步发展，大机器工业占统治地位，"社会分工得到了巨大的推动"❶。社会分工是无止境的，**商品经济**和市场也是无止境的；当然，市场对社会分工的推动也是无止境的。到了垄断资本主义阶段，商品经济扩展为世界经济，国际市场的扩大又深化国际间和各国内的社会分工。这一原理也适用于社会主义社会。列宁晚年指出："实行商品交换可以刺激农民扩大播种面积和改进农业。"❷他抓住商品流通这个中心环节，实际上是利用**市场经济**深化社会分工，发展生产力。

---

❶ 《列宁全集》2版第3卷，第222—223、235、481页。

❷ 《列宁全集》2版第41卷，第327页。

（二）商品经济能够通过经济利益的满足去充分调动经营者的积极性，用尽一切智慧去改进经营、提高技术、降低成本，争取最佳效益

在资本主义制度下，资本家和小业主的积极性不待多说，即使在社会主义条件下，商品经济同样具有这种激励机制，有利于克服平均主义和互相依赖的思想。列宁在新经济政策时期，一再指出：社会主义企业实行商业原则，能够克服令人厌恶的懒惰、松懈、零星的投机倒把、盗窃和纪律松弛等现象，可以使人"极度地紧张"，而这种"极度地紧张"（即"高度紧张地从事每天的劳动"）正是取得胜利的条件。国家作为"批发商"，可以满足农民的利益，"引起他们经营的兴趣"。他说："国家必须学会这样经营商业，即设法使工业能满足农民的需要，使农民能通过商业来满足自己的需要。办事情应能使每一个劳动者都拿出自己的力量来巩固工农国家。只有这样，我们才能建立起大工业。"❶ 由此引申，在社会主义制度下，只有发展商品经济，才能真正贯彻物质利益原则，才能克服平均主义。

（三）市场竞争产生强劲的动力，促进生产者和经营者采用新技术、降低成本、改进经营管理、制造新的产品，以战胜竞争对手

列宁认为，竞争的压力实际上是一种动力。他在分析资本主义商品经济的矛盾时，充分肯定了竞争的作用。他说："西斯蒙第抛弃了关于自由竞争的优越性的学说，没有觉察到他在抛弃盲目的乐观主义的同时，也抛弃了一个确定无疑的真理，即自由竞争**发展社会生产力**。"他具体分析国内市场的实现过程如何扩大到国外市场："所有这些产品都只是在'困难'中，在随着资本主义的发展而日益加剧的经常波动中，在激烈的竞争中实现

---

❶ 《列宁全集》2版第42卷，第177、194页。

的，这种竞争**迫使**每一个企业主竭力无限扩大生产，越过本国的疆界，到那些尚未卷入资本主义商品流通的国家去寻找新的市场。"❶这种竞争的推动作用也扩展到农业："资本主义所造成的竞争和农民对世界市场的依赖，使技术改革成为必要，而粮价的跌落则更加强了这种必要性。"值得注意的是，列宁不但充分肯定竞争对生产的推动作用，而且也实事求是地分析经济危机另一面的客观作用。人所共知，由盲目生产和竞争造成的经济危机是资本主义商品经济的一大弊端，它造成了巨大社会浪费，但在社会再生产的长河中它还有另一面作用："商业性农业的各种特殊种类的形成，使农业中的资本主义危机和资本主义生产过剩成为可能和不可避免，但是这些危机（和所有资本主义危机一样）更加有力地推动了世界生产和劳动社会化的发展。"❷在另一处，他指出了农业危机的两重性，一方面"使大批农户破产，使已经确立的所有制关系遭到巨大的破坏，在**一些地方**使技术退步，使中世纪的经济关系和经济形式复活"，另一方面，"总的说来，农业危机能够**加速**社会的演进，把宗法式的停滞状态从它的最后的避难所里排挤出去，促使农业进一步专业化（资本主义社会中农业进步的基本因素之一）和进一步采用机器"。❸后来，列宁在分析资本主义商品经济发达形态——帝国主义时，科学地指出在垄断取代自由竞争之后，竞争并未消失，而是在更大的范围内更激烈地竞争，这种竞争加剧了资本主义世界的矛盾（甚至导致战争），同时也推动了生产力和科学技术的发展，表现为不平衡性规律。在建立社会主义制度以后，他曾想以"竞赛"的概念代替竞争，实践表明，只要有商品经济就必然有竞争，而竞争推动着生产力的发展。

---

❶ 《列宁全集》2版第2卷，第129—130、133页。

❷ 《列宁全集》2版第3卷，第200、281页。

❸ 《列宁全集》2版第4卷，第133—134页。

（四）需求的扩大引起市场的扩大，市场的扩大推动生产的扩大，形成螺旋式上升的扩大再生产型的经济

列宁把需求—市场—扩大再生产视为商品经济的一条规律。首先，商品经济的发展必然改变人们的消费水平和消费方式，必然使市场容量扩大。他说："在讨论资本主义发展和'市场'扩大间的相互关系时，不能忽略一个毋庸置疑的真理，即资本主义的发展必然引起全体居民和工人无产阶级需要水平的增长。这种增长的造成，一般是由于产品交换的频繁，而产品交换的频繁又使城市和乡村间、各个不同地区间的居民的接触更为频繁。造成这种情形的，还有工人无产阶级的密集，这种密集提高着这个阶级的觉悟程度和人的尊严感，使他们有可能同资本主义制度的掠夺趋向做有效的斗争。欧洲的历史十分有力地说明了这一需要增长的规律，例如把18世纪末和19世纪末的法国无产者，或者把19世纪40年代和现代的英国工人比较一下就可知道。这个规律在俄国也显出了自己的作用：商品经济和资本主义在改革（指1861年的改革——引者）后时代的迅速发展也引起了'农民'需要水平的提高，农民比以前'干净些'了（在衣着、住房等方面）。这种无疑是进步的现象，应归功于俄国资本主义而不能归功于别的什么……"❶ 同时，在资本主义商品经济发展起来之后，生产资料的增长会更快，生产资料市场迅速形成和扩大，反过头来，又会促进生产资料的商品生产飞速扩大。"在一切旧的经济制度下，每次生产更新的形式和规模都和从前一样（即简单再生产——引者），而在资本主义制度下，同一形式的更新是**不可能的，无限扩大**和不断前进成为生产的规律。"❷ 实际上这是商品经济的一般规律，商品经济愈发达，这种扩大再生产的趋势愈明显。社会主义商品经济也是如此。

---

❶《列宁全集》2版第1卷，第84—85页。
❷《列宁全集》2版第2卷，第134页。

（五）商品经济是交换经济，它促进人们的经济交往、互通信息，改变互相闭塞的局面，有利于新的生产要素的扩散，提高人们的素质

列宁认为，商品经济打破了闭塞，使人们交往频繁。工商业的发展和商业性农业的发展，把成千上万的居民聚集到工商城镇，"社会分工得到了巨大的推动。居民的流动代替了昔日的定居与闭塞状态而成为经济生活的必要条件。"❶例如"随着手工业的发展，乡村与外界、与城市（这里指与莫斯科）的来往日益频繁，莫斯科的某些生活方式逐渐渗入乡村"❷，这样就使穷乡僻壤改变了面貌，从外面传来新的技术、样品和新的文化因素。"不应当忘记亚当·斯密早就说过的话：完善的交通将使一切乡村变成市郊。现在已属少见的穷乡僻壤，会日益变成稀有的古迹，农民也会愈来愈迅速地变成受商品生产一般规律支配的工业者。"列宁肯定资本主义商品经济的作用时，专门讲了由于经济交往和人口流动"引起人们精神面貌的改变"。"没有居民的流动……居民的自觉性和主动性的发展是不可能的。"❸正是基于他对商品经济交往作用的深入研究，所以列宁晚年认为当时的苏俄商品流转被堵塞，造成愚昧、落后、官僚主义。"我们这里官僚主义的经济根源是另外一种：小生产者的分散性和涣散性，他们的贫困、不开化，交通的闭塞，文盲现象的存在，缺乏农工业之间的**流转**，缺乏两者之间的联系和协作。"要改变这种状况必须大力发展商品经济，"要用一切办法坚决发展流转"。❹

（六）商品经济的运行扫除了自然经济的结构，使"小而全"的小生产组织变为企业形式，使得社会分工、利益层次、经

---

❶ 《列宁全集》2版第3卷，第481页。
❷ 《列宁全集》2版第1卷，第97页。
❸ 《列宁全集》2版第3卷，第276—277、552、282—283页。
❹ 《列宁全集》2版第41卷，第218—219页。

营细胞统一在一个单位中

企业这种组织形式有利于推动社会化生产的扩展，也符合扩大再生产的要求。列宁早年剖析俄国农村商品经济时认为，发展商业性农业必然变成为企业性农业，工业商品生产的规律也是在手工作坊变成了真正的企业之后，才能全面转入商品经济的轨道，才能有活力。十月革命后，曾按照"直接生产和直接分配"的设想试验过消灭企业这种形式，结果生产力不能发展，经济效益低下。后来，列宁在新经济政策时期提出经济核算制，使企业自主经营、自负盈亏，使得公有制企业开始焕发生机。事实说明，资本主义商品经济所创造的企业这种形式，是社会化生产和商品经济的共同的基层细胞，尽管社会性质不同，但存在着共同的运行规律。用列宁的话说："只有在商业核算这个基础上才能建立经济。"❶ 就是说，社会化生产和商品经济，必须以企业作为运行的基础层次，才能发展经济。否则，就不会有活力。列宁在区分两种分工时说道："社会分工造成单独的商品生产者，他们独立地和互不依赖地生产各种用以交换的产品"❷。这就指出了企业的最基本的构成要素。社会分工之所以要以一定的独立生产过程、独立生产单位为基础，是因为专业化分工必须围绕制造某种产品形成生产要素的最佳组合，取得规模效益。生产要素的组合不是任意的、散乱的，想怎样组合就怎样组合，而是有它的组合法则：第一，要有一定的目标，生产出一定的产品；第二，发挥协作的优势，组合成集体的力量，能够节约活劳动、原料、场地；第三，有一定设备的组合和生产程序来保证生产的连续性；第四，形成规模经济，取得规模效益；第五，经营的经济效益同生产经营者的利益相联系；第六，便于进行经济核算；第七，社会经济联系的统一性作用于生产单位内部，使各种生产要

---

❶ 《列宁全集》2版第42卷，第239页。

❷ 《列宁全集》2版第3卷，第571页。

素变为统一的价值量,把生产过程变为这一价值增殖的过程,使生产单位成为独立的资本循环运动的生命体。实质上,就是商品经济的运行能够促使各种生产要素围绕生产一定的商品实行最佳组合。这是社会化生产力发展的基础。

(七)商品经济的发展促进生产的联合、集中,形成日益扩大的规模经济

资本主义商品经济,"扩大居民对联盟、联合的需要,并使这些联合具有一种与以前的各种联合不同的特殊性质"❶。社会化生产发展到一定程度,它就具有组合企业的功能,用各种形式把一些企业联合成为企业群体和集团。这种现象,在发达的资本主义商品阶段成为典型形式,即托拉斯、辛迪加等。在社会主义条件下,同样需要这种联合,以容纳巨大的生产力,更大规模地进行扩大再生产。

二、归纳:商品经济机制综述

全面领会列宁的一系列论述,我们对于商品经济——市场机制作一些概括。

(一)联系机制

列宁多次强调,以社会分工和社会化生产为基础的商品经济,其最基本的功能在于"联系",而同社会分工共生的社会联系是社会化的基本特征。商品经济愈发达,这种经济联系愈普遍、愈密切,并且形成由社会分工网、交通通信网、流通市场网、科学技术网、城市群体网等组建的网络经济。如果说自然经济是封闭的孤立的经济,那么,商品经济则是开放的、联系的经济。

由于商品经济是交换的经济、开放的经济,频繁的经济联系和交流,可以使生产力合理流动,使生产要素跨地区,乃至跨国界地合理组合;可以传播新知识、新技术;可以通过劳动力和人

---

❶ 《列宁全集》2版第3卷,第551页。

口流动，使不同地区、不同行业的人们取长补短、开阔眼界，摆脱闭塞、愚昧状态。

（二）核算机制

商品生产面向市场，扩大销售，因此它的产品质量、品种和收益"就要受到社会的核算，首先是地方市场的核算，其次是国内市场的核算，最后是国际市场的核算"❶。在列宁看来，市场经济就是计算的经济："个体生产者供他人消费的产品只有采取货币形式，就是说，只有预先经过质量和数量两方面的社会计算，……才能使生产者有权获得其他社会产品。而这种计算是在生产者的背后通过市场波动进行的。"❷他嘲笑小资产阶级经济浪漫主义（以西斯蒙第为代表）认为"政治经济学不是计算的科学，而是道德的科学"，而马克思主义政治经济学"正是以单纯的、冷静的利益计算作为自己论述的出发点"。❸市场的这种计算和核算功能，乃是节约规律、价值规律和供求规律在社会化生产中的表现。价值规律是商品经济的基本规律，价值增殖是资本循环的主要功能。追求效益是一切商品经营活动的灵魂。这种"追求"，推动着生产力的发展和社会劳动节约，包括技术的进步、管理的改善、生产能力的扩大、微观经济与宏观经济之间的协调等。不追求收益最大化的经济（自然经济、产品经济），乃是最大的社会浪费。商品经济既增进微观经济效益，又提高宏观经济效益。

（三）激励机制

就是经济利益对生产者和经营者的激励作用和体系。商品经济的功能之一，是能够沟通经济效益与经济利益之间的联系，使经营者收入与他们创造并得以实现的价值直接挂钩，成正比关

---

❶ 《列宁全集》2版第3卷，第280页。
❷ 《列宁全集》2版第1卷，第369页。
❸ 《列宁全集》2版第2卷，第224—225页。

系。基于此,列宁在新经济政策时期提出了"同个人利益的结合"原则,"把国民经济的一切大部门建立在同个人利益的结合上面"❶。

(四)竞争机制

竞争是一种市场关系。有商品经济就一定有竞争。列宁曾经肯定竞争的优越性,认为竞争发展着社会生产力,这是"一个确定无疑的真理"。竞争可以出人才、出技术、出管理、出新产品、出高效益,一句话,竞争出新的生产力。同时,只有通过市场竞争,才能形成平均利润率,也才能有真正的经济核算。

(五)连动机制

这就是列宁所论述的市场——扩大再生产之间的连动关系。由社会和经济联系的作用,产生连锁反应,形成因果互换的运动系统。一个环节突破了可能牵动其他一系列环节,使发达的商品经济成为扩大再生产型的经济,对技术进步不断产生强大的拉力,形成加速效应,而反过来推动商品经济更加发达。自然经济只面向自身的消费,它的基础是规模狭小、年年重复的简单再生产。商品经济发展同科学技术进步的连动作用特别显著。正是因为这样,科学技术进步成为商品经济的主要支柱,商品经济扩大再生产又成为科学技术进步的强大动力。

(六)优选机制

这是指商品经济不但能够同多种经济制度形态共存(适应性),而且能够通过竞争优选所有制的结构形式和一些主要所有制的具体实现形式(详见第十一章)。

(七)调节机制

即以价值规律为主轴,包括供求规律、竞争规律、平均利润规律等的规律体系,通过价格调节社会资本的运行和资源的配置,实现社会使用价值与价值在总量和结构上的耦合,形成不平

---

❶ 《列宁全集》2版第42卷,第191页。

衡到平衡的反复过程。

总之,列宁认为,特别是对于经济落后的国家,资本主义商品经济不发达是其落后的重要原因。他多次引用马克思的名言:劳动者"不仅苦于资本主义生产的发展,而且苦于资本主义生产的不发展"❶。经济落后的国家应当更多地利用商品经济的积极因素促进生产力发展。

同时,列宁也指出,必须认识商品经济、市场经济特别是资本主义商品经济的缺陷,主要表现为盲目性、不稳定性和周期性的经济危机,对社会经济会造成巨大浪费,又容易产生两极分化。现在看来,即使是社会主义经济,它的消极面仍然不可忽视。关键在于学会利用其积极作用,克服其消极因素。

---

❶ 《马克思恩格斯全集》第23卷,第8—11页。

第四章　重大贡献（二）：论析发达资本主义商品经济

> 在交换发展的一定阶段，在大生产发展的一定阶段，即大致在19世纪和20世纪之交所达到的阶段，交换造成了经济关系的国际化和资本的国际化，大生产达到了十分庞大的规模，以至自由竞争开始被垄断所取代。典型的已经不是"自由地"进行竞争（在国内和国际关系中）的企业，而是企业家垄断同盟——托拉斯。典型的世界"主宰"已经是金融资本。
>
> ——列宁

如果说马克思恩格斯和列宁早期所论证的基本上是次发达的资本主义商品经济，那么列宁中期（主要是第一次世界大战期间）则开拓了一个新的研究阶段：论析发达的资本主义商品经济理论，即《帝国主义论》所揭示的资本主义商品经济崭新阶段的重要规律和特征。由于本书主要研究的是列宁的商品经济—市场经济思想，这里重点抽出关于发达商品经济的论述加以发掘整理，所以和以往专门阐释的"帝国主义论"便有一定的差异。如前所述，我们的目的在于通过对资本主义商品经济个性的研究来认识发达商品经济—市场经济的普遍规律和共同特征，进而为现实服务，包括用以分析当代资本主义市场经济，特别是有助于认识和驾驭社会主义市场经济。这也就是个别——一般—个别的辩证方法。从这个意义来说,列宁关于发达资本主义商品经济的理论,为我们提供了一个宝贵的思想武库,在马克思主义商品经济理论发展史上是一座里程碑,可以作为我们研究市场经济的明鉴。

第一节　发达商品经济的基础和特征

列宁在论述帝国主义时,把它称之为"资本主义的最高阶段""最高度发达的资本主义的一定的发展阶段""现代资本主义"等,又说:"资本主义是发展到最高阶段的商品生产"。根据这些提法,我们认为"发达的资本主义商品经济"的表述是符合他的原意的。因此,我们以他有关帝国主义的论述为主要依据,对它的特征展开阐发。

一、从《帝国主义论》考察商品经济的发达形态

列宁这个时期的代表作《帝国主义是资本主义的最高阶段》(简称《帝国主义论》)是马克思主义政治经济学的光辉论著,从一定意义上说可以同《资本论》相比。正如毛泽东所说:"马克思不能在自由资本主义时代就预先具体地认识帝国主义时代的某些特异的规律,因为帝国主义这个资本主义最后阶段还未到来,还无这种实践,只有列宁和斯大林才能担当此项任务。"❶迄今为止,这部著作已经发表了80多年,情况发生了极大的变化,当年的有些论断现在看来也需要重新审视。那么,它是否还有指导行动(特别是对于社会主义建设)的理论意义呢?这需要进行科学的全面的分析。实践是检验真理的唯一标准。用80多年的实践来衡量,如同其他马克思主义著作一样,它有特定的指导意义,又有普遍的理论价值,同时也有它的时代的局限性。两

---

❶ 《毛泽东著作选读》上册,第125页。

次世界大战的历史证明，列宁揭示帝国主义特征和矛盾的基本观点是正确的。"经济和政治发展的不平衡是资本主义的绝对规律。由此就应得出结论：社会主义可能首先在少数甚至在单独一个资本主义国家内获得胜利。"❶ 这一论断已为十月社会主义革命的胜利和中国革命的胜利以及其他社会主义国家的建立所证实。至少在本世纪内，列宁关于帝国主义和战争（包括局部战争、军备竞赛）、关于帝国主义争夺世界的矛盾的理论、关于殖民地半殖民地人民革命和觉醒的理论以及建立在此基础上的社会主义国家外交、外贸和外经的有关理论等为实践所检验。这样一部论著，能被近一个世纪的历史证明其基本观点是正确的，就有了不起的功绩，表明它确有重要的历史地位和理论价值。

就其对发达资本主义商品经济的分析来说，一些重要特征和矛盾至今还存在着。他的基本观点和方法，对分析现代资本主义，仍然是强大的理论武器，其理论价值可能要在今后 1~2 个世纪中还有着典鉴意义。至于这部著作所昭示的理论信念，对于共产主义者来说，将永远起着精神支柱的作用。现在我们进一步抽象，在更高层次上理解他对发达商品经济—市场经济的理论分析，认识现代市场经济的规律和特征，不仅对于我们观察世界经济、从事对外经济活动和参与世界竞争有指导作用，而且对于我们驾驭社会主义市场经济、深化改革、扩大开放也有相当大的借鉴意义。正如我们掌握《资本论》的一些重要原理，有助于我们驾驭社会主义市场经济一样，运用《帝国主义论》的一些基本观点可以加深对邓小平理论的理解，有助于指导有中国特色的现代市场经济的建设。应当说，以《帝国主义论》为主的这些伟大著作是马克思主义经济理论的重要经典，是我们的无价之宝。

当然，这些著作也有一定的历史局限性。正如邓小平所说："绝不能要求马克思为解决他去世之后上百年、几百年所产生

---

❶ 《列宁全集》2版第26卷，第367页。

的问题提供现成答案。列宁同样也不能承担为他去世以后五十年、一百年所产生的问题提供现成答案的任务。"❶80多年后的今天,情况已经发生了重大变化,包括世界形势的变化、当代资本主义的变化、社会主义国家的变化等,有一些个别结论或者已经过时,或者时间估计上有误,或者出现新的具体情况。比如,关于"帝国主义是无产阶级革命的前夜"的论断、关于帝国主义的垂死性的论断,在时间上可能估计得短一些。但当时他就说:"过程的复杂性和事物本质的被掩盖可以**推迟死亡,但不能逃避死亡**。"❷而1917年以来的一段历史已证实了这个论断。到列宁逝世前夕也在这个时间上改变了自己的看法,认为:"这些国家(西欧资本主义国家——引者)完成这一发展过程,不会像我们从前所期待的那样。"❸再如对它们的寄生性、腐朽性也可能估计得过高一些。还有一些现代资本主义市场经济后来出现的现象和特征,是列宁所不曾预料的。但是,这并不损害它的基本价值,正如当年哥白尼的日心说已为后人所补充一样,他的著作仍不失为当今人类的科学经典。

二、发达资本主义商品经济所发生的部分质变

19世纪末到20世纪初,资本主义由次发达阶段进入发达阶段。列宁把这一阶段称之为帝国主义阶段(这是当时学者们的共识),同时又叫作"现代资本主义"(曾想将《帝国主义论》换名为《现代资本主义的基本特点》❹)、"资本主义的最高(现代)阶段"❺、"最新资本主义"❻。他在为布哈林所著的《世

---

❶ 《邓小平文选》第3卷,第291页。
❷ 《列宁全集》2版第54卷,第483页。
❸ 《列宁全集》2版第43卷,第389页。
❹ 《列宁全集》2版第47卷,第366页。
❺ 《列宁全集》2版第54卷,第202页。
❻ 《列宁全集》2版第27卷,第515页。

界经济和帝国主义》一书写的序言中批评普列汉诺夫放弃了马克思主义,不去分析"帝国主义这一高度发达的、成熟的而且过度成熟的最新资本主义关系体系的基本特征和趋势"。而布哈林的著作则"考察了世界经济中有关帝国主义的基本事实,它把帝国主义看成一个整体,看成最高度发达的资本主义的一定的发展阶段。"❶列宁在这里强调的是一个阶段(或"一定的发展阶段"),并且突出"现代""最新""最发达"等定语,表明资本主义商品经济已经与以前不同,发生了重大变化。从某种意义上说,带有质的变化,或者确切地说发生了"部分质变"(部分质变是毛泽东的新概括:"在总的量变过程中许多部分的质变"❷)。这在资本主义商品经济发展史上又是一次飞跃,出现了前所未有的新特点。

对此,列宁作了如下论述:"发生这种更替不是由于别的原因,而是资本主义和一般商品生产的最深刻最根本的趋势直接发展、扩大和继续的结果。交换的发展,大生产的发展,这是几百年来全世界范围内处处可见的基本趋势。在交换发展的一定阶段,在大生产发展的一定阶段,即大致在19世纪和20世纪之交所达到的阶段,交换造成了经济关系的国际化和资本的国际化,大生产达到了十分庞大的规模,以致自由竞争开始被垄断所取代。典型的已经不是'自由地'进行竞争(在国内和**国际关系中**)的企业,而是企业家垄断同盟——托拉斯。典型的世界'主宰'已经是金融资本。"❸这是列宁对自由资本主义商品经济向垄断资本主义商品经济发展过程所作的一个相当精辟的概括。他在讲"资本主义"的同时,特别提到"一般商品生产""交换的发展",是它"最深刻最根本的直接发展、扩大和继续的结

---

❶ 《列宁全集》2版第27卷,第141页。

❷ 《毛泽东著作选读》下册,第805页。

❸ 《列宁全集》2版第27卷,第141—142页。

果"。一方面说明它仍然属于商品经济的大范畴,另一方面又发生了根本性的变化,并且廓清了它的主要特征。所以,用"发达商品经济"来表述,是符合时代特征和列宁的原意的。

发达资本主义商品经济带来许多新的经济变化,甚至同原来的商品经济的许多现象对立着。列宁把这个发展过程称之为"量转化为质"的过程。❶他说:"帝国主义是作为一般资本主义基本特性的发展和直接继续而生长起来的。但是,只有在资本主义发展到一定的、很高的阶段,资本主义的某些基本特征开始转化成自己的对立面,从资本主义到更高级的社会经济结构的过渡时代的特点已经全面形成和暴露出来的时候,资本主义才变成了资本帝国主义。"❷这也就是发达资本主义商品经济的阶段性特征。我们所力求把握的便是它的阶段特征,即把握同共性相联系的矛盾特殊性。对于这种发展阶段的特殊性,毛泽东曾从哲学的高度加以论证。为领会列宁的上述论点,我们不妨引用毛泽东的一段精辟的文字:"事物发展过程的根本矛盾及为此根本矛盾所规定的过程的本质,非到过程完结之日,是不会消灭的;但是事物发展的长过程中的各个发展的阶段,情形又往往互相区别。这是因为事物发展过程的根本矛盾的性质和过程的本质虽然没有变化,但是根本矛盾在长过程中的各个发展阶段上采取了逐渐激化的形式。并且,被根本矛盾所规定或影响的许多大小矛盾中,有些是激化了,有些是暂时地或局部地解决了,或者缓和了,又有些是发生了,因此,过程就显出阶段性来。如果人们不去注意事物发展过程中的阶段性,人们就不能适当地处理事物的矛盾。"❸由自由资本主义商品经济发展为垄断的资本主义或发达的资本主义商品经济,就是这种情形。我们的研究一定要把握列宁所分析的

---

❶ 《列宁全集》2版第27卷,第402、400页。
❷ 《列宁全集》2版第27卷,第402、400页。
❸ 《毛泽东著作选读》上册,第153—154页。

特殊性，从而认识发达商品经济（市场经济）的部分质变。

三、发达商品经济的生产力基础

从次发达商品经济进入到发达商品经济，不是凭空发生的。它的物质基础就是高度发展的生产力，同时它反过头又促进生产力在更高层上进一步发展。正如列宁所形容的："资本主义最典型的特点之一，就是工业蓬勃发展，生产集中于愈来愈大的企业的过程进行得非常迅速。"❶

首先是最新科学技术应用于生产过程。19世纪60年代以后，先后出现了发电机、内燃机、电动机、新的炼钢法和机器切削加工等新技术。与之相适应，出现了电力业、汽车制造业、石油开采业等许多新兴工业部门。资本家为了在竞争中取胜就得及时地采用这些新技术，增添新设备，从而扩大生产规模，加速了集中。如德国的工交业和商业企业共3265623个，大企业有30588个，只占0.9%。在1440万工人中，它们的工人有570万，即占39.6%；在880万蒸汽马力中，它们有660万马力，即占75%；在150万千瓦电力中，它们占有120万千瓦，即占80%。不到1%的企业，占有总数3/4以上的蒸汽力和电力！美国的情况大抵相似。再以全世界的铁路长度为例，1890年为61.7万公里，而1913年发展到110.4万公里，增加了78.9%，其中最快的是殖民地和亚美两大洲的独立国（建筑了20万公里新铁路），而近80%集中于5个最大的强国（美、英、俄、德、法）手中。与生产力的迅速发展相适应，形成了全面的高度社会化。正如列宁所说："生产的社会化有了巨大的进展。就连技术发明和技术改进的过程也社会化了。""帝国主义阶段的资本主义紧紧接近最全面的生产社会化，它不顾资本家的愿望与意识，可以说是把他们拖进一种从完全的竞争自由向完全的社会化过渡的新的社会秩

---

❶ 《列宁全集》2版第27卷，第332页。

序。"❶

再则,经济的发展已由粗放经营方式向集约经营方式大跨度、大面积地转轨,主要表现在规模经济、科学管理和技术进步三个方面,劳动生产率空前提高。列宁不仅考察了工业的集约化进程(特别是技术进步),而且也分析了农业集约化的趋势。

四、发达商品经济的重要特征

列宁关于"只有在资本主义发展到一定的、很高的阶段,资本主义的某些基本特性开始转化为自己的对立面"的论点,可以视为研究发达资本主义商品经济(或现代资本主义市场经济)基本特征的总思路,同次发达资本主义商品经济比较,很多现象都好似颠倒过来。恩格斯晚年就曾简要地分析过贸易、金融等一旦发展成独立的运动就会出现"头足倒置"现象,例如货币市场"**头足倒置地**反映出工业市场的运动"。❷ 有时候反作用的东西常常居于支配地位。我们应当沿着这个思路来研究列宁对发达资本主义商品经济特点的论述。

先看对帝国主义特征的分析。他在分析了大量材料之后,作了这样一个"尽量简短的定义":"帝国主义是资本主义的垄断阶段。这样的定义能包括最主要之点,因为一方面,金融资本就是和工业家垄断同盟的资本融合起来的少数垄断性的最大银行的银行资本;另一方面,瓜分世界,就是由无阻碍地向未被任何一个资本主义大国占据的地区推行的殖民政策,过渡到垄断地占有已经瓜分完了的世界领土的殖民政策。"这里,他是从内涵和外延或者国内大经济力量的融合和国际化的经济扩张两个方面论述的,前一方面讲的是它的经济实质,后一方面是讲它的争夺范围。

---

❶ 《列宁全集》2版第27卷,第340、341页。
❷ 《马克思恩格斯选集》1995年版第4卷,第701页。

列宁没有满足于这个简短定义。他说:"过于简短的定义虽然方便(因为它概括了主要之点),但是要从中分别推导出应当下定义的现象的那些最重要的特点,这样的定义毕竟是不够的。因此,如果不忘记所有定义都只有有条件的、相对的意义,永远也不能包括充分发展的现象一切方面的联系,就应当给帝国主义下这样一个定义,其中要包括帝国主义的如下五个基本特征",这就是:

(1)生产和资本的集中发展到这样高的程度,以致造成了在经济生活中起决定作用的垄断组织;

(2)银行资本和工业资本已经融合起来,在这个"金融资本的"基础上形成了金融寡头;

(3)和商品输出不同的资本输出具有特别重要的意义;

(4)瓜分世界的资本家国际垄断同盟已经形成;

(5)最大的资本主义大国已经把世界上的领土瓜分完毕。❶

列宁的这个概括,既包括了发达资本主义生产关系方面的内容,也包括了发达商品经济的表现,"帝国主义"就是这两个方面的结合体(因为商品经济的任何阶段总是和一定的生产关系形式结合的)。从这里(个别)我们还可以再抽象,上升为发达商品经济一般(舍象资本主义所有制关系带来的某些特殊性现象)。

联系列宁有关论述的基本观点,可以从他的思想中对发达商品经济的特征作如下概括,算作一个尝试。

总体上,由于生产社会化的高度发展,经济运行机制出现许多"头足倒置"的现象,似乎与次发达的市场经济相悖,主要表现在以下几个方面:

(1)生产大规模集中,造成垄断占主导地位,垄断竞争与自由竞争并存,少数起主导作用的特大型企业集团与为数众多的中小企业并存;

---

❶ 《列宁全集》2版第27卷,第401页。

（2）银行由"中介"变成"万能的主宰"（现代经济的核心），金融资本与产业资本结合，加速了集中联合的进程，形成了金融资本集团，增强了垄断力度；

（3）产业结构出现高级化趋势，从事工农业人数在减少，第三产业人口比重在提高；

（4）国家垄断资本的出现成为一种经济调控力量，政府干预作用有了增大的趋势，经济计划性在加强，逐步构建两种调节并存（"两只手"调节）的机制；

（5）随着经济集约化（列宁称之为"大工业的集约化"❶）进程加快和企业组织结构、治理结构、经营方式的重大变革，企业管理方式进入一个新阶段（以泰罗制科学管理为标志），所有权和经营权分离现象普遍化，开始形成企业家这一独立阶层；

（6）世界经济形成，资本输出和资本在世界范围内的流动占据支配地位，世界统一的市场日渐廓清，国际竞争更加激烈，一体化的趋势日益明显（当时世界网络经济初见端倪）；

（7）随着国际联合的资本输出的突出，跨国的经营形式纷纷出现；

（8）各国、各地区发展的不平衡性更加显著，一些国家和地区表现出跳跃式发展的势头。

上述概括并不是抹杀发达资本主义的特性及其剥削本质（恰好相反，我们在研究列宁的论述时必须把二者结合在一起），主要是从列宁的理论中发掘对发达商品经济（现代市场经济）一般特征的思想资料（列宁当时不可能形成社会主义市场经济的理论，也不可能形成与资本主义不相联系的商品经济思想；更不能完全涵盖第二次世界大战后发达市场经济的新特点，只限于他当时的认识）。为避免重复起见，本章下面着重论述前4点，其他4点将在其他章节中阐释。

---

❶ 《列宁全集》2版第56卷，第549页。

第二节　大规模集中引起垄断竞争

由量变转化为质变（确切说部分质变），并转化为自己对立面的第一表现，就是由生产大规模的高度集中导致在国内和国际市场上的垄断，以致垄断竞争占主导地位。

一、集中产生垄断的规律

列宁对这一过程作了历史的分析。他说：在半个世纪以前马克思写《资本论》的时候，绝大多数经济学家都认为自由竞争是一种"自然规律"。官方学者曾经力图用缄默这种阴谋手段来扼杀马克思的著作，因为"马克思对资本主义所作的理论和历史的分析，证明了自由竞争产生生产集中，而生产集中发展到一定阶段就导致垄断。现在，垄断已经成了事实。"他以对大量资料的分析为基础，得出结论："生产集中产生垄断，则是现阶段资本主义发展的一般的和基本的规律。"❶ 如若舍象资本主义的"外壳"，这种大规模的生产集中便引起一定的垄断竞争和联合竞争，这也是"最全面的社会化"生产和发达商品经济的一般特征。

对于这一发展的历史过程，列宁作了如下概括：（1）19世纪60年代和70年代是自由竞争发展的顶点即最高阶段。这时垄断组织还只是一种不明显的萌芽。（2）1873年危机之后，卡特尔有一段很长的发展时期，但卡特尔在当时还是一种例外，还不稳固，还是一种暂时现象。（3）19世纪末的高涨和1900—1903年的危机。这时卡特尔成了全部经济生活的基础之一。转化的过程大体完成。❷

这种由集中到垄断的过程，既是以生产力的发展和高度社

---

❶ 《列宁全集》2版第27卷，第336页。
❷ 《列宁全集》2版第27卷，第337—338页。

会化为基础，也是与之相随的商品经济自身发展的结果。首先，竞争逐步升级，优胜劣汰，加大了企业的兼并规模，加速了集中的进程。大型企业拥有雄厚的实力，规模效益显著，小企业则势单力薄，无法与之抗衡，很快便失败或破产。一次接一次的竞争使兼并过程所用的时间大为缩短，加速了集中。同时，垄断组织一旦形成，就拥有雄厚的实力，自身积累的速度很快，也必然加大集中的力度。此外，经济危机和帝国主义战争在加速集中的进程中起了重要作用。世界性的经济危机虽然在帝国主义以前就出现了，但主要还是发生在帝国主义时期。危机使大批中小企业破产，大企业乘机进行吞并，有些大企业也相应地进一步联合起来。所以，列宁说："危机（各种各样的危机，最常见的是经济危机，但不是只有经济危机）又大大加强了集中和垄断的趋势。"例如，1900年的危机，就是"现代垄断组织史上的转折点"。❶

帝国主义时期的集中和自由竞争时期的集中有许多差别。自由竞争时期的集中规模一般较小，一个部门中存在着数量众多的中小企业，跨部门、跨行业的巨型企业为数极少。进入垄断时期的集中则不然，一个工业部门往往只有几个大的垄断组织。如列宁所形容的那样："资本主义使集中发展到这样的程度，以致整个整个的工业部门都掌握在辛迪加、托拉斯这些资本家亿万富翁的同盟手中"❷。例如，"两三个石油大王——就是他们操纵着几百万以至几亿资金，靠剪息票为生，从那个在事实上、技术上、社会意义上都已经在全国范围内组织起来并且已经由数百数千个职员、工程师等经营着的'事业'中获取惊人的利润"❸。不仅这样的大型企业普遍存在，而且还出现了康采恩、混合联合

---

❶ 《列宁全集》2版第27卷，第344—345页。

❷ 《列宁全集》2版第26卷，第324页。

❸ 《列宁全集》2版第32卷，第196页。

公司等跨部门、跨行业的垄断组织，集中的规模越发巨大。

集中的方式也有很大不同。自由竞争时期的集中主要是靠吞并，即大资本吞并小资本的方式。垄断时期的集中虽然吞并还占有重要地位，但主要已不是靠吞并而是靠联合、"参与"等控制手段去实现集中的目的了。

垄断的组织形式主要有4种：卡特尔、辛迪加、托拉斯和康采恩。列宁论述较多的是前3种。从生产力的性质看，它们都属于大规模集中、联合的社会化组织，是发达商品经济通用的形式。

我们在研究集中、垄断和垄断组织时，应当看到它们具有两重属性。一方面，要看到它的不合理性，即资本主义的生产关系性质。随着垄断时期生产力的迅速发展，生产社会化程度的不断提高，客观上要求生产资料和劳动产品归社会所有并由社会进行统一的计划管理和支配。"生产社会化了，但是占有仍然是私人的。社会化的生产资料仍旧是少数人的私有财产"❶。这样，社会化的进程必然遇到私有制的障碍，生产社会化与资本主义私人占有制的矛盾更加尖锐。由此，列宁指出了社会主义代替资本主义的客观必然性。另一方面，也要从生产力属性上，从社会化的意义上，看到它一定的合理性。这就是生产的社会化有了巨大的进展，这些形式反映了社会化的规律。十月革命后，列宁提倡向托拉斯学习。他要求制订国家经济计划时，要着眼于生产力的合理布局，并指出："从现代最大工业的角度，特别是从托拉斯的角度，把生产合理地合并和集中于少数最大的企业。"❷就是说，托拉斯之类组织并不是单凭哪个阶级的主观意愿建立起来的，这是高度社会化的组织形式，能促进生产力的发展，有它存在的客观必然性。所以，不能简单地否定集中和垄断及其组织形式，还

---

❶ 《列宁全集》2版第27卷，第341页。

❷ 《列宁全集》2版第34卷，第212页。

应从社会化的角度去认识和利用它。

二、企业联合的趋势和形式

资本主义发展到垄断阶段，联合——资本或企业间的联合，就成了生产和资本集中的最重要的方式。联合企业之所以能得到广泛发展，是由于联合企业具有非联合企业所不具有的优点。列宁在《帝国主义论》中引用了希法亭和海曼的话指出了这些优点。后来，在《大难临头，出路何在？》中又从节约的角度作了进一步的论述。概括起来说联合的好处主要是：有利于改进技术，提高劳动生产率，利润较多；有利于提高产品质量，开发新产品或扩大原料来源，拓展销售市场；有雄厚的实力和稳固的经济地位，经受经济危机的能力较强；可以将企业的利润率拉平，且利润率稳定。一句话，联合可以形成新的生产力。这些优点构成了联合在经济上的吸引力，促使联合迅速发展。

联合与集中不能完全等同。集中包括联合，而联合仅仅是集中的一种方式，但却是集中最重要的方式。联合并不意味着一定要合并为一个企业，有时候联合可以使企业保持自己一定的独立性，又能得到联合起来的好处。它是原有资本的组合，以往的大资本吞并小资本，是以个别资本因自身的积聚的增大为基础的，因而这种集中形式进展缓慢。联合却可以不受这个限制，短期内就可以使个别资本迅速扩大，所以它在集中过程中所起的作用更大。

联合的形式主要有两种：联合制和股份制（包括参与制）。

联合制是垂直形式的生产集中，即不同部门的互有联系的企业合并或组合为规模更大的企业。列宁这样论述联合制："资本主义发展到了最高阶段，有一个极重要的特点，就是所谓**联合制**，即把不同的工业部门联合在一个企业中，这些部门或者是依次对原料进行加工（如把矿石炼成生铁，把生铁炼成钢，可能还用钢制造各种成品），或者是一个部门对另一个部门起辅助作用

（如加工下脚料或副产品，生产包装用品，等等）。"❶

股份制是联合的主要形式。它是通过资本家兴办股份公司，发行股票、汇集资本而经营的企业。股份制伴随着资本主义生产的发展需要而建立起来，又随着资本主义的发展逐渐普遍化，以至19世纪末和20世纪初成了联合的主要形式。这是因为：

（1）股份制加速了资本的集中，适应了社会化大生产的要求。社会化大生产是十分复杂的生产过程。由于社会分工越来越精细，社会生产的各部门、各企业的联系和依赖日益增强。股份制可以使专业化的协作和联合得到充分发展。同时，由于新技术的采用，资本有机构成的不断提高，创办新企业所需要的最低资本的数量、扩大企业规模所需要的追加资本的数量都在增加，但是单个资本积累的速度却远远不能适应需要，只有股份制才是解决这个问题的最好办法。马克思在《资本论》中举例说："假如必须等待积累去使某些单个资本增长到能够修建铁路的程度，那么恐怕直到今天世界上还没有铁路。但是，集中通过股份公司转瞬之间就把这件事完成了。"❷列宁则不仅从资本集中，还从追加资本的角度作了论述："大资本把分散在世界各地的股东们的不大的零星资本汇集起来，变得更加实力雄厚了。现在，百万富翁通过股份公司支配的不仅有自己的百万财产，而且还有追加资本"。可以说，社会化的大生产是股份制普遍化最重要、最根本的原因。用列宁的话说："资本早已超出了私有财产的范围，组成了股份企业。数百数千个互不相识的股东合办一个企业"❸。

（2）股份制企业可以为企业带来更多的利润。股份制使生产的规模不受自有资本的限制迅速扩大，资本的运动有更高的效率，从而为企业带来更多的利润。"在市场支配下，企业愈大，

---

❶ 《列宁全集》2版第27卷，第334页。

❷ 《马克思恩格斯全集》第23卷，第688页。

❸ 《列宁全集》2版第23卷，第190页。

愈能低价出售自己的产品。大资本家购进原料价格较低,消耗原料较省,又使用精良的机器,等等。"❶ 同时,股份制企业的经营管理一般由职业经理进行,这些经营管理企业的专家采用科学的方法,必然大大提高劳动生产率,使资本家获得更多的利润。所以,"随着小生产被大生产所代替而来的,是各个业主手中的少量货币资金被巨额资本所代替,蝇头微利被百万利润所代替"❷。

(3)股份制有利于大资本控制、兼并中小资本,加速资本的融通。股份制企业按持有股票的多少确定股东在企业中的权力和地位,这种形式使它具有集中社会资本的功能,使个别大资本对一些中小资本形成了一个强大的引力中心和控制中心,从而牢牢地控制了中小资本,使其为大资本的增殖服务。由于小企业竞争不过大企业,使得"生产愈来愈集中到少数百万富翁手里。这些百万富翁往往通过股份公司吸收中等业主和'小鱼们'的资本,加强自己的势力。"❸ 而"兼并无非是大银行统治的政治表现和政治形式,而大银行统治从资本主义中产生是必然的,这不是由于谁的罪过,因为股票是银行的基础,而股票的聚集则是帝国主义的基础。"❹

大资本对中小资本的兼并或控制有许多形式,最常见最普遍的是"参与制"。列宁引用了经济学家海曼的话来说明"参与制":"领导人控制着总公司(直译是'母亲公司'),总公司统治着依赖于它的公司('女儿公司'),后者又统治着'孙女公司',如此等等。这样,拥有不太多的资本,就可以统治巨大的生产部门。事实上,拥有50%的资本,往往就能控制整个股份公司,所以,一个领导人只要拥有100万资本,就能控制各孙女

---

❶ 《列宁全集》2版第22卷,第43页。
❷ 《列宁全集》2版第2卷,第74页。
❸ 《列宁全集》2版第22卷,第43页。
❹ 《列宁全集》2版第30卷,第252页。

公司的 800 万资本。如果这样'交织'下去，那么拥有 100 万资本就能控制 1600 万、3200 万以至更多的资本。"❶

垄断资本主义发展的初期，资本的数量还比较少，股份公司的规模也不很大，加上股票又比较集中，要控制一个公司，往往要掌握较大数量的股票。海曼说要拥有 50％的股票，这仅仅是理论上的假定，因为股份公司的股东一般不只两个。列宁认为："其实经验证明，只要占有 40％的股票就能操纵一个股份公司的业务，因为总有一部分分散的小股东实际上根本没有可能参加股东大会，等等。"❷

可见，"参与制"是垄断资本家利用收买和持有一定数量的股票，达到股票控制额而对企业实行层层控制的方式。它以股份制的广泛发展为基础，实际上是一种资本的联合或融通——大资本控制中小资本的联合或融通。通过这种联合或融通，大资本渗透到了为数众多的中小资本中去，控制了数额巨大的资本，有的势力范围遍及全国甚至全世界，成为跨国的大型公司集团。

（4）资本家通过股份化吸收职工入股，设法在一定程度上缓和企业内部的矛盾，这也推动了股份制进一步普遍化。列宁在《关于帝国主义的笔记》中摘引了资产阶级学者罗·利夫曼博士的一段话："主张发行小额股票的人首先认为，这种股票可以使工人参加工业，从社会政治观点看来，这是把工人的利益同企业主的利益结合起来的最好办法，也是使工人以现代形式分享利润的最好办法。"他在这段话旁边加"注意"两个字。❸ 在《帝国主义论》中他批判了小股东会造成"民主化"的观点，认为"实际上它不过是加强金融寡头实力的一种手段而已。"❹ 现在看来，

---

❶ 《列宁全集》2版第27卷，第363页。
❷ 《列宁全集》2版第27卷，第363页。
❸ 《列宁全集》2版第54卷，第44页。
❹ 《列宁全集》2版第27卷，第363—364页。

也还有一定的缓冲作用。因为职工购买股票，就意味着承担了企业经营的一份风险，企业的经营好坏就与他们有了直接的关系，这有助于促进职工关心企业的经营管理，在一定程度上缓和了资本和雇佣劳动的矛盾。

综合上述，可以说，股份制的普遍化，是资本主义商品经济发展到高级阶段的必然结果，是社会化大生产高度发展到一定程度的客观要求。它加速了资本的集中和联合，提高了劳动生产率，在资本主义生产关系的范围内对生产力的发展起了积极的作用。但同时也要认识到，它毕竟不能改变资本主义制度，它为资产阶级所利用，成了资本剥削雇佣劳动的工具。它还产生了一些新的不劳而获的寄生虫——食利者，这些人形成了一个特殊阶层，变为社会的赘疣。

三、两种竞争的差异和联系

竞争是市场经济的规律，也是商品经营者（企业及其联合组织）之间的特殊关系。在发达资本主义商品经济阶段，竞争的方式、范围出现了新的特点。列宁说："从自由竞争中生长起来的垄断并不消除自由竞争，而是凌驾于这种竞争之上，与之并存，因而产生许多特别尖锐特别剧烈的矛盾、摩擦和冲突。"❶

自由竞争是怎样转化为垄断竞争的呢？列宁作了如下论述："自由竞争造成大生产，排挤小生产，又用更大的生产来代替大生产，使生产和资本的集中达到这样的程度，以致从中产生了并且还在产生着垄断，即卡特尔、辛迪加、托拉斯以及同它们相融合的十来家支配着几十亿资金的银行的资本。"就是说，垄断竞争既和自由竞争不同，又是从自由竞争发展起来的，并且同后者并存，它是竞争的一种形式。"大小资本之间过去的那种斗争，

---

❶ 《列宁全集》2版第27卷，第400—401页。

又在一个新的、高得多的发展阶段上重演了。"❶ 在发达商品经济下，两种竞争方式互相转化，也互相制约。

（一）两种竞争的差异

现在，我们按照列宁的论述，对两种竞争的方式作一个比较，廓清垄断竞争的特点：

（1）垄断竞争的主体是少数实力雄厚的大企业组织。列宁讲了美国美孚石油公司与俄国巴库油田老板的竞争、德国的电器总公司与美国的通用电器公司两大垄断组织的竞争，还谈到了煤油业垄断组织之间的竞争。❷ 竞争的目的也不像自由竞争以获得平均利润，而是为了获得超过平均利润的垄断高额利润。

（2）垄断时代竞争的手段更为多样。自由竞争主要采用经济手段，垄断竞争不但有经济的，也有政治的，甚至公开地采用各种暴力手段。列宁揭露道："垄断组织在一切地方用一切办法为自己开辟道路，从偿付'微薄的'出让费起，直到像美国那样'使用'炸药对付竞争者为止。"❸

（3）垄断竞争扩大了范围。这表现在竞争市场扩大和垄断组织参加竞争的商品种类与经营业务增加两方面。自由竞争主要在相对狭小的市场上进行，垄断竞争则在广阔的市场上展开，一些巨大的垄断组织越出了国界，在世界市场上竞争，列宁称之为资本家垄断同盟在经济上分割世界。以前各资本主义企业自由竞争时，因企业规模小，不能跨行业、跨部门，商品种类比较单一。垄断组织则不同，由于其规模十分巨大，能够组织起跨行业、跨部门的大企业集团，商品种类便十分繁多。它往往从一种或一类商品的生产开始，逐渐向外扩展，最后甚至可以囊括所有同类产品乃至一些别类产品的生产经营多种业务。德国的电气总

---

❶ 《列宁全集》2版第27卷，第400、360页。

❷ 参见《列宁全集》2版第27卷，第383—385页。

❸ 《列宁全集》2版第27卷，第343—344页。

公司就是这样,"这个电气总公司是一个大型的'联合'企业,单是它的制造公司就有16个,制造各种各样的产品,从电缆和绝缘体,直到汽车和飞行器为止。"❶而在国际资本市场中的竞争,更是自由竞争所不及的。

(4)垄断竞争在一定程度上增加了计划性。"从前是各个业主自由竞争,他们是分散的,彼此毫不了解,他们进行生产都是为了在情况不明的市场上去销售,现在则完全不同了。集中已经达到了这样的程度,可以对本国的,甚至像下面所说的,对许多国家以至全世界所有的原料来源(例如蕴藏铁矿的土地)作出大致的估计。现在不但进行这样的估计,而且这些来源完全操纵在一些大垄断同盟的手里。这些同盟对市场的容量也进行大致的估计,并且根据协议'瓜分'这些市场。"❷

(二)垄断竞争对象的多边性

(1)垄断组织内部的竞争。垄断组织内部的各个资本家,为争取自己获得最大限度的利润,在争夺控制权及争夺生产和销售额、股票和利润分配等方面,必然进行激烈的竞争。因为垄断组织内各资本家的地位是按资本实力确定的,当资本和实力对比发生变化时,这种斗争便表现得更为尖锐。

(2)垄断组织之间的竞争。列宁在其著作中多次列举了垄断组织之间竞争的实例,来说明同一部门内各垄断组织间在控制本部门的生产、销售和原料来源等方面进行的竞争,也说明了不同部门的垄断组织间存在的渗透与反渗透的斗争。竞争的一般结果是强者打败并控制弱者。

(3)垄断组织与"局外企业"之间的竞争。这种竞争的优劣是十分明显的。"现在已经不是小企业同大企业、技术落后的企业同技术先进的企业进行竞争。现在已经是垄断者在扼杀那

---

❶ 《列宁全集》2版第27卷,第382页。

❷ 《列宁全集》2版第27卷,第340—341页。

些不屈服于垄断、不屈服于垄断的压迫和摆布的企业了。"❶ 为了迫使局外企业就范,垄断组织经常采用多种手段,诸如剥夺原料、劳动力、运输工具、销路、信贷和宣布抵制。

(三)垄断竞争的两重性

按照列宁的论述,我们可以认识垄断竞争具有的两重性。它的消极作用表现在:

(1)促使技术进步的动因在很大程度上受到限制。垄断资本往往凭借自己雄厚的实力就能轻而易举地击败竞争对手,巩固和加强自己的垄断地位。只要垄断地位没有受到威胁,垄断资本家关心的就已经不再是技术的进步,而是如何维护其垄断地位和垄断价格。列宁针对这种情况进行深刻分析:"在规定了(即使是暂时地)垄断价格的范围内,技术进步因而也是其他一切进步的动因,前进的动因,就在一定程度上消失了;其次在经济上也就有可能人为地阻碍技术进步。"❷ 不仅如此,有时新技术的采用还会引起原有机器设备的无形磨损,或者使产量大幅度增加,造成商品供过于求,销售困难,不利于维持垄断价格,这时候垄断资本家还会人为地阻碍技术进步。例如,美国有个姓欧文斯的人发明了一种能引起制瓶业革命的制瓶机。德国制瓶工厂主的卡特尔收买了欧文斯的发明专利权,可是却把这个发明束之高阁,阻碍它的应用。这是因为在你死我活的垄断竞争中,新技术一旦被别人掌握,就会使自己处于不利地位,甚至可能由此而招致失败、被兼并和破产的命运。

(2)由于国内市场垄断地位的确立,一些资本家已经不大担心在国内竞争中失败,因而把大量"多余"的资本输出国外,在世界市场上展开竞争,造成了本国生产和技术的停滞。列宁认为,输出资本几乎总有可能获得一定的"利益",但会在某种程

---

❶ 《列宁全集》2版第27卷,第342页。
❷ 《列宁全集》2版第27卷,第411页。

度上引起输出国发展上的停滞。

（3）垄断竞争造成了社会生产力的浪费和破坏。垄断竞争虽有一定的计划性，但主要还是更大范围和更大规模的盲目竞争。垄断竞争发生在资本主义条件下，决定了它是和生产的无政府状态联系在一起的，所以社会劳动和生产资料必然得不到充分合理的安排和利用，造成了对社会生产力的浪费和破坏，这在经济危机时表现得最为明显。

在看到垄断竞争消极作用的同时，也要看到垄断竞争有一定的积极作用。主要表现在：

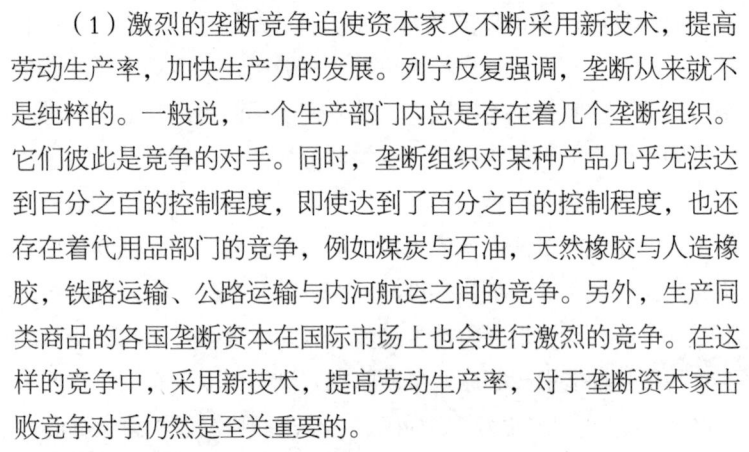

（1）激烈的垄断竞争迫使资本家又不断采用新技术，提高劳动生产率，加快生产力的发展。列宁反复强调，垄断从来就不是纯粹的。一般说，一个生产部门内总是存在着几个垄断组织。它们彼此是竞争的对手。同时，垄断组织对某种产品几乎无法达到百分之百的控制程度，即使达到了百分之百的控制程度，也还存在着代用品部门的竞争，例如煤炭与石油，天然橡胶与人造橡胶，铁路运输、公路运输与内河航运之间的竞争。另外，生产同类商品的各国垄断资本在国际市场上也会进行激烈的竞争。在这样的竞争中，采用新技术，提高劳动生产率，对于垄断资本家击败竞争对手仍然是至关重要的。

（2）垄断竞争加速了集中和联合。在垄断组织之间的竞争中，由于竞争的各方面都是垄断组织，都有雄厚的实力，其中较强的一方在竞争中控制或兼并了较弱的一方，必然会大大加强自己的实力地位，集中或联合的速度因而也会加快。在垄断组织与局外企业的竞争中，由于实力悬殊，竞争的过程一般都很短暂，集中或联合的速度也在加快。列宁引用海曼的话说："集中还在不断地发展。某些企业愈来愈大；同一工业部门或不同工业部门的企业结合为大型企业的愈来愈多"❶。

---

❶ 《列宁全集》2版第27卷，第334—335页。

（3）它加速了社会化的进程。垄断资本家为了在激烈的垄断竞争中战胜对手，总是不断扩大企业规模，它们往往把不同部门的许多企业联合起来，从原料生产到加工成最终产品，进行联合生产，使专业化、协作化高度发展，企业间的联系和依赖大为加强。一些巨大的垄断组织甚至将生产和经营越出了国界，形成了生产和经营的国际化，国际间的协作和联系也因此得到加强。

（四）两种竞争的并存和联系

完整地领会列宁关于垄断资本的论述，不能把这种垄断组织绝对化。当年，第二国际的理论家考茨基曾提出所谓"超帝国主义"，即认为世界的资本主义变成一个全世界统一的托拉斯，从而消除了竞争、矛盾和冲突，幻想"和平的"资本主义。列宁批判他是同马克思主义决裂。"在理论上，这就意味着不以现实中的发展为依据，为了这些幻想而随意脱离现实的发展。毫无疑问，发展正在朝着一个包罗一切企业和一切国家的、唯一的世界托拉斯的方向进行。但是，这种发展是在这样的条件，这样的速度、这样的矛盾、冲突和动荡——绝不只是经济的，还有政治的、民族的等——之下进行的，就是说在出现一个统一的世界托拉斯即各国金融资本实行'超帝国主义的'世界联合以前，帝国主义就必然会崩溃，资本主义一定会转化为自己的对立面。"❶换句话说，在资本主义条件下，世界完全由一个经济组织垄断是不可能的，甚至在一个国家内都很难实现。

一定范围内的垄断，并不会消除自由竞争。不仅没有消除（反而扩大了）高层次的垄断竞争，并且也不会消除各类大小企业之间的自由竞争。在《帝国主义论》中，列宁就指出：代替旧资本主义的"这种新的资本主义带有某种过渡性事物、某种自由竞争和垄断混合物的鲜明特征。"❷后来，他更明确地指出："正

---

❶ 《列宁全集》2版第27卷，第144—145页。

❷ 《列宁全集》2版第27卷，第355页。

是竞争和垄断这两个互相矛盾的'原则'的结合才是帝国主义的本质"❶。"在现实中我们看到各种不同的现象。在每个农业省份内,我们都看到自由竞争与垄断的工业同时并存。在世界上任何一个地方,不与许多部门内的自由竞争同时并存的垄断资本主义从未有过,将来也不会有。"❷

联系到列宁以后80多年的历史发展,应当这样理解关于垄断竞争和自由竞争的关系:在发达市场经济下(在世界范围内),市场竞争十分激烈,会出现多种竞争形式,其中以巨大经济技术实力为依托的高层次、新形式竞争(包括大国、大跨国公司的垄断竞争)居于首要地位;同时存在着多种形式和不同规模的自由竞争,中小企业同特大型企业组织保持着这样那样的关系。最近几十年来,各发达资本主义国家都纷纷制定反垄断法,限制国内的垄断行为,但大的垄断组织更加庞大,国际市场上的垄断行为有增无减。现在看来,要想占领国际市场,就要善于依靠高新技术、组建特大型企业组织(规模经济)、生产优良的高品牌产品,凭借自己的实力,开展高层次、新形式的竞争,善于打破别人的垄断竞争,施展自身的垄断竞争,同时利用好自由竞争。

第三节 金融成为国民经济的神经中枢和轴心

列宁在论证帝国主义的时候,突出了金融资本的地位和作用。他说:"帝国主义的特点,恰好不是工业资本而是金融资本。"❸认为"新帝国主义和老帝国主义不同的地方",在于"金融利益或投资利益统治着商业利益"。❹他称帝国主义为"金融

---

❶ 《列宁全集》2版第29卷,第480页。
❷ 《列宁全集》2版第36卷,第140页。
❸ 《列宁全集》2版第27卷,第403页。
❹ 《列宁全集》2版第54卷,第475页。

君主国"❶。从市场的层面看,他肯定了霍布森关于"帝国主义的实质是发展投资市场,而不发展商业市场"的论点。❷所以,他把银行视为"现代经济生活的中心,是整个资本主义国民经济体系的神经中枢","资本主义周转过程的中枢、轴心和基本机构"。❸这也就是邓小平所说的,金融是"现代经济的核心。"❹现在,我们沿着列宁"量转化为质"的逻辑顺序加以阐释。

一、金融业的高度集中和广泛扩展

列宁认为,研究"资本主义发展的最新阶段","如果我们不注意到银行的作用,那我们对于现代垄断组织的实际力量和意义的认识,就会是极不充分、极不完全和极其不足的。"❺他是把金融当作垄断资本主义经济的一个最重要的方面加以研究的。

(一)银行的高度集中及其网络的形成

首先,融资量的迅速膨胀。从列宁引用的资料推算,仅英国、法国、德国三个国家金融机构吸收的存款由1880年的144亿马克上升到1908年585亿马克,28年中增加3.1倍。❻

其次,银行的利润大大增加。在国外的投资按5%的低利率计算,仅1914年即达80亿~100亿法郎,而利率最高的要数发行工业证券了。

再次,在数量增加的基础上迅速提高了集中的程度。以德国为例,1907—1912年,在422家银行(包括资本100万马克以上的164家)中,9家大银行占47%~49%。列宁就此指出:"小银行被大银行排挤,大银行当中仅仅9家银行就差不多集中了所有

---

❶ 《列宁全集》2版第39卷,第206页。
❷ 《列宁全集》2版第54卷,第477页。
❸ 《列宁全集》2版第32卷,第189、191页。
❹ 《邓小平文选》第3卷,第366页。
❺ 《列宁全集》2版第27卷,第345页。
❻ 参见《列宁全集》2版第27卷,第353页。

存款的一半。但是，这里还有许多情况没有考虑进去，例如有许多小银行实际上成了大银行的分行。"到1913年底，这9家大银行的存款比例又上升到51%，而它们（1909年）支配的资金达113亿马克，占全德所有银行资本总额的83%。"美国现在已经不是9家，而是2家最大的银行，即亿万富翁洛克菲勒和摩根的银行，控制着110亿马克的资本"❶。法国最大的银行有3家，英国最大的银行有4家。而且银行自有资本的比重在降低，且支配别人资金的比重在上升，如德国的大银行支配别人的资金比重在1872年为60%，到1910年上升为82.5%。❷可见银行的集中达到了比工业更高的程度。

复次，金融的迅速集中，同它采取的兼并、"参与制"有关。列宁在讲到所谓"附属"银行时指出："这是最新资本主义集中的最重要的特点之一。大企业，尤其是大银行，不仅直接吞并小企业，而且通过'参与'它们的资本、购买或交换股票，通过债务关系体系等来'联合'它们，征服它们，吸收它们加入'自己的'集团，用术语说，就是加入自己的康采恩。"例如，德国最大的银行集团德意志银行集团，它所包容和联系的分为第一级、第二级和第三级"参与"（或者依附）。"一家银行既然领导着这样一个集团，并且同其他6家稍小一点的银行达成协议，来办理公债之类的特别巨大的、特别有利的金融业务，那么很明显，这家银行已经不仅仅扮演'中介人'的角色，而成了极少数垄断者的同盟。"❸

从大银行在全国和世界各地布满的分支，"我们看到，银行渠道的密网扩展得多么迅速，它布满全国，集中所有的资本和货币收入，把成千上万分散的经济变成一个统一的全国性的资本主

---

❶ 《列宁全集》2版第27卷，第346、347、355页。

❷ 《列宁全集》2版第54卷，第180页。

❸ 《列宁全集》2版第27卷，第347、348页。

义经济，并进而变成世界性的资本主义经济"。有"愈来愈多的从前比较'独立的'、确切些说是地方性的同外界隔绝的经济单位，隶属于一个统一的中心。其实，这是集权，是垄断巨头的作用、意义和实力的加强"。❶

列宁在列举了19世纪末、20世纪初银行业急剧增加的资料之后，作了如下的概括："随着资本的集中和银行周转额的增加，银行的作用根本改变了。分散的资本家合成了一个集体的资本家。银行为某些资本家办理往来账，似乎是在从事一种纯粹技术性的、完全辅助性的业务。而当这种业务的范围扩展到很大的时候，极少数垄断者就控制整个资本主义社会的工商业业务，就能通过银行的联系，通过往来账及其他金融业务，首先确切地了解各个资本家的业务状况，然后加以监督，用扩大或减少、便利或阻难信贷的办法来影响他们，以至最后完全决定他们的命运，决定他们的收入，夺去他们的资本，或者使他们有可能迅速而大量地增加资本等。"❷

最后，大银行在迅速扩张的同时，互相之间还订立既竞争又联合的垄断协定，划分势力范围，或实行"人事结合"（在银行或工商企业中互相担任对方的董事或监事），有的还吸收议员或政府官员参加。"可见，所谓大资本主义垄断组织正在通过一切'自然的'和'超自然的'途径十分迅速地创立和发展起来。现代资本主义社会中几百个金融大王之间的某种分工正在有步骤地形成。"❸

（二）金融巨头形成的客观基础

按照列宁的观点，银行由小到大、由分散到集中、由自由竞争到金融垄断，这不是偶然出现的过程。列宁把金融资本称之为

---

❶ 《列宁全集》2版第27卷，第349页。

❷ 《列宁全集》2版第27卷，第350页。

❸ 《列宁全集》2版第27卷，第357页。

"旧资本主义的上层建筑"❶，说明它的发展是以原有的资本主义商品经济为其雄厚的物质基础。生产力的高度发展，生产社会化和商品经济达到很高的程度是其基础。可从以下3点来分析。

（1）工业集中与银行集中互为动力

银行的集中与工业的集中是同步进行的，二者互相促进。工业集中是银行集中的基础，银行集中是工业集中的引擎。

工业生产的集中要求银行业相应集中，是因为：①随着企业规模的扩大，需要大量的贷款，过去的小银行无法保证，只有大银行才能提供；②企业规模的扩大使固定资本的比重增大，资本家对长期贷款的需要量也必然增长，这种数量大、偿还期又长的贷款，也只有大银行才能提供；③随着企业规模的扩大，存款的数量迅速增加，这些大企业的较大数量的存款需要较高的安全系数，同样只有资本雄厚、地位稳定、信用可靠的大银行才能保证。

工业的集中不仅提出了银行集中的要求，而且还为银行业的集中提供了条件。这主要是由于企业规模的扩大和利润增加会使暂时闲置的货币资本数增大，大量的货币作为存款流入了银行，既扩大了银行存款业务的规模，也同时扩大了发放贷款业务的规模。

银行业的集中同工业生产的集中一样，也是竞争的必然结果。在竞争中，一方面大银行排挤小银行，使其倒闭或被合并，扩大了自己的规模；另一方面，一些小银行为了免遭倒闭或被吞并的命运，加强在竞争中的地位和力量而合并为较大的银行，甚至几个大银行也联合在一起，订立垄断协定。"在少数几个经过集中过程而仍然在整个资本主义经济中处于领先地位的银行中间，达成垄断协定、组织银行托拉斯的倾向自然愈来愈明显，愈来愈强烈。"❷

---

❶ 《列宁全集》2版第36卷，第140页。
❷ 《列宁全集》2版第27卷，第355页。

（2）世界市场配置资源促进生产要素的大规模流动

市场经济的发展，创造了巨大的社会生产力。而生产和资本的集中，又促进已形成的生产力更迅猛地扩张，进而提出了生产要素大范围流动的客观要求，造成了资本和企业先是跨地区的联合，然后是跨行业、跨部门的联合，最后发展到跨国界的联合。资本输出和国际垄断同盟的发展，把这种联合推向了新的高峰。与此同时，资本主义的发展又使市场化向深度、广度扩展，一切资源和企业都成了商品，进入市场。这一切，都使资本在更大规模和更大范围内渗透、融通。在生产要素的流动和资本的融通中，银行起了极大的作用。"资本不断从一个国家流入另一个国家。银行，这些把各地的资本收集起来并贷给资本家的资本大仓库，逐渐从国家银行变成了国际银行，它们把各国资本收集起来，分配给欧洲和美洲的资本家。大股份公司的建立已经不是为了在一个国家内开办资本主义企业，而是为了同时在几个国家内开办资本主义企业。资本家的国际协会出现了。资本的统治是国际性的。"❶ 显然，随着生产要素的大规模流动和生产力的扩延，资本的渗透或融通，银行的势力在扩大，触角在延伸。

（3）股份制的推动作用

银行业的扩大和集中，股份制起了重要的作用。《关于帝国主义的笔记》中就记载了1914年柏林8大银行握有的股份资本共167 700万马克，其中自有准备金仅43 200万马克，股份资本却高达124 500万马克，几乎是自有资金的3倍，又吸收他人的资金为532 800万马克。这样，这8家大银行的全部可供贷出的资本达到了700 500万马克。

同样是数量巨大的货币，如果分散掌握在为数众多的所有者手里，不集中使用，那它所起的作用是很有限的。而一旦集中掌握在少数人手里集中使用，那么，它释放出来的能量就相当惊

---

❶ 《列宁全集》2版第2卷，第82页。

人了。这就是量变达到一定程度而引起质变的道理。股份制银行迅速发展的根本原因也在这里。列宁把这个道理论述得非常透彻,他从《大银行与世界市场》(叶·阿德加著)一书中摘引了下述材料:"拥有数十亿法郎并以俄国为其主要市场的巴黎三大银行控制着以下的俄国银行:(1)俄亚银行,(2)彼得堡私人银行,(3)联合银行,并把靠近这些银行的工业康采恩的股票吸收到巴黎交易所来。"然后列宁写了这样一段话:"在这里也是量转化为质:单纯的银行事务和狭隘的银行专业变成企图掌管广泛的、群众的、全民的和全世界的相互关系和联系,——只是因为有几十亿卢布(不同于几千卢布)流向这里,并在这里滞留。"❶

二、由中介机构变为万能调节者

由于银行的集中、扩张,形成统治经济生活的密网,这就发生了质变的飞跃。这个质变和生产上的集中产生垄断一样,也是从19世纪末20世纪初开始的,表现出发达资本主义商品经济的特征。

(一)从"中介"到"轴心"

为了使人们把握这一重大变化,列宁作了对比叙述:在自由资本主义时代:"银行基本的和原来的业务是在支付中起中介作用。这样,银行就把不活动的货币资本变为活动的即生利的资本,把各种各样的货币收入汇集起来交给资本家阶级支配。"到垄断资本主义的时代:"随着银行业的发展及其集中于少数机构,银行就由中介人的普通角色发展成为势力极大的垄断者,它们支配着所有资本家和小业主的几乎全部的货币资本,以及本国和许多国家的大部分生产资料和原料产地。为数众多的普通中介人成为极少数垄断者的这种转变,是资本主义发展成为资本帝国

---

❶ 《列宁全集》2版第54卷,第107页。

主义的基本过程之一。"❶

如果说在次发达的资本主义商品经济下需要交易所调节自由竞争,那么,进入发达阶段的资本主义商品经济则由银行取代它,并且作用更大,借用当时的资产阶级经济家和银行"活动家"的话说:银行真正成了"不仅作为汇集到它那里的各种经济运动的最准确的测量器,而且作为对这些经济运动几乎自动起作用的调节器。"❷ 后来,在十月革命前夕,列宁又进一步概括为:"银行是现代经济生活的中心,是整个资本主义国民经济体系的神经中枢。"❸

(二)银行资本与产业资本的结合

这一质变又同金融资本与产业资本结合分不开。他在《帝国主义论》中的《金融资本和金融寡头》一节,首先引用希法亭的定义:"金融资本就是由银行支配而由工业家运用的资本。""工业家只有通过银行才能取得对资本的支配权,对于工业家来说,银行代表这种资本的所有者。另一方面,银行也必须把自己愈来愈多的资本固定在工业上。因此,银行愈来愈变成工业资本家。通过这种方式实际上变成了工业资本的银行资本,即货币形式的资本,我把它叫作金融资本。"列宁肯定了这个定义,也指出它的不足(没有说明的最重要因素之一,就是生产和资本的集中发展到了会导致而且已经导致高度的垄断的阶段)。全面的说法是:"生产的集中;从集中生长起来的垄断;银行和工业日益融合或者说长合在一起,——这就是金融资本产生的历史和这一概念的内容。"❹ 总之,金融资本的核心是金融与产业结合。那些占有和支配巨额金融资本、在国民经济中起着举足轻重作用的少

---

❶ 《列宁全集》2版第27卷,第345—346页。
❷ 转引自《列宁全集》2版第27卷,第355页。
❸ 《列宁全集》2版第32卷,第189页。
❹ 《列宁全集》2版第27卷,第362、361页。

数人（在资本主义制度下为特大型的资本家），即为金融寡头。

金融寡头善于利用手里巨额货币资本全面地获得高额利润（特别是超额利润）。"集中在少数人手里并且享有实际垄断权的金融资本，由于创办企业、发行有价证券、办理公债等而获得大量的、愈来愈多的利润，巩固了金融寡头的统治，替垄断者向整个社会征收贡赋。"❶特别是通过参与制控制工业企业，形成特大型的财团。

（三）"主宰"者的职能

按照列宁的论述，发达资本主义商品经济下银行的"主宰"作用，表现为：

（1）领导着一个财团——企业集团。列宁当时就注意了美国的洛克菲勒和摩根集团。又以德意志银行为例说明了它直接、间接"参与"的银行有87家，支配的资本，包括自己的和别人的，共有20亿~30亿马克。

（2）促进资本的积累和集中。列宁摘引了耶德尔斯写的《德国大银行与工业的关系》中的一些话说明了这种职能。"银行的最高原则，首先是有意识地促进集中过程""大银行的工业政策由信用机关的政策改变为工业集中的政策。"❷银行的这种"主宰"作用主要是通过增加贷款、帮助和银行关系密切的工商企业加强竞争力量、打败竞争对手及加速对小企业的兼并来实现的。

（3）推动企业间的联合。由于大银行总是同时和许多大企业发生联系，于是这些大企业的利益和银行的利益便紧密地联系在一起。大银行为了自己的利益不受损失，总是竭力避免这些企业之间过度竞争，促使它们接近，直至订立协定，实现以资本为纽带的最大规模的垄断联合。

（4）控制和监督企业。以前，银行给工商企业办理往来账，

---

❶ 《列宁全集》2版第27卷，第368页。

❷ 《列宁全集》2版第54卷，第170页。

仅仅是纯技术性、纯辅助性的业务,但现在随着银行业务范围的扩大,演变成了大银行对工商业进行监督甚至左右工商业的手段。列宁明确地指出了大银行通过往来账和其他业务活动,了解受它控制的企业的经营情况,对经营有利的企业扩大贷款等促其发展的措施,而对经营不利的企业则采取减少或阻碍信贷,甚至抽回贷款的办法加速企业的倒闭。"结果就是工业资本家愈来愈完全依赖于银行"❶,受银行的监督和左右。

(5)调节社会经济生活。自由资本主义时期,交易所是各种商品和股票等有价证券买卖的主要中介人,它的活动反映了资本主义经济运动的状况,客观上成了社会经济生活的调节者。到了帝国主义时期,大银行不仅控制了全部货币流通,而且垄断了有价证券的发行,掌握了资本的所有权和市场行情,银行就成了现代经济生活的中心,成了国民经济体系的神经中枢。这样,交易所的作用降低了,银行的作用提高了,确立了它的统治地位。银行依靠这种统治地位,对国民经济实行有利于垄断资本家的调节。后来,列宁进一步地指出了银行的这种新作用:"银行以及资本家的同盟准备了对产品的生产和分配过程实行社会调节的机构。"❷

(6)向世界各国渗透,使世界经济成为一个整体。列宁把金融资本集团国际联系的日益加强看作是全世界整个资本主义"唯一真正普遍的和确凿无疑的趋势"❸。这就使银行垄断资本形成了密布全国的银行网,并利用这个银行网向世界各国渗透,使各国分散的资本主义经济融合成了一个整体。

三、金融资本推进社会化生产力的发展

列宁在论述银行的集中和职能变化、金融资本和金融寡头形

---

❶ 《列宁全集》2版第27卷,第356页。
❷ 《列宁全集》2版第29卷,第474页。
❸ 《列宁全集》2版第26卷,第243页。

成时,既分析了它的消极影响(当时的着重点),也指出了它在客观上推动了社会化的进程。我们应当从两方面把握金融资本成为经济轴心的效应,从而认识金融资本与发达市场经济的关系。

他在《帝国主义论》最后一节《帝国主义的历史地位》中,概述了垄断的四种主要形式和表现,其中的第三条是:"垄断是从银行生长起来的。银行已经由普遍的中介企业变成了金融资本的垄断者。在任何一个最先进的资本主义国家中,为数不过三五家的最大银行实行工业资本同银行资本的'人事结合',集中支配着占全国资本和货币收入很大部分的几十亿几十亿资金。金融寡头给现代资产阶级社会中所有一切经济机构和政治机构罩上了一层依附关系的密网,——这就是这种垄断的最突出的表现。"❶

在这里是讲它的消极面,即列宁当时所论述的重心。概括起来说,主要表现在以下几个方面:

(1)使得财富高度集中在少数剥削者(食利者)手中,两极分化达到登峰造极的程度,以至三五个金融巨头统治社会、统治世界。

(2)培植了一个食利者阶层,像列宁所说的那样:"资本主义的发展是从小规模的高利贷资本开始,而以大规模的高利贷资本结束。"❷ 充分表现了它的寄生性和腐朽性。

(3)加剧了资本主义固有的矛盾和不平衡性,这就是列宁所说的"帝国主义最深刻、最根本的矛盾:垄断同与之并存的自由竞争的矛盾,金融资本的庞大'业务'(以及巨额利润)同自由市场上'诚实的'买卖的矛盾,卡特尔、托拉斯同没有卡特尔化的工业的矛盾"。而且,"金融资本的统治是在加剧这种不平衡和矛盾(指世界内部的不平衡和矛盾——引者)。"❸

---

❶ 《列宁全集》2版第27卷,第435页。

❷ 《列宁全集》2版第27卷,第369页。

❸ 《列宁全集》2版第27卷,第429、407页。

（4）政治上趋于反动。"金融资本和垄断组织到处都带有统治的趋向而不是自由的趋向……就是在一切政治制度下都发生全面的反动"，而"在金融资本的基础上生长起来的非经济的上层建筑，即金融资本的政策和意识形态，加强了夺取殖民地的趋向"，矛盾激化的结果必然导致战争。❶

与此同时，列宁也分析了金融资本的形成和银行作用变化对生产力发展和社会化的推动，这主要表现在以下几个方面：

（一）加速了工业企业组织结构调整

列宁在为布哈林《世界经济和帝国主义》一书写的序言中，概述了金融资本的优势和特点："金融资本特别机动灵活，在国内和国际上都特别错综复杂地交织在一起，它特别没有个性而且脱离直接生产，特别容易集中而且已经特别高度地集中，因此整个世界的命运简直就掌握在几百个百万富翁和亿万富翁的手中。"❷

大银行通过"参与制"和资本的重点支持，培植了一批大企业，以从前不曾有的速度推动大规模的集中，形成了现代先进工业的支柱即世界市场的主体，使各发达国家的经济得以更快的发展。列宁在《关于帝国主义的笔记》中多处摘录了有关银行帮助企业加强联合和联系的材料，如摘录了耶德尔斯《德国大银行与工业的关系》一书："有时候银行**使**不同的工业企业**接近起来**（有时使它们组成卡特尔，有时则使之专业化等）。""在这里银行以某种方式体现出随着大工业的增长在许多企业之间建立起来的内部联系，它表现了这些企业的共同利益。"列宁在这段文字旁批道："银行—企业间的'内部联系'。"接着又摘引该书另一段文字："虽然不同企业和不同工业部门的接近，到目前为止是由银行通过订货的方式'顺便'完成的，但是这种接近在相

---

❶ 《列宁全集》2版第27卷，第432、433、397、431页。
❷ 《列宁全集》2版第27卷，第142页。

当程度上仍然预示着随着大工业生产的增长,它们之间的联系将愈来愈频繁,愈来愈复杂,愈来愈广泛。不同工业部门和不同企业之间的联系和相互依赖关系,都是通过大银行这种机构表现出来的,而隐藏的联系则愈来愈成为真正的合作……"列宁在旁加了"注意"二字,并认为是"联系的增长"❶。

同时,列宁还注意了"银行和企业破产"的关系,实际上是促进兼并。同一本书讲道:"在电力工业中,危机(显然是1900年的危机)起了特殊的作用,而银行则加强和加速了较小企业的毁灭和它们被大企业吞并的过程。""银行停止援助的正是那些最需要援助的企业,这样就使那些同银行联系不够密切的公司,起初虽有蓬勃的发展,后来却遭到了无法挽救的破产。"❷列宁在《帝国主义论》中也引用这段话,并且指出:"电力工业是最能代表最新技术成就,代表19世纪末20世纪初的资本主义的一个工业部门。它在美国和德国这两个最先进的新兴资本主义国家里最发达。"由于它们同银行紧密地长合在一起,经过1900年危机加速了对小企业的吞并,"集中有了长足的进展。1900年以前,电力工业中有七八个'集团',每个集团都由几个公司组成(总共有28个公司),这些集团背后各有2至11家银行。到1908—1912年时,所有这些集团已合并成两个甚至一个集团了。"❸他们在各地分布许多分公司,这在客观上形成了巨大的社会生产力,尤其是特大型企业集团。

(二)大大加快了技术进步

列宁在论述大的工业集团斗争时说道:"当然,拥有亿万巨资的大银行企业,也能用从前远不能相比的办法来推动技术的进步。例如,银行设立了各种专门的技术研究会,研究成果当然

---

❶ 《列宁全集》2版第54卷,第168页。

❷ 《列宁全集》2版第54卷,第168—169页。

❸ 《列宁全集》2版第27卷,第381—382页。

只能由'友好的'工业企业来享用。这一类机构有电气铁路问题研究会、中央科学技术研究所等。"❶ 列宁的这个论点是借助了资产阶级经济学家耶德尔斯在《德国大银行家与工业的关系》中提供的资料:"在成立技术研究会方面,银行起着同样的作用"(此外列宁加一句说明:"帮助工业企业"),并对此段文字加了批语:"大银行(金融资本)的技术作用。"❷ 在另一处,列宁引用《银行》杂志上由银行支持的"钢铁工业的技术革命"(列宁批语)有关材料:将以往没有价值的含磷甚多的褐铁矿,采用托马斯法、电炉钢(电炉钢钢轨:保用期由9年提高到15年),使之变成了很好的矿石,使得德国的采矿炼矿中心从莱茵——威斯特伐里亚区移到洛林——卢森堡,按当时的消耗量计算可用200年(矿石20亿吨)。❸ 基于此,列宁说:"对于金融资本来说,不仅已经发现的原料产地,而且可能有原料的地方,都是有意义的,因为当代技术发展异常迅速,今天无用的土地,要是明天找到新的方法(为了这个目的,大银行可以配备工程师和农艺师等去进行专门的考察),要是投入大量资本,就会变成有用的土地。矿藏的勘探,加工和利用各种原料的新方法等,也是如此。因此,金融资本必然力图扩大经济领土,甚至一般领土。"❹ 列宁以后几十年的事实证明,正是在雄厚的金融资本支持下科学技术获得了飞速的发展。

(三)利用大银行的优势弥补市场竞争中的缺陷

按照列宁的论述,大银行一方面同工业"日益长合在一起",一方面发展成为具有真正"包罗一切的性质"的机构。关于后者,他认为最有研究的作家耶德尔斯的说法是准确的,即

---

❶ 《列宁全集》2版第27卷,第360页。
❷ 《列宁全集》2版第54卷,第167页。
❸ 《列宁全集》2版第54卷,第186页。
❹ 《列宁全集》2版第27卷,第396—397页。

"包罗一切",实际上指的是帮助企业解决由市场竞争的缺陷带来的一些难题,包括加强企业之间的联系、协调,力求消除企业间、地区间资本分配的不均,对企业进行全面监督,"在银行和工业企业的周围织成一个密网,这样就经常地在消除由于个别业务所引起的这些企业的竞争,至于某些公司则可以长期地消除这种竞争",等等。对于这些论述列宁是肯定的,认为这种"包罗一切的性质"同"老规矩"相反,能够"监督'社会经济'""资本主义已经发展到可以有组织地监督各个企业的程度了"。❶ 用我们现在的话说,就是可以在一定范围内和一定程度上弥补市场配置资源和过度竞争的缺陷,进行某些宏观调控,消除某些盲目性。这是社会化的一种客观要求和具体表现。不过,当时还处在雏形状态。

(四)形成了世界性的投资市场

金融资本的日益雄厚,促进了世界投资市场的形成(带有资本主义剥削性质,特别是剥削广大的殖民地半殖民地),这是它在客观上推进社会化的重要表现之一。列宁说:"金融资本的密网可以说确实是布满了全世界。在这方面起了很大作用的,是设在殖民地的银行及其分行。"❷ 按照列宁所列数字计算,这种银行和分行在第一次世界大战前约7000家。它们利用过剩资本在国外的投资几乎以几何级数逐年增加。单从经济史的层面看,金融资本市场为20世纪以来形成以资本为主(取代以商品为主体)的世界经济,确实起了关键性的作用。

(五)金融资本在加速生产力社会化的同时为实现生产资料社会化准备了条件

马克思说,银行带有"生产资料的公共的分配的形式","但只是形式而已"。❸ 金融资本形成的时候,一些资产阶级经

---

❶ 《列宁全集》2版第27卷,第357—359页。

❷ 《列宁全集》2版第27卷,第380页。

❸ 《马克思恩格斯全集》第25卷,第686页。

济学家大讲：银行"就其任务而言，不是带有单纯私有经济性质的企业，而是日益超出单纯私有经济调节范围的企业"。还有的学者宣扬大银行调节经济已经实现了空想社会主义者圣西门用银行调节社会经济的预言。列宁回答说："'生产资料的公共的分配'，从形式上看来，是从现代银行中**生长出来**的……但是，生产资料的这种分配，就其内容来说，绝不是'公共的'，而是私人的，也就是说，是符合大资本（首先是最大的、垄断的资本）的利益的"❶。它是私有制下面社会化的表现形式，它只是调节资本家间的资本分配，并未改变私有的性质。而真正的社会化则表现在生产力方面，并且为生产资料社会化准备了物质条件。

我们领会列宁的思想，要把握金融资本的两重性：一方面它本身是社会化的表现形式，又促进了社会化程度的提高，另一方面它是私有制同市场经济结合的高度发展的产物。如果再进一步抽象，就应当充分认识和把握发达的金融经济（大银行、大银行家集团等）在发达商品经济（市场经济）中起着中枢和轴心的作用。如果它的性质改变为公有制（如社会主义国家的金融资本），那就成了社会主义市场经济的轴心，是社会主义制度同发达市场经济结合的重要环节。

第四节　经济结构和机制的新变化

在第一节我们引申列宁的论述，概括了发达商品经济的几个特征，除了第二、第三两节论述之外，考虑到有的内容与其他章节交叉较多（特别是世界经济、世界市场的有关内容），此处仅就几个方面作一个简述。

---

❶　《列宁全集》2版第27卷，第352页。

一、产业结构和从业结构的变化

列宁在《帝国主义论》的《资本主义的寄生性和腐朽性》一节里,分析了金融垄断和资本输出,在发达资本主义国家产生了食利者阶层,并且收买、腐蚀了工人的上层,形成机会主义的基础,这是完全正确的。如果从另一个层面看,也揭示出发达资本主义市场经济的产业结构、从业结构确实发生了变化。他引用资产阶级学者舒尔采-格弗尼茨的《不列颠帝国主义》一书的话说:"(英国)虽然工业生产和工业品出口有了绝对的增加,但是,利息、股息和发行证券、担任中介、进行投机等方面的收入,在整个国民经济中的相对意义愈来愈大了。依我看来,这个事实正是帝国主义繁荣的经济基础。"❶这从一个侧面反映了第三产业在英国这个当时最发达的国家的国民经济中占有越来越大的比重。假如把贸易、交通运输、金融、科技、旅游、服务等几个方面的收入加在一起,恐怕接近甚至超过了工业(即第二产业)的比重。

产业结构的这一变化,还可从从业结构的变化得以印证。列宁看到,英国从事生产的人口的百分比日益下降。从19世纪50年代到20世纪初的50年中人口增加了80.1%,而生产工人的绝对数只增加不到20%,在人口中的比重下降了8个百分点。从事第三产业的人数肯定会增多。列宁在《关于帝国主义的笔记》中引用了《银行杂志》的材料表明:从事银行的各类人员1882—1895年的13年间增加42%,而1895—1907年的12年间却增加了93%,其中女性工作人员增加更快(他在具体数字旁加了批语:"银行及其经营制度")。❷列宁引用的材料中,还涉及娱乐场地的增加、体育竞技的活跃、旅游业务扩大等。从当时看,

---

❶ 《列宁全集》2版第27卷,第413页。
❷ 《列宁全集》2版第54卷,第189页。

第三产业的急剧上升已初见端倪,首先从英国表现出来。

所以出现这种变化,从特殊原因上说,就是列宁所分析的食利者阶层的崛起("英国食利者的人数约有100万",每年单是花在赛马和猎狐上的费用即达1400万英镑❶),两极分化十分突出,垄断资产阶级又用一部分剥削殖民地半殖民地人民的高额利润收买工人上层(一部分无产阶级已经资产阶级化了,形成工人贵族阶层)。这个分析,也适用于其他发达的资本主义国家。从一般原因说,乃是基于生产力发展、技术进步迅速、劳动生产力的大幅度提高、市场经济高度发达,用列宁的生动语言说:"平均每一个工作者有**两个铁奴隶**(机器)"❷。后来的事实证明,第三产业扩大的趋势,必须有它雄厚的物质基础,特别是第二产业的发展要达到相当高的程度。这种趋势,是市场经济高度发达的结果和表现,没有丰富的物质基础和市场经济的纵深发展,便不可能进入第三产业比重逐渐占优势的阶段。而发达资本主义国家较早出现这种结构,当然同它们对落后国家多种形式的剥削分不开。

二、国家垄断资本主义的形成及其作用

在第一次世界大战中,发达资本主义经济结构中形成一种新的力量或者说新的经济形式,即国家垄断资本主义(资本主义国家所有制企业),它对经济生活产生了一定的影响。列宁研究了这种经济形式,进行了多方面论述。

早在19世纪后期,在有些资本主义国家就出现了国有企业,首先是邮电业由国家统一经营,尔后扩展到一些军工企业,20世纪形成一些为私人资本服务的国有企业。而第一次世界大战中,加快了国家垄断资本主义经济的突起,最典型的就是德国。列宁

---

❶ 《列宁全集》2版第27卷,第417页。
❷ 《列宁全集》2版第54卷,第128页。

说："帝国主义战争大大加速和加剧了垄断资本主义变为国家垄断资本主义的过程。"❶"帝国主义大厮杀的指挥者不得不实行某些国家资本主义的改良和某些民族的改良"❷，以适应实际生活的要求。如在全国范围内调节生产和分配，实行普遍义务劳动制，强迫实行辛迪加化（联合成为大公司）等。这样，就大大加速了资本主义的发展，使帝国主义从一般垄断变为国家垄断，实现了在资本主义生产关系范围内适应生产力要求的又一次调整，从而加强了经济的计划性。

按照列宁的论述，国家垄断资本主义，就是"国家同势力极大的资本家同盟日益密切地融合在一起"❸，"在资本主义社会里，国家的垄断不过是提高和保证某个工业部门快要破产的百万富翁的收入的一种手段罢了。"❹它是私人垄断资本和国家政权相结合的垄断资本主义。国家垄断资本主义形成和发展的过程，是私人垄断资本和国家政权结合的不断发展，国家对经济生活的干预不断加强的过程。列宁在《帝国主义论》中就指出："在金融资本时代，私人垄断组织和国家垄断组织是交织在一起的，实际上这两种垄断组织都不过是最大的垄断者之间为瓜分世界而进行的帝国主义斗争中的一些环节而已。"❺他分析了第一次世界大战前后德、英、俄、美等国家垄断资本主义发展的情况，以及当时实行国家垄断的主要方式，从中发现了可以为无产阶级利用的形式和经验。

当时，国家垄断资本主义主要有以下几种形式：

（1）垄断组织与政府实行"个人联合"，通过这种方式与

---

❶ 《列宁全集》2版第31卷，第1页。
❷ 《列宁全集》2版第28卷，第347页。
❸ 《列宁全集》2版第31卷，第1页。
❹ 《列宁全集》2版第27卷，第353页。
❺ 《列宁全集》2版第27卷，第386页。

国家建立联系。垄断企业为了摆脱危机，并凭借政府的力量谋取高额利润，纷纷收买国家官吏，使政府官员在垄断组织中任职，成为一些先进资本主义国家都存在的普遍现象。在德国，各银行和各公司同政府进行"个人联合"，列宁引用了德国经济学家耶德尔斯描述的这一情况：垄断企业"自愿把监事职位让给有声望的人物和过去的政府官吏，这些人可以使公司在同当局打交道的时候得到不少方便""在大银行的监事会里，常有国会议员或柏林市议会的议员。"❶通过这种个人联合，垄断组织与政府间的联系或融合日益密切。垄断组织在凭借国家力量渡过危机、获得超额垄断利润的同时，也实现了一般垄断向国家垄断的过渡。

（2）通过企业国有化发展国家垄断资本主义，往往是战争期间不少资本主义国家采用的又一方式。如德、英等资本主义国家将一些与军工生产、战争相联系的垄断企业收归国有，实行工业国有化。列宁重点分析了德国通过国有化发展国家垄断资本主义的情况。当时的德国是国家垄断资本主义的标本，资产阶级"采用了发展资本主义生产的新的角斗方法，采用了优良的技术和无比优越的组织，使旧的资本主义即自由竞争时代的资本主义变成了大托拉斯、辛迪加、卡特尔的资本主义。这个集团确立了资本主义生产的国家化的原则，把资本主义的巨大力量和国家的巨大力量联合成一部机器，使千百万人处于一个国家资本主义组织之中"❷。因此德国成为国家垄断资本主义最发达的国家。虽然"在许多方面，即在技术和生产方面，在政治方面，它不如美国，可是在金融资本主义的组织程度方面，在变垄断资本主义为国家垄断资本主义方面，它超过了美国"❸。战争期间，工业国

---

❶ 《列宁全集》2版第27卷，第357页。
❷ 《列宁全集》2版第30卷，第82页。
❸ 《列宁全集》2版第36卷，第142页。

有化首先在德国得到发展，然后其他国家，如英国、俄国也相继实行。除将私人企业收归国有外，垄断国家还直接投资兴办国营工业、铁路等。其间，主要是兴办与军工生产和战争相关的企业，如俄国的官办铁路，各资本主义国家的军工企业等。

（3）第一次世界大战期间，各资本主义国家主要采用统计监督的方式，统一调配全国的人力、物力，调节社会生产和分配，如英国和德国"对全部生产实行最严格的统计和监督"。德国强迫实行辛迪加化，法律责成同一地方或全国某一行业的工厂主组成一个联合组织，由国家派代表参加这个联合组织的董事会，进行监督。俄国的糖业辛迪加把许多设备良好的工厂合并为一个极大的资本主义组合。它"早在沙皇时代就**已经处于'国家'**（也就是为资本家效劳的官吏）的监督之下了"。❶

此外，不少国家采用建立各种组织的方法，将全体人民组织起来，实行普遍义务劳动制等，以集中使用人民的力量。

通过垄断企业与政府间的"个人联合"，国有化和有关监督、调节措施，国家垄断资本主义在战争期间得到了大发展。不仅垄断组织与国家政权的结合更加紧密，国家在调节、干预社会经济生活方面，也向前跨进了一大步。国有企业或大量增加，或转归私有，但国家通过种种方式对社会经济生活的干预，一直呈增强趋势。

既然国家垄断是资产阶级不得不适应社会化高度发展的要求所作的调整，因此，它对社会生活的监督和调节就具有二重性。一方面，它维护垄断资本家的利益，具有鲜明的阶级性。另一方面，它调节社会经济，起到宏观调控的某些作用。

列宁总结了资本主义国家监督调节的方法，归结起来，总不外是把居民联合起来，建立或鼓励各种各样的团体，这些团体

---

❶ 《列宁全集》2版第29卷，第301页。

由国家派代表参加，受国家的监督等。在生产社会化和计划达到一定高度的基础上对全社会人口的组织、管理，使国家垄断资本主义逐渐形成了具有高度技术设备的社会性的管理机构。列宁高度评价了这种机构，认为可以为社会主义利用。在谈到邮政这种国家垄断组织时，列宁说："19世纪70年代，有一位聪明的德国社会民主党人认为**邮政**是社会主义经济的模型。这是非常正确的。目前邮政是按**国家**资本主义垄断组织的样式组成的一种经济。帝国主义逐渐把所有托拉斯都变为这种式样的组织……管理社会事务的机构在这里已经准备好了。"❶

在《论"左派"幼稚性和小资产阶级性》一文中，列宁又一次说明国家垄断资本主义的现代技术和有计划的组织，可以为社会主义所借鉴。列宁以德国为例，说明"那里有达到'最新成就'的现代大资本主义技术和**服从于容克资产阶级帝国主义的**有计划的组织。如果把这些黑体字删掉，不要军阀的、容克的、资产阶级的、帝国主义的**国家**，**同样用国家**，然而是另一种社会类型、另一种阶级内容的国家，**苏维埃**国家，即无产阶级国家来代替，那你们就会得到实现社会主义所需要的**全部条件**"❷。他认为，对德国人的国家资本主义，应该学习，应该用全力仿效。可见，国家垄断资本主义除为垄断资产阶级服务外，其所容纳的大资本主义技术，生产和分配中的计划性及在此基础上形成的有计划的国家组织，都是与社会化大生产相适应的。

从近一个世纪的发达资本主义市场经济所呈现出的特点来看，它根据需要组建多种形式的、或多或少的国有经济，确实没有改变本身的资本主义性质，但在一定程度上也起到调节社会经济、增强计划性的功能，特别是国家银行的作用不可或缺。这是发达市场经济的一个重要特征。

---

❶ 《列宁全集》2版第31卷，第47页。
❷ 《列宁全集》2版第34卷，第279页。

三、计划调节功能的萌生和增强趋势

"资本主义商品经济是无计划的商品经济",这是人们通行的观念。实际上,从19世纪末到20世纪初,事情已经开始起变化,恰好相反,商品经济的发达程度愈高,计划性就愈强。这正是列宁在研究发达资本主义商品经济时所论述的特性之一,是市场经济部分质变的重要表现之一。

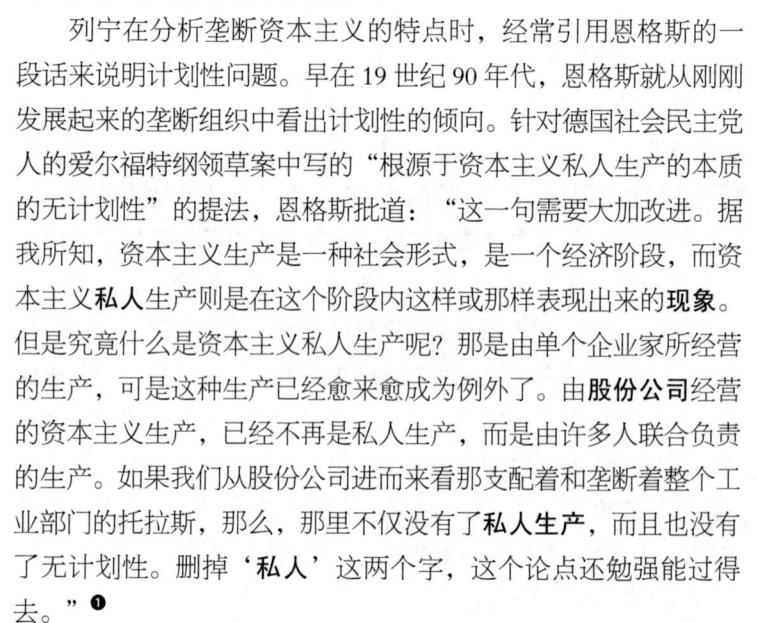

列宁在分析垄断资本主义的特点时,经常引用恩格斯的一段话来说明计划性问题。早在19世纪90年代,恩格斯就从刚刚发展起来的垄断组织中看出计划性的倾向。针对德国社会民主党人的爱尔福特纲领草案中写的"根源于资本主义私人生产的本质的无计划性"的提法,恩格斯批道:"这一句需要大加改进。据我所知,资本主义生产是一种社会形式,是一个经济阶段,而资本主义**私人生产**则是在这个阶段内这样或那样表现出来的**现象**。但是究竟什么是资本主义私人生产呢?那是由单个企业家所经营的生产,可是这种生产已经愈来愈成为例外了。由**股份公司**经营的资本主义生产,已经不再是私人生产,而是由许多人联合负责的生产。如果我们从股份公司进而来看那支配着和垄断着整个工业部门的托拉斯,那么,那里不仅没有了**私人生产**,而且也没有了无计划性。删掉'**私人**'这两个字,这个论点还勉强能过得去。"❶

按照恩格斯这个论述,资本主义是本质范畴,而"私人生产"和"社会资本生产"(包括股份公司等"为许多结合在一起的人谋利的生产"),则是它的两个现象范畴。这两个现象范畴,表现在宏观协调方式上,私人生产为无计划性,社会资本生产则有一定的计划性。

列宁在分析帝国主义经济时,反复引用恩格斯的这个论断,

---

❶ 《马克思恩格斯选集》1995年版第4卷,第408页。

并且在此基础上作了进一步发挥，明确地指出：说资本主义是无计划的经济，"这种说法已经过时了"。❶ 对此，列宁的论述有以下几点：

（1）垄断组织不再盲目地面向市场，而是在市场预测的基础上制定销售计划。"从前是各个业主自由竞争，他们是分散的，彼此毫不了解，他们进行生产都是为了在情况不明的市场上去销售，现在则完全不同了。集中已经达到了这样的程度，可以对本国的，甚至像下面所说的，对许多国家以至全世界所有的原料来源（例如蕴藏铁矿的土地）作出大致的估计。现在不但进行这样的估计，而且这些来源完全操纵在一些大垄断同盟的手里。这些同盟对市场的容量也进行大致的估计，并且根据协议瓜分这些市场。它们垄断熟练的劳动力，雇用最好的工程师，霸占交通路线和交通工具，如美国的铁路、欧美的轮船公司。帝国主义阶段的资本主义紧紧接近最全面的生产社会化，它不顾资本家的愿望与意识，可以说是把他们拖进一种从完全的竞争自由向完全的社会化过渡的新的社会秩序。"❷ 看来当时列宁对向新制度过渡有些估计过高，但确实证明资本主义可以有计划。

（2）金融资本的发展和银行由中介变为万能的调节者，能够通过分配资金有计划地调节生活。这就是上面讲到的银行对经济生活的调节。实质上，这也是社会资本的一种表现形式。

（3）垄断组织的进一步发展，形成了国家对社会的调节。列宁在1917年4月指出："值得注意的是，恩格斯在27年前就已指出，关于资本主义问题的提法，不估计到托拉斯的作用，却说'资本主义的特点是无计划性'，那是不能令人满意的。恩格斯指出：'哪里有托拉斯，哪里就没有无计划性，而有资本主义。'现在指出这一点尤其恰当，因为现在我们看到的是军事国

---

❶ 《列宁全集》2版第29卷，第353页。

❷ 《列宁全集》2版第27卷，第340—341页。

家,是国家垄断资本主义。"❶ 在夺取政权之后,他一再讲德国的例子。实质上这是一种全社会性调节的雏形。

(4)计划性的加强,归根结底是生产社会化程度提高和扩展的必然要求。列宁早年就曾指出:"大机器工业和以前各个阶段不同,它坚决要求有计划地调节生产和对生产实行社会监督(工厂立法就是这种趋向的表现之一)。"❷ 在论述垄断资本主义时,他进一步发挥了这一论点。凡是列宁论证垄断资本计划性加强的地方,总是与生产社会化连在一起。十月革命前夕,他说:"资本主义与资本主义前的旧的国民经济体系不同,它使国民经济各部门之间形成了一种极密切的联系和相互依存的关系。顺便说一句,要是没有这一点,任何走向社会主义的步骤在技术上都是不能实现的。由银行统治生产的现代资本主义,又使国民经济各部门之间的这种相互依存关系发展到了最高峰。银行和各大商业部门不可分割地长合在一起。"❸ 夺取政权后还讲道:"没有建筑在现代科学最新成就基础上的大资本主义技术,没有一个使千百万人在产品的生产和分配中严格遵守统一标准的有计划的国家组织,社会主义就无从设想。"❹ 这个思想和恩格斯的论述是一脉相承的。恩格斯在《社会主义从空想到科学的发展》中就曾指出过:"在托拉斯中,自由竞争转变为垄断,而资本主义社会的无计划生产向行将到来的社会主义社会的计划生产投降。"❺ 他们都把这种社会化的要求看作是社会主义社会的前提。

当然,计划性并没有改变资本主义剥削的本质。列宁也指出了这一点:"有计划性并不能使工人摆脱奴隶地位,相反地,

---

❶ 《列宁全集》2版第29卷,第435—436页。
❷ 《列宁全集》2版第3卷,第500页。
❸ 《列宁全集》2版第32卷,第195页。
❹ 《列宁全集》2版第34卷,第279页。
❺ 《马克思恩格斯选集》1995年版第3卷,第752页。

资本家将更'有计划地'攫取利润。现在资本主义正直接向它更高的、有计划的形式转变。"❶他在《国家与革命》一书中进而指出:"完全的计划性当然是托拉斯所从来没有而且也不可能有的。但是尽管托拉斯有计划性,尽管资本大王们能预先考虑到一国范围内甚至国际范围内的生产规模,尽管他们有计划地调节生产,我们还是处在资本主义下,虽然是在它的新阶段,但无疑还是处在资本主义下。"❷

从这些论述中,我们可以看到有两个观点在列宁的思想中萌发:

第一,无计划性并不是资本主义特有的东西,在资本主义市场经济发展的较高阶段也具有一定的计划调节机制,包括全国范围内的宏观调控。因此,不能把无计划性作为资本主义市场经济的本质特征。

第二,资本主义不可能有"完全的计划"(例如它无法完全避免经济危机)。比较完备和自觉的计划性应当是社会主义经济所具备的功能,两种制度从计划的完备程度上可能有一定的差异,但本质的区别还在于所有制的性质和经济运作的目的。

从列宁以后几十年的发展看,资本主义的发达市场经济逐步形成日臻完善、形式不同的宏观调控系统,以"有形的手"补充"无形的手"。看来这是发达市场经济的一个重要特征和新的机制。

四、企业管理的飞跃——科学管理的出现

发达的资本主义商品经济在微观上的成果之一,是管理的科学化。19世纪和20世纪初,在这方面具有时代标志的是泰罗制的出现,从此管理科学开辟了一个新纪元。此事引起了列宁的极

---

❶ 《列宁全集》2版第29卷,第436页。
❷ 《列宁全集》2版第31卷,第64—65页。

大关注，他在《关于帝国主义的笔记》中作了详细的记述，并发表了两篇文章加以论证。特别是建立苏维埃政权以后，他反过头来进一步研究和倡导推行泰罗制，并作了全面的科学的分析。如果再抽象一步，科学管理应当是发达商品经济的一个共同特征，是适应激烈的市场竞争的需要，也是生产社会化高度发展的一个趋势（第九章第三节将作详述）。

第五章　重大贡献（三）：探索社会主义建设初期的商品—市场关系

（回顾1918年）我们知道，看到，说过：需要向"德国人""学习"，需要组织性、纪律性，提高劳动生产率。什么是我们所不知道的？这项工作的社会经济**基础**是什么？是以市场、商业为**基础**还是**反对**这个基础？……承认错误的益处和**必要性**就在于此！

合作社的发展也就等于社会主义的发展，与此同时我们不得不承认我们对社会主义的整个看法根本改变了。

——列宁

如果厘清了列宁早期对俄国次发达资本主义商品经济思想和中期对世界发达资本主义商品经济思想的来龙去脉，那么，对于他晚年独特地探索社会主义建设初期的商品—市场关系就不会感到困惑不解。既然他有研究商品经济的深厚功底，既然他始终把发展生产力摆在首位，既然他坚持依靠实践修正和发展理论，既然他信奉"政治经济学的基础是事实，而不是教条"，那么他在社会主义经济建设中以极大的理论勇气来探索社会主义建设初期的商品、市场关系就会顺理成章。但是，这个研究同他以前的研究不同，不可能完全沿着《资本论》的现成结论直接展开，而只能运用《资本论》的基本原理和科学方法重新进行摸索。这不能不是一个独到的创造过程。正是因为这个原因，他的认识经过了曲折的实践修正过程和痛苦的换脑筋过程。所以，这一章要先论述他的转变，然后再阐释他初步形成的观点和试图使用的范畴。

第一节 从消灭商品交换到利用商品交换

列宁对社会主义建设初期的商品、市场关系的认识，是同他的实践紧密相联的。我们具体分析他的认识是怎样转变的。

一、列宁早中期对社会主义同商品经济相互关系的认识

熟悉马克思经济理论的人都知道，马克思恩格斯在对西欧发达的资本主义进行科学分析的基础上，预计革命胜利后建立起来的新社会将随着公有制的实现而消灭商品生产以及与之相联系的一系列价值范畴，甚至连简单的"产品交换"也不复存在了（例如，马克思在《哥达纲领批判》中对共产主义社会低级阶段的论述）。

马克思恩格斯之所以会得出实现公有制必然消灭商品货币的结论，是因为：（1）他们认为商品生产是以私有制和私人劳动为基础，私有制的消灭和公有制的建立必然使商品生产失去了基础，私人劳动不复存在，人们的劳动都将直接成为社会劳动；（2）商品、市场关系必然带来盲目生产的无政府状态，并由此造成经济危机，只有公有制才有可能而且必须根除这种弊病，根据人们的需要有计划地组织生产；（3）生产社会化的高度发展要求整个社会经济集中统一领导，公有制的实现消除了人们之间经济利益上的对立，所以整个社会应当也有可能成为一个大的生产单位，进行直接生产和直接分配。由于当时还没有社会主义的实践，不可能认识商品货币关系在社会主义经济制度下仍有积极作用，更预料不到会出现社会主义市场经济这种形式。这些理论

问题，唯有依靠社会实践方能解决。

马克思的这些观点，对后来马克思主义者包括列宁在内，影响甚大。列宁活动的前期，一方面肯定商品经济和资本主义的历史作用及其同社会化生产的必然联系，另一方面认为商品经济必然导致资本主义，它与社会主义是不相容的。所以，他一直按照"社会主义＝消灭商品经济"的公式来论述和设计社会主义经济模式。

早在1894年，青年时代的列宁就在《什么是"人民之友"以及他们如何攻击社会民主党人？》一书中写道："要知道，要组织没有企业主的大生产，首先必须消灭商品的社会经济组织，代之以公社的即共产主义的社会经济组织，那时调节生产的就不像现在这样是市场，而是生产者自己，是工人社会本身；那时生产资料就不属于私人而属于全社会。"❶

1901年，他在《无政府主义和社会主义》的提纲中写道："私有制是商品经济的基础。"社会主义则是"生产资料公有制。无政府主义对此一窍不通。"❷ 他认为，以私有制为基础的商品经济导致资本主义是剥削的根源。

1902年，列宁在为俄国工人阶级政党制定的第一个纲领草案中，提出以"产品生产"代替"商品生产"。他写道："工人阶级要获得真正的解放，必须进行资本主义全部发展所准备起来的社会革命，即消灭生产资料私有制，把它们变为公有财产，组织由整个社会承担的社会主义的产品生产代替资本主义商品生产，以保证社会全体成员的充分福利和自由的全面发展。"尽管列宁不同意把资本主义同一般商品经济相混同，但他认定商品经济充分发展必然导致资本主义。比如，他说过，"十分发达的商品生产只有在资本主义社会才是可能的。"❸

---

❶ 《列宁全集》2版第1卷，第212页。
❷ 《列宁全集》2版第5卷，第338页。
❸ 《列宁全集》2版第6卷，第193、209页。

1905年和1908年，列宁明确地采用了"消灭商品经济"的表述："社会主义要求消灭货币的权力、资本的权力，消灭一切生产资料私有制，消灭商品经济。"❶ 社会主义就是消灭商品经济。甚至断言："只要仍然有交换，谈论什么社会主义就是可笑的。"❷ 按照列宁这一时期的观点，在社会主义生产关系下，社会再生产运动就不复存在"交换"这个环节，而由直接分配所取代。当时看到的主要是交换对未来社会的消极作用，认为社会主义只有舍弃交换过程才能表现出自身的优越性。这种认识持续了很长的时间。

1913年在论述民族问题时，列宁批判了蒲鲁东的观点："不是消灭资本主义及其基础——商品生产，而是**清除**这个基础的各种弊端和赘瘤等；不是消灭交换和交换价值，而相反，是'确立'交换价值，使之成为普遍的、绝对的、'**公正的**'、没有波动、没有危机也没有弊端的东西。——这就是蒲鲁东思想。蒲鲁东是小资产阶级，他的理论把交换和商品生产绝对化，把它当作宝贝。"❸ 这里，列宁是把商品经济同资本主义连在一起的，着力批判把商品生产"当作宝贝"的观点（需要注意的是：后来形成的社会主义商品经济理论与蒲鲁东的思想有根本区别，主要在于消灭资本主义和消灭私有制，同时承认并设法克服商品经济带来的某些弊端）。

二、取得政权之初的认识

十月革命后，开始了社会主义建设实践。他在理论上所坚持的还是以前的观点："商品生产产生了资本主义，而资本主义又导致帝国主义。这是总的世界历史前景，不应当忘记社会主义

---

❶ 《列宁全集》2版第12卷，第75页。
❷ 《列宁全集》2版第17卷，第111页。
❸ 《列宁全集》2版第24卷，第136页。

的基础。"❶ 他在初期行动上是比较谨慎的，在具体政策上采取了一系列过渡步骤，提出有计划有组织地进行"产品交换"的办法。但规定"产品的调运以及买卖**只能**在供销委员会之间进行，禁止一切私人间的销售"❷。其目标仍然是逐渐消灭商品交换、货币流通，只是需要经历一个较短的**过渡**阶段。他说："起初是国家对'贸易'实行垄断，然后通过工商业职员联合会在苏维埃政权领导下以有计划有组织的**分配来**完全彻底地代替'贸易'。"❸

1918年3月，列宁所著的《苏维埃政权的当前任务》，是当时苏俄经济建设的纲领性文件，它规定了苏维埃政权应采取的一系列经济措施。而在该文的初稿中，列宁再次肯定新社会应当消灭商品生产。他写道："竞争是资本主义社会所特有的一种特殊形式的竞赛，是各个生产者争夺面包、争夺市场上的势力和地位的斗争。消灭竞争这种生产者之间的只同市场相联系的斗争，绝不意味着消灭竞赛，相反，正是消灭商品生产和资本主义，才为组织人与人之间而不是兽与兽之间的竞赛提供可能。"❹ 可见，列宁仍然把商品生产、市场竞争和资本主义看作统一物，而与社会主义经济对立着。后来列宁回顾这段情况时说道："当时设想不必先经过一个旧经济适应社会主义经济的时期就直接过渡到社会主义。我们设想，既然实行了国家生产和国家分配的制度，我们也就直接进入了一种与以前不同的生产和分配的经济制度。"❺

三、消灭商品经济的实践

1918年夏国内战争的爆发，迫使苏俄用最严格的手段把一

---

❶ 《列宁全集》2版第34卷，第43页。
❷ 《列宁全集》2版第33卷，第449页。
❸ 《列宁全集》2版第34卷，第69页。
❹ 《列宁全集》2版第34卷，第138—139页。
❺ 《列宁全集》2版第42卷，第221页。

切资源都集中到国家手里。这类措施的适用范围，随着经济的危机和战争的严酷日益扩大，于是产生了"战时共产主义"政策。这个政策加速了消灭商品、货币、市场的过程。最有代表性的是列宁为俄共八大（1919年2—3月）起草的纲领草案，规定：用一系列逐步而积极的措施彻底消灭私人商业，把苏维埃共和国组织成一个统一的经济整体——类似《哥达纲领批判》中的设想，然后各生产消费公社之间进行有计划的产品交换。实际上，是取消交换和流通这个中间环节，"坚定不移地继续在全国范围内用有计划有组织的产品分配来代替贸易"，以经济关系的实物化代替货币交换。"把全体居民组织到生产消费公社中"，通过这一过渡形式把整个社会变成"统一的合作社"，然后通过"公社能把整个分配机构严格地集中起来，最迅速、最有计划、最节省、用最少的劳力来分配一切必需品"。作为交换媒介物的货币，被认为是资本主义的范畴。俄共党纲草案要求"尽量迅速地实行最激进的措施，为消灭货币做好准备，首先是以存折、支票和短期领物证等来代替货币，规定货币必须存入银行等。"❶ "依靠银行的国有化，俄国共产党将竭力实行一系列办法，来扩大非现金结算的范围和准备取消货币"，进而准备消灭银行。❷ 在此前后召开的国民经济委员会第二和第三次代表大会，也以明确的语言"要求最终消除货币对经济成分相互关系的各种影响"，主张"以实物结算逐步取代各种社会关系的货币表现"。❸ 在理论上，列宁的观点没有改变，重申："马克思主义阐明了在任何一种商品经济制度下资产阶级专政的经济必然性""全部政治经济学，马克思主义的全部内容，也说明了这一点"。❹

---

❶ 《列宁全集》2版第36卷，第90—91页。

❷ 《苏共决议汇编》第1分册，第547页。

❸ 《社会主义政治经济学史纲》三联书店1979年版，第169—170页。

❹ 《列宁全集》2版第35卷，第491页。

历史材料表明，当时虽然没有完全和最终取消货币，但其作用范围已经相当狭小，社会的支付手段基本上实物化了。在城市，工人的工资90%以上（最多达96%）是实物。在农村，设想是用工厂的产品直接换取农民的粮食，但由于产品太少，就付给一些严重贬值的纸币或什么也不付，即余粮收集制。企业之间的关系是实物调拨，个人之间包括当时流行的"黑市"，多为实物交换。到1920年年底和1921年年初，这种实物化的倾向达到了顶点。例如，在1920年11月到1921年2月，最高国民经济委员会和人民委员会相继通过决议和公布法令，对使用机械动力工人在5人以上的，或无机械动力工人在10人以上的工厂企业实行国有化，同时公布"关于向居民无偿拨发粮食制品""关于向居民无偿提供消费品""关于取消向国家企事业单位及其职工提供的各类燃料收取费用""关于取消使用邮电类的现金清算""关于取消房租"等法令。全俄中央执行委员会还决定"停止征税"。

需要说明的是，即使在这一时期，列宁与那些要求马上消灭货币的极"左"观点还是有区别的。1919年夏，他就指出货币不能一下子消灭。"要消灭货币，需要很多技术上的成就，更困难得多和重要得多的是组织上的成就"，所以还要"暂时"保留下来。他指的"暂时"是"从资本主义旧社会向社会主义新社会过渡时期"（尽管也讲到"一个相当长的时间"），就是说，一进入社会主义社会则是要消灭货币的。❶

1920年，在国内战争即将结束时，列宁同布哈林对社会主义初期许多重大理论问题进行了探讨。布哈林在《过渡时期的经济》一书中写道："价值规律不过是商品无政府制度的平衡规律""过渡时期商品生产在很大程度上正在消失，（那里不存在）平衡状态（指价值规律——引者）""在无产阶级专政制度

---

❶ 《列宁全集》2版第36卷，第340页。

下，'工人'领得的是社会劳动口粮，而不是工资"。列宁基本上表示赞同。他还认为在无产阶级专政下存在着"无产阶级的社会主义趋势和农民的商品资本主义趋势之间"的斗争，并且否定市场存在。布哈林说："当生产过程的不合理性消失的时候，即当自觉的社会调节者出来代替自发势力的时候，商品就变成产品而失去自己的商品性质。"列宁批道："不确切：不是变成'产品'，而是另一种说法。例如变成一种不经过市场而供社会消费的产品。"❶与此相联，对货币流通也是激进的。下面引出他在1920年11月30日给"取消货币税工作委员会"（当时准备全部取消税收）的一封信："应当更深入地考虑过渡时代的条件（和更细致地研究相应的**事实**）。从货币向不用货币的产品交换过渡，是毫无疑义的。为使这一过渡胜利完成，应当实现**产品交换**（不是**商品交换**）。只要**我们还没有力量**实现商品交换，即向农民提供工业产品，农民就**不得不**一直保持**支离破碎**的商品流通（因而也是货币流通），保持其代替物。在没有向农民提供可以消除对代替物的需要的那种东西时，就废除代替物（货币），在经济上是不正确的。应当很严肃地思考这个问题。"❷这封信说明，列宁仍然认定要消灭货币、货币流通，即市场。当然，列宁与别人不同，主张严肃慎重，条件不具备时不能贸然行动。这时正处在大转变的前夕。

正是因为列宁有一个从现实出发的审慎态度，他就能正确对待1921年春天的事件，即农民暴动、工人罢工和出现的严重的经济危机和政治危机。他很快认识到以前的理论和政策再不能继续下去，不能不顾现实坚持下去了。他听取各方面的意见，特别是农民代表的意见，当机立断，毅然决定取消余粮收集制，实行粮食税政策，小范围地放开了市场。即允许农民在交足税赋后剩

---

❶ 《列宁全集》2版第60卷，第308、309、291页。

❷ 《列宁全集》2版第50卷，第35—36页。

余的粮食有"投入地方经济流转的自由"❶。于是，开始了从消灭商品经济到利用商品经济的转折。

顺便说，有些学者认为，列宁在经济政策上没有犯过错误。这既不符合事实，也不符合列宁的原意。他为总结战时共产主义时期犯错误的教训，讲了不下30多处。我们对此应当采取实事求是和科学分析的态度。因为列宁不是神，他的伟大不在于不犯错误，而在于正确地对待错误。

第二节　从限制市场到引导市场

一、实行受限制的市场交换

作为一个伟大的彻底的唯物主义者、实事求是的楷模，列宁善于总结经验教训，能够比别人更快地认识和掌握客观真理，修订政策。他的转折是从1921年3月俄共（布）第十次代表大会正式开始的。他从战时共产主义经济政策失败中所引出的重要结论之一，就是在一个农民占优势的经济落后的国家里建设社会主义，不能企图消灭商品生产和商品周转。

他说："余粮收集制是以征收所有的余粮，建立强制性的国家垄断制为前提的。当时我们不可能有其他的办法，因为我们处于极端贫困的状态。在理论上，不一定要认为国家垄断制从社会主义观点看来是最好的办法。在一个拥有工业，而且工业正在进行生产的农民国家里，如果有一定数量的商品，那是可以采用实物税和自由流转的制度作为一种过渡办法的。"❷

现实生活所表明，当时的困难除了连年战争的严重破坏之外，更重要的是农民对取消商品生产、无偿占有他们的劳动成果

---

❶　《列宁全集》2版第40卷，第338页。
❷　《列宁全集》2版第41卷，第63页。

不满，强烈要求恢复"贸易自由"，有的农民暴动就以"贸易自由"作为自己的口号。由于农民的积极性受到挫伤，农业生产大幅度下降，收集的余粮愈来愈少，城市供应更加困难，这又导致工人阶级的不满和涣散。大量的"黑市"存在，各种各样的严厉手段也无法制止城乡居民到"黑市"上进行交易。这本身就一再表明现实的经济生活同市场关系存在着内在的联系，无法人为地消除。而强行取消商品生产和商品流通、搞共产主义直接分配，对经济上落后的国家来说，更是远远超出了客观条件所许可的范围。

当时面对的国情是，俄国并不是一个资本主义经济高度发展的国家，落后的、原始的经济形式占很大的比重。十月革命后，国民经济中除了社会主义成分外，还存在着大量的个体私有制成分，在全部人口中农民占近80%。这和西欧发达的资本主义国家是不同的。这样的历史状况和经济状况直接影响着革命胜利后社会主义建设的途径和形式。列宁说："毫无疑问，在一个小农生产者占人口大多数的国家里，实行社会主义革命必须通过一系列特殊的过渡办法，这些办法在工农业雇佣工人占大多数的发达的资本主义国家里，是完全不需要采用的。"又说："如果一个国家大工业占优势，或者即使不占优势，但是十分发达，而且农业中的大生产也很发达，那么直接向共产主义过渡是可能的。没有这种条件，向共产主义过渡在经济上是不可能的。"❶

大量分散的个体所有者——农民，既不能剥夺，也不能驱逐。他们是以细小的手工生产为基础的小商品生产者，与社会化大生产和原来设想的计划经济是有矛盾的。在俄国这样的国家建设社会主义必须正确处理这个矛盾，寻找社会主义经济同农民的结合点，探索能够把亿万农民调动起来积极从事社会主义建设的最适宜的形式、途径和措施。基于此意，便把余粮收集制改为粮

---

❶ 《列宁全集》2版第41卷，第63、50、70页。

食税，农民在完成上缴粮食税以后的部分剩余产品可以拿来与国家工业品交换，或投入地方周转，在一定范围内、一定程度上恢复市场。

当时，列宁认为："地方上自由的经济流转关系就流转总量来说将如何发展，是通过合作社，还是通过恢复私营小商业，我们现在未必能够最后确定……在这方面我们需要仔细地研究地方上的经验。"❶他仍然认为，在存在着小商品生产汪洋大海的条件下，如果没有专门的调节措施和国家的监督，发展商品货币关系就可能导致资本主义倾向的复活。所以，对商品的流转还给予很大的限制。农民经济和社会主义工业的商品交换，在很大程度上是一种使用价值同另一种使用价值的直接交换（W—W），排斥商品货币关系和商品流通（W—G—W），目的是想在国家和小农经济之间建立直接的、牢固的经济联系，而不允许私人插手其间。这里的中介机构就是合作社，国家的工业产品和农民的粮食在合作社内而不是在市场上直接交换。列宁称这种交换形式为"商品交换"（它有特定的含义，与通常讲的商品交换有所不同）。与此同时，还可在划定的地方市场范围内进行现金交易，称之为"地方周转"。对于地方周转如何掌握，当时还没有想出具体办法。他在1921年3月10日给最高经济委员会主席李可夫的信中表达这个意思："尽量由国家组织"工农业产品之间的交换，而在给粮食人民委员部负责人的信中却称之为"流转"。❷可见他还处在矛盾之中。

总的看来，1921年3月虽然恢复了商品生产和商品交换，但还有很大的局限性。当时并不是把商品交换当作通向商业的交换形式，而是看作通向产品交换即"直接向社会主义过渡"的一种临时措施。

---

❶ 《列宁全集》2版第41卷，第67页。

❷ 《列宁全集》2版第50卷，第160、158页。

列宁说，为了能够顺利地解决"我们直接向社会主义过渡的任务，就必须懂得，需要经过哪些**中间**的途径、方法、手段和辅助办法，才能使**资本主义**以前的各种关系过渡到社会主义"。就是说，当时还没彻底放弃"直接过渡"的思路。

正是从这个视角，列宁决定"把商品交换提到首要地位，把它作为新经济政策的主要杠杆"。当时列宁在《论粮食税》一书中所规划的是"三级站"发展路子：粮食税—产品交换（社会主义）—共产主义。"粮食税，是从极度贫困、经济破坏和战争迫使我们所实行的特殊的'战时共产主义'向正常的社会主义的产品交换过渡的一种形式。而正常的社会主义的产品交换，又是从带有小农占人口多数所造成的种种特点的社会主义向共产主义过渡的一种形式。""不是余粮收集制，也不是粮食税，而是用大工业（'社会化'工业）的产品来交换农民的产品，这就是社会主义的经济**实质**，社会主义的基础。"

至于"地方周转"，当时还以为，那是产生资本主义的土壤。《论粮食税》就是这样讲的："流转就是贸易自由，就是资本主义。它有助于克服小生产者的涣散性，并且在某种程度上也有助于同官僚主义做斗争，在这一限度内，流转对我们是有利的。至于限度的大小，这要由实践和经验来确定。"❶

所以，开始实行粮食税和允许"地方周转"时，立意主要不是发展商品市场关系，而是要寻找恢复国民经济、提高人民生活水平和巩固工农联盟的方法、途径。商品货币关系和狭小的贸易活动，不过是达到这一目标的手段而已。

二、理论上的阶段性进展

然而，从总体上看，尽管"交换"以直接实物交换为主，但还是想把社会主义建立在一定的交换关系的基础上。这和战时共

---

❶ 《列宁全集》2版第41卷，第216、327、208、376、232页。

产主义所讲的"社会主义基础"的含义已经有很大的不同。具体说，他在1921年3月到10月间的理论上有以下变化。

（1）明确提出工农之间的商品交换是社会主义的基础。可以对比他前后的看法。如1918年8月，列宁在《论粮食贸易自由》一文中曾认为："把所有余粮收集到中央苏维埃政权手里并正确地加以分配"，就能"保证正常的社会主义生产和分配，保证彻底的社会主义制度的确立"❶；而现在认为，实行了粮食税，进行"商品交换"和"地方周转"，就是"从'战时'共产主义转向正常的社会主义基础"❷。前后都是说的"正常的"社会主义经济关系，但内容却大不相同了。

接着，在共产国际第三次代表大会上，列宁进一步解释了这一转变。他说："我们必须从军事联盟过渡到经济联盟。从理论上看，只有实物税才能成为经济联盟的基础。从理论上看，只有这样做才能给社会主义社会建立真正牢固的经济基础。社会化的工厂把产品交给农民，农民则以粮食来交换。在小农占多数或至少占很大一个少数的国家里，这是社会主义社会生存的唯一可能的形式，是进行社会主义建设的唯一形式。"❸这里明确指出，工农业之间的商品交换不仅是"社会主义社会的真正牢固的经济基础"，而且是"唯一"可能的形式，即舍此就不能顺利地进行社会主义建设。这个分析，同以前他本人多次论述的"社会主义就是消灭商品经济"的观点已经有了重大的差别。

列宁认为："在现代史上，第一次建立了这样的社会制度，在这个制度下，剥削阶级已经被消灭，但是还存在着两个不同的阶级——工人阶级和农民。"这两个阶级不是剥削与被剥削、压迫与被压迫的关系，而是领导与被领导的关系，经济上是平等协

---

❶ 《列宁全集》2版第37卷，第160页。

❷ 《列宁全集》2版第41卷，第376页。

❸ 《列宁全集》2版第42卷，第50页。

作、互相依存的关系。他们有共同的经济利益和政治利益，也有不同的经济要求和物质利益。因为工农这两大阶级有不同的生产资料所有制，所以二者的经济关系、经济联盟只能通过交换的关系来实现，而不能采取一方对另一方无偿占有和剥夺的关系，否则就不可能结成亲密合作的牢固联盟。正如列宁所说："如果不在工业和农业之间实行系统的商品交换或产品交换，无产阶级和农民就不可能建立正常的关系，就不可能在从资本主义到社会主义的过渡时期建立十分巩固的经济联盟。"❶

（2）开始思索社会主义制度下的商品范畴，思考一般商品的共性和社会主义商品个性的关系。列宁在《劳动国防委员会给各地方苏维埃机关的指令》中论述国家"同农民的商品交换"时指出："这是当前最重要最迫切的问题。首先，不向军队和城市工人充分地正常地供应粮食，国家就无法进行经济建设，而商品交换应当成为收集粮食的主要手段。其次，商品交换是对工农业相互关系是否正常的检验，是建立能较正常地发挥作用的货币制度的基础。现在，所有经济委员会和所有经济建设机关，都必须特别重视商品交换问题（包括产品交换在内，因为用来交换农民粮食的国家产品，即社会主义工厂的产品，已不是政治经济学意义上的商品，绝不单纯是商品，已不是商品，已不再是商品）。"❷

按照列宁的这个论述，在工农业之间交换的商品，首先是为了满足工人、农民的某种物质需要，即具有使用价值。而工农业之间的关系是否正常，一要看实物的比例关系，二要看价值形态上的比价关系，这又体现了价值和使用价值的统一。"比较正常的发挥作用的货币制度的基础"，只能是符合价值的规定，即以社会必要劳动量为基础的等价交换原则，使工农双方互相不损害各自的劳动利益。这说明，列宁已经不再要求消灭货币，而是

---

❶ 《列宁全集》2版第41卷，第298、327页。

❷ 《列宁全集》2版第41卷，第267—268页。

要建立"货币制度"的正常基础。可见，列宁还是把货币作为一定的媒介物和价值尺度，以衡量商品的价值及其货币表现（价格）。这就是一切商品所共有的二重性。

在这里，列宁把国有企业生产的产品看作"已不是政治经济学上的商品"，即不是传统的商品，不是以私有制为基础的商品。这说明，他的认识还有很大的局限性和矛盾性，就是把商品同私有制联在一起，但又承认它具有商品的属性，只是目的和性质不同，即为了进行社会主义经济建设、为了改善人民生活，在社会调节下"系统"地进行的一种交换的物品。在这里，似乎使用价值首先不再是价值的物质承担者，而放在第一位的正是使用价值的自身。商品不再是全靠"无形的手"来调节，而是首先由国家的计划来指导。因此，它所反映的关系不是人对人的剥削，不是你死我活的对抗性的矛盾，而是劳动者之间首先是工农之间在共同利益一致基础上的平等互利关系——"正确的关系"，体现着工人农民之间的经济联盟。在这个意义上说，它"已不是商品"，"已不成其为商品"，即不是完全同私有制相联系的商品，而应当理解为是一种特殊的商品。可见，列宁的认识尚处在摸索阶段，处在矛盾之中。

（3）初步地剖析在社会主义制度下商品的运动过程及其所体现的各种成分、各个部门、各类劳动者之间的经济联系。在这方面表述得最系统的是 1921 年春天他给布哈林写的一个便条，全文是：

"这个问题在理论上也是值得注意的：

无产阶级国家政权**掌握**着：

物质基础 $\begin{cases} 工厂 \\ 铁路 \\ 对外贸易 \end{cases}$

结果：它手中掌握着**商品储备**和商品的**成批**运转（铁路

运送）。

无产阶级国家政权怎样处理这些商品储备？

把它们卖给

（α）工人和职员以换取货币，或者不是货币而是换取他们的劳动。

（β）农民以**换取粮食**。

怎么卖？通过谁？

通过**代销人**（＝**商人**），付给他佣金。

尤其要重视合作社（努力使每一个居民都加入合作社）。

为什么这**不可能**？而这就是**资本主义**＋社会主义。"❶

这一段十分简练而精彩的文字，可以看作当时列宁心目中对社会主义制度下商品运行的一个粗略的解剖图，既有纵剖面，又有横剖面。从所有制关系上看，社会主义＋资本主义，指的是国有经济加某些国家资本主义经济（受国家调节和限制的资本主义）。当时列宁把代销商视为国家资本主义的第三种形式，合作社则是国家资本主义的第二种形式（后来视为社会主义成分）。这里占主导地位的是国有经济，掌握着大部分工业品的生产权、批发权、运送权、对外贸易的垄断权，从而就能在商品的生产领域和流通领域起到"左右乾坤"的作用。只有零售环节的一部分属于非社会主义成分，大部分也还掌握在社会主义经济手中。商品进入消费领域，是满足社会主义劳动者的需要。两头是社会主义，中间夹着一座非社会主义的"小桥"（它的旁边又有社会主义的"大桥"），这有什么可怕？"这为什么不可能？"他认为，社会主义商品生产和交换就是在这个基础上运转的。

从国民经济和劳动人民内部联系上看，主要反映工业和农业两大基本部门、工人和农民两个基本阶级之间的交换关系。同

---

❶ 《列宁全集》2版第50卷，第205—206页。

时，既然要把商品"卖给工人和职员"，那也就体现了工业内部的交换关系，从而也在一个侧面隐现了两大部类之间的物质补偿和价值补偿的交换关系。这是以消费资料为最终产品的交换关系，反映了社会再生产四个基本环节（生产、分配、交换、消费）在社会主义商品经济基础上的循环运动。这里开始突出了货币的中介作用。

从这个运动过程中，可以显示出受限制的流通领域在社会主义仍然是社会再生产的一个不可缺少的阶段。由此看来，列宁开始修正以往的取消商品交换和流通的观点，逐步地在改变"商业＝资本主义"的公式。

从这个运动过程中，还可以看到列宁也在思考纠正直接实物分配的设想，试图揭示按劳分配和商品生产的关系。

以上三点，是列宁在实行新经济政策头半年对社会主义建设初期商品生产理论最初步的认识。最大的局限性在于尽可能缩小市场这个最重要的枢纽和"配电盘"。

三、实践中遇到的困惑

但是，实践没有让列宁的认识停止下来。由于这时的"商品交换"限制条件很多，特别是市场限定范围十分狭小，在很大程度上排斥货币流通，只是以货币为标准进行计价，并且仍然大量地存在着不等价交换。例如，规定工农产品之间的固定比价为3∶1，即与战前相比，工业品价格比农产品提高了三倍。执行的结果证明，对这种交换形式和价格政策，农民是不愿接受的。他们宁愿得到现钱到市场里买卖，或干脆转向私人交换，这就使得原来预计作为辅助形式的"地方周转"活跃和扩展开来，直接的"商品交换"日趋冷落，国家陷入既缺商品又缺货币的双重困境之中。例如，1921年8月，人民粮食委员部在给列宁的信中报告说："商品交换搞得很糟糕。除了已经多次提到的一般性原因外，乃是由于缺乏货币和商品。在所有饥荒地区，只有用现金才能按比较有利的价格买到肉。仅萨马拉一地为实行这种业务就要求给 770 亿卢布。在这些地区,牲畜被投机商买走。在乌克兰和土耳克斯坦可以用 2 万到 2.5 万卢布买到一普特粮食。"❶ 很多合作社为了完成收购农产品任务,只好把本来用于"商品交换"的货物(工业品)零售出去换成现钱,然后再用所得的现钱收购农产品。加里宁在一篇文章中写道,萨拉托夫省合作社联盟,用现钱出售从粮食人民委员部得来的用为"商品交换"的货物,然后再用得来的钱去购买种子。❷ 这说明实物流转自发地转向货币流通。

当时的经济形势十分严峻。这种情况可从列宁在 1921 年 9 月给托洛茨基的信中反映出来:"现在到处都在、普遍都在叫嚷没有钱。我们可能崩溃,地方上到处都在疯狂地(据说如此)出卖一切东西,把一切能卖或不能卖的东西都拿出去卖。不论是谁、不论是哪里都在叫苦连天。我不知道该怎么办,还要做什么……我们还在耽误时间。做买卖的浪潮比我们有力。**财政委员会**和我们所有的人都在耽误时间。"❸ 可见,列宁是在困难的焦虑中思索问题、寻找出路。

面对这个情况,最高国民经济委员会主席团感到,在新的条件下再坚持简单的"商品交换"制度和对"地方周转"的限制,将对国民经济造成愈来愈大的困难。而在自由交换采用等价物交换(即按战前价格 1∶1,或按城乡自由市场的价格),就必然向现金交易过渡。为此,就在 1921 年 7 月公布了经过列宁修改的指令,指示全国:"在所有商品交换业务中,第一,我们不应当受地方范围的限制。第二,在进行实物商品交换的同时,在有利的地方,我们要最坚决地过渡到货币形式的交换,即 W—G—

---

❶ 《历史科学》(苏联)1958年第82页。
❷ 见1921年9月17日苏联《贫农报》。
❸ 《列宁全集》2版第51卷,第394—395页。

w。"❶这在实际上就是取消了新经济政策之初对商品交换所作的限制。这样做,正是"为了恢复整个国民经济,特别为了恢复货币流通"❷。

是年10月,列宁在总结这段经济工作时说道:"自1921年春天以来,我们制定了一连串法令和决定,写了大批文章,进行了大量宣传工作和立法工作,这一切都是在适应发展商品交换的需要……结果怎样呢?现在你们从实践中以及从我国所有的报刊上都可以清楚地看到,结果是商品交换失败了。所谓失败,是说它变成了商品买卖。……我们应当认识到,我们还退得不够,必须再退,再后退,从国家资本主义转到由国家调节买卖和货币流通。商品交换没有得到丝毫结果,私人市场比我们强大,通常的买卖、贸易代替了商品交换。"❸

他号召党和国家的工作人员要适应这种情况,否则买卖的自发势力,即货币流通的自发势力就会把国家扼死。从这时起,经济管理体制就向国家调节的市场关系制度转变。于是,列宁对社会主义建设初期的商品—市场关系的认识跨入第三个阶段。

第三节 探索"以市场、商业为基础"的路子

从新经济政策实行以来,尤其在1921年秋冬之后,列宁的认识一直处于不断变化的状态中。由于客观形势在变化,由于原先的某些认识不断受到客观现实的检验和纠正,由于过去理论上的框框还不能一下子完全冲破,使其理论阐发呈现出新认识与旧观点交叉并存的情形。差不多各篇文章之间都有或大或小的差

---

❶ 《列宁文集》俄文版第20卷,第104—105页。

❷ 苏联《党和政府关于经济问题的决议汇编》(俄文版),第247页。

❸ 《列宁全集》2版第42卷,第228页。

异，有的在草稿中已经提出新的观点，但在正式的文章或讲演中却又将其删去。可以看出，列宁对商品货币关系认识上的深化，既是重新探索新事物及其规律性的过程，也是不断清理自己某些旧框框的过程。

追溯到实行粮食税政策之初，在他着力研究有组织的"商品交换"时，就已经在《论粮食税》一书纲要中考虑"自由贸易"的范围和作用。在缴纳粮食税后，"'贸易自由'的范围如何？……放手试验和实践。"他甚至设想：在西欧先进资本主义国家的无产阶级革命没有到来之前，政策更放宽一些，可以实行"经济关系或经济体制的类型＝上面实行集中"，"下面实行农民的贸易自由"。"贸易自由（α）为了发展农民经济的生产力，（β）为了发展小工业，（γ）为了同官僚主义斗争。"❶但是，在行动上他还是着重抓"商品交换"。执行的结果，反倒是他着力抓的东西失败了，而他正在考虑中的、处在萌芽状态的认识却被实践证实了。

即使这样，列宁在这个转变之初，还是把"商品交换"失败的原因归之于商品匮乏、私人买卖的势力过大上。随着时间的推移，特别是国有商业的扩大，才进而认识到，根本的问题还在于"商品交换"这种低级的原始的交换形式不能适应农民的需要，不利于生产力的发展，必须继续深入探讨社会主义建设初期商品流通和货币流通的地位和作用。

按照马克思的说法："流通是商品所有者的全部相互关系的总和。在流通以外，商品所有者只同他自己的商品发生关系。"❷

在这一时期，列宁就是按这一个原理着力放开了流通领域。《十月革命四周年》《新经济政策和政治教育局的任务》《在莫斯科省第七次党代表会议上关于新经济政策的报告》《论黄金在

---

❶ 《列宁全集》2版第41卷，第377、382页。

❷ 《马克思恩格斯全集》第23卷，第188页。

目前和在社会主义完全胜利后的作用》《关于工会在新经济政策条件下的作用和任务的提纲草案》、在苏维埃九大的讲话以及许多信件、批件中，他反复论证了商业的重要性，用很大的精力去组织新的市场。到了俄共第十一次代表大会，就有了新的提法。1923年1月，口授了《论合作社》一文，深刻地从论证"做买卖""当文明商人"的角度，说明了合作社的重要性及其性质的变化，实质上是初步认识社会主义建设初期的市场关系。列宁这一认识上的飞跃主要表现在：他开始看到，把社会主义建设初期经济中的交换关系仅仅视为某种简单的初级的交换，即限于简单商品经济类型，已经远远不够了；而必须如实地把社会主义建立在一种计划指导下的、较为发达的、特殊的商品—市场关系基础之上。具体说，这一认识上的飞跃，包含如下诸点：

一、市场、商业作为提高劳动生产率的社会经济基础

1921年秋他在反思1918年春天的经验教训时写道："我们知道，看到，说了：需要向'德国人''学习'，需要组织性、纪律性、提高劳动生产率。什么是我们所不知道的？这项工作的社会经济基础是什么？是以市场、商业为基础还是反对这个基础？""当时根本没有提出我们的经济同市场、同商业的关系问题。"经过一连串的失败，使得列宁的认识一步一步接近商品—市场关系。"承认错误的益处和**必要性**就在于此，主张国家成为一个批发商。"❶这一段反思，说明列宁开始意识到提高劳动生产率等重大措施应当以市场、商业作为"社会经济基础"，实质上是在思考社会化生产、社会主义建设初期的经济同市场的关系问题。他提的课题非常重要，意味着应当把市场关系引入社会主义建设初期的经济。

1922年3月以前，列宁没有明确地回答商品生产和商品流

---

❶ 《列宁全集》2版第42卷，第506、221页。

通组织是不是社会主义建设初期经济自身的结构及其性质的问题,更多地还只是讲如何利用商品、货币关系,恢复经济、建立大工业,并把它看作是一种策略行为、"暂时的退却",从国家资本主义退到国家调节商业。到1922年3月,列宁在宣布"退却停止"的时候,已经不再把利用发展商业当作临时措施,而是同社会主义经济联系起来。他说:"农民熟悉市场,熟悉商业。我们不能实行直接的共产主义分配。要这样做,我们的工厂和设备都不够。所以我们必须通过商业来供给,而且要做得不比资本家差,否则人民就不能忍受这种管理。问题的全部关键就在这里。"❶

列宁这段话提出了社会主义建设初期处理市场、货币关系的三个界限:(一)农民要求利用市场还是取消市场?(二)工业生产水平能否达到实行共产主义分配原则的程度?(三)对人民的供应状况是否远远超出资本主义制度?只要农民还需要市场,只要生产力还未达到高度发展,只要供应还没有远远超出资本主义制度,就不能够取消市场和商业。按照这三条,在实行共产主义分配制度之前,至少在相当长久的期限内,都会存在着市场和商业。而市场和商业则是商品交换的发达的形式,即以货币为媒介的总流通过程——市场经济。

特别值得注意的是,列宁提出用"改良主义的办法"发展经济,即"**不摧毁**旧的社会经济结构——商业、小经济、小企业、资本主义""**只在**使它们活跃起来的**范围内**对它们实行国家调节"。❷ 就是说,要同原来的商品经济相衔接,按着"自然历史过程"前进。这是一个十分重要的思路。

根据列宁的思想,俄共(布)十一大(1922年3月)的决议中提出,整个经济工作"必须从市场的存在出发并考虑市场的

---

❶ 《列宁全集》2版第43卷,第109页。
❷ 《列宁全集》2版第42卷,第245页。

规律，掌握市场"。俄共（布）十二大（1923年4月）决议更明确地提出："既然我们已经转而采取市场的经济形式，国家就一定要给各个企业在市场上从事经济活动的必要自由，而不希望用行政手段代替它。"❶这里又进一步提出"市场的经济形式"的概念。

二、建立和发展"完全适应有保障的社会主义建设的需要"的"商业经济"

从1921年下半年起，列宁就把工作重点放在商业上面，在国家调节商业的同时，建立新公有商业，把发展国营商业作为"中心环节"。在俄共十一大前夕，他提出了社会主义"商业经济"的新概念。1922年3月21日，列宁在一封信中指出：只要改变共产党员在"合营公司"中的"傀儡"式的领导状况，"我们就能够在这个基础上对整个商业经济进行改造，使之适应有保障的社会主义建设的需要。"❷当然，就其致信对象来说是外贸的负责人，但联系到他当时的整个看法，是适用于对社会经济的看法的。

单从字面上看，"商业经济"是狭义地专指商业部门的经济，把旧的商业改造成新的商业。然而，商业的职能在于组织商品生产者之间的交换关系，沟通生产和消费之间的联系，使流通的职能专门化。它本身就是一个"联系"部门，必须建立在发达的商品生产的基础上。所以，商业经济所反映的不只是它自身的部门业务，而是整个商品经济的状况。而且，列宁前期经常把商业经济和商品经济等同使用。有时就把"商品生产"称之为"商业生产"。1921年秋在莫斯科省第七次党代表大会上，他使用过"私营商业的生产分配的经济制度"这样的概念，并曾把它看

---

❶《苏联决议汇编》第2分册，第137、260页。
❷《列宁全集》2版第52卷，第360页。

作是"敌对制度的生产和分配"。❶ 当年 11 月，他就以"发展组织得当的商业"来带动整个生产和流通的建议批示："关键就在这里。工作是长期的。"❷ 显然，这些不是仅指狭义的商业部门，而是指整个的商品生产和商品流通。因此，应当把改造商业经济的提法理解为改造整个旧的商品经济。1922 年 3 月召开的、由列宁亲自参加和领导的俄共（布）第十一次代表大会的决议中已采用了"商品经济"的表述。决议说："商业政策的基本任务应当是鼓励农民变消费经济为商品经济，因为只有这种转变才能保证提高农业生产力"。❸ 此类提法，和列宁思想的发展是相吻合的。

从这里看出，列宁的观念有了根本性的变化。过去，总是拿商业和资本主义划等号，认为只有私有制，只有资本主义经济才有商业，才有发达的市场经济、货币关系；在社会主义制度下，或者没有商品的存在，或者只有最简单的低级的商品交换形式，即直接的产品交换。直到 1921 年 10 月，列宁还认为，第一步只能退到商业，而不能直接过渡到社会主义建设。❹ 可见，他还把商业当作与社会主义不能完全结合的东西。

1922 年春天的提法不同了，要在公私合营的基础上改造整个商业经济，使整个商业经济完全适应有保障的社会主义建设的需要。这种商业或商业经济，不再是社会主义建设的对立物，不再是资本主义经济所固有的东西，不再是暂时存在的经济形式，而是建设社会主义所需要的经济形式，它可以而且必须适应社会主义经济的要求，这是过去的马克思主义者包括列宁本人所不曾讲过的观点。

---

❶ 《列宁全集》2版第42卷，第221页。
❷ 《列宁全集》2版第60卷，第451页。
❸ 《苏共决议汇编》第2分册，第167页。
❹ 参见《列宁全集》2版第42卷，第228—229页。

应该说，这个观点不是突然形成的，在《按商业化原则办事》一文提纲中列宁这样思考问题：

"'商业'？＝资本主义。

（α）'国家资本主义'。它的长处。

（β）战争状态曾排斥了'商业'。

（γ）在向'共产主义'过渡时往往（由于军事上的考虑；由于几乎是赤贫的状况；由于错误，由于一系列错误）没有经过社会主义的一些中间阶段（共产主义和社会主义）。"❶

这个文稿大约是在1921年10月底写的。在文稿中已经认为不能再沿用"商业＝资本主义"的公式了，不是任何商业都等于资本主义，应当考虑什么性质的商业算作资本主义，什么性质的商业不算资本主义，所以列宁在商业后边加了个问号。然后讲了几条理由。第一条，是说可以把它作为国家资本主义形式，引导小农和资本主义成分过渡到社会主义。第二条，是说在国内战争时期排除了商业活动是一种特殊情况，不能作为取消商业的根据，更不能由此得出商业就等于资本主义的结论。第三条，进一步说明战时实行共产主义的"直接过渡"的错误，取消商业是其表现形式之一，要认识这个问题，就必须在以共产主义与社会主义相比较中弄清二者的区别，其中似乎有无商业的存在应该视为一个标志。这里已经包含了在向社会主义过渡中，在共产主义制度到来以前，应当保存和利用商业经济的思想萌芽。特别值得注意研究的是，列宁把"社会主义"（及其一些中间阶段）和"共产主义"严加区分开来（俄文原稿中有相比较的含义），以此为立足点论述商业和商业原则的重要性。此后不久，又提出与社会主义建设相适应的"商业经济"的概念，这就似乎比较接近我们后来使用的"社会主义商品经济"的范畴了。

---

❶ 《列宁全集》2版第42卷，第240页。

三、把稳定的货币制度当作社会主义经济建设的基础，充分利用银行调节商业的作用

以前，列宁对新制度下的货币关系是这样看待的：1918年春天，考虑如何准备消灭货币；战时共产主义时期着手消灭货币；新经济政策之初，一面要恢复货币，一面又限制它的流通范围。现在，经过一年多的实践，则是要建立稳定的货币制度。1922年11月，他在共产国际四大的报告中说："真正重要的是稳定卢布的问题。我们在研究这个问题，我们的优秀力量在研究这个问题，我们认为这一任务具有决定意义。如果我们能够使卢布稳定一个长时期，然后永远稳定下来，那我们就胜利了。……那时我们就能把我们的经济放在一个坚固的基础上并在坚固的基础上继续发展下去。"❶

列宁要求把货币"永远"稳定下去，并把稳定的货币制度当作经济发展的坚固基础，这就在认识社会主义经济中的货币关系上大大前进了一步，意味着货币关系向资本主义关系的转化并不是在任何条件下都具有必然性，开始探索社会主义经济同货币关系的内在联系，也提出了社会主义货币制度应具备的基本特点。社会主义经济不但不能立刻消灭货币流通，而且要充分运用货币关系，它不应成为社会主义的异己之物，而是自身的经济关系和经济发展的需要。从这里引申，也应当把社会主义经济视为发达商品经济的一种特殊形态。它与资本主义货币关系的区别之一，就在于货币的稳定性（当然是相对的稳定），不让通货膨胀的恶浪冲击市场和社会经济生活，不为投机倒把的自发势力造成可乘之机，确保人民经济生活的稳定，确保劳动者的劳动报酬得以实现。没有稳定的货币制度，健康的商品经济就是不可思议的。

---

❶ 《列宁全集》2版第43卷，第279页。

还有一点比较重要，就是他参鉴发达资本主义国家的金融资本形式建设社会主义银行。他在1922年2月给国民经济委员会负责人的一封信中写道："在我写《论帝国主义》那本书的时候，我读到资本主义国家的国家银行（以及一般银行）有**两种**体制。其中的一种体制是国家银行同**商业**关系密切。应该叫两个'金融学家'（可否挖苦点说——平庸学家？）研究一下这个问题。"他认为："我们需要的国家银行同商业的关系应当比资本主义同商业关系最密切的国家银行还要密切一百倍"，并且认为它是"**使新经济政策**"的制度"**变成社会主义的基地**"。❶这是一个非常重要的观点，表明他倡导学习、借鉴金融资本的经验，其发达程度还要超过资本主义国家的银行，并把它作为建立社会主义基地的重要条件，这正是发达商品经济的特征。他已经把研究社会主义经济同研究发达资本主义商品经济联系起来，改变了十月革命前后只把银行当作簿记机关的看法（第七章展开阐述）。以上两点说明，列宁的认识比之新经济政策初期（1921年10月前）又进了一步，正在设想按照发达商品经济一些特征改进社会主义建设初期的经济。

四、"停止退却"不是停止商品—市场关系

以往常常在此问题上发生误解：列宁1922年春天所讲的"退却停止"的问题，是否意味着列宁放弃了新经济政策，因而把他这时的思想和政策视为暂时的"权宜之计"呢？这需要按照列宁的原意理解。

诚然，列宁说过新经济政策是一种"退却"，也是走"迂回"的道路。不过，这是针对战时共产主义的"直接过渡""走得太远了""没有给自己保证足够的根据地"而说的。一方面需要退回来休养生息，另一方面"以另一种速度，通过另一些

---

❶ 《列宁全集》2版第52卷，第289—290页。

途径，用'新的迂回方法'实行整个过渡"❶。新经济政策的含义并不只是"退却"，还包括新的进攻，包括"整个过渡"。开始，退却是主要的，尔后以新的形式前进逐渐成为它的主要方面。

的确，在1921年是一退再退的，而且在很大程度上是不得已的，先把余粮收集制改为粮食税，接着又把"商品交换"变为商品流转、国家调节商业。然而，并不是消极地退却，更不是放弃社会主义道路。一方面要积蓄力量准备前进，像列宁所说的那样，"我们现在退却，好像是在向后退，但是我们这样做是为了先后退几步，然后再起跑，更有力地向前跳"❷。另一方面，是因为原来的前进路线走不通，退回来是寻找新的更稳健的前进路线。这个意思表达得最透彻的要算1922年2月发表的《政论家札记》一文。他打了一个很好的比方：攀登高山。假定有一个人正在攀登一座还没有勘察过的非常险峻的高山。假定他克服了闻所未闻的艰险，爬到了比前人高得多的地方，不过还没有到达山顶。现在，要按照原定的方向和路线继续前进不仅有困难和危险，而且简直不可能。他只好转身往下走，另找别的比较远但终究有可能爬到山顶的道路。我们假想的这位旅行家正处在世界上还不曾有人到过的高处，从这样的高处往下走，也许比上山更危险、更困难，因为容易失足，难于看清踩脚的地方，也没有往上攀登、直奔目标时那种特别高昂的情绪，如此等等。现在必须给自己系上绳子，花好几个钟头用丁字镐凿出台阶或可以拴牢绳子的地方；必须像乌龟那样慢慢移动，并且是向后退，向下爬，离目标愈来愈远，而且他还无法知道这极其危险和折磨人的下山何时才能结束，是否能找到一条比较可靠的绕行的道路，可以沿着这条路更大胆、更迅速、更直接地再次向前走，往上爬，登上

---

❶ 《列宁全集》2版第42卷，第522—523页。
❷ 《列宁全集》2版第43卷，第296页。

山顶。❶ 这一比方清楚地说明，原定的道路走错了，不能再走，退回来不是再走老路，而是为了选择另一条新路，形式上是"绕行"的，实际上更迅速、更直接。这和列宁在俄共（布）第十一次代表大会上讲的通过新经济政策"探讨"社会主义建设的道路完全是一个意思。

列宁在莫斯科省第七次党代表大会上生动详细地讲述日军统帅乃木攻占旅顺口的故事，说第一阶段由于不了解情况，正面进攻的方法不对，遭到重大牺牲；第二阶段，接受挫折的教训，改用巧妙的但艰苦缓慢的包围的方法，结果达到了目的。列宁的结论是："必须坚决地、明确地承认过去的做法是错误的，不要让它阻碍新战略和新战术的发展，阻碍作战行动的发展。这时作战行动必须完全用另一种方式来进行。"❷ 新经济政策即是"新战略和新战术的发展"。因此，把它理解为纯粹消极的"退却"是不正确的。

宣布"停止退却"是 1922 年 3 月的事。原话是这样的："**我们已经可以停止而且正在停止我们所开始的退却。够了。**"而在同一篇讲话又说："**我们向资本家作让步这种意义上的退却已经结束。**"❸ 很清楚，"退却停止"是指对资本家的让步不再继续扩大了，并不是终止新经济政策。他在俄共（布）十一大的报告，一方面宣传停止退却，另一方面要求继续实行新经济政策、学会文明经商。他特别解释："我说停止退却，我讲这话的意思决不是指我们已经学会经商了。我的看法恰恰相反，如果我讲的话给人留下了这样的印象，那说明我的话被误解了，说明我不善于正确表达自己的思想。"7 个月后，他向西方记者说："那些说我们要结束'新经济政策'的谣言是绝对没有根据的。"11 月

---

❶ 《列宁全集》2版第42卷，第447—448页。

❷ 《列宁全集》2版第42卷，第219页。

❸ 《列宁全集》2版第43卷，第8、10页。

他又对美国侨民说：新经济政策是"唯一正确的政策"。同月，在莫斯科的讲话更明确地宣布："**新经济政策仍然是当前主要的、迫切的、囊括一切的口号。**"12月，准备在全苏维埃第十次代表大会讲话提纲中写道："现在正**全力抓经济**：怎样（注意）走向社会主义？只有通过**新经济政策**。"❶ 事实表明，直到列宁逝世也不曾提出改变新经济政策的主张，恰恰相反，他的《论合作社》对新经济政策作了进一步的发挥。

从以往几十年的教训看，形成斯大林的僵化模式同误解列宁这一"停止退却"的口号有关，1928年斯大林终止了新经济政策，开始了高度集中的计划经济体制。现在我们应当正本清源，进一步领会列宁思想的精髓。

第四节 "整个看法根本改变"和范畴的运用

新经济政策的理论和实践，是列宁晚年创造性的杰出贡献，可视为社会主义商品经济理论的源头。虽然由于实践的局限和列宁早逝，这一理论没有全面明确地确立起来，但他的理论成果是极其可贵的，已经昭示他思想发展的基本趋向。如果对他1921—1923年关于社会主义建设初期的商品经济关系理论作一个归纳，可以概括为：一个根本的转变、两个公式的演进、三个范畴的运用。

一、"我们对社会主义的整个看法根本改变了"❷

列宁关于社会主义建设初期商品—市场关系的思想，发展的高峰是他1923年1月口授的最后的经济著作《论合作社》（以

---

❶ 《列宁全集》2版第43卷，第88—89、242、291、301、324页。

❷ 此一小节的引文均出自《论合作社》，即《列宁全集》2版第43卷，第361—368页。下面不再注出处。

前译为《论合作制》)。文中最重要的一段话是:"对我们来说,合作社的发展也就等于社会主义的发展,与此同时我们不得不承认我们对社会主义的整个看法根本改变了。"("与此同时"应当译为"与此相联"——引者。)

这段话前一半与后一半有直接的因果关系。就是说,正是基于"合作社的发展也就等于社会主义的发展",才得出后面的结论:"我们不得不承认我们对社会主义的整个看法根本改变了"。这里有三个词非常重要:(1)"**不得不**"承认——是说受客观的迫使,开始并不是自觉地承认,尔后事实促使自己承认了,说明有个转变过程。(2)"**整个**"看法——不是单方面的、局部的、枝节的,而是对社会主义的整体。(3)"**根本**"改变了——不是小的或量的变化,而是带有质变,同以前的认识比较有重大的突破。这是从字面上的理解。

从内容上理解,对其全文融会贯通,"整个看法"的"根本改变",是指把合作社这一由资本主义商品经济下产生的"做买卖"的组织形式纳入社会主义经济的自身结构,"在生产资料公有制的条件下,在无产阶级对资产阶级取得了阶级胜利的条件下,文明的合作社工作者的制度就是社会主义的制度"。做买卖的商业组织变成公有制的一种基本形式,它"与社会主义企业(指国有企业——引者)没有区别,如果它占用的土地和使用的生产资料是属于国家即属于工人阶级的"。这意味着,通过合作社组织把商品经济同公有制结合起来(顺便说,当时的国有企业实行商业原则,也是使公有制同商业经济结合),通过"合作社来建成完全的社会主义所必需的一切",而且是"足够的一切"。正是因为这样,列宁作出这样的判断:"在我国,既然国家政权操在工人阶级手中,既然全部生产资料又属于这个国家政权,我们要解决的任务的确就只剩下实现居民合作化了。"可见,列宁的倾向十分明显,就是把商业经济组织纳入社会主义,使之有机结合,可以理解为社会主义通过特定形式走向商业化,或者说实行"商业原则"。这个认识是同以往的马克思主义大师包括列宁本人以前的观点大相径庭的,而这个认识的取得又是客观进程迫使人们接受的。我们应当把这个论点作为他对新经济政策理论发展的一个总结。

理论界也有的同志认为,列宁这里所说的"对社会主义的整个看法根本改变了"不是指他对社会主义和商品市场关系的看法,而是指工作重心的转移,依据是:列宁接着说的"这种根本的改变表现在:从前我们是把重心放在而且也应该放在政治斗争、革命、夺取政权等方面,而现在重心改变了,转到和平的'文化'组织工作上去了"。我们反复研究这篇著作,认为这个解释有断章取义之嫌,不符合列宁的本意,理由如下:

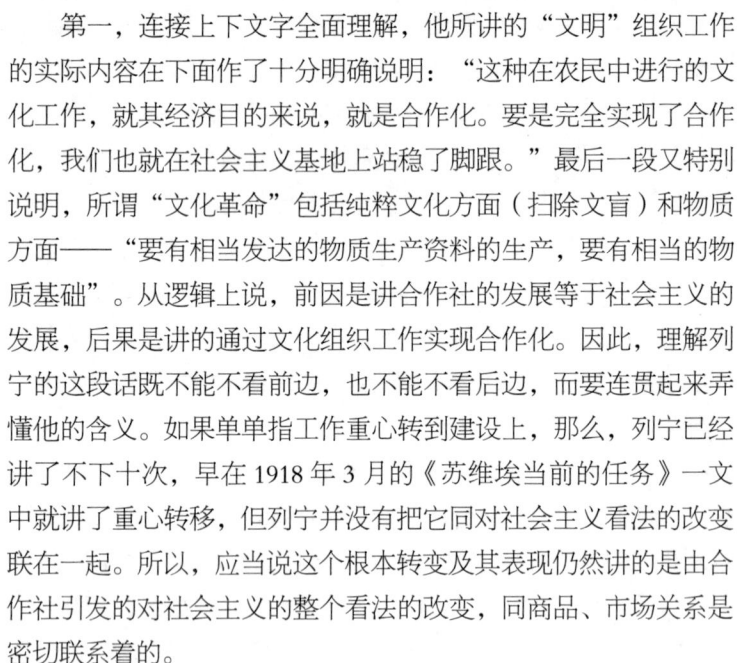

第一,连接上下文字全面理解,他所讲的"文明"组织工作的实际内容在下面作了十分明确说明:"这种在农民中进行的文化工作,就其经济目的来说,就是合作化。要是完全实现了合作化,我们也就在社会主义基地上站稳了脚跟。"最后一段又特别说明,所谓"文化革命"包括纯粹文化方面(扫除文盲)和物质方面——"要有相当发达的物质生产资料的生产,要有相当的物质基础"。从逻辑上说,前因是讲合作社的发展等于社会主义的发展,后果是讲的通过文化组织工作实现合作化。因此,理解列宁的这段话既不能不看前边,也不能不看后边,而要连贯起来弄懂他的含义。如果单单指工作重心转到建设上,那么,列宁已经讲了不下十次,早在1918年3月的《苏维埃当前的任务》一文中就讲了重心转移,但列宁并没有把它同对社会主义看法的改变联在一起。所以,应当说这个根本转变及其表现仍然讲的是由合作社引发的对社会主义的整个看法的改变,同商品、市场关系是密切联系着的。

第二,全篇文章的逻辑,论述的是合作社性质的变化及其重要性、应当采取的政策、它对经营人员素质的要求、它同其他类型企业的关系及地位,由此导出对社会主义整个看法的根本改变和工作重点应转向推进合作化。自始至终都是从不同的层面讲合作社，绝不会离开文章的这个中心去孤立地讲认识上的重大的改变。即使列宁讲的重心转到"文化"组织工作，全篇其他地方也有论述。比如文章第一节就讲道："说实在的，我们要做的事情'**仅有**'一件，就是要使我国居民'文明'到能够懂得人人参加合作社的一切好处，并参加进去。""可是为要完成这一'仅有'的事情，就需要一场变革，需要有全体人民群众在文化上提高的一整个阶段。"第二节，他又讲："我真想说，我们的重心转移到文化主义上去了。"这里"文化主义"就是借用一些改良主义者的语言，他的用意还是阐明合作制的重要。我们的理解不能离开贯穿全篇的中心思想。

　　第三，更重要的是要领会列宁在哪里找到了商品生产、社会主义、合作社三者的结合点，从而方可明白列宁为何把这件事提到对整个社会主义看法根本改变的高度。从传统的商品经济理论去理解，它的经济根基在于私有制、私人劳动、私人利益，社会主义同商品经济结合的难点在于如何把社会的共同利益同商品生产经营者的个人利益统一起来。列宁经过反复寻思，找到了合作社这种形式。他说："从实质上讲，在实行新经济政策的条件下（即大力发展商品经济——引者），使俄国居民充分广泛而深入地合作化，这就是我们所需要的一切，因为现在我们发现了私人利益即私人买卖的利益与国家对这种利益的检查监督相结合的合适程度，发现了私人利益服从共同利益的合适程度，而这是过去许许多多社会主义者碰到的绊脚石。"这段文字十分重要，抓住了私人利益和社会公共利益结合的形式，就是合作社，通过它解决公有制同商品经济的矛盾，而实现合作化又必须提高居民的文化水准，并使合作社工作者学会文明经商。可见，他是在更深的层次上研究社会主义建设初期的商品和市场的关系及其实现形式。

　　第四，联系其他论著，列宁几次讲运用"改良主义的办法"

发展经济，然后系统地论述从"旧日的合作社倡导者""文化主义"等改良主义那里受到启示，认为在无产阶级掌握政权后根本条件变了，可以"不摧毁旧的社会经济结构"为社会主义所用。这就包含了采用改良主义者理论中合理的东西，最主要的就是利用商品经济组织。他自己认为这是一个"新事物"，一个战略转变。从经济学意义上说，也就是遵循客观经济规律。我们应当抓住这个思路去理解。

综上所述，坚决不能把"对社会主义的整个看法根本改变了"这个提法简单地等同于工作重心的转移（工作重心转移也不需要根本改变对社会主义的整个看法），而应当对全篇融会贯通，把握深层次的含义。当然，由于当时列宁的思想还不可能明确提出社会主义商品经济或社会主义市场经济的概念，在语言表述上表现出换脑筋过程的印迹，比较难懂，假设的条件较多，给后人理解上造成一些困难。但是，只要完整地领会，还是可以清楚地掌握它的要谛的。

二、从两个公式的比较看列宁思想发展的脉络

在新经济政策头两年，列宁有两个公式：

1921年春天的公式："**资本主义**＋社会主义"（给布哈林的便条）

1921年10月后的公式："提高劳动生产"要"以市场、商业为基础"

第一个公式主要之点是不经过市场关系。这种"商品交换要求（尽管**没有说出来**，但还是要求）**不通过**商业而直接向社会主义的产品交换过渡，向社会主义的产品交换迈步。结果是：现实生活使商品交换**失败**了，以**买卖**取代了它"。那时不仅把国有制以外的其他成分视为资本主义，而且把市场、商业、代销商、合作社都称之为"资本主义"，所以商品经济最核心的环节——市场受到严格限制，而客观现实使之归于失败。

第二个公式,最重要的一点是提高生产力应"**以**市场、商业为**基础**",突出了市场的基础地位。用列宁的话说,是"从国家资本主义退到由国家调节商业和货币流通"❶。在十一大,他要求继续利用市场、商业和学会经商。直到口授《论合作社》时,他仍然肯定这一点:"我们改行新经济政策时做得过头的地方,并不在于我们过分重视自由工商业的原则(指的是市场关系——引者);我们改行新经济政策时做得过头的地方,在于我们忘记了合作社,在于我们现在对合作社仍然估计不足,在于我们已经开始忘记合作社在上述两方面的巨大意义。"❷(即生产资料掌握在国家手中,农民感到简便易行和容易接受地过渡到新制度——引者。)就是说,继续肯定了市场原则,但要培植新的市场主体,即合作社企业。

通过两个公式的比较,可以看出,列宁面向实际,紧紧抓住了他当年致力研究的市场。第一,研究取消市场是否符合经济的自然历史过程;第二,探索无产阶级的国家如何调节市场的办法;第三,探索公有制如何参与市场;第四,找寻如何抑制市场关系的消极作用的方法。

关于第一点,列宁尊重现实、尊重实践。他在论述限制市场的"商品交换"失败过程时说道:"所谓失败,是说它变成了商品买卖。如果我们不想把脑袋藏在翅膀下面,如果我们不想硬着头皮不看自己的失败,如果我们不怕正视危险,我们就必须认识到这一点。"❸此处也就是《论合作社》中所讲的"不得不承认"的意思,说明客观存在的经济的自然历史过程不可能人为地消除。

关于第二点,列宁当时在寻找计划和市场的结合点,包括改

---

❶ 《列宁全集》2版第42卷,第506、508页。

❷ 《列宁全集》2版第43卷,第362—363页。

❸ 《列宁全集》2版第42卷,第228页。

变计划的思想、体制,把国家变成一个大"批发商",即控制商品的储备、批发和对外贸易等。

关于第三点,通过几年探索,列宁提出:国营企业实行商业原则参与市场,同时通过合作化把农民组织起来,建立集体企业,到市场上做买卖。

关于第四点,列宁对市场关系中新出现的问题头脑是比较清醒的。在他最后一次公开讲演中,一方面要求充分认识它对发展生产力和建立新的工农联盟的作用,各方面工作"必须适应新经济政策";另一方面,又强调"必须善于克服新经济政策的一切消极面,使之缩小到最低限度"。"必须善于精明地安排一切。我国的法律使我们完全可以做到这一点。"❶从这里也可以悟出,列宁以及他以前的导师们,对市场关系最担心的就是它的消极面,主要是由于无政府状态导致阶级分化,产生资本主义。而列宁通过新经济政策开始试图探寻既能发挥市场积极作用又可克服它的消极作用的途径、形式、方法、政策、手段等,其中法律就是一个十分重要的手段。

总之,从两个公式的比较中可以看出,列宁重新运用他以往对商品经济系统研究的功底,在社会主义经济发展的实践中突出市场的地位和作用,思考提高劳动生产率、赶上西方发达国家(向"德国人学习")和建立新秩序"是以市场、商业为基础还是反对这个基础"的重大问题。这种尝试的本身就是一个突破。

三、把资本、剩余价值和商业原则范畴运用于社会主义建设

列宁晚年的商品经济思想还有一个突出表现,即把以前认定为资本主义的特有范畴用来说明、解决社会主义经济发展中的一系列问题,主要是资本、剩余价值和他所说的"资本主义原

---

❶ 《列宁全集》2版第43卷,第301页。

则"——商业原则。

关于资本,列宁在研究土地问题时就说过:"在商品生产的社会里,没有资本就无法经营。"❶就是说,资本是商品经济的普遍范畴。但在社会主义建设初期商品—市场关系中能否运用,他未作详细的理论阐述,而实际上已经运用了。1922年,即全面恢复市场之后,列宁在讲到俄国的社会主义经济建设中重要问题时,多次使用资本概念(笔者查到的有6处),❷可见不是偶尔的疏忽或随即的口头禅,而是表现了他对社会主义建设初期市场关系认识的深度。例如1922年11月,他讲到发展重工业时说道:"我们还是有了明显的改善,并且我们看到,我国的商业活动已经使我们得到了一些资本。"在他所写的这篇讲话的提纲中用这样的文字表述:"我们把私人资本吸收过来同**我们的**资本合在一起。"❸他在"我们的"三个字上特意加了黑体和重点号。同年在他亲手写的对英国记者提问的答案中又明确地用文字表述:"留在国家手里的真正不赢利的生产,只是那种用政治经济学的科学术语来说应当叫作生产资料(矿产、金属等)的生产或固定资本的生产",并提出"用租让的收入或国家的贴补来恢复固定资本"。其他几处也专门使用"固定资本""大资本的生产资料"的表述。这一系列的文字表明,列宁认定在社会主义建设初期的市场关系中是完全可以使用资本范畴的。

与之相联的是,当时俄共(布)的党代会的文件中使用了剩余价值的范畴,认定国营企业的基本任务是为国家生产"剩余价值"。1923年4月俄共(布)在《关于工业》的决议中说:"关于国营工业创造剩余价值的问题,是苏维埃政权的命运问题,也就是无产阶级的命运问题。国营工业的扩大再生产,是使我国农

---

❶ 《列宁全集》2版第16卷,第279页。
❷ 《列宁全集》2版第43卷,第211、263、264、282、427页。
❸ 《列宁全集》2版第43卷,第282、427页。

业向社会主义方向而不是向资本主义方向发展，而没有国家的剩余价值的积累，国营工业的扩大再生产是不可想象的。"又说："这些经济联合组织（指国有托拉斯——引者）以及联合组织内的各企业的基本任务，是为了国家积累而取得并实现剩余价值，因为只有国家积累才能保证国家物质水平的提高和整个经济的社会主义改造。"❶ 这表明，归于公有的剩余价值是社会主义经济发展的源泉。

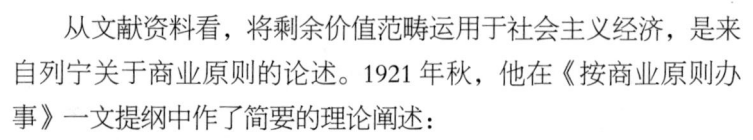

从文献资料看，将剩余价值范畴运用于社会主义经济，是来自列宁关于商业原则的论述。1921年秋，他在《按商业原则办事》一文提纲中作了简要的理论阐述：

应当收回成本。

$$\text{理论}\begin{cases} C+V+M \\ M\text{——积累} \\ \text{——国家费用} \end{cases} \text{一般}❷$$

这就是按马克思关于价值构成的理论来解释商业原则的，其中"M"就是剩余价值符号。

关于商业原则，列宁在另一处讲得更为明确：国营企业改行所谓经济核算，"实际上就是在相当程度上实行商业的和资本主义的原则"，或"商业的即资本主义的原则"。这就是在经营上按照资本主义的原则，要实行经济核算、"扭亏为盈"。利润要作为国家积累的源泉。他还明确要求增殖作为剩余价值的转化形式的利润。"国营企业'**不亏损**''有赢利'。也是维护工人阶级的利益。"❸ 多次号召"扭亏增盈""获取盈利"❹。1922年

---

❶ 《苏共决议汇编》第2分册，第258、263页。
❷ 《列宁全集》2版第42卷，第240页。
❸ 《列宁全集》2版第42卷，第366、367、523页。
❹ 《列宁全集》2版第42卷，第70、243、367、369页。

11月，列宁认为，无论用"通常的资本主义尺度"来衡量，还是用共产主义尺度来衡量，国家银行"获利"都是"好现象"，并将利润范畴同资本范畴连在一起使用。❶ 在列宁看来，国有企业追求剩余价值及其转化形式利润，是符合社会主义宗旨的。

引申列宁这时的观点，剩余价值作为剩余劳动的价值形态并不是资本主义独有的，它只作为一种价值构成部分，并不表明社会制度的性质，而表明社会制度性质的则在于归谁所有、归谁享用。早在1920年他就说过这样的意思。那时，布哈林在《过渡时期经济学》中说："在资本统治下，生产是剩余价值的生产，是为利润进行的生产。在无产阶级统治下，生产是为抵补社会需要进行的生产。"列宁批道："没有说到点子上。利润也是满足'社会'需要的。应该说：在这种情况下（指社会主义制度——引者），**剩余产品**不归私有者阶级，而归全体劳动者，而且只归他们。"❷ 这就点出了事情的本质：即归谁所有、归谁分享。既然归全体劳动者及国家所有，自己分享自己创造的剩余价值，那就不是剥削，而是人民共同享用，体现新型的人与人之间的关系。

关于商业原则，主要表现价值规律的作用，特别是用于国营企业的经济核算，使之成为一个独立的商品生产经营单位（第九章论述）。

从列宁和俄共（布）使用资本、剩余价值和商业原则范畴来看，他对社会主义建设初期市场关系的探索虽系初始，但已有一定的深度，表明他正在试探把价值规律、剩余价值生产规律和资本运行的规律同公有制经济相结合的路子，在一些重大的理论问题上试图有所突破，并且开始运用于社会主义初期的经济中。

---

❶ 《列宁全集》2版第43卷，第259页。
❷ 《列宁全集》2版第60卷，第302页。

顺便说，即使在新经济政策之前，关于价值命运的认识他也有独特的见解。当时布哈林在《过渡时期经济学》一书中说："资本主义商品社会的末日也就是政治经济学的告终。"列宁在旁边批道："不对。即使在纯粹的共产主义社会里不也有 IV+M 和 Ⅱ C 的关系吗？还有积累呢？"❶这个论点发展了恩格斯在《反杜林论》中关于共产主义社会还存在作为计算尺度的价值的思想。这就为不久后在社会主义建设初期市场关系中运用价值、剩余价值、商业原则等范畴提供了理论基础。而且，关于批评政治经济学的"告终"的论点对后来苏联经济学研究影响很大，可以视为建立社会主义政治经济学的先声。

四、对列宁社会主义建设初期商品——市场关系理论探索的评价

对于社会主义市场关系的研究，应当说起始于列宁，成型于邓小平。列宁作为社会主义制度第一个缔造者和经济建设的第一个领导者，他的探索是前无古人的。在他之前，可以说社会主义和商品经济之间有一条鸿沟，不可逾越。列宁首先试探在这条鸿沟上架起一座桥，作了大量的勇敢的探索。这个探索与其说是理论的兴趣，不如说是实践的需要；他的研究成果不是出自理论的推导，而是来自实践的修正和推动。

有的同志把新经济政策仅仅看作困难时期的产物，似乎是列宁对付经济危机和政治危机的临时办法，认为列宁本人从事建设的时间短，不能过高地估计它的普遍性。这个看法有正确的一面，应当看到它的局限性很大；但是，普遍性寓于特殊性之中。新经济政策有其特殊性的一面，如它产生的具体环境，它的一些特殊政策和特殊规定（例如粮食税）。同时，它还有普遍性的一面，就是它所提出来的经济关系、经济形式以及反映在主观认识

---

❶ 《列宁全集》2版第60卷，第275页。

上形成的一些基本原理，如怎样对待公有制与商品市场关系，怎样对待计划与市场的关系，怎样对待劳动者的物质利益，怎样对待农民，怎样对待生产资料所有制结构及其发展变化，怎样对待国外经济与国内经济的关系等。虽然列宁在新经济政策时期只生活了两三年，但这个转变是由他亲自组织的。从整个社会主义经济史和经济思想史看，突破马克思恩格斯的模式正是从这里开了个好头。这不仅在于列宁的天才和理论根底，而且在于战时共产主义的极端政策以及由此造成的经济危机、政治危机，许多普遍性的深层次矛盾比较充分地暴露出来了，现实的矛盾和反复的实践为列宁在认识上的飞跃提供了客观的可能性，这就不能不开始触及整个社会主义经济中的根本问题。因此，尽管列宁的许多认识还在形成过程中，有的还处在萌芽状态，但已经可以看出他的基本倾向，而且后来的实践也证明这些初步的想法是正确的。

邓小平对列宁的这个建树作了很高的评价。他说："社会主义究竟是个什么样子，苏联搞了很多年，也并没有完全搞清楚。可能列宁的思路比较好，搞了个新经济政策，但是后来苏联的模式僵化了。"❶这是站在历史的高度所作的评价。以苏联70多年的历史而论，按照列宁的新经济政策的思路搞建设的时候，经济就活跃，生产力发展得就快（如列宁逝世以后的5年）；离开了这个思路的时候，虽然可能一时发展很快，但路子越走越窄，经济结构畸形化，人民的生活得不到改善，最终还是阻碍生产力发展，乃至无力支撑，导致变质（当然有其他因素）。斯大林的《苏联社会主义经济问题》一书虽然肯定了社会主义社会仍存在商品生产和价值规律，但整体上是否定商品经济的，基本观点比之列宁也是后退了，特别是"残余论"（视为残余）、"外壳论"（列宁承认生产资料是商品，斯大林则认为不是商品，只具有商品的外壳）消极影响甚大，僵化的"苏联模式"铸成历史的

---

❶ 《邓小平文选》第3卷，第139页。

教训。在中国，毛泽东借鉴新经济政策的经验，顺利地恢复国民经济，进行了社会主义改造（其中有的方面要求过快过急、形式过于单一，部分地违背了这个思路）。1956年年末和1957年年初，毛泽东又曾想借鉴列宁的思路，再搞一个"新经济政策"。❶ 邓小平创立建设中国特色社会主义理论，特别是社会主义市场经济论、社会主义初级阶段论，最早也借鉴了列宁的新经济政策。正是从这个意义上说，列宁在新经济政策中形成的关于社会主义建设初期商品市场关系理论，是社会主义市场经济论的萌芽阶段。

当然，囿于历史实践的局限，列宁的思想没有来得及展开。那时他还没有明确提出社会主义商品经济，更不可能形成社会主义市场经济的概念[当时俄共（布）文件和有些领导人多次使用过"商品经济"的表述]，没有论证过公有制企业之间的竞争问题，没有形成完整的以市场为基础利用"两只手"配置资源的理论体系等。对于社会主义建设初期以后的社会主义阶段采取什么样的经济运行形式，列宁在相当大的程度上还没有完全摆脱原有思想的束缚。比如，1922年年初，他在《政论家札记》一文的提纲中写道："什么时候可以认为社会主义经济的基础业已奠定呢？当能够保证同农民进行产品交换的时候。当能够从经济上满足农民需要的时候！！"就是说成熟的社会主义还要实行产品交换。但同时又准备写"论商业的好处"，❷ 可见他的认识上还有矛盾。而《论合作社》就不再有这样的提法了。

再如，他的最后一篇著作《宁肯少些，但要好些》讲到世界革命进程时又说："我们的文明程度也还够不上直接向社会主义过渡，虽然我们已经具有这样做的政治前提。"❸ 实际上，这里

---

❶ 《若干重大决策与事件的回顾》上册，第433页。
❷ 《列宁全集》2版第42卷，第531、533页。
❸ 《列宁全集》2版第43卷，第391页。

还涉及那些能够直接向社会主义过渡的文明国家采取什么模式，即发达社会主义与商品经济的关系问题（当然，这个问题我们现在也有不同的见解）。而几乎同一个时间，他在《论合作社》中又说："只要实现了这个文化革命（指以实现合作化为"经济目的"的提高人民的文化水平——引者），我们的国家就能成为完全社会主义的国家了。"❶ 从这里看，似乎完全的社会主义是以实现合作化为基础的（该文前边也讲了通过"合作社来建成完全的社会主义所必需的一切""而且足够的一切"）。两个意思对照起来，似乎还有许多尚未解决的认识上的困惑。

历史地看，正是由于列宁的一些受历史和实践局限的认识，后来在苏联未能得到真正的弥补和发展，加上一些人对列宁的某些观点片面化，夸大了某一方面，特别是有关战时共产主义时期的论述，使之教条化，以致形成僵化的思想和僵化的模式。我们今天既要吸取列宁探索社会主义建设初期商品市场关系的精华，也要看到当时其带有的局限性。

---

❶ 《列宁全集》2版第43卷，第368页。

第二篇 2

部门经济

列宁对商品经济的研究不但丰富了基本理论,而且以此为基础对重要的部门经济也作了具体的考察。如果说他早中期研究部门经济主要是为从各个层面上揭示资本主义商品经济中的系统矛盾,那么,后期的这方面研究则侧重于探索运作的具体形式和方法,制定社会主义经济建设的政策,摸索新的体制。后期的探索同前期的研究有继承性的联系,都从不同层面丰富了基本理论。而从全部历程和整个理论体系看,对此诸多方面的早中期研究构成部门经济的理论基础,其后期的探索则更有可操作性,从而在理论和实践的结合上创立了社会主义建设初期市场关系下的部门经济的思想体系。本篇阐发的主要有计划工作与市场调节结合的思想、金融和财政理论、流通—贸易理论、国有企业体制和企业管理、农村商品经济的论述。逻辑顺序是由宏观到微观展开。由于基点在于研究商品—市场经济各个部门的运行,又突出他的理论建树,所以重点放在新经济政策时期。

第六章　计划工作和市场机制结合的求索

完整的、完善的、真正的计划，目前对我们来说＝"官僚主义的空想"。不要追求这种空想。

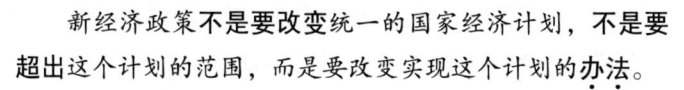

新经济政策**不是要**改变统一的国家经济计划，**不是要超出**这个计划的范围，而是要改变实现这个计划**办法**。

——列宁

如何处理计划工作与市场两种调节机制的关系，一直是社会主义经济建设中一个焦点。列宁对商品经济理论的探索，包括了计划和市场相互关系的论述，特别是新经济政策时期计划工作的实践，有一定的突破。对他这方面的思想进行系统研究，有助于我们正确认识和处理社会主义市场经济运行中"两只手"的相互关系，改进计划体制和计划工作。

第一节　计划经济理论及其实践中的教训

在新经济政策之前，列宁的认识有一个矛盾一直未得到解决：一方面看到随着生产社会化和商品经济的发展，资本主义也逐步带有一定的计划性；另一方面又认定只有社会主义才能实现计划经济，它同市场经济是对立的。这个矛盾似乎构成两条平行线，后来还是依靠实践使之趋于统一。

一、"计划经济"理论的发展过程

早年的列宁在研究俄国资本主义市场形成时，就注意到随着社会化程度的提高，愈来愈要求进行计划的调节。在《俄国资本主义的发展》一书第七章《大机器工业的发展》中，列宁分析了资本主义商品经济各个发展阶段的技术结构和社会化程度，指出了大机器工业使"社会对立的两极达到了最高的发展"，"资本主义的一切黑暗面仿佛都集中在一起了"；"然而，工厂大规模实现的劳动社会化，以及被工厂雇佣的人们的感情与观念的改造（特别是宗法式传统与小资产阶级传统的破坏），引起了一种反作用：大机器工业和以前各个阶段不同，它坚决要求有计划地调节生产和对生产实行社会监督（工厂立法就是这种趋向的表现之一）"。这种"反作用"恰好出现了市场调节盲目性的对立物。列宁用一句话来概括："劳动的社会化"。他认为社会化客观上要求社会生产的各个部门会形成一定的比例关系（按价值和按实物形式），当时的民粹派指责他说资本主义变成有计划的生产。列宁回答说："'批判家'的这种新手法，就是把似乎资本主义能保证经常的比例性这个思想硬加在我的头上。经常的、自觉保持的比例性也许确实是计划性，但这不是'只是从一系列经常波动中得出的平均数'的那种比例性了。"❶他指出了资本主义市场调节的矛盾，一方面客观上市场的背后要求比例性，另一方面经常表现为波动性，而社会化的趋势则要求以计划性克服波动性，实现比例性。他的一个重要观点是："经常的、自觉保持的比例性也许确实是计划性。"就是说，计划性并不等于完备的计划，而能经常地保持适当的比例性，即可谓达到最佳状态（他后来的计划思想与此有密切的继承关系）。

---

❶ 《列宁全集》2版第3卷，第500、505、570页。

中年的列宁在研究发达资本主义商品经济（即帝国主义）时，看出了计划性加强的趋势。特别是"战争加速了资本主义的发展，从资本主义向帝国主义发展，从垄断向国家化发展"，"一般垄断转变为国家垄断"❶。同时，又说："完全的计划性当然是托拉斯所从来没有而且也不可能有的。"❷

总之，列宁研究了资本主义随着生产社会化程度提高和商品经济的发达，计划性呈增强的趋势（第四章中已作了阐释）。这是他计划思想发展的一条线。

另一条线是，认为社会主义与市场经济是不相容的，唯有计划调节一种手段。这个观点来自于马克思恩格斯。

大家知道，马克思恩格斯是在科学地研究资本主义固有矛盾和社会化生产规律的基础上，提出实现公有制后以自觉的计划调节代替市场自发调节的论断的。他们指出，只有联合起来的劳动组织"按照共同的计划调节全国生产，从而控制全国生产"，才能"结束无时不在的无政府状态和周期性的动荡这样一些资本主义生产难以逃脱的劫难"。❸"消除生产力和产品的有形的浪费和破坏"，主要是指周期性的经济危机。"通过社会生产，不仅可能保证一切社会成员有富足的和一天比一天充裕的物质生活，而且还可能保证他们的体力和智力获得充分的自由的发展和运用。"❹

他们揭示了社会化生产需要计划调节的客观必然性，社会分工的发展需要统一的计划指导。他们认为"时间的节约，以及劳动时间在不同的生产部门之间有计划的分配，在共同生产的基础上仍然是首要的经济规律。"❺"这种按一定比例分配社会劳动

---

❶ 《列宁全集》2版第29卷，第353页。
❷ 《列宁全集》2版第31卷，第64页。
❸ 《马克思恩格斯选集》1995年版第3卷，第60页。
❹ 《马克思恩格斯全集》第3卷，第633页。
❺ 《马克思恩格斯全集》第46卷上，第120页。

的必要性，决不可能被社会生产的一定形式所取消，而可能改变的只是它的表现方式。"❶

从当时的社会生产力发展水平和与此相联的认识水平为基点，他们所设想的未来社会的计划性经济有两个基本要点：（1）"按照社会总体和每个成员的需要对生产进行的社会的有计划的调节"❷，使生产和需要之间建立起联系，合理地调节人与自然的关系，摆脱生产的无政府状态，以实现劳动时间的巨大节约。（2）"商品生产就将被消除"，以直接分配取代商品交换，以直接的社会劳动时间尺度取代价值，"社会一旦占有生产资料并且以直接社会化的形式把它们应用于生产，每一个人的劳动，无论其特殊的有用性质是如何的不同，从一开始就直接成为社会劳动。"那时，"直接的社会生产以及直接的分配排除一切商品交换，因而也排除产品向商品的转化……和随之而来的产品向价值的转化。"按照计划分配，"人们可以非常简单地处理这一切，而不需要著名的'价值'插手其间。"❸

早年的列宁继承了马克思恩格斯的这个观点，认为实现社会主义以后，"调节生产的就不像现在这样是市场，而是生产者自己，是工人社会本身"。❹1906年，他在《土地问题和争取自由的斗争》一文中批判小资产阶级土地平均化思想时指出："只要世界上还存在着货币权力和资本权力，就不可能平均使用土地。只要还存在着市场经济，只要还保持着货币权力和资本力量，世界上任何法律都无法消灭不平等和剥削。只有建立起大规模的社会化的计划经济，一切土地、工厂、工具都转归工人阶级所有，才可能消灭一切剥削。"❺在这里，列宁"计划经济"的表述，

---

❶ 《马克思恩格斯选集》1995年版第4卷，第580页。

❷ 《马克思恩格斯选集》1995年版第3卷，第630页。

❸ 《马克思恩格斯选集》1995年版第3卷，第660—661页。

❹ 《列宁全集》2版第1卷，第212页。

❺ 《列宁全集》2版第13卷，第124页。

是对马克思恩格斯有关计划调节论述的高度概括，它不只是一个方法，而且是一个制度。当时认为，这个制度同巨大的社会化生产和生产资料公有制相联系，没有这两个条件，实行真正的计划经济就是不可能的。

在无产阶级夺取政权后，他主张"苏维埃应当成为调节俄国全部生产的机关"❶，"坚决实行全国范围的经济生活的集中化"，"对产品的生产和分配组织全民的无所不包的计算和监督"。他说："组织计算，监督各大企业，把全部国家经济机构变成一架大机器，变成一个使亿万人都遵照一个计划工作的经济机体，——这就是落在我们肩上的巨大组织任务。"❷

针对小生产者的散漫性、自发性和工人中存在的无政府工团主义倾向，列宁强调严格的统一计划。他在与"左派共产主义者"辩论的时候特别指出："没有建筑在现代科学最新成就基础上的大资本主义技术，没有一个使千百万人在产品的生产和分配中严格遵守统一标准的有计划的国家组织，社会主义就无从设想。"❸

一方面发现发达资本主义市场经济的计划性在增强，一方面又认为社会主义必须消除市场经济，实行完全的计划经济。这两条互不相容的认识平行线如何统一起来呢？在他的计划经济思想未突破之前，就是统一在由国家垄断资本主义向社会主义制度的转变上。他在《论"左派"幼稚性和小资产阶级性》一文中特别讲了德国国家资本主义的例子："那里有到'最新成就的现代大资本主义技术和**服从于**容克资产阶级帝国主义的有计划的组织。如果把这些黑体字删掉，不要军阀的、容克的、资产阶级的、帝国主义的**国家，同样用国家**，然而是另一种社会类型、另一种阶

---

❶ 《列宁全集》2版第33卷，第145页。

❷ 《列宁全集》2版第34卷，第202、258、4—5页。

❸ 《列宁全集》2版第34卷，第279页。

级内容的国家，**苏维埃**国家，即无产阶级国家来代替，那你们就会得到实现社会主义所需要的**全部**条件。""如果德国无产阶级获得胜利，那它就能轻而易举地一下子击破任何帝国主义的蛋壳……""我们的任务就是要学习德国人的国家资本主义，**全力**仿效这种国家资本主义"。❶当时的计划经济模式，基本上就是国家垄断制。

进入战时共产主义时期，又提出："建成社会主义就是建成集中的经济"❷，加上战争的需要，实行了全面的强制，重要物资特别是食品由国家垄断，集中达到极高的程度。不仅生产是由国家统一规定，城市居民的生活全部都是按国家统一标准供应的，并强调强迫执行。此种做法除了特殊原因之外，也和对计划经济的认识有一定关系，列宁后来讲到了这一点。

二、高度集中的计划经济的实践

实事求是地分析，从十月革命到1921年初，列宁倡导并主持执行的高度集中的计划经济，既有积极作用，也有消极作用，越到后来消极作用就越突出。

它的积极作用，除了确实保证了战争的胜利之外，最大的一件事就是制定了"全俄电气化计划"，这是一项十分艰巨的系统工程，在苏联发展史上有一定的地位。

这件工作的准备，可以追溯到1918年春。根据列宁的倡议，苏俄的教育人民委员会同科学院（原来留下来的）谈判，3月科学院同意为苏维埃服务，列宁写了《科学技术工作计划草稿》这篇只有几百字的短文，对计划工作的科学化具有重要的指导意义。他认为，只有"对俄国自然生产力进行系统的研究和调查"，"成立一系列由专家组成的委员会"，才能制定"俄国的

---

❶ 《列宁全集》2版第34卷，第279、280页。

❷ 《列宁全集》2版第35卷，第414页。

工业改造和经济发展计划"。他非常注意计划工作与自然科学的联系，倡导对生产力进行认真的研究，用现代技术武装和改造各个部门，使生产力结构和布局逐步走向合理。❶后来的全俄电气化计划，就是这一思想发展的继续和全面实施。

1920年2月至10月，由列宁倡导，组织了二百多名各方面的专家，共同研究制订《全俄电气化计划》。这是一个宏伟的科学的长期发展计划，在人类经济发展史上也是一个创举。列宁把这个长期发展计划，称之为俄国共产党的"第二个党纲"。这一计划的提出和制订，对列宁计划经济思想来说是一个付诸实践的重要过程。在此以前，只有这样那样的设想和论证，究竟如何制定具体的发展计划还没有任何实践经验。通过这一计划的具体制定，列宁的认识进一步深化。围绕这个计划，列宁写了许多论著，例如在全俄苏维埃第八次代表大会所作的《关于人民委员会工作的报告》《论统一的经济计划》等。在这个计划中，贯穿着列宁的一个主导思想：通过电气化把整个国民经济带动起来，实现各个经济部门的技术改造，在新的生产力基础上，实现国民经济的协调发展。

具体负责俄罗斯电气化委员会领导工作的克尔日扎诺夫斯基（后任计划委员会主席），曾这样写道："列宁同志认为，这些电力干线将调整我们的整个经济工作，并使整个经济计划所必需的一切生产机构的工作从属于自己。这样，俄国整个工业的命运同严格执行电气化计划、同顺利实现这个计划联系在一起。"❷

在这个基础上，列宁提出了一个著名的公式："**共产主义就是苏维埃政权加全国电气化。**"在制定和部署全俄电气化计划的过程中，列宁提出了长期计划和短期计划相结合以及综合平衡

---

❶ 《列宁全集》2版第34卷，第212页。

❷ 《红色档案》1939年第4号第31—37页，转引自《苏联社会主义经济史》三联书店版，第1卷，第548页。

的思想。列宁说:"预计要多年才能实现的大计划一订出来,往往会有一些怀疑分子出来说:我们哪能去预计许多年的事情,能完成现在要做的事情就不坏了。同志们,必须善于把这二者结合起来;没有一个长期的旨在取得重大成就的计划,就不能进行工作。"列宁认为,只有长期的计划,才能有一个共同奋斗的目标,才能对社会再生产和经济生活的各个方面进行战略性调整和根本改善。有了长期计划之后,再以此为指导制定短期计划;而短期计划的制定和实现不但是完成长期计划的必要步骤,而且是修订长期计划的重要途径。如列宁所说:"这个纲领在每个工厂里,每个乡里天天都会改进、修改、完善和变更。"❶

列宁在制订全俄电气化计划的过程中,不是着眼于单项建设,而是用先进的生产力武装全部国民经济。因此,他特别注意各种比例关系的综合平衡。他说:在这个计划里,"既有电气化的物资平衡表,又有电气化的资金(按金卢布计算)平衡表"❷。这个平衡表实质上就是实物与价值之间的平衡、物资平衡、财政平衡以及对外贸易的平衡,它涉及农业、交通、运输和工业的各个部门之间的比例关系,以至旁及文化教育事业。凡是能预测的,都进行精确的计算。然后,动员各个部门、各个企业共同为实现总目标协力奋斗。所以,列宁一直把这个计划看作是苏维埃共和国的"统一经济计划",整个新经济政策时期一直坚持实施这个统一计划。

1921年2月,列宁以个人的名义建议设立计划经济委员会。他写道:"在劳动国防委员会之下设立计划委员会,以便根据全俄苏维埃第八次代表大会批准的电气化计划,制订统一的全国经济计划,并全面监督此项计划的实施。""对首要的经济任务,尤其是那些在最近期间,包括1921年内应当完成的任务,应由

---

❶ 《列宁全集》2版第40卷,第156、151、155页。

❷ 《列宁全集》2版第40卷,第347页。

计划委员会或它的一个分委员会在充分考虑具体经济现实的现有条件后作出极其详细的规定。"❶根据列宁的建议,1921年2月22日设立了国家计划委员会,由克尔日扎诺夫斯基任该委员会主席。事实上,正是在新经济政策时期才开始建立经济计划工作的主管部门,并全面地行使职能。列宁一再申明,所谓国家的统一经济计划就是全俄电气化计划,根据这个总计划的要求再制定具体的年度计划。

然而,这个计划真正付诸实施时却遇到客观上和主观上的极大困难,计划经济的消极面暴露出来。列宁在俄共(布)十大一再指出,在"经济计划"方面"我们犯了不少错误","在估计和计划方面存在着许多更为严重的不符合实际情况的现象和失误",比如,"在燃料增加的情况下,我们又犯了错误,一下子把燃料大量分配出去,把燃料用光了,以致在一切工作纳入正轨之前,我们就遇到了燃料危机"。而粮食的集中分配又造成了更大的经济危机。特别突出的是官僚主义愈加严重,列宁把它叫作"一种脓疮"。❷

列宁对计划工作很不满意,集中表现在1921年2月19日他给国家计划委员会主席克尔日扎诺夫斯基的信中,他尖锐地指出:"最大的危险就是把国家经济计划工作官僚主义化。这是莫大的危险。……我很担心,**连您也看不见这种危险**,尽管您的工作作风不同。……完整的、完善的、真正的计划,目前对我们来说='官僚主义的空想'。不要追求这种空想。"❸

这段文字是对战时共产主义政策中计划工作的经验教训的深刻总结,也标志着他的计划思想开始发生新变化。它的普遍意义在于,指出了计划经济最大的弊病。正如计划委员会主席克尔

---

❶ 《列宁全集》2版第40卷,第344页。

❷ 《列宁全集》2版第41卷,第2、7、9、26页。

❸ 《列宁全集》2版第50卷,第130页。

日扎诺夫斯基回顾战时共产主义时期计划工作,在由于完全排斥价值、利润等造成的严重问题时所描绘的那样:"人为地在这个或那个生产部门的范围内制造缺口,使供应工作同生产工作相脱节,一道又一道监督机构——所有这一切使生产规划最终成为一份不负责任的计划。编制这样的计划可能出于良好的愿望,但从经济观点来看,乃是一张空文。"由于企图废除价值规律,不考虑生产的代价和资金的节约,不考虑原料和燃料状态,不考虑交通运输等基础设施的条件,"只是一味追求获得尽可能多的产品,就会不相称地使大量企业开工,生产分散,使工厂工作的经济效果极端低下。"❶ 由此造成了"全面的特殊经济危机"(如"停滞""阻塞"等)。❷

不久,列宁又在《论粮食税》一书中特别分析了由于缺乏"流转"造成的官僚主义。在军事上是胜利了,"却暴露出它的坏的一面","在一个被包围的要塞内,可以而且只能'堵塞'一切流转",使官僚主义滋生起来。❸ 表现在经济计划工作上,就是严重脱离实际,国民经济濒于崩溃。

列宁在困难中发现了计划工作的官僚主义倾向,开始了对商品、市场关系的探索。此为转变的契机。

第二节 试探计划与市场结合的思路

把计划与市场适当结合起来,并不是列宁一开始就认识到的,更不是先知先觉,而是在实践中逐步摸索的。他正视现实,

---

❶ 《俄罗斯联邦的经济问题及国家总计划委员会的工作》(1921年版),第64—65页,转引自《社会主义政治经济学史纲》三联书店版,第152页。

❷ 《苏共决议汇编》第2分册,第260页。

❸ 《列宁全集》2版第41卷,第218页。

知错就改，便一步一步由不自觉变为自觉。这个扬弃过程，同他由产品经济向商品经济转变，即改行新经济政策，是分不开的。

一、在探索的实践中提出新的观点

自转入新经济政策以后，列宁开始探索改进计划工作的新方法。首先是改变了把国家垄断视为最好方式的看法。这是一个重大的转变，也是对他借鉴国家垄断资本主义实行高度集中的计划经济思想的一个清理，新的具体办法就是国家收实物税加自由流转，首先从最重要的物资粮食的体制上突破。在《劳动国防委员会给各地方苏维埃机关的指令》中，列宁把促进农产品与工业品之间的交换，看作是"为实现伟大的电气化计划奠定基础"。他说："我们应当更大胆更广泛地采取种种办法，从各方面来解决问题，可以在不同程度上允许资本和私营商业存在，不必害怕资本主义的某些滋长，只要能够迅速加强流转，使农业和工业得到复苏就行，并且应当根据实际经验，弄清国家究竟有哪些资源，考虑用什么办法才能最有效地改善工农的生活状态，以便进一步更广泛和更稳固地展开经济建设工作，实现电气化计划。"❶这里就包含了通过加强和扩大"流转"等途径完成统一计划的思想。

1921年5月，列宁为俄共（布）第十次全国代表会议起草的《关于新经济政策问题的决议草案》提出："应当把商品交换提到首要地位，把它作为新经济政策的主要杠杆"。同时提出，国家监督商品交换，着力"研究市场"❷。这就意味着想把市场的调节作用提到比较重要的地位，并与国家的计划（监督）逐步结合起来。

接着，在全俄粮食工作第三次会议上的演说中指出："我

---

❶ 《列宁全集》2版第41卷，第260、263页。
❷ 《列宁全集》2版第41卷，第327、328页。

们不需要那种旧的官僚主义的手段,我们需要考虑贸易情况,需要确切地了解它,善于很快地估计到一切变化。"他要求通过学习经商的本领来改变旧的官僚主义的方法,目的在于更好地实现无产阶级国家的统一计划的要求。所以,他对经济工作者提出:"为了实现商品交换,为了不被自由市场击败,即不被自由贸易击败,我们就需要很熟悉自由贸易,同自由贸易进行竞赛,并用自由贸易的王牌和武器来击败自由贸易。"❶

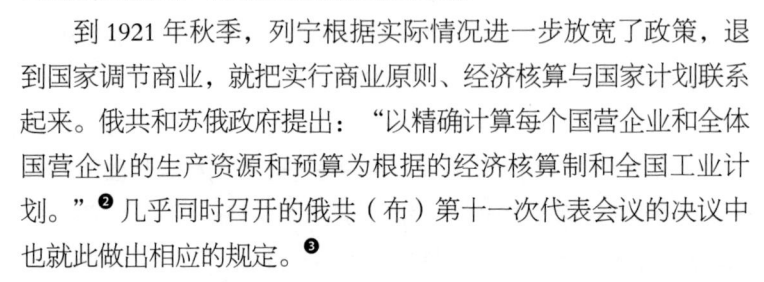

到1921年秋季,列宁根据实际情况进一步放宽了政策,退到国家调节商业,就把实行商业原则、经济核算与国家计划联系起来。俄共和苏俄政府提出:"以精确计算每个国营企业和全体国营企业的生产资源和预算为根据的经济核算制和全国工业计划。"❷ 几乎同时召开的俄共(布)第十一次代表会议的决议中也就此做出相应的规定。❸

所有这些,都为列宁进行新的理论概括打下了基础。这一新的理论概括,集中地表现在他于1921年11月16日给格·马·克尔日扎诺夫斯基的信中。他认为,对全俄电气化计划的说明(即克尔日扎诺夫斯基写的小册子《俄罗斯联邦的经济问题和计划委员会的工作》)所应作的最重要的,也是唯一的补充,是从总体上和各个侧面来说明新经济政策对计划的作用,说明商品生产、商品流通和市场机制同国家统一计划的关系。信中是这样说的:"我觉得,关于新经济政策有必要加以补充。我认为,最好把应作的补充(从各个不同的角度来**阐明**新经济政策在总的**范围**内的地位、意义和**作用**)插到某些章节里去。几乎每一章都可以(而且我认为应该)增加一两页,说明新经济政策**不是要改变**统一的国家经济计划,**不是要超出**这个计划的范围,而是要改变实现这

---

❶ 《列宁全集》2版第41卷,第350页。

❷ 《党和政府关于经济问题的决议》俄文版第1卷,第278页。

❸ 《苏共决议汇编》第2分册,第140—141页。

个计划的**办法**。"❶

这段文字，体现了列宁开始有了较为明朗的计划调节与市场调节相结合的思想。它包含以下几点内容。

第一，经济计划仍是主体，是战略的规定；商品经济在这一统一计划的"范围"和"总布局"内存在和运动，后者受经济计划的指导、制约，而不是无政府状态的、完全靠"无形的手"自发调节。

第二，市场流通是实现经济计划的方法和手段，是对计划的"总布局"起作用的必不可少的手段，是实现计划的捷径和方法。在俄文中，此处的方法和捷径是同一词，而"捷径"的含义很重要，说明利用商品经济和市场机制是实现计划经济最直接、最便当的道路，舍此即要走背道、远道。在相当长的时期内，离开了商品经济的作用，经济计划就失去足翼，不能很好地实现。

第三，列宁所以强调改变实现计划的方法，走捷径，联系起来看，就是找到了防止和克服"计划官僚主义化"的有效措施，避免陷入空想，避免不顾客观经济情况的主观随意性，避免不讲经济效益和无人负责造成的浪费现象。这是使计划工作走向科学化的重要途径之一。

联系在1921年10月他所思考的公式，即向"德国人""学习"，需要组织性、纪律性，提高劳动生产率等应"**以**市场、商业为**基础**"，可以引申：计划也应当考虑以市场、商业为基础。这段话同给克尔日扎诺夫斯基的信相差半个月的时间，二者确实是有联系的。

从列宁所阐述的这个思想看，他已经不再把国家统一计划与市场关系当作绝然排斥的对立物，而是在一定条件下可以统一起来，可以结合，但仍以计划为主。而实际上，在新经济政策时期基本上没有完备的计划，很大程度上靠市场调节，或者说国家调

---

❶ 《列宁全集》2版第52卷，第40页。

节下的商品流通和货币流通（值得注意的是，列宁没有再用"计划经济"的表述）。

列宁这一重要思想，在当时党的历次会议上都得到了反映，并在政策中加以具体化。1921年12月，俄共（布）第十一次代表会议决议中说："必须从市场的存在出发并考虑市场的规律，掌握市场，通过有系统的、深思熟虑的、建立在对市场过程的精确估计之上的经济措施，来调节市场和货币流通。"❶次年4月，俄共（布）第十二次代表大会《关于工业》的决议中，专门论述了计划工作的任务和方法，认为"社会主义经济计划是不能臆断地、用理论的或官僚主义的方法拟定的"。计划工作和计划机关应"经常警觉地适应市场情况和市场关系"。为此要防止两种危险：（一）企业用行政措施代替市场调节工作，这就不可避免地会发生战时共产主义时期的一系列弊端；（二）放松计划工作，该用行政干预的没有行政干预。"既然我们已经转而采取市场的经济形式，国家就一定要给各个企业在市场上从事经济活动的必要自由，而不希望用行政手段来代替它。"决议对两个时期的计划工作进行了比较，认为："新经济政策时期的计划原则，按范围来说，同战时共产主义时期的计划原则差别不大。但是按方法来说已经截然不同了。总管理委员会的行政手段已经为机动灵活的经济手段所代替。"这样，就把计划的总范围和计划的方法区分开来。1924年1月（列宁逝世前夕），俄共（布）第十三次代表会议决议又指出："党应当比过去好得多地学会使国家经济各部门之间，以及它们同市场之间的相互关系协调一致。""没有这些前提，计划就很容易变成官僚主义的空想""国家计划委员会最近的任务应当是有系统地研究市场的日常行情，制定一些基本措施来影响正在形成的市场关系"。❷总之，列宁在新经济政

---

❶ 《苏共决议汇编》第2分册，第137页。

❷ 《苏共决议汇编》第2分册，第259—261、385页。

策时期提出的计划与市场相结合的思想，在当时党的经济工作中得到了广泛的贯彻。

从马克思主义经济思想史看来，列宁把经济计划与商品经济、计划调节与市场调节在一定条件下结合起来，在理论上和实践上是一个重大发展，也是对马克思恩格斯论述的某些纠正和补充。他认识的发展逻辑是：由把社会化和计划性统一在排斥市场的高度国家垄断到统一在计划与市场一定形式的结合。

二、力求计划的科学化

列宁对计划工作十分重视，他所要求的尽可能使计划工作科学化，包括处理好计划与市场的关系、计划与科学技术的关系、不断改进计划工作方式方法等，以改善全部经济计划。

（1）防止主观臆断。恩格斯指出，按社会需要有计划地发展生产，是人们自觉掌握经济规律的表现。这就意味着计划不能带有主观随意性，而必须按客观实际情况办事。列宁根据这个要求，坚持了计划的客观性和科学性这个原则。新经济政策时期，国家计委主席克尔日扎诺夫斯基在一篇文章中曾经写道："在新型的国家经济中，意志和意识的因素将比过去任何世纪都要在更大的程度上深入到共和国的全部经济活动中去……"列宁在这话的旁边批道："是国家的'意志和意识'而不是个人的"。❶ 就是说，计划虽然是主观的形式，但它必须表现客观内容，必须真正符合实际情况和经济规律，而决不要以个人的意识或意志作为制定计划的根据。要把贯彻"国家经济的"即整个社会经济的"意志和意识"与"个人的"意志和意识区别开来。即使是"国家经济的"意志，也不是随心所欲的，而是从客观实际中来，根据需要，特别是根据可能来制订计划。

（2）依靠各方面科技专家制订计划。按照列宁的要求，参

---

❶ 《列宁全集》2版第60卷，第448页。

与制定经济计划的人必须精通科学,包括技术科学和经济科学。著名的全俄电气化计划,就是动员了数百名专家,花了十个月的时间制定的一个建立在科学基础上的统一的经济计划。这些专家包括工程师、农艺师、统计学家、经济学家、各类学者、有关部门的负责人(包括基层组织),经过认真研究各方面的材料,进行多次修改才定稿的。列宁称之为一部"内容丰富的——并且是极为出色的——科学著作"。他总结出一个很重要的经验,即必须用科学的方法制定国民经济计划。❶1922年底,他在病中口授:"看来,我们的国家计划委员会正在全面发展成为专家委员会。这种机关的领导不能不是在技术方面具有丰富经验和多种科学素养的人。"他要求计委成为内行、专家、科学技术代表人物的总和,并且要广泛吸收各方面的优秀人才。❷列宁所以提出这样高的要求,就是为了保证经济计划具有真正的科学性。从列宁最后的几封信看,他主张计划委员会成为由专家组成的咨询、论证、鉴定机构,并非像以后那样成为权力机关。

(3)以实事求是的态度对待计划。列宁说:"精明能干的经济学家不会去编制毫无意义的提纲,而会去细心研究事实、数字和材料,分析我们自己的实际经验,然后指出:我们在某某地方犯了错误,要如此这般来加以改正"。**优秀**的行政人员应以实事求是的态度来对待科学的计划。这就要求深入、全面地看问题,"应该根据仔细研究过的实际经验来补充、发展、修改和实行这个计划",不要只看好的一面,而且要看到问题和困难,尤其要杜绝一切虚假现象、"玩弄行政手段""刚愎自用"。❸

(4)掌握统计数据。为了保证计划的科学性,列宁还特别注意抓统计工作。他说:"统计人员应当成为我们的**实际助手**,

---

❶ 《列宁全集》2版第40卷,第346—348页。

❷ 《列宁全集》2版第43卷,第344—348页。

❸ 《列宁全集》2版第40卷,第351—352页。

而不是搞烦琐哲学"❶。"为了从事实际工作，我们**必须掌握数字**，而中央统计局**应该比谁都更早地**掌握这些数字"，特别要抓住"有关国民经济的主要问题"。❷他对统计工作要求很严格，力求数字准确、及时。计划工作只有认真地研究统计材料，以充分的数据为基础，才能制定出科学的经济计划。在这方面，他还要求借鉴资本主义国家的经验。他说："在一切资本主义国家里，尽管存在着无政府状态，存在着资本主义所固有的混乱状态，它们在制订经济计划时，却有几十年的经验可作依据，各个经济制度相同、只是具体情况有些差别的资本主义国家，都可以参考这种经验。从这种参考中可以得出真正科学的规律，得出一定的规律性和常规。但是这种可供计算参考的经验我们一点也没有"，"我们没有进行计算的依据"，由此导致计划的失误。❸可见，资本主义商品经济下统计工作有大量的经验可以借鉴，这也是它的社会化表现之一。❹

（5）执行经济计划要扎扎实实，不能性急图快。列宁反对那种不顾客观条件盲目图快、搞"百废俱兴"的大计划，要求在速度问题上采取稳扎稳打的方针。他说："经济建设问题对于我们有非常重大的意义。在这条战线上，我们应当慢慢地、逐步地——图快是不行的——而又坚持不懈地提高和前进，以取得胜利。"❺他经常用一句成语告诫经济工作者："七次量衣一次裁。"他对于一些领导者"往往太喜欢用热心和性急等来弥补（或者以为可以弥补）没有这种知识的缺陷的心态"，进行了耐心和严厉的批评教育，力求格外慎重地确定任务、规定指标，而

---

❶ 《列宁全集》2版第50卷，第368页。
❷ 《列宁全集》2版第42卷，第125—128页。
❸ 《列宁全集》2版第41卷，第8页。
❹ 《列宁全集》2版第41卷，第8页。
❺ 《列宁全集》2版第41卷，第336页。

且"**无论如何都应当以预计的最低量为出发点**","从一点一滴开始,从**一件事**开始"。❶这样,看起来是慢一些,但由于扎实、可靠,就可以避免大的反复和失误,就会有真实的高速度。

第三节 找寻计划与市场结合的形式

列宁不仅在理论上初步思考了计划机制和市场调节结合的必要性和可能性,而且领导党和苏维埃政权试探了"结合"的具体方法、形式和手段,为改进计划工作提供了可贵的经验。俄共(布)十二大体现了列宁这一思想,认为各经济部门之间的关系问题,"只有在市场和计划之间建立了正常的关系后才能解决"。❷在这方面,主要有四点:

一、划清经济计划和市场机制各自的作用范围

列宁认为,计划的作用在于规定目标、明确方向、提出任务。他说:"任何计划都是尺度、准则、灯塔、路标等。"例如,电气化计划,就是一个"尺度"。"这是远景计划,但是计划也因此就是准则。"❸商品交换、市场流通、价格政策、银行信贷等,都可以作为完成计划的手段。按照当时列宁的看法,计划和市场的关系,就是目标和手段的关系。一般说,后者要为计划的战略目标服务(如果这个目标真正有充分的科学根据);在这一基本目标、准则和尺度的指导下大力发展商品经济,善于利用市场机制。

但是,不能认为商品、市场、货币对形成计划目标没有关系;相反,经济计划不仅必须建立在对发展远景的展望上,而且

---

❶ 《列宁全集》2版第51卷,第17、15页。

❷ 《苏共决议汇编》第2分册,第259页。

❸ 《列宁全集》2版第41卷,第378页。

必须建立在对市场的科学预测上。列宁把工农产品的交换称之为"社会主义的经济基础",指的是客观存在的经济关系,因而也是实施计划的基础。计划经济离开这个现实的经济关系,就成了空中楼阁。社会主义的经济目的,是为了更好地满足劳动人民的需要,而这个需求关系则通过市场表现出来,必须掌握和研究市场关系,以避免计划造成的盲目性。

当时的国家计委主席克尔日扎诺夫斯基根据列宁的思想,提出制定计划要根据两种因素,称之为"双管齐下的办法"。他说:"……我们越来越确信双管齐下的办法是合理的:一方面查清市场容量、市场价格,并从营业角度上正确地进行有关生产部门的利润率核算,另一方面参考专门的技术经济分析资料,目的是要弄清这一生产在经济上的相对作用,弄清在纵横两方面与这一生产部门有关的其他经济部门的相对作用,同时对严格规定的时间坐标也越来越相信了。我们就这样一步步地去摸清我国经济不同部门之间的关系,只有这样才能使我们今后不仅有可能看到和运用,而且有可能预见和指导"。❶这种"双管齐下"的办法也就是两种机制的适当结合,以此作为制定计划的基础。

同样,修改经济计划也应考虑市场关系的变化。列宁曾根据当时市场供求关系的具体情况,要求"部分地修改大工业的生产计划,加强日用必需品和农民日用品的生产"。❷俄共(布)十二大决议指出,必须从计划和市场的具体情况出发,调整好轻工业和重工业的关系。例如,"依据市场情况把物价调整得更符合工业发展的需要,建立轻工业和为轻工业提供原料的工农业各部门之间的更正常的关系,以及拉平轻重工业的水平"。❸从这

---

❶ 转引自列宁格勒大学编《社会主义政治经济学史纲》三联书店1979年版,第150页。

❷ 《列宁全集》2版第41卷,第328页。

❸ 《苏共决议汇编》第2分册,第259页。

个意义上讲,不但计划能够调节市场关系,反过头来市场对计划也有一定的调节作用。

在计划指标上,列宁反对"无所不包"。他指出,那种所谓"共同的、普遍的、无所不包的任务显然是完成不了的"❶。计划不要搞太细、太烦琐,应抓主要的、具有战略意义的东西。在这个大的目标之下,给市场留下较大的调节余地。而市场作用的限度,以有利于生产的发展和满足人民的生活需要为原则,不能造成无政府状态,不能导致通货膨胀、物价波动,更不能让投机倒把分子控制市场,损害国家和群众的利益。

二、实行"上面集中、下面贸易自由"的计划体制

列宁在《〈论粮食税〉一书纲要》中指出,根据俄国的社会经济条件,当时最合适的经济体制是"上面实行集中,下面实行农民贸易自由",实际上是计划管理体制的思路:有关大局的东西由国家集中,而农民和企业相对自由,形式比较灵活。

1921年2月,国家计划委员会一建立,列宁就要求他们:"一天、一小时都不要耽搁,要立即一点一点地**选出最重要的东西**,最少数量的企业,并且把它们**办好**。"❷7月,又要求他们分清哪是"主要的",例如大企业的集中等。❸列宁两次修改而又经多次集体讨论的8月9日的指令,对计委工作作了这样的规定:"在目前改变经济政策的时候,国家计划委员会担负的特别重大的任务是,迅速制定总的计划,并使工业同农业、运输、粮食等互相协调。为此,国家计划委员会的任务最主要的应当是在最短时期内选择出主要的、有发展潜力的工业企业和某些部门,这些企业和部门应能最大限度地利用生产能力,有商业工作能力

---

❶ 《列宁全集》2版第51卷,第16页。

❷ 《列宁全集》2版第50卷,第130页。

❸ 《列宁全集》2版第51卷,第15页。

并能集中起来，同时为决定性的部门确定明确的、有重点的方向。与此同时，既考虑到地区的重要，也考虑到有利于联合企业的原则。"❶ 基本要求是把少数最大企业相对集中，抓住重要产品，促进各部门间的协调。

1921年12月，俄共（布）第十一次代表会议决议，要求"全面加强直接受国家和国家机关管理的大工业"，为此，"必须把最大部门的国家物资（原料、粮食、燃料、货币）集中在国营大工业手中，并有计划地分配这些物资，以保证依靠国家供应的各个企业的生产工作不致中断。"1924年1月，俄共（布）第十三次代表会议总结了几年来计划工作的经验教训，认为顺利实现计划的前提有五个条件：（1）有了稳定的通货；（2）举办了信贷；（3）积累了可以机动使用的物资；（4）实行和巩固了一定的经济组织形式（托拉斯、辛迪加）；（5）有了根据实际经验拟定的各种计划，首先是确定可行的预算计划等。❷ 综上所述，所谓"上面集中"，在计划工作中主要有以下几个方面：（1）国家掌握最大的工业企业及其重要产品，包括煤炭、石油、冶金、机械、纺织等，控制燃料、重要原材料和重要机器设备。国家在各方面保证重点企业的资金和物资供应，使之开足马力生产；（2）交通运输业和邮电事业、铁路、航运、公路运输等由国家经营，禁止私人经营；（3）对外贸易实行垄断制；（4）掌握财政和银行，通过预算，国家集中掌握一定的财力，并根据需要和可能有计划地使用。通过国家银行集中社会资金，有计划地投放信贷和调节货币流通；（5）在国内商业中掌握批发权，控制流通，调节市场；（6）通过税收和交换掌握大批的粮食储备，控制粮食贸易的绝大部分业务，集中应有的财力，并调节生产和消费。

❶ 《党和政府关于经济问题的决议》俄文版，第1册，第247页。

❷ 参见《苏共决议汇编》第2分册，第140、385页。

不过，即使在集中掌握的大企业中，也还有一个集中和分散、统一和独立的关系，主要组织形式是托拉斯和辛迪加。1925年11月，最高国民经济委员会主席捷尔任斯基曾指出："辛迪加与市场积极的有生气的联系，是正确实行计划的最重要因素之一。"❶ 辛迪加和托拉斯既体现了国家集中的要求，通过流通和生产掌握市场，贯彻国家计划；又体现市场的机制，按照市场的情况适当调节生产，并向计划机关反映市场情况。企业和托拉斯可以根据计划基本要求自销一部分产品、采购国家不足的原料。而且，不论是企业，还是托拉斯、辛迪加都实行独立的经济核算，在规定的范围内经济核算单位有支配财力的自由权。而国家则可以利用企业、托拉斯、辛迪加"探索整个市场"，确定经济方针，制定正确的经济政策，包括决定关闭哪些企业或联合组织等。

当时制订计划的程序，一般是从下到上，再从上到下，即由企业和托拉斯提出指标，由部门综合，由计划机关协调、平衡、批准后再下达生效。指令性的计划指标相当少，主要是抓重点企业和基本产品。列宁曾经指示计委："主要的仍是：迅速、立即、'零敲碎打地'**消除显然不合理的、显然与国家经济计划相矛盾的东西。**"❷ 当发现计划不切合实际时，就要及时修改。比如，1921—1922年年度计划，由于缺乏经验和对困难的严重性估计不足，完成了不到百分之八十。列宁在1921年7月发现了这个问题，批评说："我们大家的主要错误就是只作最好的打算，因而陷入官僚主义的空想。我们的各项计划，完成的只是极小一部分。现实生活和所有的人都嘲笑我们的计划。必须彻底改变这种状况。"❸ 接受这一教训之后，1922—1923年年度的生产计划

---

❶ 转引自《外国经济管理》杂志1981年第2期，第59页。

❷ 《列宁全集》2版第51卷，第18页。

❸ 《列宁全集》2版第42卷，第67页。

就比较切合实际，主要工业部门基本都完成了。从此，年度计划逐步走上正轨，到1925年就开始编制综合工业计划和基本建设计划，并且开始编制以发展国民经济的控制数字为依据的财务计划。

集中和分散相结合还有一个方面，就是照顾地区特点（包括民族特点），不强求完全一样。列宁在给阿塞拜疆、格鲁吉亚、亚美尼亚、达吉斯坦、哥里共和国共产党员的信中要求他们了解自己的特殊情况，不要抄袭全国的策略，而要周密地思考和改变策略，使之适合自己的具体条件。

三、由以行政方式为主改为以经济手段为主

这些经济手段大体有：

（1）税收政策（第七章第四节专门论述）。

（2）价格政策。在开始阶段，主要规定市场上商品的限价，要求按规定价格出售的商品目录。有些商品（如茶品、食盐、食糖、煤油、火柴、烟卷等）采取全国统一价格。另一些带有地区特点的商品规定地区价格。尔后，一些特别重要的商品，如煤炭，由国家计委根据生产费用与有关部门协商规定价格。1922年11月，由于卢布贬值、煤炭价格过低，顿巴斯难以维持生产，列宁立即指示克尔日扎诺夫斯基："这个问题必须紧急地、通盘地重新加以研究。讨论时要请财政人民委员部和全俄工会中央理事会参加。无论如何必须找到一种能解决所有问题的办法，以保证顿巴斯的正常生产，使生产不受卢布继续贬值的影响。"❶列宁把这项工作交给计委，就是要按计划要求调整价格，以价格政策保证和调节生产。1924年1月，俄共针对工业品价格偏高、挫伤了农民的积极性，并给工业生产造成损失的情况，决定降低工业品价格。当时召开的第十三次党代会指出："今后必须使价格政

---

❶ 《列宁全集》2版第52卷，第525页。

策同最主要的农民市场最大限度地协调起来，使工业发展的速度同农民市场容量的总的扩大进程比从前更紧密地协调起来。"而降低价格的前提是降低工业成本，"降低价格的政策一定要使工业注意用进一步改进和扩大生产以及最大限度地缩减杂费开支的办法来降低成本，还要注意改进和精简其商业机构"。❶以后，又逐渐调整了轻工业产品和重工业产品的价格，促进重工业的发展。

（3）信贷政策。银行的信贷投放是贯彻国家计划的又一个重要杠杆。正如俄共（布）第十三次代表会议所说："信贷是国家的机动基金，没有它，工业和整个国民经济就不可能有计划地发展。"❷根据列宁的思想，除了对合作社实行优厚的信贷政策以外，对国营商业和重工业也采取了一定的支持政策。同时，通过银行对实行经济核算的企业进行"卢布监督"。

（4）经济合同。一是国家同企业之间的合同，如1921年为改变免费供应的办法，实行集体供应，企业与国家订立合同，根据企业生产情况给以实物供应，促进企业增加生产、精简机构。二是国家与合作社订立各种合同，如收购农产品的合同。

此外，还同时利用行政法律手段。例如，列宁在1921年夏秋多次指示国家计委提出关闭企业的数字，要求各级政府执行这一计划。他说："对缩减企业数目不够认真的人，我将交给法庭审判。"❸列宁还特别强调计委"对计划执行情况进行'总的监督'而没有这种监督工作，一切=0"。对于国家保证供应的优秀企业，各级计委要分别对它们进行"**全面监督**"❹。列宁并不

---

❶ 《苏共决议汇编》第2分册，第377页。
❷ 《苏共决议汇编》第2分册，第388页。
❸ 《列宁全集》2版第51卷，第319页。
❹ 《列宁全集》2版第52卷，第299页；第42卷，第68页。

一般地反对使用行政手段,而是反对"热衷于行政手段",提倡"行政手段同政治结合起来",这正是许多共产党员缺少的本领。❶

总之,列宁领导的苏维埃运用上述形式和方法,改变了过去几年所实行的排除市场机制、高度集中统一、单纯靠行政手段的计划体制和计划工作,而在摸索与市场机制结合、灵活有效的计划体制和计划方法。这是新经济政策时期计划工作的一个重要特点。

四、参照供求关系调整部门比例

列宁早年提出过一个著名的论点:"经常的、自觉保持的比例性也许确实是计划性。"❷就是说,主观上的计划性要尽可能体现客观上的比例关系。问题在于如何能"经常""自觉保持"。他原先设想的计划不依据市场,而单靠科学计算。事实表明,这是很难做到的。比如,过去在理论上推导,生产资料的生产应当优先发展,而实行新经济政策以后的现实却是另一个样子。所以,他要求彻底改变计划的方式。最重要的是从供求关系的实际出发来安排经济工作的重点和各部分之间的顺序,然后再与长远计划衔接,而不是固守原来的公式。

当时最大的问题是满足农民的需要。他在俄共(布)十大特别强调:"实质上可以用两个东西来满足小农。第一,需要有一定的流转自由……第二,需要弄到商品和产品。""只有用物质的东西才能使它们满足。"他把商品交换视为"工农业相互关系是否正常的检验",实际上是当作制定计划的重要依据。1921年6月,列宁在全俄粮食工作第三次会议的演说中讲道:"需要适应的并不是苏维埃政权要求什么和苏维埃机关能够完成什么。

---

❶ 《列宁全集》2版第43卷,第399页。

❷ 《列宁全集》2版第3卷,第570页。

不，你们应该适应小农的经济生活条件，应当考虑他们需要什么以及哪些需要已经得到满足"，"还要考虑地区的差别，考虑对商品的不同需要和不同的等价物。"❶实际是说，要根据城乡大多数人的需要安排经济工作，而这些"需要"是通过市场交换反映出来的。

正是根据供求关系，列宁给国家计划委员会几次写信，提出"彻底修改计划"，他的排序是：第一农业，第二燃料，第三供应日用品的工业，第四交通，第五供生产消费的工业（即重工业）。❷实际上，是对各经济部门比例关系的一次重大调整。

（1）把发展农业当作恢复、发展国民经济的关键和枢纽，摆在国民经济和经济计划的首位（详见第十章）。

（2）大力发展日用工业品生产。轻工业比重工业增长得快，轻工业优于重工业，这是新经济政策时期经济计划和经济结构的一个特点。为了满足农民的要求，交换农产品，必须加强农民日用工业品的生产。在俄共（布）十大，列宁就提出加强纺织工业，保证它的燃料，如果能获得8亿俄尺的布，"我们就会有本国生产的衣料去同农民的产品进行交换。"1921年5月，他要求国家计委："应该特别注意产品适合于交换粮食的（即可以在国内换取粮食的）工业。无论如何应该把这种工业单独划分出来……"并且要求对这样的工业企业予以必要的物资保证。不久，他要求："部分地修改大工业的生产计划，加强日用必需品和农民日用品的生产。"❸

列宁修改工业计划的指示，旨在调整重工业和轻工业的关系，加强轻工业，使计划工作的重心得以进一步明确。1922年他

---

❶ 《列宁全集》2版第41卷，第54、268、350页。

❷ 《列宁全集》2版第41卷，第252—255页。

❸ 《列宁全集》2版第41卷，第74、255、328页。

在共产国际第四次代表大会的演说和对英国记者的回答中，多次赞扬了轻工业的发展给无产阶级国家带来的好处。这就是：①有利于满足农民的要求，促进工业和农业的交换，加强工农联盟；②增加国家收入，缓和了财政困难；③满足了城市居民主要是职工的生活需要，稳定了人心。关于最后这一点，列宁进行了反复的说明："我还是要再说一遍，轻工业无疑正处于高涨状态，所以彼得格勒和莫斯科工人生活状况的改善也是毫无疑问的。1921年春天，这两个城市的工人有过不满。现在已经完全没有了。我们天天都在注意工人的生活状况和情绪，在这个问题上我们是不会看错的。"❶ 这里列宁所说的1921年工人的"不满"，系指1921年2月下旬彼得格勒和莫斯科连续发生的工人罢工，并蔓延到其他一些城市，主要因为无法忍受消费品的匮乏现象，一些孟什维克分子、社会革命党右翼分子等趁机兴风作浪。从列宁对这一教训的论述中可以看出，轻工业品的生产和供应，仅次于粮食和其他重要农产品的生产和供应，它直接影响着人民的生活和市场的状况，从而影响着整个社会经济生活和政治生活的稳定。

俄共（布）中央，根据列宁的思想，在许多重要文件中强调轻工业的生产。俄共（布）十二大要求，轻工业必须"更经常地、更密切地适应工农业消费者的需要"。俄共（布）十三大指示，国营工业要严格执行"适应广大市场""扩大日用品生产的政策"❷。

在新经济政策时期，轻工业比重工业发展得快，也还有一些客观因素。由于它的设备比重工业简单一些，在战争中受到的破坏也小一些，而且比较容易利用中小企业，又受农业的影响较为直接，所以在恢复时期它一直领先于整个工业（见下表）。

---

❶ 《列宁全集》2版第43卷，第281页。

❷ 《苏共决议汇编》第2分册，第266、237页。

1920—1926 年大工业增长指数

年期 项目	1920	1921	1922	1923	1924	1925	1926	平均每年递增(%)
全部大工业	100	142.1	185.7	284.0	330.5	498.9	768.0	40.5
重工业	100	131.7	176.4	289.5	317.1	504.7	731.6	39.3
轻工业	100	151.4	184.1	297.2	342.4	595.7	834.6	42.4

（材料来源：根据《苏联社会主义经济史》（第2卷）推算）

在全部轻工业中，棉纺织品增长10倍，亚麻织品增长5倍，毛纺织品增长1.7倍，纸张增长5.5倍，砂糖增长20倍。

整个工业的结构，在一个很长的时期内，也是轻工业占优势（见下表）。

1920—1927 年轻重工业比重（整个大工业为100）

年期 项目	1913	1920	1921	1922	1923	1924	1925	1926	1927
重工业	40.7	47.2	43.7	44.8	48.1	45.3	43.3	44	42.7
轻工业	59.3	52.8	56.3	55.2	51.9	54.7	56.6	56	57.3

（材料来源：《苏联国民经济史》第2卷）

如果加上中小工业，轻工业的比重则更大些（1923年后比重逐步提高，1927年达到最高峰）。当时，轻工业的优先增长，对于活跃整个市场有重大的作用。由于轻工业与市场的联系最为密切，实行"商业化原则"比之重工业更容易见效，轻工业的托拉斯、辛迪加办得比较有起色，这就大大加强了计划与市场之间的自然联系，促进了市场的繁荣，并且增加了国家的积累，为发展重工业提供了大量的资金。

（3）在保证农业、轻工业优先增长的前提下，积极为发展重工业打下基础,特别是突出发展能源工业,加快发展交通运输事业。从新经济政策时期列宁的整个经济思想来看,在强调加快恢复和发展农业、轻工业的同时,并未忽视发展重工业。列宁指出:"要挽救俄国,单靠农业丰收还不够,而且单靠供给农民消费品的轻工业情况良好也还不够。我们还必须有重工业。而要使重工业情况变好,就需要好多年的工作。"❶ 他多次讲这样一个道理:"社会主义的物质基础只能是同时也能改造农业的大机器工业。"❷ 在他看来,有计划地发展重工业是整个社会再生产发展的长远大计,特别是全俄电气化的实现,对于整个俄国国民经济的技术改造有决定作用。直到他的最后一篇论文《宁肯少些,但要好些》,还念念不忘要使俄国"从农民的、庄稼汉的、穷苦的马上",跨到"大机器工业、电气化、沃尔霍夫水电站工程等的马上"。❸

计划的优越性之一是能集中资金发展重点工程。当时,虽然重工业是"赔本的",国家还要想方设法地积累资金,给以补助,使其能逐步发展。为此,列宁多次提出千方百计地增加财政收入,节约开支,通过农业尤其是轻工业、银行、课税等增加积累,节省行政开支和其他费用,以集中更多的建设基金。尽管是艰苦的,但这条道路一定要走下去,主要依靠自身的积累建立起现代化工业的基础。

在发展重工业中,列宁格外注重优先发展能源工业。早在制订全俄电气化计划的过程中,列宁就把能源放在第一位。他说,通过这一计划的实现,"我们的整个工业将从一个可以保证同样供应所有工业部门的总能源得到动力。这将消除在寻求燃料方面的无益竞争,并将给加工工业企业打下坚实的经济基础"。❹ 在

---

❶ 《列宁全集》2版第43卷,第282页。
❷ 《列宁全集》2版第42卷,第7页。
❸ 《列宁全集》2版第43卷,第392页。
❹ 《列宁全集》2版第38卷,第169页。

恢复时期，燃料和粮食一样重要，亟需迅速发展的能源工业，扭转"燃料危机"。那时，列宁认为：燃料是工业的粮食，是我们整个工业生产的基础。❶现代大工业只有在矿物燃料的基础上，才能发展起来。为此，指示国家计委和工业领导部门抓泥炭、煤炭和石油的开采，拨出资金集中用于燃料工业的开发，并亲自过问顿巴斯、巴库等大型煤炭、石油基地的恢复和建设。经过几年的努力，到1925年，煤炭产量增加了50%，石油开采量增加了1倍，电站发电量增加近5倍（比战前水平高出1/3）。

同时，列宁非常重视交通运输事业，认为铁路运输是整个经济的重要基础之一。他说："我们必须恢复农业和工业间的流转，而为了恢复这种流转，就必须有物质基础。联系工农业的物质基础是什么呢？就是铁路运输和水路运输。"没有交通运输的发展，就不会有发达的商品经济，就不能大规模地进行城乡交流，甚至连中心城市的起码供应都没有保证。因此，列宁指示计委，在制定计划时，应该考察运输业，"也许应该先于工业"。❷在当时财政十分困难的条件下，苏维埃拿出很大一笔经费发展交通运输，到1925年，苏联营业铁路的长度比1913年增加了28%，超过了工农业的发展速度，这对于活跃城乡经济，发展商品生产，促进工农业的高涨，保证全部国民经济的协调发展，具有重大的作用。

此外，列宁还非常注意各个地区自身的协调发展，使它们既善于发挥独特的优势，又使之协调发展，不要顾此失彼。列宁起草的劳动国防委员会给各地苏维埃的指令中，专门有一节是关于"协调地方行政单位——乡、县、省各部门的经济工作"。他认为，地方各部门工作的不协调，是阻碍经济建设的一大祸害，必须消灭这种现象。只有协调起来，才能更好地发挥地方的

---

❶ 《列宁全集》2版第42卷，第341页。

❷ 《列宁全集》2版第41卷，第133、254页。

独立性。❶1921年8月,他以特急的信件告诉顿巴斯的地方领导人:"我觉得,在顿巴斯,即在为恢复顿巴斯而进行的全部工作中,有一个重大的失误,就是当地工作——工业、农业和商业工作——缺乏应有的协调一致。"他批评煤炭工业管理局认为自己和顿巴斯省的农业没关系的看法,认为这种看法是极端不正确的。他要求该管理局全力支持当地发展农业生产、搞好商品交换。只有这样,才能解决好各方面的供应工作,促进经济的全面发展。顾此失彼,互相摩擦,就会造成人为的障碍,也不可能很好地发挥自己的长处。❷

总之,列宁关于计划调节的一个重要观点是从供求关系的实际出发,从动态中研究和处理经济关系中的比例问题,同后来苏联的计划经济体制有重大区别,那种僵化模式与列宁的思路决不能划等号。

当然,列宁关于社会主义建设初期计划与市场结合的思想也还处在雏形状态,不能估计过高(直到1922年4月他还认为完备的"新制度将对经济实行有计划的调节"❸),尤其没有提出以市场作为配置资源的基础的思想。不过,由于他从市场存在的实际出发,反对官僚主义的、脱离实际的计划,积累了不少可供借鉴的经验。

---

❶ 《列宁全集》2版第41卷,第270—271页。
❷ 《列宁全集》2版第51卷,第229—230页。
❸ 《列宁全集》2版第43卷,第142页。

第七章 金融理论创新和财政思想转变

　　银行是现代经济生活的中心,是整个资本主义国民经济体系的神经中枢,谈"调节经济生活"而避开银行国有化问题,就等于暴露自己的极端无知……

　　我们需要的国家银行同商业的关系应当比资本主义同商业关系最密切的国家银行还要密切一百倍。

　　……一方面增加各种税收;另一方面则最迅速、最坚决地缩减编制。

——列宁

　　金融是市场经济的轴心。列宁对商品经济理论的发展,一个十分重要的方面就表现在金融理论的创新上。他深刻分析资本主义金融资本,又把发达的金融形态及其机制引入社会主义经济,创立了社会主义金融理论。这里也经过了一个否定之否定的实践和认识过程,其思想精华对我们今天仍是极可宝贵的。本章第四节,还将扼要地谈谈列宁的财政思想。

第一节 借鉴发达资本主义银行的经验

　　十月革命前,列宁发表了《布尔什维克能够保持国家政权吗?》一文,把资本主义的机构分成两类,一类要坚决打碎,另一类则要加以保留、改造、利用。他说："在现代国家中，除常备军、警察、官吏这种主要是'压迫性的'机构以外，还有一种同银行和辛迪加关系非常密切的机构，它执行着大量计算登记工作（如果可以这样说的话）。这种机构不能打碎，也用不着打碎。应当使它摆脱资本家的控制，应当**割去**、**砍掉**、**斩断**资本家影响它的线索，应当使它服从无产阶级的苏维埃，使它成为更广泛、更包罗万象、更具有全民性的机构。只要依靠大资本主义取得的成就（一般说来，无产阶级革命只要依靠这种成就，才能达到自己的目的），这些都是可以做到的。"

"资本主义建立了银行、辛迪加、邮局、消费合作社和职员联合会等这样一些**计算机构**。**没有大银行，社会主义是不能实现的**。"

"大银行是我们实现社会主义**所必需**的'国家机构'，我们可以把它**当作现成的机构**从资本主义那里拿过来，而我们在这方面的任务只是**砍掉**使这个极好机构**资本主义畸形化**的东西，使它成为**更巨大**、更民主、更包罗万象的机构。那时候量就会转化为质。统一的规模巨大无比的国家银行，连同它在各乡、各工厂中的分支机构——这已经是十分之九的**社会主义**机构了。这是全国性的**簿记机关**，全国性的产品生产和分配的**计算机关**，这可以说是社会主义社会的骨骼。"❶

列宁的这一大段论述，深邃地说明在银行方面社会主义对资本主义的继承和积极扬弃，要改造的是它的社会属性即归哪个阶级所有，而对它的形式则可"拿过来"，直接引入社会主义自身，并且成为"社会主义的骨骼"。虽然，列宁说这个话的时候他的认识还没有转到社会主义建设初期商品、市场关系的轨道，甚至不久后企图取消银行，然而可以清楚地看出他是在透彻地研究了发达资本主义市场经济的大银行的基础上，才提出社会主义

---

❶ 《列宁全集》2版第32卷，第300页。

对它的继承、扬弃关系的,所以他说它们"已经是十分之九的社会主义机构了"。从列宁的整个认识发展的脉络看,可以从两个方面把握他的思想。

一、大银行是生产社会化高度发展的产物和枢纽

列宁对作为发达商品经济产物的银行作了充分的肯定。他说:"银行,这是现代资本主义经济的大中心。它们汇集空前的财富,又在幅员辽阔的整个国家内进行分配,它们是全部资本主义生活的神经。这是一些精巧而复杂的机构,是经过几个世纪才形成的。"❶ 社会主义应当继承和借鉴这种宝贵的遗产,对于经济落后的国家尤为重要。

关于银行在社会主义社会的作用,可以追溯得远一点:空想社会主义者圣西门就曾经幻想用银行调节社会经济。在资本主义商品经济发展到大银行占据统治地位的时期,德国资产阶级学者舒尔采-格弗尼茨就引用圣西门的话来说明另一种形式的社会主义实现了。他说,如果社会的资本都汇集到银行手里,到那时社会实现圣西门的如下预言:"现在生产的无政府状态是同经济关系的发展缺乏统一的调节这个事实相适应的,这种状态应当被有组织的生产所代替,指挥生产的将不是那些彼此隔离、互不依赖、不知道人们经济要求的企业家;这种事情将由某种社会机构来办理。有可能从更高的角度去观察广阔的社会经济领域的中央管理委员会,将把这种社会经济调节得有利于全社会,把生产资料交给适当的人运用,尤其是将设法使生产和消费经常处于协调的状态。现在有一种机构已经把某种组织经济工作的活动包括在自己的任务以内了,这种机构就是银行。"由此断言:"我们现在还远远没有实现圣西门的这些预言,但是我们已经走在实现这一预言的道路上:这是和马克思本人所设想的马克思主义不同的

---

❶ 《列宁全集》2版第33卷,第273页。

马克思主义，不过只是形式上不同。"

列宁一方面批判了他美化帝国主义的胡言乱语，讽刺他说："这真是对马克思的一个绝妙的'反驳'，这样就从马克思的精确科学分析倒退到圣西门的猜测上去了"，其核心在于否定无产阶级夺取政权；另一方面他又把这段话作为《帝国主义论》一书的结尾，肯定了圣西门"天才的猜测"。❶

列宁的意思是说，大银行特别是国家银行的确是高度社会化的产物和枢纽，是调节社会经济最重要的机构，只要改变它的阶级内容（所有制的属性和领导权），其形式就可以成为社会主义必备的经济中枢。这是因为：（1）它的职能已经由中介机构变为调节经济生活的神经中枢，它可运用资本来影响社会经济的各个方面，调整经济结构，促进科学技术和生产力发展，对整个社会进行计算和监督，抑制市场经济的无政府状态。（2）它操纵的资本已经不是以往的那种私人资本，而是集中起来的社会资本。即使在资本主义制度下，工人和小生产者小额储蓄的增加，并不是小私有者增加，而是表明"劳动社会化增长"，例如他们在铁路和银行入股"证明资本主义使单个社会成员和单个阶级相互之间更紧密地交织在一起了。""劳动日益社会化，企业日渐减少'私有性'"，少数资本家把大多分散的小资金汇集起来加以支配，为资本的积聚服务。❷ 就是说，这种积聚资金的办法，虽然并不改变所有权，但它表明社会化程度在加强。所以，列宁在后来实行银行国有化时也利用了这种办法。关键是谁控制银行的领导权，谁是最大的股东，它为哪个阶级服务。

由此可以引申，社会主义把资本主义大银行"拿过来"，一方面利用它操纵货币资本的职能调节社会经济，用我们现在的话说即为宏观调控的最重要的工具；另一方面它又作为利用一部分

---

❶ 《列宁全集》2版第27卷，第439页。
❷ 《列宁全集》2版第6卷，第269—270页。

国家的公有资本来汇集分散的社会资本,并运用这些资本集中财力办大事,换句话说,可以理解为使银行成为把大的公有资本同无数小的个人资本结合起来的枢纽,来为社会主义积累和配置资本服务。

二、借鉴资本主义银行运作的原理、形式和方法

列宁不但研究了金融资本的一般原理,而且具体研究过各种银行的运作形式和方法。他从早年起就对俄国的金融机构和融资形式作过多次实证性分析,写过专门文章(例如1902年2月在《俄国经济生活》一文中专门研究储金局状况),以后分别考察过德国、英国、美国、法国、瑞士等各个发达国家的银行,作了大量的论述。正是基于大量的研究,他在创立社会主义金融理论时,具体借鉴了资本主义银行经营、运作的具体原理、形式和方法。

(一)借鉴银行的运作原理

从他晚年的思想看,他认为关于金融资本的原理应当运用于社会主义建设初期的市场关系中。要点为:(1)银行集中的原理,主张建立大型的国家银行,将无数众多的小银行加以合并,形成一定的金融垄断;(2)金融与产业结合的原理,通过银行重点支持生产社会必需品、操纵国家经济命脉以及经营状况好的大型企业,后来又强调支持合作社的发展,实际是要形成社会主义的金融资本;(3)利用利率差调节经济结构和资金投向的原理;(4)改善银行经营并尽可能多盈利的原理;(5)建立银行网络,支持、调节、监督工商业企业的原理;(6)引进和运用国外资本的原理等。

(二)借鉴银行的组织形式和银行网络

列宁十分注意研究银行的组织形式,在社会主义建设初期曾多方面借鉴。他在研究资本主义金融资本时就说过:"甚至现代帝国主义的托拉斯和银行,尽管在发达的资本主义的条件下到处

同样不可避免，但在不同国家里其具体形式却并不相同。"❶后来，他特意提到写《帝国主义论》时研究了资本主义"国家银行（以及一般银行）"的两种体制。❷从《关于帝国主义的笔记》中看，他研究了发达商品经济中出现的发达银行的多种形式。

银行的具体形式，如按所有制或资本的性质划分，有国家银行和私人银行。国家银行由国家出资同时又处在国家的监督之下。它参与制定和监督国家的金融政策，并根据国家法令被授予代管国库经营、管理资金、发行货币、控制信贷、决定利率、干预市场、保管储金、协调财政等权力。私营银行的资本是私人的，职能则依银行的类别有所不同，但都是商业银行。

按银行的地位与职能划分，又可分为国家银行与一般银行。国家银行的地位不同于一般银行，表现在：（1）它是发行银行，拥有独占的纸币和信用货币——银行券的发行权；（2）它是中央银行，其主要业务的一部分就是接收国库的存款，代理国库收付款项，代表国家发行公债券，并对国家提供贷款等；（3）它是"银行的银行"，它的管理对象是一般商业银行。一般银行基本上是商业银行，分不同的专业，还有储蓄银行（储蓄银行当时也称为储金局，它与一般银行"之间的界限'日益消失'"❸）。列宁著作中论及的银行多数属于商业银行。

资本主义银行体系的基本形式就是以国家银行为核心，以商业银行为主体，再加上专业金融机构所组成的。那时包括了证券交易所和资金市场（交易所和资金市场都是资金融通的场所）。它们已经因银行的兴起和发展起了变化，列宁指出了这种现象："大银行正在同交易所融合起来，吞并交易所"。❹后来，又同

---

❶ 《列宁全集》2版第28卷，第163页。
❷ 《列宁全集》2版第52卷，第289页。
❸ 《列宁全集》2版第27卷，第353页。
❹ 《列宁全集》2版第28卷，第138页。

银行分离开来，单独设立。

可以明显地看出，随着银行业的集中和垄断，银行的这些具体形式日臻完善，银行体系已经高度发达，编织成了严密的银行网：中心是中央银行或国家银行；大量的是商业银行及其他金融机构。有综合的——兼营几种类型业务的银行；有专业的——只从事单一专业银行业务的银行。它们各司其职又互相参与，已经控制了国家的经济生活并进而控制世界。正像列宁在《战争与革命》的演讲中揭露英国银行时所指出的："到19世纪末和20世纪初，这个资本已大大增长，活动范围已远远超出某些国家的界限，造成了拥有空前巨大财富的大银行集团。这个资本造成了为数极少的几家银行，于是用了几千亿卢布使这个银行网布满了全世界。"❶

不过，列宁并不认为银行的集中和大的金融资本的形成就排斥其他经济形式和小型银行以及多种金融机构的存在。他说："金融资本主义并不消除资本主义的低级形式（较不发达、较落后的形式），而是从它们中间、在它们之上成长起来……"❷作为自然形成的金融体系，仍然是少数巨型的大银行同为数众多、经常自生自灭的小银行并存。这方面的研究，对于后来列宁构思社会主义建设初期的银行结构有继承性的密切联系。

（三）借鉴银行融资和调节经济的方式与手段

对于银行方式和手段，列宁作了多层面研究，特别是调整利息率、选择资金投入方向及购买股票控制企业等办法。

银行是经营货币资本、充当债权人与债务人中介的企业。这就决定了银行吸收存款要支付利息，发放贷款要收取利息。一定量的借贷资本，在一定时间内获得的利息量，取决于利息率的高低。利息率的确定主要决定于两个因素：首先是平均利润率，它

---

❶《列宁全集》2版第30卷，第82页。

❷《列宁全集》2版第54卷，第194页。

与利息率成正比。其次是借贷资本供求的状况。供给大于需求，利息率下降；反之，则上升。一般说利息率在平均利润率与零之间上下波动。这就使利息率有条件成为银行垄断资本左右国民经济的重要手段。例如，在20世纪初，"降低利息是一切资本主义国家的普遍现象，它最清楚最突出地表明**大资本**和**大生产靠剥削小生产**而增长，因为利息的多少最终决定于利润总额和投入生产的资本总额之间的比例。"❶特别是国家垄断资本主义的发展，更加强了这一手段的作用。从属于垄断资本的资产阶级政府，为了干预经济，有时用降低利息率的办法来刺激经济，即实行所谓膨胀政策，有时又用提高利息率的办法来抑制经济的恶性发展，即实行所谓紧缩政策。银行垄断资本还常常凭借垄断力量人为地提高贷款利息率和降低存款利息率，以获得高额垄断利润。大银行也常常利用降低利息的办法向国家施加压力。后来列宁把利率运用于社会主义经济。如在《论合作社》一文中，强调运用银行利息的高低来制定国家的优惠政策。

资金的投放方向是指贷款的方向，即向哪个部门、哪个企业贷款。这也是银行垄断资本的重要手段。它可以左右企业，胁迫企业，乃至进而决定企业的命运。据此，列宁认为工商界因而常常埋怨银行的恐怖主义就不奇怪了。❷

购买证券是银行的另一个重要手段。其中购买常常用来控制企业。垄断前，由于银行还不能把发行的大部分有价证券推销出去，所以交易所是流通的中介人。随着银行的集中和垄断地位的确立，就主要不靠交易所这样的中介人了。交易所的地位下降，银行的地位上升，以至于"大银行本身就是交易所"❸。本来，金融资本在其形成过程中，购买工业股票乃是银行资本渗透

---

❶ 《列宁全集》2版第6卷，第267—268页。
❷ 《列宁全集》2版第27卷，第350页。
❸ 《列宁全集》2版第28卷，第138页。

到工业资本中去达到控制工业目的的重要手段，而交易所作用下降，银行作用上升及大银行统治交易所，则更加强了银行的这一手段。

与此相关，列宁在研究金融资本的发展和运动时，注意了生产要素货币化和证券化的趋势。他引用了阿·兰斯堡写的《现代企业中的趋势》里的一段话说明这个问题并加了评论："工业生活愈来愈'有价证券化'迫使生产过程进入愈来愈大的联合，缩小独立生产者的数目，促使少数不愿意让某个独一的大托拉斯对他们的支配权进行赎买的人联合起来，以便压倒各种新出现的竞争。"该书作者认为，操纵有价证券的金融寡头控制共和国的经济生活。列宁评论道："有时发展通过集中而导致卡特尔。……有时是通过'更换有价证券'立即转向托拉斯。"❶ 这种资产证券化是货币资本进一步支配产业资本的表现，它的优点就是有利于生产要素的大范围流动和重新组合，促进企业间的兼并和日趋集中。正如列宁所说："金融资本特别机动灵活，在国内和国际上都特别错综复杂地交织在一起，它特别没有个性而且脱离直接生产，特别容易集中而且已经特别高度地集中。"❷ 后来，列宁在研究苏俄的企业时也运用了这一类方法。

（四）通过银行加强同经济生活各个方面的联系

通过长期的研究，列宁充分认识银行在商品经济中的枢纽地位及联系方式。"资本主义与资本主义前的旧的国民经济体系不同，它使国民经济各部门之间形成了一种极密切的联系和相互依存的关系……由银行统治生产的现代资本主义，又使国民经济各部门之间的这种相互依存关系发展到了最高峰。银行和各大工商业部门不可分割地长合在一起。"❸ 主要纽带是资本的联系，

---

❶ 《列宁全集》2版第54卷，第193页。
❷ 《列宁全集》2版第27卷，第142页。
❸ 《列宁全集》2版第32卷，第195页。

银行即为驱动和调节资本的心脏。不仅对工商业是这样，就连土地、农业化也受银行的牵制。例如，列宁多次分析过斯托雷平时期用银行抵押贷款的方式让农民赎买土地，以致利用认贷方式搜刮农民。再如，通过银行向国外借债扶持工商业主："盘剥者把自己的'储金'存入国家银行；他们的存款使银行有可能依靠人民财富、人民储金、人民进取心和人民信用能力的增长而向英国人借钱。'国家'用这些借款来帮助……**资本家**。"❶ 至于财政利用金融手段增加收入和扩大支出（包括支撑沙皇对华侵略战争等），那更是屡见不鲜，列宁作过多次透彻的论析，后来在社会主义建设中，也为他所用，加强各方面的经济联系。

第二节　对社会主义银行的认识过程

列宁虽然对资本主义银行的阐述十分精辟，但一接触到金融在社会主义社会中的地位和作用，他又受到了以往理论上的许多束缚。如同对社会主义商品关系的认识一样，他对社会主义条件下货币关系及其中枢机关银行的认识也有一个曲线发展、否定之否定的历史过程。这一过程的本身就构成一种比较研究，在此基础上列宁对创立社会主义的金融理论作出了重大贡献。

一、取消银行的试验过程

理论界曾经有一种说法，认为马克思恩格斯已经提出在社会主义制度下建立国家银行的设想，根据是《共产党宣言》《共产党在德国的要求》《法德农民问题》《资本论》等著作都讲到无产阶级取得政权时利用银行的问题。但是，这里有两点被忽略了：第一，这个说法与他们关于公有制建立后立即消灭商品的理论是相抵触的，无法解释这一逻辑上的矛盾；第二，更重要的是

---

❶ 《列宁全集》2版第1卷，第434页。

不符合原著的完整观点。

诚然，《共产党宣言》中提出的经济措施第5条说："通过拥有国家资本和独享垄断权的国家银行，把信贷集中在国家手里。"但是，那里指的不是社会主义社会即"组织成为统治阶级的无产阶级手里"的这一过程，❶也可以理解为马克思后来所说的很短的"过渡时期"。其他著作提到"国家银行"的地方，也是这个含义。例如《法德农民问题》讲到如何引导农民参加合作社时，提出："由国家银行接收它们的一切抵押债务并将利率大大减低；从社会资金中抽拨贷款来建立大规模生产"等，❷显然指的是实现合作化过程的"过渡时期"。而《共产党在德国的要求》，则基本上是民主革命的纲领❸。

在《资本论》中，马克思指出："银行制度，就其形式的组织和集中来说……是资本主义生产方式的最精巧和最发达的产物""它本身是资本主义生产方式固有的形式""又是促使资本主义生产方式发展到它所能达到的最高和最后形式的动力"。对于未来银行的命运，他是这样说的："毫无疑问，在由资本主义的生产方式向联合起来劳动的生产方式过渡时，信用制度会作为有力的杠杆发生作用；但是，它仅仅是和生产方式本身的其他重大的有机变革相联系的一个要素。"接着又说："只要生产资料不再转化为资本（这里也包括土地私有制的废除），信用本身就不会再有什么意义，而这一点，甚至圣西门主义者也是懂得的。"他认为，信贷制只是"转到一种新生产方式的过渡形式"。❹

这个意思很清楚，马克思虽然认为在旧社会向新社会转变时

---

❶ 《马克思恩格斯选集》1995年版第1卷，第293页。
❷ 《马克思恩格斯选集》1995年版第4卷，第499页。
❸ 《马克思恩格斯全集》第5卷，第4页。
❹ 《马克思恩格斯全集》第25卷，第685、686、687、499页。

期无产阶级国家可以充分利用银行这一有力杠杆，但随着社会主义制度的确立，商品经济的消灭，银行也就不复存在了。如同对待商品货币关系一样，他们也是把银行同资本私有制联系在一起来对待的，这和他整个的认识是一致的。因此，我们说，马克思恩格斯并没有提出社会主义经济制度下保存和利用银行的观点，相反，他们多次批判过蒲鲁东之流关于未来社会所谓"无息信贷"的观点。

列宁在领导社会主义革命和实现国有化的过程中，对银行的态度已经不只是理论问题了，而是直接的行动问题。在十月革命前后，他是比较谨慎的。1917年的"四月提纲"中，就提出银行国有化的内容。9月间所写的《大难临头，出路何在？》，专门有一节论述了银行国有化。

接着，列宁在《布尔什维克能保持国家政权吗？》一文中，作出**没有大银行，社会主义是不能实现的**这一著名论断，并把规模巨大的国家银行称之为"十分之九的**社会主义机构**"。❶历史表明，银行国有化的确是经济上实现由民主革命向社会主义革命过渡、实现生产资料国有化、使得新政权操纵国家命脉和巩固政治统治的根本措施之一。没有这一条，革命的胜利就没有保证，这已为巴黎公社的教训所证实。

列宁在十月革命后抓住这一条不放，首先夺取了国家银行，接着实现了一切银行国有化。他专门写了《关于银行政策的提纲》，强调发挥银行的"枢纽"作用，把"银行业完全集中在国家手里，一切货币—贸易周转完全集中于银行"。他特别提出："应该逐渐地、但是不断地把银行变为全国按社会主义方式组织起来的经济生活的统一的簿记机关和调节机关。""坚决地把银行变为社会主义制度下的公共簿记的枢纽机关。"❷直到战时共

---

❶ 《列宁全集》2版第32卷，第300页。
❷ 《列宁全集》2版第34卷，第69、204、164页。

产主义时期，还认为目前银行的作用是"组织工业"❶。

但是，有两点必须注意：第一，这时列宁没有把银行视为经营货币的"企业"，而基本上是"国家机构"；第二，这时利用银行不是为了使它长存、发展，而是准备不久的将来消灭它自身。因为准备消灭商品、货币，就注定了它的命运。1918年春天，他曾经以为："在银行和大工业国有化的基础上，在城市同农村小农的消费合作社实行实物**产品交换**的情况下，只要保证有几个月的和平工作，那么，俄国的改造在经济上是完全可能的。"❷当时只是暂时地"不废除货币"❸。

那时的思路是：先把银行作为结算中心，走向实物化，再利用银行消灭货币，然后消灭银行。战时共产主义政策的实行，证实了这一逻辑的存在。

1919年初，列宁为俄共（布）八大所写的党纲草案是这样说的："单靠银行国有化这一项措施来同资产阶级掠夺的这种残余（指货币——引者）做斗争是不够的。俄共将力求尽量迅速地实行最激进的措施，为消灭货币作好准备，首先是以存折、支票和短期领物证等来代替货币，规定货币必须存入银行等。"❹

正式通过的党纲说得更明确："用把银行机关变成苏维埃共和国的统一核算和公共簿记的机关的办法，根本修改和简化银行业务手续。随着把计划的公有经济组织起来，这将导致银行的消灭，把它变成共产主义社会的总会计处。"❺如果银行变成"总会计处"，那就完全失去了银行本身的性质，银行就不成为银行了。

---

❶ 《列宁全集》2版第35卷，第69页。
❷ 《列宁全集》2版第33卷，第254页。
❸ 《列宁全集》2版第34卷，第69页。
❹ 《列宁全集》2版第36卷，第91页。
❺ 《苏共决议汇编》第1分册，第547页。

随着严重的货币贬值、市场的被关闭,实物交换日益占主导地位,免费供应范围的扩大,企业改行经费预算——预算拨款制,企业贷款失去了意义,人民银行(1917年底建立)的信贷业务也急剧减少,它变成了单纯的预算的出纳机关,越来越失去其独立存在的必要。1920年1月19日终于发布了《关于撤销人民银行》的法令。该法令说:"工业国有化使最重要生产部门和供应部门统一归国家掌握,并且它使所有的国营工业和商业都受经费预算办法的节制,这样就排除了进一步使用人民(国家)银行作为国家的信贷机构(就此词的原意而言)的任何必要性。"❶旋即把银行机构并入财政部。从这时起,到1921年10月,共21个月整个苏俄没有银行。战时共产主义政策在经济上的惨重失败,经济生活的极度紊乱,也与取消银行有一定的关系。

二、在恢复银行的基础上创立新的理论

金融政策的转变与新经济政策的实行是一致的。商品生产和商品流通的扩大,现金交易逐步取代实物交换,恢复银行就日益迫切。1921年4月18日,列宁亲自给主持格鲁吉亚领导工作的奥尔忠尼启则打电报说:"据悉,格鲁吉亚留下了一家格鲁吉亚国家银行,全部职工个个业务熟练,还有外国代表机构的存款。如果这件事属实,必须把银行保存下来作为对外贸易的信贷机关,现正在筹划外高加索各共和国的经济联合,也许还可以把它改为整个外高加索的银行。"❷这封电报,是对取消银行的理论和政策的第一次否定,也是恢复全俄银行的一个信号。同年5月,列宁在劳动国防委员会给各地苏维埃机关的指令中,提出要"建立能较正常发挥作用的货币制度"❸。7月在一个批件中

---

❶ 《二十年代的苏联货币流通和信贷制度》第20页。

❷ 《列宁全集》2版第50卷,第260页。

❸ 《列宁全集》2版第41卷,第268页。

非常关注"恢复整个国民经济,特别是恢复货币流通"。❶ 8 月 9 日,发布了经列宁两次修改和签署的人民委员会《关于实行新经济政策原则的指令》,提出为稳定卢布和回笼货币,"必须注意开办贷款、储蓄银行,允许信贷合作社过渡到对公用企业实行收费原则"❷。到 10 月 4 日,全俄中央执行委员会正式作出关于建立国家银行的决议。决议说,为了确保工业和商业的发展,为了调节货币流通,建立正确的货币制度,必须把银行从人民财政委员部独立出来,形成全国的金融调节中心。1921 年 10 月 17 日,列宁给阿塞拜疆人民委员会主席的电报中,要求它的国家银行"成为兄弟的苏维埃共和国的工人和农民实行新经济政策的坚强支柱"。❸ 1921 年 11 月 2 日,列宁亲自写了《关于合作银行的提纲》,从此多种形式的银行逐步形成。1922 年列宁对社会主义的国家银行进一步作了一系列论述和指示。

这时的新内容,是将银行和社会主义建设初期的市场关系联系起来,把发挥银行调节商品经济的杠杆作用当作建立社会主义基地的重要途径。1922 年 2 月 18 日,列宁在给人民委员会副主席瞿鲁巴的信中说:"我们需要的国家银行同商业的关系应当比资本主义同商业关系最密切的国家银行还要密切一百倍。我们的国家银行应当有个商业代办网,上自中央(有点类似银行中掌管几十亿周转资金的商务巡回检查员),下至小的乃至最小的商业代办点。如果整个**代办网**实行分成制并学会(也教会我们)很好地做生意,那么我们就能够掌握整个贸易额的 9/10。只有走这条路,才能恢复黄金流通,并使**新经济政策**由一个愚弄共产党员蠢人(他们掌握着政权,但不会利用它)的制度变成社会主义

---

❶ 《列宁全集》2 版第 42 卷,第 79 页。

❷ 《党和政府关于经济问题的决议》(1917—1967)俄文版,第 247 页。

❸ 《列宁全集》2 版第 52 卷,第 43 页。

的**基地**——一个在农民国家里的为世上任何力量所战胜不了的基地。"❶

如果仔细咀嚼这段文字，就不难看出列宁在对银行和社会主义经济关系的看法上有重大变化。这里，不但贸易、黄金流通和银行本身与社会主义经济不再是不相容的东西，而且把银行掌握和调节商品流通，当作确保建设社会主义基地的基本途径，把社会主义国家银行同资本主义的最商业化的银行相比拟。这和"按欧洲方式做买卖"的要求，是一脉相通的。在其发达程度上，要求银行成为掌握社会主义贸易的枢纽。而且，银行不单是国家机构，同时，它还是支持生产、调节流通并取得利息的经营货币企业（即商业银行），它的周转公式和所有的银行都一致起来了，即按 G—（G—W—G'）—G' 或 G—G' 周转。但它具有社会主义公有性质，生息只是手段，不是目的，并且受国家统一计划的指导。这又和旧银行不同。

通过上述认识过程的转变，列宁明确了一个新的观点：社会主义必须有两种国家银行，必须以商业银行为主体，全面地借鉴资本主义银行的原则和办法，充分发挥银行的"中枢"和杠杆作用。这在马克思主义经济学中还是崭新的内容，可以说也是对马克思个别结论的纠正。它在金融理论发展史上可算作一个里程碑。

三、货币理论和货币政策

银行理论的重要内容是货币理论和货币政策，列宁在这方面也有独特的建树。

列宁从早年从事经济研究开始，就一直把货币经济同商品经济紧紧地连在一起。他的第一篇论文《农民生活中新的经济变动》就提出货币经济"确切地说就是商品经济"。在《俄国资本

---

❶ 《列宁全集》2版第52卷，第289—290页。

主义的发展》一书中，进一步论证："货币经济是这种制度（指资本主义商品经济——引者）的基础。'货币权力'充分表现在工业中与农业中，城市中与乡村中，但是只有在大机器工业中它才得到充分发展，完全排挤了宗法式经济的残余，集中于少数大机关（银行），直接与社会大生产发生联系。"❶按照他的论述，并不是一有货币就能称之为货币经济，只有形成了"货币权力"，在大工业和市场经济基础上才能形成货币经济。就是说，货币伴随市场关系发展的程度占据了统治地位，方可构成"货币权力"。这里"货币权力"就是指货币资本的支配地位，它在较为发达的商品经济中对其他形态的资本起着主导作用。

列宁关于货币经济和"货币权力"的概念，是与他对货币的理解相联系的。在研究发达资本主义商品经济时，他认为希法亭《金融资本》一书的主要缺点之一表现为"关于货币的理论错误"。比如，希法亭认为"进入流通的是没有价值的货币"，列宁批道："不对"。希法亭用唯心主义者马赫的观点解释货币，说"'自我'仅仅是无穷的感觉线比较密集的焦点……同样地，货币也是社会联系网的枢纽。"列宁在旁边批道："乱七八糟""不对，不是'同样地'"。希法亭又用康德的观点解释货币和资本，似乎是人们的"直观"赋予它"空间的形式"（不是物质的存在形式），即无物质内容。列宁批道："不对""新康德主义者"。❷按希法亭的观点，流通中的货币没有价值，只是自我感觉的符号，它的数量对经济生活没有影响，由此推导，可以不必注重它的数量和周转。列宁则科学地肯定货币的物质内容。诚然，货币是一种社会联系，但它是较高层次的物质联系。货币意味着市场联系愈来愈密切，把各个生产者的全部经济生活不可分割地联结成一个整体，然后形成资本的联系。"货币是交

---

❶ 《列宁全集》2版第3卷，第538页。

❷ 《列宁全集》2版第54卷，第202、370页。

换和商品生产发展的最高产物,它把私人劳动的社会性,把由市场联结在一起的各个生产者之间的社会联系遮蔽起来,掩盖起来。"❶ 后来,列宁多次讲道:"货币是社会财富的结晶,是社会劳动的结晶",是取得社会财富的凭证。❷ 货币之所以重要,是因为它在高层次上体现了人与人的物质利益关系,它的数量周转和横向运动的变化反映了社会经济生活的变动,并起着重大的调节作用;商品经济发展程度愈高,货币的作用也就愈大。

关于对社会主义制度下货币的命运认识问题,如同对商品、市场和银行的命运的认识一样,在列宁那里也经历了一个转变过程。因为他以前一直认为货币周转是同两极分化联系在一起的,不消灭货币权力、资本权力,就不能实现社会主义。"金银成了交换手段,货币周转使得一些人能够掌握巨量财富。"❸ 就是说,货币经济的发展,势必产生资本主义,一般货币转化为资本主义的货币资本。到革命政权建立之后,他准备有计划、有步骤地消灭货币。他认为,"货币是向一切劳动者征收贡赋的凭证,货币是昨天的剥削的残余。……能不能想法一下子把货币消灭呢?不能。还在社会主义革命以前,社会主义者就说过,货币是不能一下子就废除的,而我们根据切身的经验也可以证实这一点。要消灭货币,需要很多技术上的成就,更困难得多和重要得多的是组织上的成就"。❹ 但消灭货币的基本方针已经确定了。

真正的转变和突破是实行新经济政策之后。物质匮乏、黑市泛滥、物价飞涨、秩序混乱,使列宁认识到没有货币、没有正常的货币流通是无法生活的。他在俄共(布)十大特地谈了货币问题:"这个问题很重要,因为货币周转是这么一回事,它可以很

---

❶ 《列宁全集》2版第26卷,第64页。
❷ 《列宁全集》2版第36卷,第340页。
❸ 《列宁全集》2版第37卷,第70页。
❹ 《列宁全集》2版第36卷,第340页。

好地检查国内流转是否正常；如果这个流转失常，货币就会变成一张废纸。为了获得今后如何进行工作的经验，我们必须上十次地检验我们采用的各种办法。"接着，提出同农民的商品交换，"是建立能较正常地发挥作用的货币制度的基础"。❶几个月后，在《论黄金在目前和在社会主义完全胜利后的作用》一文中，他非常风趣地提出："我们将来在世界范围内取得胜利以后，我想，我们会在世界几个最大城市的街道上用黄金修建一些公共厕所。这样使用黄金，对于当今几代人来说是最'公正'而富有教益的"，因为人类为革命花的代价太大了，但是，"目前在俄罗斯联邦仍然应当爱惜黄金，卖黄金要卖得贵些，用黄金买商品要买得便宜些。和狼在一起，就要学狼叫。"❷这里讲的是将来消灭货币和现今使用货币的关系。不久，提出"在金本位基础上恢复正常的货币流通"的措施。俄共（布）十一大决议要求"坚决恢复货币的黄金准备"，"因为黄金始终是世界货币"，它"在世界市场上的这种作用也必然会在国内市场的各个方面反映出来"。❸这就进一步指出了世界市场和国内市场、世界货币和国内货币的相互联系。这时，列宁在确认货币的存在和功能之后，对货币和银行工作作了多次指示。这在社会主义货币学说史上可谓开了先河。

在货币政策上，主要之点在于保持货币的稳定。他认为资本主义货币流通的弊端之一在于滥发纸币，造成通货膨胀，使人民的生活水平下降和市场秩序混乱。他在揭露克伦斯基政府的财政危机时说："价格的提高意味着更多地滥发纸币，物价更加高涨，财政紊乱加剧，财政破产逼近。大家都认为，滥发纸币是一种最坏的强制性借款，它使工人这一部分最贫困的居民境况尤其

---

❶ 《列宁全集》2版第41卷，第59、267—268页。
❷ 《列宁全集》2版第42卷，第248—249页。
❸ 《苏共决议汇编》第2分册，第166—167页。

恶化，它是财政混乱的主要祸害。""滥发纸币就是鼓励投机，让资本家靠投机大发横财，并且给亟须扩大的生产造成莫大的困难，因为材料、机器等的价格日益昂贵，不停地飞涨。富人把投机得来的财富隐瞒起来"。❶这既是市场调节盲目性的一种表现，也是资本主义制度恶性发作的一种弊病。1920年列宁分析了战后资本主义国家的情况："由于负债、发行纸币等原因，各国的货币都贬值了。"同美元比较，英国货币贬值约1/3，法国、意大利货币贬值2/3，德国货币贬值达到96％，结果是一小撮人大发其财，人民日益贫困。❷

社会主义的货币政策在于致力稳定币值。他多次要求制止通货膨胀，解决财政困难不能用滥发纸币的办法，"必须坚定不移地用税收取代纸币的发行，不得有丝毫拖拉"❸。为此，列宁领导苏俄进行了以金本位为主的币制改革。到1922年币值逐步稳定下来。他对此进行了初步的总结。在共产国际第四次代表大会的报告中，分析国内的经济形势，把稳定卢布摆在了第一位。"首先谈谈我们的金融体系和出了名的俄国卢布。俄国卢布的数量已经超过1000万亿，我看，单凭这一点，俄国卢布就够出名的了。这可真不少。这是天文数字。我相信，在这里甚至不是所有的人都懂得这个数字是什么意思。但是，我们并不认为这些数字有什么了不起，即使从经济学观点来看也是如此，因为零是可以划掉的。在这种从经济观点来看也是完全不重要的艺术中，我们已经获得了一点成就，我相信今后还会在这种艺术方面取得更大的成就。真正重要的是稳定卢布的问题。我们在研究这个问题，我们的优秀力量在研究这个问题，我们认为这一任务具有决定意义。如果我们能够使卢布稳定一个长时期，然后永远稳定下

---

❶ 《列宁全集》2版第32卷，第212—213页。
❷ 《列宁全集》2版第39卷，第212页。
❸ 《列宁全集》2版第42卷，第361页。

来,那我们就胜利了。那时这些天文数字,什么万亿、千万亿就算不了什么。那时我们就能把我们的经济放在一个坚固的基础上并在坚固的基础上继续发展下去。""我认为,实践比世界上所有理论争论都更为重要。而实践证明,我们在这里取得了决定性的成就,就是说我们开始朝着稳定卢布的方向推动经济,这对于商业,对于自由的商品流转,对于农民和广大小生产者有极其重大的意义。"❶

这一大段文字阐明一个非常重要的理论观点和政策取向,就是社会主义经济的发展必须以相对稳定的货币关系作为坚固基础,社会主义货币政策的头等重要的任务在于稳定币值,然后才能有正常的市场秩序,促进各个经济部门协调发展和人民生活水平的提高。从列宁的论述中可以得到这样的启示:正确运用货币政策是社会主义市场经济正常发展的保证。

第三节 注重发挥银行的杠杆作用

从新经济政策时期列宁的论述看,他确实参照发达资本主义国家的经验,把银行当作调节国民经济的一个重要杠杆,变成建设社会主义的重要机构。他指示人民委员会:"在没有达到这个目的以前,就要让国家银行和财政人民委员部不得安宁。"❷

一、银行诸方面的作用

(1)通过信贷业务掌握贸易。1922年初,列宁一连写了几封信给人民委员会和财政人民委员部,一再重申:"整个关键在于商业并把商业掌握在国家银行手中""发展贸易,把国家银行贸易部办好,不让它睡大觉,而要它去**推动整个**贸易工作,这才

---

❶ 《列宁全集》2版第43卷,第278—280页。
❷ 《列宁全集》2版第52卷,第290页。

是主要的"。他强调国家银行监督私人商业,银行业务要渗透到全部商业工作中去。他说:"应该给国家银行贸易部提出明确的**实际**任务:发展国内贸易并把它置于自己的监督之下。如果发展了业务,就让特派员和管理委员会委员们(假如国家银行贸易部有管理委员会委员的话)得到酬金。"❶ 同时,银行还要通过贷款支持或限制某种商业。当时对私人商业一方面贷款支持,一方面逐渐限制。1923年银行向私人商业的贷款占全部商业贷款的11.5%,而1924年和1925年则分别下降为2%和2.5%,并且利息率逐渐提高。如俄共(布)第十三次代表大会决议所说:"信用机关所执行的政策应当是不断加强国营组织和合作社组织在市场上同私人资本进行斗争的阵地。"此外,它还要对边疆地区在信贷上给予特别支持。❷

(2)支持工业发展,调节工业生产。列宁在1922年10月到11月间,在一篇札记里特别赞赏:"国家银行有两千万金卢布来保证流通","帮助工业"和"对外贸易"的发展。他对英国记者的谈话中高兴地说:"我们的国家银行获得了不下2000万金卢布的纯收入(这是最低数目,实际上还要多些)。数目虽小,但是好转是不容置疑的。数目虽小,但重工业基金开始增加是不容置疑的。"随后,逐渐建立起一些专业银行(如工商银行等)。国家银行和一些专业银行的重要任务,就是为重工业提供资金,促使重工业的投资比重逐步提高。

(3)支持农业特别是合作社。列宁在《论合作社》要求在信贷上给合作社以优待,利息上要照顾,鼓励农民参加合作社。在国家银行领导下,广泛发展了农业信用合作社,1923年建立了农业银行,专门负责支持农业。从1923年到1926年国家对农业的贷款增加50倍,利息率降低了1~2个百分点。他还要求"由

---

❶ 《列宁全集》2版第52卷,第290、220、279页。

❷ 《苏共决议汇编》第2分册,第440页。

国家银行以降低利率的办法鼓励合作银行",并由国家银行拨款支持合作银行的发展。❶

(4)通过结算、转账,业务监督企业的经营管理。列宁谈到托拉斯和企业的经济核算时,要求财政人民委员部通过国家银行注意这个问题,对企业进行监督和检查。在另一封信中,他追问:"国家银行对我们那些可恶的国营托拉斯是怎样进行监督的?"并让国家银行了解那些申请贷款的托拉斯中的会计师,"从中'挑选'一些**优秀者备用**",以便改善托拉斯的经营管理工作。❷同时,对合作企业(如中央消费合作社)也要监督,并且要研究监督的办法。❸

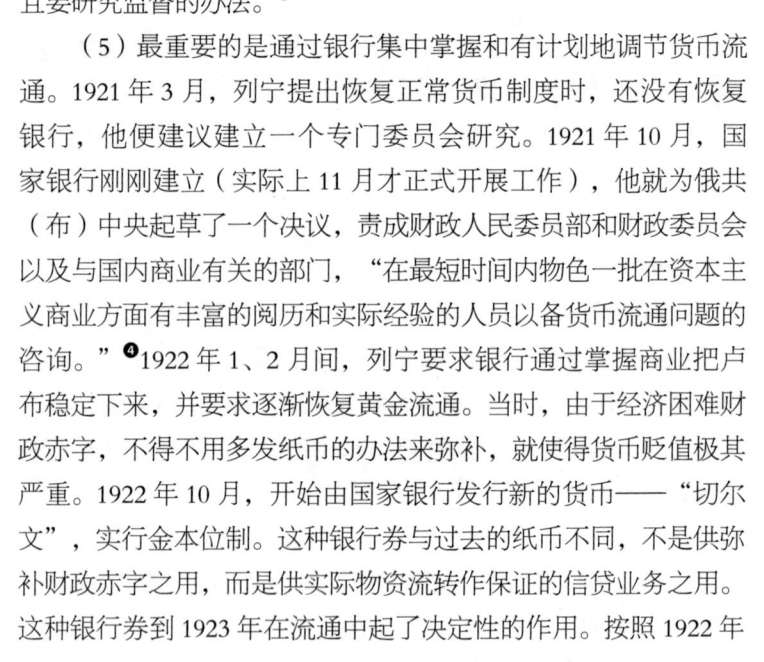

(5)最重要的是通过银行集中掌握和有计划地调节货币流通。1921年3月,列宁提出恢复正常货币制度时,还没有恢复银行,他便建议建立一个专门委员会研究。1921年10月,国家银行刚刚建立(实际上11月才正式开展工作),他就为俄共(布)中央起草了一个决议,责成财政人民委员部和财政委员会以及与国内商业有关的部门,"在最短时间内物色一批在资本主义商业方面有丰富的阅历和实际经验的人员以备货币流通问题的咨询。"❹1922年1、2月间,列宁要求银行通过掌握商业把卢布稳定下来,并要求逐渐恢复黄金流通。当时,由于经济困难财政赤字,不得不用多发纸币的办法来弥补,就使得货币贬值极其严重。1922年10月,开始由国家银行发行新的货币——"切尔文",实行金本位制。这种银行券与过去的纸币不同,不是供弥补财政赤字之用,而是供实际物资流转作保证的信贷业务之用。这种银行券到1923年在流通中起了决定性的作用。按照1922年

---

❶ 《列宁全集》2版第43卷,第259、363、253页。

❷ 《列宁全集》2版第52卷,第356、656页。

❸ 《列宁全集》2版第52卷,第91页。

❹ 《列宁全集》2版第42卷,第208页。

10月24日人民委员会关于发行1923年版纸币的决定，1卢布等于100万停止发行的卢布，或等于100个1922年版卢布，这是1922—1924年币制改革第一阶段的措施之一。这次按照列宁的思想进行的币制改革，促进了整个国民经济的稳定和发展。正如列宁所说，货币的稳定是"整个国民经济和工业共同关心的事"。❶

二、形成新的银行体系和防止银行官僚化

在列宁逝世前后，苏俄的银行已经初步形成体系，主体是国家银行，其中又有些专业银行（如农业银行），同时逐步建立了许多合作银行，形成银行网络的雏形。在他亲自修改的一份文件中，提出建立的国家银行"将只是起银行的银行的作用"，还要"开设合作银行和私营银行。"❷

同时，列宁坚决反对把银行办成官僚主义机构，1922年2月，他在给财政人民委员部的信中一针见血地指出："对于国家银行来说，最危险的莫过于变成官僚机关。"当国家银行的负责人写信向列宁夸耀国家银行是个"强有力的机构"时，列宁诙谐地批评说："这真使我发笑。私下告诉您吧：这话幼稚到了极点，是共产党员幼稚到极点的表现。""'强有力的机构'＝把苏维埃这种真正'现实的财富'从国家的一个口袋放到另一个口袋……现在的国家银行＝官僚主义的转账游戏……如果您不愿睁开双眼，透过这一切共产党员的谎言来正视这个真实情况，那么您就是一个年富力强却**淹死**在官场谎言泥潭中的人。这是个令人不快的事实，但毕竟是事实。"❸

列宁这一尖刻的批评，体现了他的一个重要观点：银行不应变成官僚主义的、自欺欺人的、搞数字游戏的机关，而应按商

---

❶ 《列宁全集》2版第43卷，第421页。

❷ 《列宁全集》2版第42卷，第291页。

❸ 《列宁全集》2版第52卷，第300、314—315页。

业原则办事,应当成为一种特殊的企业。当外贸人民委员部、国家计委等机关以"银行的业务原则"为理由反对国家银行参与商业的时候,列宁批了三句话:"墨守成规,冒充博学,迂腐透顶。"他再三要求物色懂得商业、会做买卖的人参加银行工作,严办那些作风拖拉和犯官僚主义的人。否则,就将一事无成。如何做到这一点?他认为,"现在问题的全部关键在于要有实践家,要实践。发现人才——**做生意的人**……使我们的法令由废纸变成生动的实践。"❶

总起来看,列宁关于发展、利用银行,并把它们作为社会主义经济形态自身的组织结构的思想,是他关于社会主义制度下商品货币关系理论体系的重要组成部分。社会主义银行和信贷制度的建立和充分利用它的杠杆作用,与各种产业中商品生产和交换的充分发展是分不开的,并且必然促进农业由自然经济向商品经济转化。这意味着社会主义建设初期的经济是一种建立在公有基础之上、在统一计划指导之下的特种商品经济,"最发达的流通"表现之一的银行体系是它的一个重要特征和轴心。

经过几十年的实践,用今天的观点看,列宁关于社会主义金融的理论和实践当然还是初步的,尚不完备,不可与现代金融理论同日而语。我们应当了解列宁认识上的局限性。但是,就在那个时代,可以说带有拓荒的性质,没有现成的教科书可以借鉴,只能参照资本主义金融事业的经验,结合俄国社会主义建设初期的实际,加以创造。

第四节 财政税收理论和政策的转变

列宁研究过资本主义制度特别是沙皇俄国的财政税收制度,更亲自领导了苏维埃财政税收制度的建设。在他生活的最后 7 年

---

❶ 《列宁全集》2版第52卷,第316、300—301页。

中，由于经过了3年的战时共产主义时期，他的财政税收理论有很大的变化。在新经济政策之前，财政管辖金融，乃至有一年多的时间取消了银行，完全并入财政部，后来仍有密切的联系。所以我们把有关财政的内容列为本章的一节。

一、对剥削制度下财政税收的研究

在《国家与革命》一书中，列宁对财政作了一般的概述："为了维持特殊的、站在社会之上的公共权力，就需要捐税和国债。"❶ 当时主要在于揭露国家作为压迫和剥削劳动人民的工具的本质，阐释马克思主义的国家学说，特别指出作为政权机关的官吏特权地位。如果舍象其特殊的阶级属性，则也适用于劳动人民的政权。"为了维护特殊的、站在社会之上的公共权力"，人民政权也需要财政的支持，需要运用税收、国债等手段，将一定的财力集中于国家手中，用来为劳动人民服务。进一步说，国家的经济职能也需要财政来维系，并在一定的范围内对经济生活施以调节作用。

长时期内，列宁的着重点在于揭露国家通过财政手段对劳动人民的剥削和压迫。"'财富'的无限权力在民主共和制下**更可靠**，是因它不依赖政治机构的某些缺陷，不依赖资本主义的不好的政治外壳。"他发表了一系列短文，揭露反动国家的财政、赋税、国债的剥削性、欺骗性、残酷性。如1902年1月他写了《评国家预算》一文，揭露沙皇政府关于财政的谎言，靠借外债和多收税发财，其财政支出则设法减少对工农的救济费和国民教育经费。1902年发表的《俄国的财政和革命》一文按语和《俄国的财政》，揭露了俄国财政的混乱和日益严重赤字，加剧了社会矛盾。1908年2月发表《关于扩大杜马预算权的辩论》等文章，揭露所谓财政改革的虚伪性，指出："专制制度已把国家弄得民穷

---

❶ 《列宁全集》2版第31卷，第10页。

财尽，财政注定要破产，民主派的代表拒绝对这种条件下的贷款承担责任。"❶1913年3月又以《"库存现金"》为题撰文，揭露沙皇政府财政库存的虚假性，对农奴主——地主的"最伟大的天才理财家"进行抨击。值得注意的是1913年6月发表的《资本主义与税收》一文，对美国的个人收入累进所得税作了评论，揭露了这种税制对富人有利，对工人掠夺，还特别谈到间接税问题。

列宁说："社会民主党人的要求是**完全**取消所有的**间接税**，代之以真正的而不是闹着玩的累进**所得税**"。他分析从工人收入中每元要收7%的间接税，而富人只交0.36%，工人要比资本家多交18倍。"间接税的制度必然在**一切**资本主义国家造成这样的'秩序'（十分混乱的秩序）。"❷在此期间，他也分析过俄国的间接税："对群众的消费品征收间接税是极不公平的。间接税的全部重担都压在穷人身上，而给富人制造特权。"❸

我们这里着重要研究财政税收与商品经济发展的关系。列宁在早年分析俄国农民货币收入与市场形成的关系时写道："应当指出，收支资料完全推翻了一个目前还相当流行的观点，即认为赋税在商品经济发展中起着重要作用。毫无疑问，货币代役租和赋税曾经是交换发展的重要因素，但是现在，商品经济已经完全站稳了脚跟，因而赋税的上述意义就远远退到了次要的地位。"在当时的俄国，"赋税的最大支出是农民在现今社会经济条件下所必要的其他货币支出的1/3"，而且"赋税在村社内部分配也是极不均衡的：农民愈富裕，则赋税在其总支出中所占的比例就愈小。"❹他引用另一个材料说明，俄国的"下层阶级担负了全

---

❶ 《列宁全集》2版第16卷，第432页。
❷ 《列宁全集》2版第23卷，第255—256页。
❸ 《列宁全集》2版第6卷，第245页。
❹ 《列宁全集》2版第3卷，第130—131页。

部赋税的76％，上层阶级只负担了17％，而西欧赋税分配的比例无论在什么地方对于下层阶级都要有利得多。"他同意这样的看法：过重的货币税是农民贫困的主要原因之一。这是封建残余的后果，对商品经济的进一步发展是不利的。❶ 税收作为一种经济杠杆，它的运用可以产生积极的或消极的作用。以保护关税为例，对什么样的商品进口免税，就会影响到本国某一方面商品经济的发展，对进口农业机器减免关税，会使"农业资本主义（它需要机器）的发展加速了农村中世纪关系的灭亡和工业的国内市场的形成，从而意味着资本主义更广阔、更自由、更迅速的发展。"❷

以后，列宁注意了俄国财政求助于各国货币市场的情况，它在国外发行公债，其中法国认购约半数，其余由德国、荷兰、英国和美国认购。列宁认为，俄国的"财政必然破产变得愈来愈明显"❸。在分析帝国主义的时候，他揭露了这些金融资本的国家借用赋税、国债等形式对广大农民进行剥削，特别是将战争负担转嫁给本国人民和殖民地半殖民地的人民。在国家资本主义出现之后，出现了以国家为主体的经济形态，同财政以特殊形式结合起来。此外，列宁还多次分析了保护关税的政策。

总之，按照列宁的观点，财政赋税属于国民收入再分配的范畴，它的性质是由国家的性质所决定的，它对于商品经济的发展起着不同的反作用。应当说，列宁对资本主义的财政税赋研究，对于后来制定苏维埃的财政政策有一定的参考价值。

二、新经济政策以前的财政理论和政策

社会主义制度下采取什么样的财政政策，这在列宁之前没

---

❶ 《列宁全集》2版第2卷，第388页。
❷ 《列宁全集》2版第2卷，第166页。
❸ 《列宁全集》2版第11卷，第337页。

有现成的答案。马克思恩格斯在论述取得政权以后的过渡措施时，曾经提出过"剥夺地产，把地租用于国家支出""征收高额累进税"，或者"用累进税、高额遗产税、取消旁系亲属（兄弟、侄甥等）继承权、强制公债等来限制私有制"，❶也提出过取消消费税。恩格斯在 1891 年爱尔福特纲领批判中，又提出过"为了支付国家、县和市镇的一切靠征税支付的开支，征收累进的……税。取消国家和地方的一切间接税、关税等"。❷而实现公有制以后怎么样？没有明确的回答，在《哥达纲领批判》中讲到共产主义低级阶段时，不再提税收，而是讲到几项社会扣除，其中有"同生产没有直接关系的一般管理费用""用来满足共同需要的部分，如学校、保健设施等"，**"为丧失劳动能力的人等设立的基金"**。❸当时设想的是由社会直接生产、直接分配，因此在国家没有消亡以前，也就成为社会整体的大财政。十月革命后的头几年，列宁基本上是沿着这个思路探索新的财政制度的。

1917 年 11 月 7 日发表的《告工人、士兵和农民书》中提出："新政府将采取一切措施，实行向有产阶级征收和课税的果断政策，以保证供给革命军队一切必需品，并改善士兵家属的生活"。❹1918 年春天开始较为系统地考虑财政问题。在《苏维埃政权的当前任务》一文中说，要"征收在无产阶级看来是适当的财产税和所得税"。之后，列宁写过经济政策的提纲，关于财政问题，大多与银行国有化问题相关联。1918 年 5 月，专门召开了全俄苏维埃财政部门第一次代表大会，列宁作了专题报告，提出对旧财政的改造任务，原则之一是实现"财政集中"必须有统

---

❶ 《马克思恩格斯选集》1995 年版第 1 卷，第 293、240 页。
❷ 《马克思恩格斯选集》1995 年版第 4 卷，第 415 页。
❸ 《马克思恩格斯选集》1995 年版第 3 卷，第 303 页。
❹ 《列宁全集》2 版第 33 卷，第 6 页。

一的、严格规定的财政政策。二是"正确规定累进所得税和财产税",他**明确**地重申"一切社会主义者都反对间接税,因为,从社会主义的观点来看,唯一正确的税收是累进所得税和财产税""一切收入和工资,毫无例外都应当征收所得税",用这两种税收来代替多印票子的办法。同时,还把义务劳动和对有产阶级实行登记列为第三个任务,"对每个有产者进行登记,制定富人必须持有劳动纳税收支手册的法律——这就是我们首先应当解决的任务"。另外,也把发行新币代替旧币作为财政的第四个任务。❶ 会后,制定了关于累进所得税和普遍财产税的条例、关于在国家专营组织基础上的间接税制度(对企业)、关于税收集中和现金出纳统一化的规定、关于银行集中化的规定、关于换发货币的规定、关于统一集中地组织一切(地方和中央)财政管理机关的规定等。但是,由于反对外国武装干涉的国内战争爆发,有一些政策未能实行(特别是币制改革)。1918年,专门向有产者征收了100亿卢布的特别革命税。从这时期的财政政策看,已经开始了银行隶属于财政的大财政制度。

  进入战时共产主义时期,这种大财政制度走向了极端,基本观点和政策是:苏维埃国家的经济资源就是它的财政,企业所有的收入、支出都纳入国家预算。以余粮收集制取代了农民的税赋制度,取消大部分税收和税收机关,一切经费直接由财政人民委员会统一收支。这一方面由于战争的需要,另一方面也产生了急于实行"国家生产和国家分配"的措施。这一时期,列宁关于财政的论述集中在他起草的俄共(布)纲领中:"在财政方面,俄共将在一切可能的情况下实行累进所得税和财产税。但在废除了土地私有制以及大多数工厂和其他企业的私有制以后,这种情况不会很多。在无产阶级专政和最重要的生产资料归国家所有的时代,国家的财政应当依靠把各种国家垄断组织一定部分的

---

❶ 《列宁全集》2版第34卷,第163—164、327—332页。

收入直接用于国家需要。"❶ 因此,税收的地位就会越来越小。1920年11月30日,列宁起草了《人民委员会关于直接税的决定草案》,提出取消货币税和把余粮收集制改为实物税(到新经济政策时期才实行粮食税)。列宁这一时期的财政思想是同试图消除商品经济密切相关的,表现在他同日给"取消货币税工作委员会"的信中,认为"从货币向不用货币的产品交换过渡,是毫无疑义的"。他还特地用黑体字注明:"**产品交换(不是商品交换)**"。❷ 不久,人民委员会制定了废除货币税的法令草案,1921年2月3日,全俄中央执行委员会通过了关于暂停征收全国性和地方的所有现行税的原则规定。

显然,这一段的财政思想和财政政策,是基于直接生产和直接分配的产品经济理论,即认定国家政权"开始变为直接履行管理国家经济职能的一种组织,因而国家的预算便成为整个国民经济的预算""只有正确处理国家有计划的产品生产和分配,收支平衡才能实现。"❸

三、适应市场关系改革财政制度

向新经济政策的转变,意味着整个经济思想和经济体制的巨大变革,财政理论和政策也随之改变,以便适应社会主义建设初期的市场关系和计划手段。俄共(布)十大提出,对整个财政政策进行重新审查,"实行必要的改革"。由列宁亲自审定的俄共(布)十一大《关于财政政策》的决议进一步体现这一转变的特点:"在旧经济政策条件下,苏维埃国家的经济资源也直接就是它的财政资源";而新的条件则要求国家调整同市场的关系,逐步减少乃至取消实物供应,"为此,必须稳定和制止货币贬值。

---

❶ 《列宁全集》2版第36卷,第91页。
❷ 《列宁全集》2版第50卷,第35页。
❸ 《苏共决议汇编》第1分册,第547页。

而要制止货币贬值和稳定物价，就必须整顿国家的整个财政制度，包括制定切实可行的预算，使预算执行没有赤字和扩大国内商品交换"。❶俄共（布）十二大又作出《关于农村税收政策》的决议及有关规定。这些文件体现了列宁的思想。他本人在1921年秋论述新经济政策时提出了"建立正常的财政制度"的任务，❷以后作了多次具体论述。

关于财政的重要地位，列宁在1922年10月《致全俄财政工作者代表大会》一文中写道："巩固苏维埃财政是最艰巨的任务之一，但它现在已经占据首要地位，这个任务不完成，无论在保卫苏维埃俄国的独立免受国际资本危害方面，还是在国家经济和文化的发展方面，都不可能大踏步前进。我们的财政机关必须竭尽全力在最短期间能通过税收保证工农国家得到一切国家机关进行正常工作所必需的经费。"❸这实际上也还体现了他在《国家与革命》中关于赋税支撑国家权力的观点，只是将它运用于存在着市场关系的无产阶级政权。

关于财政运作的基本方法，列宁在多篇文章中论述，最主要还是两个方面："一方面增加各种税收；另一方面则最迅速、最坚决地缩减编制"，他认为这在当时是"真正革命的措施"。❹具体说有下列几点：

（一）财政收入主要靠税收

不仅恢复了税收和税收机关，而且要"集中一切力量尽速增加税目，增加税收入库"。❺当时税种大体有：

（1）实物税。摆在第一位的是农业中的粮食税，它成为新

---

❶ 《苏共决议汇编》第2分册，第108、165—166页。
❷ 《列宁全集》2版第42卷，第7页。
❸ 《列宁全集》2版第43卷，第229页。
❹ 《列宁全集》2版第43卷，第179页。
❺ 《列宁全集》2版第42卷，第379页。

经济政策的第一项内容,从此废止了余粮收集制,恢复了商品流通,直接地促进了农业生产。1922年改为单一实物税,1923年改为统一农业税(一半实物,一半货币);在粮食状况好转后,1924年又改为单一的货币税(现在看来,也许是个失误)。税收政策一方面有利于减轻贫苦农民的负担,限制富农经济的发展(按财产和收获量纳税),另一方面又用以调节农业生产,对于采用先进技术、花费劳动力较多的技术作物、畜牧业合理化等予以优待,免税或减税。这对于农业生产的发展特别是技术作物的发展有重要作用,在当时是恢复和发展市场关系的最重大的财政措施。

(2)恢复间接税。俄共(布)十一大决议说,从长远看要发展直接税和逐渐取消间接税,"但是目前只能把税收(货币税)制度的重点放在间接税方面,因为这是一种比较简便易行的税收(如日用消费品税),而且能够用实际的工商业直接税和专用的人口税(防止饥荒、瘟疫)来加以补;奢侈品的生产税和消费税应当特别高。"❶列宁还提出:"对私人交易进行登记,用上印花税或其他类似办法对其征税。"❷从这里可以看出,列宁和俄共在间接税的看法上有了重大改变。

(3)关税。一方面增加收入,一方面保护本国经济和有计划地促进必需的国外产品(特别是技术设备)进口。

列宁主张以税收为主增加财政收入,反对用发票子等办法弥补财政赤字。他提出:"必须坚定不移地用税收取代纸币的发行,不得有丝毫拖拉。"❸他甚至反对滥发债券,认为"这会使发行完全落空,即促使投机市场采取那种它运用自如的手段来反对我们。就是说,市场看来差不多已经学会随着发行额

---

❶ 《苏共决议汇编》第2分册,第169页。
❷ 《列宁全集》2版第52卷,第279页。
❸ 《列宁全集》2版第42卷,第361页。

的增长而使物价飞涨,以致发行不再能从居民那里得到任何有实际价值的东西,而变成一种无谓的游戏和我们无聊的自我安慰。"但他也不是绝对反对发行国债,只是应当提供"准确的数据"❶。

当时的一个重大变化是税收很快成为全部预算收入的大头:1922—1923 年度占 63.1%,1923—1924 年度占 48.9%,1924—1925 年度占 56.4%。开始农业税收所占比重较大(约1/3),尔后工商业税(消费税、营业税等)提高了比重(1924 年以后占 60%以上)。无论从调节生产的角度,还是从增加积累的角度,税收都是贯彻统一计划要求的得力杠杆。

(二)国营企业上缴利润(同时纳一部分税)

(三)发行有把握的国债

经过列宁的同意,1922 年、1923 年发行了两期粮食公债,即用粮食偿还债务,弥补国家财政赤字。

关于缩减和节约财政开支,列宁多次提出主要放在减少国家编制,节约行政费用的开支。1922 年 5 月,他指示财政人民委员部:"应当毫不犹豫地撤销(部分不规定期限,部分在秋季前)一些人民委员部中的许多庞大的下属机构,甚至撤销某个人民委员部。"❷ 此外,还大量地复员军队,减少军事开支。

关于财政支出的构成,主要有:①国家正常费用,特别是国防费用;②为发展工业(特别是重工业)积累资金;③重点支持教育、交通和扶持合作社的发展。用现在的经济术语表达,就是付出经济发展和改革的成本。列宁说:"任何一种社会制度,只有在一定阶级的财政支持下才会产生。不待说,'自由'资本主义的诞生曾花了亿万卢布。目前我们应该特别加以支持的一种社会制度就是合作社制度,这一点我们现在必须认识到而且必须付

---

❶ 《列宁全集》2版第43卷,第179页。

❷ 《列宁全集》2版第43卷,第179—180页。

诸行动。"❶

同时，注重财政对经济生活尤其是对市场关系的调节作用，主要运用税收杠杆。从行业说，重点鼓励生产企业发展，对急需的产品生产给以优惠，而对一些奢侈性的消费品则采取高税率的消费税。从经济成分和分配关系上说，支持公有企业，限制私营企业，实行累进所得税制度。此外，列宁还强调充分发挥财政对国有企业和其他各种成分的监督作用，即财政监督。当时既借鉴了资本主义国家的一些成功经验，也有自己的创造，利用税收手段作为社会主义建设初期商品—市场关系中宏观调控的一个杠杆。

这里需要说明的是，在这期间，财政与金融只是适当分离，职能开始相对独立（国家银行从财政人民委员部分离出来），但还没有彻底分开。正是因为这样，财政部还承担稳定币值、领导币值改革的任务。在当时经济困难的情况下，这样做也是必要的，但的确改变了银行仅仅作为财政部的出纳机构的体制。

总体上，列宁在新经济政策时期突破了马克思恩格斯原来的设想和他自己过去的认识，开始在实践中探索社会主义建设初期商品—市场关系条件下的财政体制和财政理论，由高度集中统一、包罗一切的产品经济"大财政"变为市场关系下充当经济杠杆的"小财政"。尽管这种探索还是初步的，但其重要性在于开了个好头。

---

❶ 《列宁全集》2版第43卷，第363页。

第八章　流通—商业理论的建树

目前商业竟是我国经济生活的试金石，是无产阶级先头部队同农民结合的唯一可能的环节，是促使经济开始全面高涨的唯一可能的纽带。

所谓做商人的本领，我指的是做文明商人的本领……（俄国人）现在是按亚洲方式做买卖，但是要能成为一个商人，就得按欧洲方式做买卖。他要做到这一点，还需要整整一个时代。

——列宁

列宁的流通—贸易理论是他商品经济、市场经济理论体系的一个重要组成部分。他对三个阶段的流通的有关问题都进行了深入的研究，主要之点是形成大流通理论，特别是创立了社会主义流通和商业贸易理论。

第一节　商品流通扩展为大流通

由于列宁从一开始就着力研究市场问题，对流通非常重视，不仅对俄国市场经济初期的流通进行实证性研究，而且逐步形成一个囊括流通全部领域和全部过程的大流通或广义流通的观念（晚年，称之为流转）。

一、突出流通的"联系"和带动作用

首先，他通过对俄国商品经济和国内市场形成的实证研究，进一步说明"商品流通先于商品生产，并且是商品生产产生的条件之一（但不是唯一的条件）"❶。从俄国的商品经济发展过程来看，商品流通对于商品生产和资本主义经济的形成和发展起了重大的催生和推动作用。他在《彼尔姆省手工业调查》中看出一个极重要的事实："在手工业发展以前，**商品流通**（它是手工业发展的条件）早已根深蒂固了。"特别是伴随着交通发展为通商创造了条件，带动了手工业迅速发展，同时形成了一个组织生产的商人阶层，即手工业的"交换组织""实际上**已经建立起来了，并且建立它的不是别人，正是全俄的商界**"。❷ 列宁在《俄国资本主义的发展》一书第五章中，用大量的事实，详尽地论述了在资本主义发展初期"包买主"从代销者到生产组织者的演变过程和大规模销售的优越性。在这一过程中，商品流通及由此形成的商业资本在连接小生产与大市场，推动小生产变为大生产中起了积极作用，而流通的进一步扩大促进了资本主义商品经济的成熟。正如列宁所说："资本主义只是超出国家界限的广阔发展的商品**流通**的结果。"❸

其次，作为流通总体的市场是在商业发展的基础上形成和扩展起来的。"由各个区域之间日益频繁的交换，由逐渐增长的商品流通，由各个不大的地方市场集中成一个全俄市场"❹（促进民族融合），然后扩大为国际市场。

列宁强调商品经济的联系功能，实际上这种联系主要是通过

---

❶ 《列宁全集》2版第3卷，第507页。
❷ 《列宁全集》2版第2卷，第246—247页。
❸ 《列宁全集》2版第3卷，第49页。
❹ 《列宁全集》2版第1卷，第124页。

流通—贸易来体现的。按照他的论述，由于流通的发展打破了前资本主义自然经济的闭塞状态，形成统一的社会经济整体，构筑了民族形成的经济基础。从国际范围说，也正是"交换的发展在文明世界各民族之间建立了密切的联系"。❶基于对流通重大作用的关注，列宁晚年非常强调发展商业。

二、流通发展的阶段特征

从列宁的著作看，他将商品经济中流通—贸易的发展划分为几个不同的阶段，每个阶段与整个经济整体运行相联系，都表现出鲜明的特征。

（1）"商业资本同产业资本之间最密切的不可分割的联系，是工场手工业最有代表性的特点之一。'包买主'在这里差不多总是和手工工场主交错在一起"。❷这里的商业起着十分重要的主导作用和组织作用。

（2）在大机器工业确立之后，起主导作用的是产业资本（或工业资本），商业居于从属的地位，商品流通向广度和深度展开，形成了统一的国内市场，同时开拓国际市场，构建起大流通体系。

（3）在工业高度集中、金融资本占主导地位的时代（帝国主义阶段），又在新的基础上出现商业和工业的交错，形成辛迪加和其他混合型企业。列宁在研究发达资本主义商品经济的特点时，分析跨国的大公司，引用了西方学者的话说："现代批发商业的特点就是几乎在一切批发商业部门中，它都在**渗入生产领域**"。他肯定了这种论断，认为"所有这些公司和其他同类公司的主要区别，就是领导业务的资本家们现在还**直接**参与各商业企业和生产企业。"❸在《关于大资本组织的调查》一文中，他论

---

❶ 《列宁全集》2版第29卷，第481页。

❷ 《列宁全集》2版第3卷，第399页。

❸ 《列宁全集》2版第54卷，第14页。

述了俄国的企业也有同样的趋势。"在交易所委员会这一类中，混合部门占优势；这些委员会通常把当地工商业的一切部门都联合起来。"❶ 辛迪加作为工业企业集团的联合销售组织就是工商业融合为一体，而以销售统率生产，大流通的联合趋势更加明显。

三、把商品流通扩展为大流通

列宁从研究市场经济开始，就注意把商业流、物资流、资金流、人流、劳动力流等综合起来，视为市场经济运行的一个体系和整体表现。就是说，他事实上把狭义的商品流通扩展为包括商业贸易、交通运输、资金融通、人口流动、市场网络等的广义流通。

（一）金融业——资金的流通

列宁早在分析俄国资本主义市场形成时，就指出："信贷是最发达的商品流通、最发达的国内周转所具有的一种制度。实现'工业自由'必然会建立起作为商业业务的信贷制度，消除农民的等级制闭塞状态，使他们接近那些利用信贷最多的阶级，使有关人物独立组织信贷社等。"❷ 他把商品流通和信贷业务的发展紧紧连在一起。《俄国资本主义的发展》一书在最后一章《国内市场的形成》中《商品流通的增长》标题下，专门论述了金融业。

（二）把交通运输业划入流通领域

马克思在《资本论》中把交通运输划入生产领域，主要之点在于它能够创造价值和剩余价值，而流通基本上不具备这种功能。当然，马克思同时也指出了交通运输与商品流通的密切联系。列宁突破了马克思的划分，他直接把交通运输划入流通领域。

---

❶ 《列宁全集》2版第21卷，第296页。
❷ 《列宁全集》2版第2卷，第329—330页，另见378—379页。

列宁在《俄国资本主义的发展》的总结（即《国内市场的形成》）中，专门以《商品流通的增长》作为标题，把交通运输、国内外贸易、金融事业列为主要内容。而作为流通增长的第一个方面就是俄国铁路的增长。他详细分析了铁路50年中增长的情况：1865—1904年（在1904年第2版脚注中特别写出的），俄国的铁路增长13倍，货运量增长25倍，客运量增长11倍，并且分阶段作了对比，说明它同商品增长的关系。接着，专门分析了水运情况。虽然这里未作进一步的理论分析，但已经表明他把交通运输作为流通的重要方面。以后，他在《帝国主义是资本主义的最高阶段》一书法文版和德文版序言中指出："铁路是资本主义工业最主要的部门即煤炭工业和钢铁工业的结果，是世界贸易和资产阶级民主文明发展的结果和最显著的标志。本书前几章说明了铁路是怎样同大生产，同垄断组织，同辛迪加、卡特尔、托拉斯、银行，同金融寡头联系在一起的。铁路网的分布，这种分布的不平衡，铁路网发展的不平衡，是全世界现代资本主义即垄断资本主义造成的结果。"❶在该书中，他详尽地分析了铁路网的分布和发展，说明发达的交通运输是发达的商品流通和资本流通的重要组成部分。十月革命后，他强调铁路运输在整个国民经济中的"联系"作用："铁路是一个重要的环节，是城市和乡村间、工业和农业间最明显的联系的表现之一，社会主义是完全建立在这种联系上的。要想建立这种联系来为全体人民有计划地进行工作，就必须有铁路。"❷特别是在恢复和扩展商品流通的时候，他进一步把交通运输的联系作用同经济流转紧扣起来，指出："我们必须恢复农业和工业间的流转，而为了恢复这种流转，就必须有物质基础。联系工农业的物质基础是什么呢？就是

---

❶ 《列宁全集》2版第27卷，第326页。
❷ 《列宁全集》2版第34卷，第251页。

铁路运输和水路运输。"❶ 他认为国家计划委员会在安排国民经济的发展中,也许应当把运输业放在工业的前面。❷

列宁这一思想有重大的理论意义,他之所以把交通运输明确地划入流通领域,主要是把它的职能,即社会再生产运动中的功能,简明地概括为"联系"二字。商品交换—商品流通的最基本的职能就是"联系",没有"联系",就无所谓商品经济。社会分工的联系不但有部门之分,而且有空间布局。流通的功能之一是将社会分工的空间分布沟通起来,构成一个经济网络。这里交通运输起着血管的作用,成为商品空间流转的载体。列宁在研究市场时深刻地指出了铁路对商品经济的影响:"不应当忘记亚当·斯密早就说过的话:完善的交通将使一切乡村变成市郊。现在已属少见的穷乡僻壤,会日益变成稀有的古迹,农民也会愈来愈迅速地变成受商品生产一般规律支配的工业者。"❸——"每一俄里铁路,都在把农民经济卷入资本主义商业周转"。❹在《帝国主义论》中,他进一步指出了交通网络对联系经济整体的重要作用:"实际上,资本主义的线索像千丝万缕的密网,把这种事业(指铁路建筑——引者)同整个生产资料私有制连结在一起,把这种建筑事业变成对10亿人(殖民地加半殖民地),即占世界人口半数以上的附属国人民,以及对'文明'国家资本的雇佣奴隶进行压迫的工具。"❺单从经济意义说,就是一个连结世界的大流通网络。所以,列宁看来,它的"联系"流通职能,比之按价值增殖划分领域更符合实际,对于研究商品经济的空间运行和空间结构有更大的使用价值。我们研究商品流通,必须把商

---

❶ 《列宁全集》2版第41卷,第133页。
❷ 参见《列宁全集》2版第41卷,第254页。
❸ 《列宁全集》2版第3卷,第276—277页。
❹ 《列宁全集》2版第24卷,第355页。
❺ 《列宁全集》2版第27卷,第326页。

业流通与交通运输、信息传递作为一个统一整体来考虑，即把商流、物流、信息流统一起来。商品经济愈发达，三者的关系就会愈密切。

还有一点，列宁不但把交通运输作为商品经济的组成部分（流通载体），而且作为市场的一个表现形式。交通运输本身是一种特殊的服务市场，它也有买方和卖方，有竞争的对手，有供求关系，有价格的变量，具有市场的基本属性。就是说，它不但起着连结商品市场的功能，而且本身又是一种特殊的市场。市场的概念因此也扩大了。

（三）人流——人口流动，主要是劳动力流动及劳动力市场的形成

在《俄国资本主义的发展》一书同一章里，列宁又专门论述了人口流动、国内移民问题。他说："资本主义必然造成人口的流动，这种人口流动是以前各种社会经济制度所不需要的，在这些经济制度下也不可能有较大的规模。"❶实际上，这不但是资本主义商品经济的必然现象，而且是一切商品经济的共同规律。商品经济愈发达，人口流动的规模就愈大。其所以如此，按照列宁的论述，主要是以下因素造成的：①社会分工的深化造成产业结构的调整，而产业结构的调整必然导致劳动力结构和人口结构的调整。首先是工农、城乡人口比例的调整。列宁说："商品经济的发展就是一个个工业部门同农业分离。商品经济不大发达（或完全不发达）的国家的人口，几乎全是农业人口，……商品经济的发展也就意味着愈来愈多的人口同农业分离，就是说工业人口增加，农业人口减少。"❷②随着产业结构的调整，产业布局也会调整，从而必然调整人口的分布，特别是城镇人口增加（后面将论述）。同时人口稠密地带还会随着生产力的转移

---

❶ 《列宁全集》2版第3卷，第551页。
❷ 《列宁全集》2版第3卷，第20页。

向新地区移动。③劳动力变为商品，劳动力市场的形成，促进了人口的流动。"这一切劳动部门对雇佣劳动的需求的波动非常大……这种需求的波动幅度决定着资本主义**所需要**的过剩人口的多少。"❶首先是农村人口到工业城镇寻找职业（包括打零工），同时城市也形成了产业后备军（列宁专门用一节分析"劳动力国内市场的形成"）。④交通运输、商业、金融、建筑部门的扩大、其自身的流动性带来了人口的流动性。⑤随着技术进步带来的劳动生产率提高，也会经常使各部门的一部分劳动力剩余下来，寻找和从事新的业务（分工深化），使得劳动力和人口流动。⑥交通运输事业的发展为人口流动带来便利，例如"铁路促进了人们的流动"❷。

列宁对于人口的流动作了很详细的分析，并且同国内市场的形成联系起来，认为这是国内市场扩大的重要因素和表现之一。当然，人口流动和商品流通是两个不同的范畴，前者为商流和物流，后者为人流，但是二者存在着内在的联系，它们互相促进并成正比例关系。其中劳动力的流动（劳动力市场为媒介），更是广义流通的一个组成部分。按照马克思的说法，劳动力的流动是大工业本性的要求。实际上，流通过程必然牵动人口和劳动力的流动，反过来，后者又构成商品流通扩大的一个重要条件。

（四）城镇网络：流通——市场网络的支点

列宁在研究国内市场的形成时，十分重视城市、工业村（镇）的形成及其作用的发挥，他把商品生产、市场关系、交通网络、人口流动、资金融通与城镇网络联系起来，进行系统考察，把"减少从事农业的人口的比例……增加大工业中心数目"，作为商品经济造成的劳动社会化过程的重要表现之一。他说："我们所考察的这一过程的最明显的表现，就是城市的增

---

❶ 《列宁全集》2版第2卷，第150页。
❷ 参见《列宁全集》2版第3卷，第503页。

加。""不仅在俄国,而且在一切国家,资本主义的发展都引起了未被正式列为城市的新工业中心的形成。"❶

他的新见解,在于把城市和分布在广大乡村的小镇联系起来,系统地考察市场网络。大体上,他区分为5个层次,即大工业商业中心城市、一般城市、城市近郊、工厂村和工商村镇。他用大量材料说明,大工业商业中心城市人口增长最快,其特点是工人与企业的最大集中,成为工商业中心;其次是一般城市(即中小城市)人口的增长。"除了城市以外,具有工业中心性质的,第一是城市近郊,它们并非总与城市算在一起,它们包括日益扩大的大城市周围地区;第二是工厂村镇。这种工业中心在城市人口百分比极小的工业省内特别多。"最后是具有工业中心性质的工商业村,"它们或者居于大手工业地区的首位,或者因为地处河岸或铁路车站附近等而在改革后时代(即1861年之后——引者)迅速发展起来。""这种村庄和城市一样,把人口从乡村吸引过来,它们的特征就是居民的识字率通常比较高。"❷

值得注意的是,在每一个层次上,列宁都加上"中心"二字,就是说,以工业为主体能对周围地区起到经济凝聚的作用,同时又有扩散、辐射的功能。这两个方面,都必须依赖于流通职能,通过贸易、交通、金融的运作把周围地区联结起来,当然也包括工业企业之间的扩散,但主要还是以交易的形式出现的。这种大中心、亚中心、小中心、微型中心的分层次结合,就形成了市场、流通网络,左右着广大地区乃至全社会的经济运动。以资本主义商品经济为例,这种网络经济的形成和发展,会影响、牵动整个社会经济结构、人口结构和阶级结构的变化。

现在看来,构筑这种大流通网络的格局是一切商品经济发达的普遍特征和必然趋势,也是农村城市化的必由之路。历史表

---

❶ 《列宁全集》2版第3卷,第512、521页。
❷ 《列宁全集》2版第3卷,第520—521页。

明，列宁所阐明的这种网络经济的发展，是同市场经济的深度和广度成正比关系的。这种分层扩大的市场网络，可以视为市场经济空间结构形成的规律。如果说商品流、资金流、劳动力流等是流通的内容，那么，交通、通信和城镇网络则表现流通的空间形式。

第二节　创立社会主义商业理论

奠定社会主义流通理论的基础，是列宁晚年的重要研究成果之一。主要是在实行新经济政策中长足发展商业，实质上是利用和扩展市场，探索公有商业在整个流通领域中占主导地位的结构形式和运行方法。

一、对商业认识的转变

取得政权之后，如同对整个商品经济的认识一样，列宁对商业也有一个认识过程。

在实行新经济政策之前，列宁就指出过：马克思主义的全部困难和全部力量，就在于如何"根据科学原则进行的产品的社会生产和分配，以便使所有劳动者过最美好的、最幸福的生活"❶。设想一种分配和供应的方式是一回事，如何使这种方式符合经济生活的现实又是另一回事。

如前所述，马克思恩格斯设想的社会主义是与消灭商品、货币相联系的，实行"直接的分配"，劳动者拿着"劳动券"到"社会库存"里领取消费品。那里当然不会再有商业，而是负责直接分配产品的供应机构。所以，他们的公式是："共产主义要消灭买卖"❷，包括共产主义社会低级阶段。用马克思的话说：

---

❶　《列宁全集》2版第34卷，第356页。
❷　《马克思恩格斯选集》1995年版第1卷，第288页。

"如果一旦取消劳动和资本的关系,明天就会成为以生产力总额对现在的需要总额的关系为基础的一个实在的协定。""但是这样的协定就是个人交换的死刑。"❶ 这个设想是以统一分配取代商业。从此,社会不再有流通,不再有市场,也不再有商业。

列宁前期心目中的社会主义蓝图,实现消费品供给的方式也是直接分配。"我们设想,既然实行了国家生产和国家分配的制度,我们也就直接进入了一种与以前不同的生产和分配的经济制度。"❷ 这就是在国家领导下组织对产品生产和产品分配的全民的计算和监督工作。

在一个长时期内,列宁是把商业看作只是私人商业,与资本主义有不解之缘。在实行新经济政策以前,虽然没有完全取消商业,但基本趋势则是"用有计划有组织的产品分配代替贸易"。十月革命后不久,列宁就提出全体居民参加消费合作社,利用合作社(生产消费公社)排挤和取代私人商业的设想。到了战时共产主义时期,就提出:"立即正确地组织产品的供应和分配是无产阶级的基本任务之一""把从资产阶级合作社**过渡**到全体居民的共产主义消费生产联合组织的措施问题提上了日程"。❸ 不仅对粮食和消费品实行高度垄断,而且逐渐走向免费供应,例如1920年12月4日人民委员会法令规定,国营和合作社分配机构实行凭证免费发给劳动食品。同年12月17日和20日,又把这种免费供应推广到日用品和民用燃料。列宁把这类失去商品性质的产品称之为"一种不经过市场而供社会消费的产品"❹。由此看来,后人把战时共产主义负责供应的人民粮食委员部和消费合作社视为"商业机构"是不确切的,它并不按商业的公式(G—

---

❶ 《马克思恩格斯全集》第4卷,第116页。
❷ 《列宁全集》2版第42卷,第221页。
❸ 《列宁全集》2版第35卷,第201、461页。
❹ 《列宁全集》2版第60卷,第308页。

W—G）周转，而是直接分配。

商业的恢复和发展，是实行新经济政策以后的事。即使1921年上半年，商业也还受到很大的限制，合作社作为"商品交换"机构更多的乃是实物交换。到了秋季，这道闸门又被冲开，允许商业的存在和发展已经成为不可阻挡之势。经过反复，他认识到在一个闭塞的经济落后的国度中利用和发展商业的重要性。他宣布："我们不得不退这样远，因为商业问题成了党的一个实际问题，成了经济建设的一个实际问题。"过渡到社会主义建设"需要通过商业，走一条迂回的道路"。接着，他在理论上回答了商业同共产主义的关系问题。他说："共产主义与商业？！这是两种风马牛不相及、毫不相干、相去甚远的东西。但是，如果从经济上认真考虑一下，就会知道这二者之间的距离并不比共产主义同小农的、宗法式的农业的距离更远。"❶ 就是说，尽管未来的共产主义是要消灭商业，但要实现未来的理想，必须在现实中充分利用商业；而商业的发达是社会化扩展的表现，有助于生产力发展。小农经济则是落后的经济，大半是自然经济，与社会化相悖，故而离共产主义更远。

"所谓从经济上考虑"，第一，是指商业能够促进生产力的发展，特别在多种成分存在的情况下更是如此；第二，在产品没有大大丰富、管理组织不十分健全、人民还习惯于市场的情况下，商业是供应人民需要的基本形式；第三，由于农民习惯于商业的供应，它就成为工农业之间联系的主要经济形式，工农联盟的经济形式。这时，列宁才找到了比较符合俄国情况的供应人民消费需要、促进生产发展的形式——社会主义商业。于是，他从当时的实际出发把商业当作中心环节，使国家成为批发商。

他写道："在历史事变的链条中，在1921—1922年我国社会主义建设的各种过渡形式中，商业正是我们无产阶级国家政

---

❶ 《列宁全集》2版第42卷，第237、234、248页。

权、我们居于领导地位的共产党'必须全力抓住的环节'。如果我们现在能紧紧'抓住'这个环节,那么不久的将来我们就一定能够掌握整个链条。否则我们就掌握不了整个链条,建不成社会主义社会经济关系的基础。""……目前商业竟是我国经济生活的试金石,是无产阶级先头部队同农民结合的唯一可能的环节,是促使经济开始全面高涨的唯一可能的纽带。"❶联系到他前期对商品流通作用和大流通的论述,他的认识又回到(或者说在更高层次上回到)利用商业贸易发展商品生产和提高生产力上去了。这又是一个否定之否定的过程。俄共(布)十一大报告和他最后的文章,都一再强调学习经商,搞好商业,直到建成共产主义。于是,社会主义商业贸易理论开始建立起来。

二、社会主义商业的作用

在当时经济状况十分困难的条件下,列宁把商业作为中心环节,这是一个深邃的见解。他的立足点,就是恢复和扩展商品生产,在社会再生产的四个环节中先抓流通环节,在流通领域先抓商业环节,以此作为关键把整个社会生产带动起来。他把贸易当作全部社会经济恢复、增长的枢纽站,掌握了这个总开关,全盘经济就搞活了。这是因为:

(一)在大工业不能完全供应农民全部产品和对农业全面武装的情况下,商业是工业和农业之间唯一可能的经济联系

既然工业不能无偿地占用农民的产品,自己也无能力让农民无偿占有工业产品,"那么在农民和工人之间,即在农业和工业之间,除了交换,除了商业,就不可能有别的经济联系。"而通过商业联系的结果,使得双方都得到好处,使得工农业生产都得到供应。工业和农业是国民经济的两大基本部门,由于生产条件不同、生产力发展水平不同,形成了各自的固有特点。不同的

---

❶ 《列宁全集》2版第42卷,第248、347—348页。

生产力又要求与之相适应的各种不同的生产关系，并形成不同的生活条件，在这个基础上形成两类不同劳动者，两类不同的经济区域层次，存在着工农差别、城乡差别。这两大部门的联系，是国民经济中最基本的联系。两大部门之间的联系沟通了，可以使国民经济内在的循环运动正常运转，工业得到粮食和原料，农业得到消费工业品和优良的机器装备以及化学肥料等，就能使双方互相促进，互相提供进一步发展的条件。这样，大体上两大部门之间的实物补偿和价值补偿，就在主要方面得到保证，国民经济有可能全面地高涨。这种交换的联系发展下去，对于缩小城乡差别、工农差别，将会有重大作用。所以，列宁说：从实际出发，只能利用商业来发展工农业，"现实迫使我们非走这条路不可。我们新经济政策的基础和实质全在于此。"❶

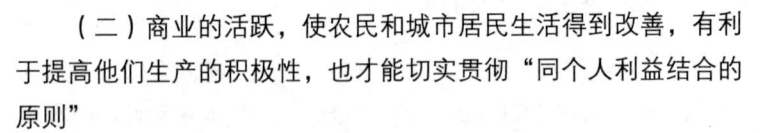

（二）商业的活跃，使农民和城市居民生活得到改善，有利于提高他们生产的积极性，也才能切实贯彻"同个人利益结合的原则"

列宁在同外国记者谈到市场活跃问题时指出："我认为，在绝大多数生产资料集中在我们国家政权手中的情况下，小资产阶级的真正的经济要求是消费品的买卖自由。我国的立法是保证小资产阶级有这种自由的。"❷ 这种"消费品的自由买卖"，一方面可以促使一部分人增加财富（价值），另一方面，对绝大多数人来说，还是为了取得使用价值，即消费品的自由选择，生活上的各类需要得以满足。俄共（布）第十一次代表大会决议特别提出："商业政策的基本任务"是把农业变为商品经济，以利于生产力的发展，从而摆脱经济和财政危机。对于工人和一切城市居民来说，同样只有改善了供应，提高了生活水平，才能更好地使劳动者尽心尽力地工作。所以，列宁说："国家必须学会这样经

---

❶ 《列宁全集》2版第42卷，第335页。
❷ 《列宁全集》2版第43卷，第262页。

营商业，即设法使工业能满足农民的需要，使农民能通过商业满足自己的需要。办事情应能使每一个劳动者都拿出自己的力量来巩固工农国家。只有这样，我们才能建立起大工业。"❶

（三）商业的活跃还可以把各种成分、各种经济形式的作用都发挥出来，用以为社会主义经济服务

在当时的情况下，抓住了活跃商业这一环，可以首先使小工业跟着活跃，各种类型的工艺合作社和小工业者也活跃起来。列宁特别赞赏小煤井在当时的作用，它和商业的活跃是密切相关的。

（四）商业的活跃为工业开拓了市场，有利于工业的发展

斯大林曾在1924年解释说，列宁之所以把发展商业当作基本任务，是"因为在新经济政策的条件下，工业和农民经济只有通过商业才能结合；因为在新经济政策的条件下，有生产而没有销路就是置工业于死地；因为只有通过发展商业去扩大销路，才能扩展工业；因为只有在商业方面巩固了，只有掌握了商业，只有掌握了这个环节，才能指望把工业和农民市场结合起来并顺利地解决其他的当前任务，以便为建立社会主义的经济基础创造条件"。❷就是说，在农民占人口多数、以农业占很大比重的国度里进行社会主义工业建设，必须以农村、以农民为工业的主要市场，而沟通这一市场的桥梁就是商业。商业的好坏，商业渠道的畅通与否，不只影响农民的生活和农业的发展，而且影响工业的命运。所以，列宁特别强调商业要千方百计地为农民服务，面向农村市场，而商业的活跃，必将推动工业的发展。

（五）商业的活跃有利于货币流通和建立正确的货币制度

战时共产主义政策阻塞了流通，使货币制度陷于崩溃。要想恢复正常的货币制度，必须首先使商业恢复和发展起来。列宁所要求的，正是"随着贸易的发展，以贸易为基础，来恢复卢布的

---

❶ 《列宁全集》2版第42卷，第194页。
❷ 《斯大林选集》上卷，第256页。

币值"。不然，抓不住这个中心，把注意力分散，"我们会垮台的"。❶

综上所述，可以清楚地说明，列宁不是把商业作为一个孤立的问题来看待的，而是视为一个全局问题，一个"中心环节"。抓住此环，全盘皆活。只有商业和市场的活跃，才能使社会主义经济建设有确实的保证。而这一思想和政策，恰恰说明列宁的的确确把社会主义建设初期的经济看作是一种商品经济形式了。

正是基于对商品经济和商业、市场认识的转变，列宁多次批判那种轻视商业的左的情绪。他说："我们决不会受本能地轻视商业的'感情社会主义'或旧俄半贵族半农民的宗法情绪的支配。各种过渡经济形式都可以利用"，并且要利用得好。❷

第三节 活跃商业的形式和政策

在新经济政策初期，列宁特别指出："掌握商业，引导商业，把它控制在一定的范围内，这是无产阶级国家政权能够做到的。"❸

为了迅速活跃商业，列宁抓了几个方面的工作：

一、调节私人商业，发展国营商业

新经济政策时期，允许私商存在。特别在零售业务方面，它们在开始阶段占优势，1922年占75%，1923年占57.7%，直到1926年还占40.7%。当时，英国《曼彻斯特卫报》记者阿·兰塞姆形容："我看到经济很活跃，大家都忙着买东西和卖东西，一个新的商业阶级显然正在产生。"列宁回答说："小商贩人

---

❶ 《列宁全集》2版第52卷，第220页。
❷ 参见《列宁全集》2版第42卷，第250页。
❸ 《列宁全集》2版第42卷，第250页。

多，他们的活动极为活跃，还丝毫不能证明他们是阶级的强大的经济力量，而只有这种经济力量才可以而且应该断定会成为一种'政治力量'。"❶ 虽然当时私商在零售额中所占的比重较大，但他们基本上没有掌握批发权，1922年只占30%上下；1923年占18.1%，从1924年以后下降到10%以下；他们更没有掌握基本生产资料和运输工具；而且私商本身是分散的，多是一些小店铺、小摊贩（全国经营商业的私人小企业约40万个）。因此，只要善于管理，可以把他们控制在一定的范围内。列宁实行的"在国家的正确调节（引导）下活跃国内商业"❷，就是给予一定的监督和限制，包括指定业务范围，不使其经营有关国计民生的特殊产品；规定主要商品的价格范围，使其遵守，违反者受惩罚；税收政策上实行累进税；对私人交易进行登记，打击投机倒把活动；运用信贷杠杆控制私人贸易等。更重要的是发展国营商业，改善国营商业。列宁说："现在整个关键在于迅速发展国营商业（包括它的各种形式：合作社、国家银行的客户、合营公司、代销人、代理人，等等）。"❸ 同时，要求共产党员学会做买卖，"做到不让那些没有商业经验的人来领导商业企业。"❹

列宁这里讲的国营商业是包括了国家所直接控制和参与的商业形式。首先把主要工业品的批发权控制起来，这就控制了流通领域的命脉，左右了一切零售业的命运。国家和合作社的批发额在批发总流通额中1923年占81.99%（其中国营占49.9%），1925年达到92.1%（其中国营占49.5%）。国家掌握了批发权，可以直接支持合作社，与守法的代销人挂钩，对于不守法户不予批发，并能规定价格，平抑市场。所以，列宁认为，不把无产阶

---

❶ 《列宁全集》2版第43卷，第256—257页。
❷ 《列宁全集》2版第42卷，第248页。
❸ 《列宁全集》2版第52卷，第301页。
❹ 《列宁全集》2版第43卷，第13页。

级国家变成一个能干的"**批发商**","就不能使这个小农国家在经济上站稳脚跟"。❶

同时,发展零售商业,除了国营商业直接办商店外,大量地依靠合作社,特别是消费合作社。如俄共(布)第十三次代表会议所指出的:"合作社组织在组织商业,特别是零售商业方面有优越作用。"❷ 从1922年到1925年,国营商业和合作社商业网点数量增加50%,其中合作社商业网点增加最快。列宁非常关心商业零售业务,如合作社有多少销售点、各个季节各类商品有多大的销售量,他都要听取汇报并加以研究。

二、采用灵活多样的贸易形式

在流通的形式上,当时也是比较灵活多样的。除了店铺之外,还有商场、交易所、集市等形式。在列宁的关怀下,于1921年冬天在莫斯科建立了中央消费合作总社商场,主要任务是了解商品市场供应情况,调节合作社和国家机构的贸易业务。列宁指示,"增加最高国民经济委员会在这个交易所理事会(或委员会?)中的名额",让人民委员会讨论。在莫斯科、彼得格勒先后建立交易所以后,列宁电告外地:"在莫斯科开设了一个隶属于中央消费合作总社的中央合作交易所,有其他各类合作社以及国家各经济机关参加。中央消费合作总社还受命组建一个隶属于国家银行的总交易所。这种做法在你们那里(指顿河岸罗斯托夫——引者)也是可行的,因为这样有助于加快建立合作交易所和总交易所。边疆区中央消费合作总社则组建区域合作交易所,并采取措施在罗斯托夫建立隶属于经济会议的总交易所。"❸

这段文字表明,列宁的思想非常灵活。他善于利用商品交

---

❶ 《列宁全集》2版第42卷,第176页。

❷ 《苏共决议汇编》第2分册,第382页。

❸ 《列宁全集》2版第52卷,第99、559页。

易的旧形式来为新经济服务。交易所本来是资产阶级把持的经济形式。马克思形象地比喻，在交易所的赌博中"小鱼为鲨鱼所吞掉，羊为交易所的狼所吞掉"，恩格斯把交易所看作是"资本家们互相夺取他们积累的资本的地方"。❶ 这样的交易形式社会主义经济是否可以利用？列宁做了肯定的回答，只是利用的目的变了，体现的经济关系变了，领导成分变了，经营管理的方式方法也有很大变化，它的消极的东西被抑制，积极的东西则可被利用起来。在列宁的倡议下，全俄交易所发展到100多个。当时交易所的职能是办理贸易业务的手续，进行有关各个商品市场状况、签订契约价格的营业业务报道，制定办理批发业务的商业规章等。1922年1月2日，最高国民经济委员会颁布命令，责成所属一切企业在出售和收购商品之前预先向交易所提出申请。9月1日人民委员会作出决议，责成国营企业和合作社机构必须将他们在交易所以外签订的合同向交易所登记，用以监督、调节商品流通，保证合理的价格。1924年交易所吸收了全国批发商品流转额90％以上，其中国营组织占交易所销售总额的86.6％（列宁逝世后，交易所还存在一个时期，1927年交易所大部分被撤销，1930年6月2日苏共中央和人民委员会作出决议，取消交易所）。

集市贸易是商品流通的一种辅助形式。从1921年上半年开始，恢复了在战时共产主义时期被关闭的城乡集市，1922年农村集市达到600多个。有的集市成为国营商业各种机构（托拉斯、辛迪加、地方贸易公司、某些生产企业等）批发商品的阵地。在过去市场被关闭时，黑市比比皆是，商品价格比国家价格高十几倍到几十倍；而集市和自由市场恢复后，价格反而逐渐稳定下来，而且大大促进了商品流转。可见，集市贸易受国家的统一市场制约，它的开放和活跃并不会对社会主义经济造成多大危险，

---

❶ 《马克思恩格斯全集》第25卷，第497、1028页。

反而对满足人民的需要有好处,有利于弥补国营商业的不足。

允许集市贸易、自由市场恢复和发展,并利用它活跃经济的政策,正是列宁关于在适当范围内恢复和发展贸易自由的思想在实践中的表现。过去,他认为贸易自由就是恢复资本主义经济,必须采取行政的甚至军事的办法加以禁止、杜绝。例如,他在全俄苏维埃第八次代表大会上(1920年12月)曾经宣布:"苏哈列夫卡"(即莫斯科苏哈列夫卡广场上的集贸市场,这里作为一切"自由贸易市场的代称"),是"资本主义的基础"。当时专门作出决议加以封闭。那时,列宁说:"封闭它并不困难。可怕的是活在每一个小业主心灵上和行动中的'苏哈列夫卡'。"❶而今列宁则认为它是必需的。

集市交换,"任何人都能给国家一些东西。一些人能提供余粮,另一些人能提供蔬菜,还有一些人则能提供劳务。"它已经不可怕了,"由于目前形成的总的经济政治局面是无产阶级掌握着大工业的一切命脉,而且根本不会取消国有化,我们是用不着害怕这种资本主义的。"❷事实表明,要善于利用它,用以提高农民经济的积极性和活跃城乡经济,而且不能都视为资本主义(列宁后来改变了这种看法)。

当然,列宁并不主张对商品流通放手不管,造成市场上的无政府状态。相反,他主张加强计划指导和利用法制管理,规范市场行为。

三、社会主义商业的经营原则

对于社会主义商业,列宁提出了很高的要求,特别值得注意的一点是,列宁逝世前已经觉察到国营商业企业中官商作风的危害。他要求"**关闭**那些表面上似乎是在经营商业,实际上却是官

---

❶ 《列宁全集》2版第40卷,第156页。

❷ 《列宁全集》2版第41卷,第62、308—309页。

僚共产主义工商业的'波将金村'"❶，即虚假骗人的东西（该典故系指1787年俄国女皇叶卡捷琳娜南巡时，一些总督伪造的假繁荣村庄）。他号召"学会文明经商"，学会做一个谨慎、勤勉、能干的"老板"。为此，他为国家"批发商"和"国家资本主义"商业，提出了一个经营的公式："为农民市场、农民的**消费服务**；寻求消费者；满足他们的需要；进行计算；获取赢利；商业核算。总结＝以认真的态度即从切身体验中、从效果中'**学习**'。"❷

这一段简洁而精彩的文字，体现了列宁对国营经济（"批发商"）和国家资本主义商业的全面要求，体现了社会主义经营目的、计划指导的要求和正确利用价值规律作用三者的结合。它的基本精神适合于一切社会主义企业和整个社会主义经济机体。

目的——为亿万劳动者特别是为农民的消费服务，使他们的需要得到满足。这是出发点，又是归宿点，是社会主义经济的服务方向，体现了生产资料公有制的本质。

途径——通过商业经营而不是通过"直接分配"来实现生产目的。商品生产和市场机制促使企业"寻求消费者"，使自己产品的品种、质量、花色、规格和价格符合消费者的要求，即达到使用价值和价值的统一，更好地发挥商业的桥梁和纽带作用，做到产销结合、以需定产。在这个基础上必然要出现企业间的竞争或竞赛，把市场当考场，进行竞赛的考试，推动企业以"极度的紧张"状态从事生产和改进经营管理。

动力——在根本目的指导下以"取得盈利"为直接动力。这就使得企业尽可能降低成本、节约费用、提高效率、加速资金周转，取得利润。这和社会主义要求不但不矛盾，而且正好是提高人民收入、增加国家积累的源泉，实现劳动者、企业和国家三方

---

❶ 《列宁全集》2版第52卷，第315页。
❷ 《列宁全集》2版第42卷，第243页。

面利益的一致。

方法——"进行计算"和"商业核算",以便使企业和国家之间的矛盾达到统一。所谓"进行计算",包括两个方面:一是根据国家的统一计划进行计算,以体现国家的要求;二是预测市场,计划自己的经营。所谓"商业核算",就是实行经济核算,实现最佳的经济收益。二者紧密结合,就把从事商品生产和流通的个别企业内部的有组织性同整个社会的宏观要求适当地统一起来。

"学习"——列宁此处之所以加个引号,有其特定的含义,就是向资本主义学习经营管理。不但在书本上学,而且在实践中特别是通过审核经济效益学习,以便了解市场、熟悉市场、适应市场,进而掌握市场,学会经营管理。这个学习之中很重要的一条就是市场竞争。一个是社会主义企业同私人商业的竞争,一个是社会主义企业之间的竞争,即"在这里,集中于工人国家手中的国有化工业必须适应市场条件和市场上的竞争方法,以争取决定性的统治权。"❶ 当时外贸人民委员部副人民委员弗鲁姆金等人,担心国营商业在竞争中会被打垮,列宁反驳说:"我不同意弗鲁姆金的意见,他认为国营商业总是要被击败的。在全世界都是百货商店击败所有其他的商店,可是它比国营商业好在哪里呢?"他让国营商业接受市场竞争的"考试",并实行联系贸易额和利润发奖金的办法。❷ 这样,国营商业才会有真正的生命力。

综合起来看,列宁这个公式要求社会主义商业企业(也包括从事商品生产的企业),把满足消费者的利益与取得好的经济效益统一起来,即通过"寻求消费者""使其满足"达到增加盈利,不得损害消费者的利益或者损害商业企业的利益。在列宁看来,在公有制基础上的商业经营完全能够使二者达到统一。列宁

---

❶ 《苏共决议汇编》第2分册,第143页。

❷ 参见《列宁全集》2版第52卷,第440页。

反复强调"文明经商",也包括具有文明的商业道德,绝不能唯利是图。他说:"我们跟资本主义国家不同,资本主义国家可以利用烧酒和其他麻醉剂,我们却不能这样做,因为无论这些东西的买卖怎样赚钱,它们却会使我们退回到资本主义去,而不是走向共产主义。"❶ 社会主义商业不能忘记为消费者服务的宗旨,否则就改变了本身的性质。

列宁号召学会经商的本领,在《论黄金在目前和在社会主义完全胜利后的作用》一文中形象地提出:"和狼在一起,就要学狼叫。"在俄共(布)十大上指出,共产党人"缺少文化,缺少**管理**(其中包括从事国营商业)的**本领**。"❷ 他最后的重要文章之一《论合作社》更明确提出:"现在全部问题在于,要善于把我们已经充分表现出来而且取得完全成功的革命气势、革命热情,同(这里我几乎要说)做一个有见识的和能写会算的商人的本领(有了这种本领就足以成为一个优秀的合作社工作者)结合起来。所谓做商人的本领,我指的是做文明商人的本领。这一点是俄国人,或者直截了当说是农民应该牢牢记住的,他们以为一个人既然做买卖,那就是说有本领做商人。这种想法是根本不对的。他们虽然在做买卖,但这离有本领做个文明商人还远得很。他们现在是按亚洲方式做买卖,但是要能成为一个商人,就得按欧洲方式做买卖。他们要做到这一点,还需要整整一个时代。"❸ 这段文字可视为列宁要求社会主义商业所要达到的高水平。"文明商人""按欧洲方式做买卖",就是按发达市场经济的水平从事商业。这是列宁社会主义商业理论中的一个非常重要的观点。

从国家做"精明的**批发商**"到"按欧洲方式做买卖",像一条红线使列宁的社会主义商业贸易理论逐步升华。如果引申一步

---

❶ 《列宁全集》2版第41卷,第320页。

❷ 《列宁全集》2版第43卷,第402页。

❸ 《列宁全集》2版第43卷,第364页。

则可以理解为，要求社会主义建设初期形成文明的市场经济，在流通领域寻求公有制与发达贸易的结合点。

综述上面的论析，可以看出列宁关于流通问题的论述是建立在对经济运行的现实研究上，从俄国的实际出发，进行历史的分析，以市场为核心观察流通的全过程，进而把握它的积极作用和相关的负面效应。在社会主义建设中，通过实践重新认识流通的作用，特别是突出地抓住商业这个关键环节，这是马克思主义政治经济学发展史上第一次提出的社会主义条件下的商业理论。正如列宁在1922年11月所总结的那样，"我们现在已经有证据说明，我们这个国家能够经营商业，能够保持农业和工业的巩固阵地并向前走。"❶ 当然，从现在的高度看，列宁当时的社会主义商业贸易理论还是初步的，处于雏形状态，但更主要的在于他开辟了一条新路，为后人提供了正确思路和方法。

---

❶ 《列宁全集》2版第43卷，第283页。

第九章　工业企业体制和企业管理研究

只有在商业核算这个基础上才能建立经济。

如果我们建立了实行经济核算的托拉斯和企业，却不会用精明的、商人的办法来充分保证我们的利益，那我们便是地道的傻瓜。

我们应当在全国实行泰罗制和美国提高劳动生产率的科学方法……

一方面要开群众大会，一方面要毫不犹豫地进行管理，要比以前资本家管得更严。

——列宁

企业是商品经济的微观基础。适应市场改善企业的组织形式和强化科学管理，是列宁晚年致力研究的重要经济问题。他在这方面的建树，与他的商品经济理论体系也是密不可分的，其内容异常丰富。

第一节　适应市场改变企业管理体制

历史地看，列宁关于企业组织形式的理论创新，主要还是在新经济政策时期，也经历了一个认识上的转变过程。

一、高度集中的体制遇到的矛盾

十月革命前后,列宁基本上是按照马克思恩格斯的设想来设计工业企业的管理体制的,其特点为国家直接经营的"总管理局制"。现在先让我们探究一下它的理论渊源。

历史地说,马克思恩格斯没有参加过社会主义建设的实践,不可能对经济管理体制作出更多的具体指示,而只是在分析资本主义生产关系时,根据社会化生产的一般规律提出一些原则性的观点和设想。比如,对于社会主义社会的经济模式,恩格斯是反对把它限制在一种固定不变的框子里的。从马克思恩格斯关于这个问题的大量论述的主要倾向来看,他们对未来社会的设想着重强调的还是单一层次的高度集中统一的管理。他们认为,实行公有制以后,"一切生产部门将用最合理的方式逐渐组织起来"。怎样才算"最合理"呢?按照他们的设想,未来社会应是:"**生产资料的全国性的集中**将成为自由平等的生产者的各联合体所构成的社会的全国性的基础,这些生产者将按照共同的合理的计划进行社会劳动。"❶ 这种集中要达到"自觉地把他们许多个人劳动力当作一个社会劳动力来使用",好像鲁滨孙一个人为自己的需要而规定自己的劳动一样,只不过是"在社会范围内重演"。❷

这就是人们所熟知的,把整个社会看作一个大的生产单位,直接的产品生产和产品分配,个人的消费资料要凭着"一张证书"到社会储存中去领取。这样一种高度集中、大规模的生产管理形式,是消灭商品货币关系、杜绝一切自发调节的前提。马克思把这种以"大规模"和"集中"为特点的管理形式,视为"无产阶级追求的希望"❸。由于没有实践经验,他们在当时还不可

---

❶ 《马克思恩格斯选集》1995年版第3卷,第130页。

❷ 《马克思恩格斯全集》第23卷,第95页。

❸ 《马克思恩格斯选集》1995年版第3卷,第101页。

能把两个不同阶段在经营管理方面的具体要求加以区别；其整个设想，又是建立在全部实现公有便立刻消灭商品经济的设想之上的。

列宁继承了马克思恩格斯的理论。由于他在十月革命前缺乏实践经验，许多做法基本上沿用了马克思恩格斯设想的个别结论。例如，他在《国家与革命》一书中作了这样的概括："整个社会将成为一个管理处，成为一个劳动平等和报酬平等的工厂。"这就是把高度集中统一作为经济管理的指导原则，整个社会只有一个经营层次，不存在每一企业的单独经营，从而也就不存在生产单位之间的商品交换。而且，当时把管理工作看得比较容易，以为计算和监督之类的管理工作，已经"成为非常简单、任何一个识字的人都能胜任的手续——进行监察和登记，算算加减乘除和发发有关的字据"❶。

十月革命后，列宁在设计新社会的经济管理体制时指出：要在新的基础上组织经济，没有工业的高度集中是不可思议的。为此，他提出了民主集中制的管理原则。他说："我们目前的任务就是要在经济方面实行民主集中制，保证铁路、邮电和其他运输部门等经济企业在发挥其职能时绝对的协调和统一。"同时，要发扬民主、组织竞赛、注意地方特点等。在企业内部，实行一长制（也叫"独裁制"）和委员制（民主组织）相结合的原则。❷在管理方法上，实行泰罗制，并且吸收资产阶级专家参加管理，付给他们以高薪，号召共产党员和工人群众注意向他们学习管理的技能。

但是，战时共产主义时期，由于刚刚实现工业国有化，需要对原有的私人企业进行整顿和改组，要克服自己队伍中的工团主义，特别是由于战争的需要，列宁在管理体制上非常强调集中，

---

❶　《列宁全集》2版第31卷，第97页。

❷　参见《列宁全集》2版第34卷，第139、143页。

要求高度的集权和高度的垄断。1918年6月，他在对《国有化企业管理条例》草案的意见中指出："共产主义要求全国大生产的最高度的集中。因此，应无条件地授权全俄中心直接管辖该部门的一切企业。区域中心按照全俄中心总的生产指示和决定，并根据本地的、生活上的及其他的条件确定自己的职能。"❶列宁的这一指示，后来成了苏俄经济管理体制的指导方针。在为俄共（布）八大起草的党纲草案中，列宁写道："要实现共产主义，绝对需要在全国范围内把劳动最高度地最严格地集中起来。"❷正式通过的党纲提出这样的根本任务："按照一个全国性的计划把国内所有经济活动最高限度地联合起来；使生产最大限度地集中起来。"❸当时认为，对国民经济实行集中管理是迅速发展生产力和保证大工业在经济中起领导作用的唯一手段，同时也是社会主义经济建设和使小企业服从社会需要的前提条件。

1918年中爆发的反对武装干涉战争，对社会主义第一个经济管理体制的最终形成起了催化作用。斗争迫使国家用严格的手段把管理经济的一切权力都集中到自己手里，以保证战争的胜利。当时，列宁明确规定社会主义经济就是"集中的经济"❹。特殊的历史情况同上述那种管理社会主义经济设想的结合，就产生了所谓"总管理局制度"，并认为它是管理社会主义经济具有普遍意义的"正常的形式"。在这种体制下，所有的工厂、仓库、商店等归一个总管理处管辖，由它调动一切，指挥一切。中央设最高国民经济委员会，下设各生产局（管理总局）；在地方上，州国民经济委员会、地区国民经济委员会、县执行委员会也设分支机构。企业按部门实行统一的管理，由各工业部的管理总局（如

---

❶ 《列宁全集》2版第34卷，第367页。
❷ 《列宁全集》2版第36卷，第89页。
❸ 《苏共决议汇编》第1分册，第541页。
❹ 《列宁全集》2版第35卷，第414页。

煤炭管理总局、造纸管理总局等）直接统管。根据最高国民经济委员会向全俄第八次苏维埃代表大会提出的报告材料，这种管理总局在1920年底共有59个（对这一时期管理总局的确切数字，有许多说法）。所有这59个管理总局又分为两部分，一部分是组成最高国民经济委员会下属的各个生产局，管理行业生产；另一部分如冶金管理总局等，则直属最高国民经济委员会主席团，它们管理着冶金系统中一些最重要的企业，一般说，各管理总局都是通过这类特殊的托拉斯来管理企业的。

全国的工业按其重要性分为三类：第一类企业是最重要的有全国意义的企业，它们直属各管理总局管辖；第二类企业不太重要，但不纯粹是地方性的企业，属州国民经济委员会领导，它们必须按各管理总局的生产计划进行生产；第三类是纯粹地方性的企业。

中央对地方国民经济委员会实行双重领导。它们与最高国民经济委员会相对应，设立相应的生产局，如冶金局、纺织局、化工局、电力技术局等。这些局，一方面由地方国民经济委员会领导，另一方面又归最高国民经济委员会相应的生产局领导，向中央呈报计划和预算，领取管理地方工业的指示和命令。

总管理局体制的特点是管理上的严格集中制，企业直接服从工业部门的管理总局和最高国民经济委员会的生产局。在经济上，企业没有任何的自主权，它的一切活动都要听命于上级，完全按照命令办事。一无生产计划权，产品品种、规格、质量、数量都由总局规定；二无产品经销权，一切产品均由总局调拨，国家统一分配；三无材料设备的购置权，企业所需的一切原材料、燃料和各种设备均由国家拨发，企业凭领货单提货，不得自行购置；四无财务上的收支权，国家预算拨款是企业货币基金的唯一源泉，企业的任何收入统统上交国库，国家与企业之间，企业与企业之间的财务往来均不记账。因此，关于成本、利润和亏损很少有人过问。

从 1919 年 1 月起，国营企业及其经营活动免除各种征税，一切欠款都取消了，社会保险费用均由国家支付。企业职工消费品的供应由国家根据人头（分工种）按卡片拨给，在经济上完全是在全国范围内"吃大锅饭"。

历史地看，总管理局曾经起过有益的作用，它保证了战争的需要，在物资极端匮乏的条件下，较为合理地组织了城市居民的消费。但即使在它发展最鼎盛的 1919 年，管理总局的烦琐监督和过分的垂直领导对生产发展已经产生了极大的阻碍作用。

（1）各管理总局不可能熟悉各地和全国数量庞大的企业的经营活动，在干涉或"指导"地方或企业活动时，常常出现一些奇怪的现象：最高国民经济委员会生产局（管理总局）建议关停或并转的企业，往往是生产状况最好的企业；它所支持并建议发展的企业，恰恰是工作不好的和有严重亏损的企业。

（2）总管理局体制下形成的垂直的经济组织，在经营上互不连接，只能由最高国民经济委员会在上面进行联系。本来企业能从最近的市场上获得许多材料和劳力，现在只能根据中央机关的凭单去领取它们所需要的一切。而国家手中的原料和资源却远远不能满足企业的生产需要，不能保证它们的开工，这样做的直接后果是在经济上不能合理地利用国家拥有的生产资源。

（3）总管理局对企业的供应分散成由许多互不关联的机构来负责，供应的数量和时间又同企业的生产效率不发生直接的联系，只要一个供应单位出现问题或供应不及时，整个企业就得停产待料，后来这种现象愈来愈普遍。

（4）在国土辽阔、生产的基本要素极不固定、运输瘫痪、通信工具极差、缺乏经济核算等情况下，这种垂直式的集中化管理方法必然会使（州、市、区）各企业相互隔离，造成惊人的迟滞拖拉现象，妨碍生产力的发展，使经济遭到难以弥补的损失。

对上述问题，列宁虽然曾经设法补救，但由于体制原因，并未能解决这些日益突出的矛盾。

二、适应市场扩大企业独立性

新经济政策的实行,允许自由贸易和货币流通,国家军事政治形势好转,市场交易的恢复,各企业间往来的加强,以及同私人企业家竞争的开展,在客观上提出了新经济政策的另一个重要问题:国营工业的组织形式如何克服前一时期那种妨害企业生产过程的、僵硬的管理体制和保证国营工业在同私人资本斗争中不致失败,如何提高效率、扭亏为盈?

1921年5月列宁首先提出"每个大企业在支配资金和物资方面的独立程度和首创精神"❶。接着,全俄苏维埃第九次代表大会决定:在严格经济核算制基础上,授予国营工业联合企业以合理管理企业所需的全部行政——经济权力。会议一致认为,新经济政策要求从根本上否定总管理局制的经营方法,必须坚决同一切企图复活这些管理工业的方法做斗争。

这一转变,同理论认识的转变有直接关系。1921年3月,列宁在俄共(布)十大提出在理论上突破社会主义一定要实行国家垄断的观点。不久,适应"上面实行集中,下面实行农民的贸易自由"的体制后,❷提出了"集中调节(计划),分散管理"的原则。就是说,在宏观范围内中央仍然负责制定计划、生产规划、国家供应、国家拨款、调节和监督,而有关经营管理的职能则转交地方和企业。在州国民经济委员会与位于该省境内的企业之间也建立同样的关系。以后逐步把权力放给企业,国家只起整个国民经济的中心的作用,对国民经济实行集体化的"全面指导和节制",而不干预企业具体的经济活动。企业在生产、销售、投资等业务经营活动方面拥有广泛的自主权。列宁认为,企业"要作出成绩就必须拥有全部权力"。(国家)"对企业管理的

---

❶ 《列宁全集》2版第41卷,第328页。
❷ 《列宁全集》2版第41卷,第377页。

态度。个人管理制和不干预。"❶

  为了推广管理的实际经验，把上述原则具体化，在1921年曾颁布了一系列指令、法令和条例，如《国民经济委员会关于实行新经济政策原则的指令》《关于恢复大工业、提高和发展生产的措施的基本原则》《关于扩大国营企业在拨款和支配物资方面的权力》《苏维埃机关在自由市场上购买它所必需的产品的程序》等。这些文件规定，从1921年起中央管理机构不再管理大量的中小企业，而只对个别生产部门和少数有重要意义的大企业和联营企业进行直接管理，企业可以在规定的计划范围内全权安排生产。由中央或加盟共和国国民经济委员会直接领导的重要企业或联营企业，它们的生产和经济活动仍受中央管理机构的指导，但它们有权直接向最高或加盟共和国国民经济委员会主席提出反对意见，在它们不同意管理总局命令时可以不执行，但是要通知国民经济委员会主席团和管理总局，同时企业的管理机构要对后果负责。

  企业在支配资金和物资方面的权限也扩大了。只需要根据7项基本项目而无须详尽细目就可以对企业提供资金，以取代过去明细预算：①工资；②原料、基本材料与辅助材料；③燃料；④设备和工具；⑤建设与维修；⑥辅助车间或辅助工厂；⑦其他。在这7项范围内，企业和联营企业管理处可以自由支配属于它们的资金和物资，或把它们从一个企业调到另一个企业，以便及时地和合理地完成生产计划。这些自主权发挥了企业的积极性，使它们在合理利用资金方面摆脱了来自上级的烦琐条规。在资金的使用上，企业可以根据自己生产上的需要，建设厂房，改建和补充设备，组织和租赁辅助车间或工厂，建造工人住宅，制造建筑材料和其他必需的材料。

  当时，由于供应不足和私人市场存在，国家对企业实行依靠

---

❶ 《列宁全集》2版第42卷，第523页。

国家资源和采购市场物资相结合的供应制度。在国家不承担满足企业所需的物资数量或不能在规定的期限内向企业供应计划所规定的物资时,企业可以用产品按市场价格在自由市场上购买这些物品,允许企业在国内同所有机关和个人发生直接的关系。

国家还允许企业通过合作社、私人在自由市场上出售归其支配的那部分产品。为了便于进行商品交换和采购业务,企业在需要时有权在国内开设办事处和仓库,有权采购燃料、原料、辅助材料充作储备,以保证下一生产阶段之用。为了保证职工的实际收入水平和获得必要的产品,企业需要时可以用自己的产品支付劳动报酬,还有权同高级技术人员和行政管理人员签订个人合同。

这些规定,使所有企业转而实行经济核算制,对企业的货币开支和物资支出实行补偿原则。国家供应企业一定物资,其数量能保证其正常生产,企业根据实际得到的资源,按货价向国家支付自己的一部分产品。此外,国家还从预算资金中,拨付企业一笔预算货币垫支,用以支付工资和在市场上购买国家机构不能提供的物资。对这笔垫支,企业也要用自己的产品来偿付。

质言之,已开始把企业推向市场。

第二节 商业原则:经济核算和相对集中

要把企业真正推向市场,必须把它变成独立的商品生产和经营单位。为此,对国营企业实行商业原则。列宁说:"国营企业改行所谓经济核算,同新经济政策有着必然的和密切的联系,而且在最近的将来,这种企业即使不会成为唯一的一种,也必定会是主要的一种。在容许和发展贸易自由的情况下,这实际上等于让国营企业在相当程度上改行商业的即资本主义的原则。"❶意思是说,正是基于市场经济的存在,才实行商业原则。

---

❶ 《列宁全集》2版第42卷,第366—367页。

一、"商业原则"的提出

如何理解商业的原则？我们先理一理列宁的思路。最早是1921年7月8日，列宁在给俄共（布）中央政治局的建议中，正式提出按"商业原则"（或商业化精神、准则、办法）从事经济事业的观点。他建议："拨出一万金卢布作为奖金，奖给一批按商业原则办得出色的企业、部门、机关。"❶企业和机关要根据市场条件改进经营，有效地克服亏损现象。7月22日，列宁在给人民委员会一位副主席的电报中，指示设立专门供应外国人的食品商店，它"应严格按照商业原则经营"❷。同年10月，列宁在莫斯科省党的第七次代表会议上，详细阐述了由"商品交换"向调节商业的转变和把国家变为一个"批发商"的意义，特别回答了为什么要采用"商业原则"的问题，分析了这样做的原因，并围绕这一点提出了一系列要求。同时他亲自为俄共（布）中央政治局起草关于棉纺织工业管理的决议草案，要求彻底消除"烦琐手续"，"确立真正符合商业化条件的办事速度"。

为了从理论上说明"按商业原则办事"的口号，于同年11月前后，写了一篇专门论文的提要，题目就是《按商业原则办事》。列宁准备从经济上和政治上阐明采取这一口号的理由，并且分析了商业原则的要点。这是比较系统的一个提纲，可惜没有来得及写成文章正式发表。

1921年到1922年初，列宁在为俄共（布）十一大起草的《工会在新经济政策条件下的作用和任务》提纲草案中，把"商业的和资本主义的原则"写入党的代表大会的正式文件。❸在这次代表大会的政治报告中，列宁讲到新经济政策第二条经验时指出：

---

❶ 《列宁全集》2版第42卷，第70页。

❷ 《列宁全集》2版第51卷，第98页。

❸ 《列宁全集》2版第42卷，第214、240—241、365—366页。

"这些公司也和我们的全部国营商业以及整个新经济政策一样，都是我们共产党人运用商业方法，资本主义方法的表现。"这和"按商业原则办事"，基本上是一个意思。

列宁在他最后的重要著作之一《论合作社》中，继续坚持了这个思想，向全党指出："我们改行新经济政策时做得过头的地方，并不在于我们过分重视自由工商业的原则。"❶

我们所以这样详尽地引证列宁的论述和提法，主要是为了说明列宁关于"研究市场""按商业化原则办事"的思想不是偶然出现的个别提法，不是一个普通的口号，而是贯穿于他阐述新经济政策的基本著作中，既是一个行动的口号，又是一个理论观点，即找出了把"全部新经济政策"包括进去的"一个公式"。其基本思想，就是在国家统一计划指导下，利用市场调节、利用价值规律的作用，取得最佳的经济效益。

"是什么迫使我们转而采用商业原则呢？是周围的环境，是目前的条件。"实际情况决定了采用这一原则、方法、公式的"必要性和必然性"。"实际情况奉献给我们的……是货币流通、现金交易。"❷ 既不是自然经济，也不是简单的商品经济，而是有相当的发达程度的商品经济，采用过去的官僚主义方法、行政命令的方法、完全集中和彻底垄断的办法，截断了商品流通渠道、统收统支、直接调拨和直接分配的办法，已经无法适应形势的要求了。所以列宁说，"出路在哪里呢？唯一的出路在于我们要学会，要适应环境，要能恰当地解决也就是根据当前的条件来解决这些问题。"❸

对"按商业原则办事"的理论基础，列宁在提纲中作了简要的论述，并且概括为一个公式（即 $c+v+m$）。

---

❶ 《列宁全集》2版第43卷，第77—78、362—363页。
❷ 《列宁全集》2版第42卷，第237、234页。
❸ 《列宁全集》2版第42卷，第238页。

列宁称之为"一般理论",就是马克思在《资本论》中所阐述的劳动价值论、积累和扩大再生产的理论。列宁强调"应当收回成本",就是指价值补偿或回报。他把社会主义产品的价值仍然看作由三个部分构成:物化劳动消耗(c)+活劳动消耗(v)+剩余价值(m)。无论是微观经济,还是宏观经济,积累的来源都在于剩余价值。联系当时的企业状况看,列宁强调的重点是企业的经济核算,实行盈利的原则,利用价值、价格、利润等范畴克服亏损现象,生产剩余价值,进而增加国家积累。实质上,就是利用价值规律的作用,提高经济效益。然后,在这个基础上进行扩大再生产,改善人民的生活。当时俄共(布)十二大的决议就强调国营企业要"创造剩余价值",以此作为积累的源泉。这就把价值规律运用到社会主义经济生活的各个方面来了。

从列宁的多次论述看,"按商业原则办事"具体包括如下内容:①一切企业实行经济核算;②企业面向市场,研究市场,适应市场的要求;③提高劳动生产率;④尽可能取得最好的经济效益;⑤从实际经济效益出发安排计划,包括集中生产、压缩企业数量、调整产品结构等。这就意味着,企业与企业之间,包括公有制企业之间,所应实行的仍然是等价交换的经济关系,一方不能无偿占有另一方的劳动。

二、经济核算的内容和引发的重大变革

"经济核算"一词,在新经济政策时期以前俄共(布)党的文件中就出现过(例如俄共(布)第九次代表大会决议),但那时并不是指一个企业或一个经济组织,而是指全国的经济,是作为一种计算方法用于财政。实际上,即使这样也没有做到,而通行的是全国一家的"统收统支"。结果造成极其严重的亏损,仅1921—1922年全国工业亏损约1.5亿金卢布。面对严重的亏损问题,列宁在1921年5月提出奖励按商业化原则办得出色的企业,即能扭转亏损局面的企业。8月9日,经列宁修改过的《人

民委员会关于实行新经济政策原则的指令》指出,由最高人民委员会和它的地方机关经营的企业,"要实行精确的核算,即生产的一切费用完全用产品的收入来补偿"。8月16日,颁布了人民委员会《关于扩大国营企业在拨款和支配物资方面的权力》的指示,试图改变财务上统收统支、物资上统一调拨、完全由国家包干的制度,扩大了国营企业在财务上的权力,规定了根据生产计划供应资金的简易办法。10月27日,人民委员会又发布了《关于取消国家供给的企业实行产品的自行销售》的法令,规定国家不负责供给的企业(多半是轻工业)有权按市场价格销售产品,首先按国家计划满足国家的要求,其次是合作社的订货,然后才能满足私人组织和个人的订货。这就为实行经济核算逐步扫清了障碍。11月,列宁明确提出:"我们不应当规避商业核算,而应当懂得,只有在这个基础上才能创造起码的条件,使工人不仅在工资方面,而且在工作量等方面得到满足。只有在商业核算这个基础上才能建立经济。"❶根据列宁的思想,12月,俄共(布)第十一次党代表会议关于恢复经济的决议指出:"经济核算制应该是经营所有国营工业的基础。"❷接着,列宁在俄共(布)第十一次代表大会(1922年3—4月)提出,经济核算制应作为国营企业经营管理的主要形式。

  这个过程说明,列宁的经济核算制理论同商品经济的恢复和发展是直接相关的,而且直到全面的恢复市场、并逐渐确认社会主义建设初期必须利用发达的商品经济之后,才臻于完备。列宁写道:"新经济政策,还有一个极其重要的方面:**学习**经营管理,——'经济核算'——工厂管理部门和工会之间更加正确的相互关系。"❸

---

❶ 《列宁全集》2版第42卷,第239页。
❷ 《苏共决议汇编》第2分册,第141页。
❸ 《列宁全集》2版第42卷,第519页。

恰恰由于实行了新经济政策，也才可能提出经济核算制。它存在的条件和环境是商品—市场关系。它的实质是商业原则或"资本主义原则"，即采取资本主义经营中合理的方法和原则，把企业如实地视为一个商品生产经营单位，认真学习资本主义的经营之道。他强调要善于经营：

"为什么不是'经营有方'？　　——贸易自由
　　　　　　　　　　　　　　——国家资本主义
　　　　　　　　　　　　　　——货币制度。"❶

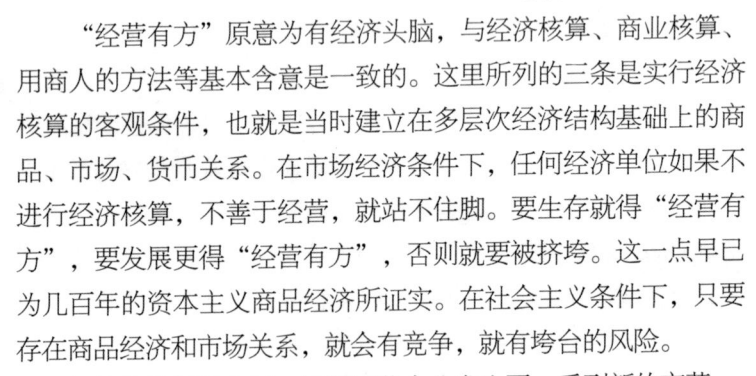

"经营有方"原意为有经济头脑，与经济核算、商业核算、用商人的方法等基本含意是一致的。这里所列的三条是实行经济核算的客观条件，也就是当时建立在多层次经济结构基础上的商品、市场、货币关系。在市场经济条件下，任何经济单位如果不进行经济核算，不善于经营，就站不住脚。要生存就得"经营有方"，要发展更得"经营有方"，否则就要被挤垮。这一点早已为几百年的资本主义商品经济所证实。在社会主义条件下，只要存在商品经济和市场关系，就会有竞争，就有垮台的风险。

经济核算制的实行，使得国营企业发生了一系列新的变革。

（一）企业变成计划指导下独立的商品生产单位

它不能像战时共产主义时期那样，可以依赖国家统收统支，"吃大锅饭"，而必须以自己的经营收入补偿自身的支出，包括原料、燃料、动力的费用、固定设备的购置和补充，流动资金占用所付的利息（当时逐渐实行经费有偿使用），职工的工资和集体福利，还要上交国家税收和利润以及其他费用。同时，在物资供应上也取消了完全调拨的办法，企业对产品又有一定的销售权。这样，企业的运动就必然回到马克思关于资本循环的公式上去：

$$G—W\cdots P\cdots W'—G'.$$

---

❶ 《列宁全集》2版第42卷，第241页。

在战时共产主义时期，企业生产运动是从物到物，没有流通过程，没有商品与货币两种形态的转换，企业不关心市场，也不关心自己的生产成本，一切听命于上级，一切都交给上级，一切伸手向上级要。企业当然没有主动性，没有经济头脑，没有生机。这一点甚至连自然经济上的小生产经营都不如。因此，必然出现"令人厌烦的""无能、懒惰"、投机倒把、盗窃、纪律松散、效率低下等现象。

实行经济核算制以后，企业的活动纳入了计划指导下的市场经济轨道，按照商品生产循环规律运转，把生产使用价值和生产价值统一起来，把企业内部的运动同市场上的商品流转联接起来。企业的动力直接地来自本身，就会主动地研究市场供求关系，主动地适应市场需要，提高劳动生产率，争取最好的经济效益。因此，企业就像生命整体上的一个细胞一样，具有内在的活力。这个活力，表现在资本的运动上即为加速周转（循环）。列宁在谈到国营托拉斯的资金问题时，要求"保证正常的流转并取得巨额利润"❶。

（二）利用价值、成本、价格、利润等经济范畴进行精确的计算和比较

资本主义企业的重要经营方法之一，是商业核算，其目的在于取得更多的利润。列宁指出："国营企业'**不亏损**'，'有赢利'。也是维护工人阶级的利益。"❷"从共产主义观点来看也是好现象。"❸与资本主义所不同的是，它不是靠损害消费者的利益和剥削工人取得"不义之财"，而是靠提高劳动生产率、降低消耗、减少浪费等手段增加剩余价值。但是，在计算的方法上确有共同之处，社会主义企业也应当运用生产成本、生产价格、

---

❶ 《列宁全集》2版第52卷，第349页。

❷ 《列宁全集》2版第42卷，第523页。

❸ 《列宁全集》2版第43卷，第259页。

平均利润这样一些范畴，用货币的形式对生产费用和经济效益进行对比分析，找出提高经济效益的最优方案。用列宁的话说："如果我们建立了实行经济核算的托拉斯和企业，却不会用精明的、商人的办法来充分保证我们的利益，那我们便是地道的傻瓜。"❶这与战时共产主义"总管理局"的办法比较起来，是一个重大的变革。

（三）通过经济核算制把企业独立的经营权力、应承担的责任和应享受的利益结合起来，形成经营的多级层次

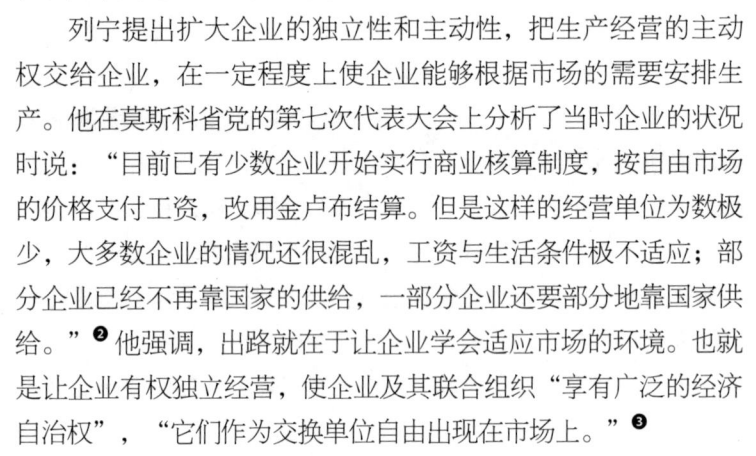

列宁提出扩大企业的独立性和主动性，把生产经营的主动权交给企业，在一定程度上使企业能够根据市场的需要安排生产。他在莫斯科省党的第七次代表大会上分析了当时企业的状况时说："目前已有少数企业开始实行商业核算制度，按自由市场的价格支付工资，改用金卢布结算。但是这样的经营单位为数极少，大多数企业的情况还很混乱，工资与生活条件极不适应；部分企业已经不再靠国家的供给，一部分企业还要部分地靠国家供给。"❷他强调，出路就在于让企业学会适应市场的环境。也就是让企业有权独立经营，使企业及其联合组织"享有广泛的经济自治权"，"它们作为交换单位自由出现在市场上。"❸

同时，权利和责任又是联系在一起的。"托拉斯和企业建立在经济核算的基础上正是为了要它们自己承担责任，而且要承担全部责任，使自己的企业不亏损。"做不到这一点，"就应当受到法庭审判，管理委员会全体委员都应当受到长期剥夺自由（也许过一定时期可予以假释）和没收全部财产等的惩罚"。这就是说，企业领导人不但要对企业负经济责任，还要负法律责任，企业以法人的地位出现在经济舞台上。列宁曾经接连数次追问财

---

❶ 《列宁全集》2版第52卷，第252页。

❷ 《列宁全集》2版第42卷，第237—238页。

❸ 《苏共决议汇编》第2分册，第263页。

政人民委员部等领导机关："采取什么形式和办法追究托拉斯管理委员会委员们对不按规定呈送报表和经营出现亏损应负的责任，考虑好了吗？我们的司法人民委员部是否在睡大觉？这方面需要审理若干**示范性**的诉讼案，而且要采用**最严厉**的惩治手段。看来司法人民委员部不懂得，新经济政策需要用**新**办法给予**新的严厉的**惩罚。"❶ 在这里，体现出市场经济运作与经济法规的关系。

经济核算制给企业和企业联合组织的权利和责任，又是以企业的经济利益为基础的，把企业的经济效果和全体职工的物质利益直接联系起来，以提高职工的收入。

经济核算制的理论和实践，意味着列宁修改了"整个社会就是一个工厂"的观点，把一个经营层次改为多级经营层次，在一个大的经济整体中存在着不同的经营层次和利益层次，把社会分工与社会联系统一起来，把利益多元性与利益整体性统一起来。实质上，这就形成了商品经济的运行结构。

（四）企业的自主性和国家计划、国家监督的有机统一

经济核算制并不是要把企业变成一个完全不受约束的独立经济单位，而是要受国家计划的调节，把国家计划作为实行经济核算的依据之一。对此，俄共（布）第十一次党代会决议作了明确规定：企业的经济核算要以全国工业计划作为基本依据，企业和它们的联合组织要"根据所批准的生产计划和国家对它们所需物资供应不足的情况把自己的部分产品拿到市场上销售"❷。对于国家监督，列宁非常重视，他指出：有些"国营托拉斯是不受监督的，是必定要发生危机的。"❸ 除了司法监督外，更主要的是通过经济手段进行监督，包括财政、银行等。这就是说，经济

---

❶ 《列宁全集》2版第52卷，第252、267页。

❷ 《苏共决议汇编》第2分册，第141页。

❸ 《列宁全集》2版第52页，第349页。

核算制要体现整个国家的利益,体现企业与国家的正确关系。因此,它不仅是一个具体的方法,而且是一种经济关系。

经济核算制理论,是列宁在对资本主义商业核算扬弃基础上的一大创造。它作为商业原则最重要的内容,包括在列宁的社会主义商品—市场关系理论体系之中。对这个新的经营原则,当时一些人接受不了,好像马克思的本本中没有讲过,"在牢狱里没有人教过",跳不出战时共产主义的框子。针对这种认识,列宁说:"成见和怀旧则妨碍进行这项工作。如果我们不估计到这一点,就不可能以应有的方式来实行新经济政策。"❶

三、企业集中、联合的组织形式

列宁提出的"商业原则"的另一个内容,是"尽量缩减企业数量,使企业集中"❷。这一方面是出于当时的困难情况,另一方面也是借鉴了发达资本主义商品经济由集中形成大企业和企业集团的经验。此项原则在经济管理中的贯彻,引起了组织形式的一系列变化,改变了总管理局制时期形成的一套高度集权的管理模式,并在经济核算制的基础上逐渐形成了集中与分散相结合的专业化联合的新管理体制的雏形。

所谓集中,就是把关系国计民生的、经营条件好的少数大企业集中到中央手中管理,由国家保证供应。其余的交给地方,有的要关闭,有的要出租,有的按列宁的说法"扔掉",大部分采取自负盈亏、独立经营的方式。

(一)组织托拉斯

不论是集中在国家手里的大企业,还是分散经营的小企业,都逐渐走向托拉斯化。1921年8月9日列宁修改和签署的人民委员会的指令提出:"应该广泛地贯彻互为补充的企业联合的原

---

❶ 《列宁全集》2版第42卷,第239页。
❷ 《列宁全集》2版第42卷,第241页。

则。"8月12日劳动国防委员会的决议要求,在经济核算制的基础上把各工业部门技术装备较好的大型企业组织成为联合体。它们有一定的独立性,国家在计划范围内划拨一部分基金归它们支配。为了补充短缺物资,可以销售自己的产品,然后用以采购粮食、燃料、原料等。后来,其余的国家企业也采取了托拉斯的联合形式。几年之内参加托拉斯的企业达到90%。大体上说,托拉斯分为四类:一类是专业化托拉斯,如"南方钢铁托拉斯""南方化学托拉斯""国营机械制造托拉斯""北方森林工业托拉斯",等等;二类是把同一工业部门内各种不同但又彼此联系和相互补充的企业联合在一起,如纺纱和织布厂等;三类是围绕一种基本生产把本地区的其他生产也组成托拉斯联合企业,如化学煤炭托拉斯,联合了顿涅茨、沙多沃伊、斯捷考里内和其他化学工厂的基本化学生产以及73个大小煤矿,此外还包括了砖厂、盐厂和修理厂等;四类,通常是本地区生产同类产品的企业联合而成的托拉斯。到苏维埃第十二次代表大会前已组建的托拉斯有430个,其中大托拉斯有172个。这430个托拉斯下属4 144个企业和97.7万名工人。其中直属于中央的托拉斯有130多个。

企业的广泛托拉斯化,标志着"总管理局制"的结束。托拉斯代替总管理局,二者的重大区别在于:

(1)组织的性质不同。总管理局是行政机构,它同企业的关系是"发令"与"受令"的关系,企业没有相对的独立性,一切由总管理局决定。托拉斯是联合企业(开始时也有托拉斯是由总管理局换个牌子,实质是行政性质的,后来就改变了),要独立进行经济核算。企业对于它又有相对的独立性。托拉斯的使命不是一般的调节企业的供应和产品分配,而是要因地制宜地用经济方法管理生产,对企业的经营好坏负完全责任。企业作为一个联合体的成员,有权参与托拉斯的管理,重大决策要征求企业的同意。实质上是以合同形式联合起来的企业集团。

(2)管辖的范围不同。总管理局统管一切企业,即按行政系统划分管辖范围,形成"条条",所谓"垂直系统",割裂了企业之间、地方之间、部门之间的横向联系,总管理局体制实质上等于建立在自然经济基础之上。托拉斯则基本上是根据专业化、经济合理化的原则组织起来的(开始也有托拉斯是用行政命令的办法划分的,后来得到纠正),它只包括联合起来确实能够有利于生产和经营的企业,不仅是同一个行业的,有的还包括不同行业的企业,不少托拉斯还打破了地区界限。这符合专业化协作的要求。

(3)活动的方式不同。总管理局是行政机关,按照纯粹的"计划经济"组织生产和分配,根本不考虑市场,不经管商务。它适应"产品生产和产品分配"的要求,排斥商品生产。托拉斯则是企业组织,适应商品市场关系,把计划指导与市场调节结合起来。列宁在《关于南方钢铁托拉斯的札记》(1921年冬)中,曾作过这样的设计:

"'商业经理'=

这三个厂的**总管理机构**(南方钢铁托拉斯)

=……主管人的助手(大商人)

(相当于高级的、最高级的专家)

市场销售=他的主要任务"。❶

意思是:在托拉斯总管理处内,要聘请大商人(以高级专家的地位),担任"商业经理",主要任务是负责"市场销售"。就是让托拉斯面向市场,全盘考虑经营效果。质言之,突出了企业的商业性质,把市场营销放在重要位置。俄共(布)十二大指出,每一个企业"不仅在生产技术方面,而且在商业方面正确地安排工作,是具有决定意义的重要问题"。从企业到托拉斯,都要贯彻列宁"学会经商"的号召,成为既联合又自主的商品生产单位。

---

❶ 《列宁全集》2版第42卷,第494页。

（二）辛迪加的建立

商品生产的活跃，需要一个新的专门组织去从事工业企业的商务活动。"没有正确的销售组织，生产成就在将来也会引起商业杂费的极度增加，引起部分的滞销，也就是引起商业不振的危机。"❶ 于是，托拉斯与托拉斯之间又在商业上联合起来，组织各种形式的辛迪加。

辛迪加即贸易公司，其主要任务是组织和调节国营工业企业的商品流转，为托拉斯销售产品，购置原料，并把市场行情及时告诉托拉斯和企业。当时，在产品销售、原料购置上存在着国营企业和私人企业、国营企业与国营企业之间的竞争。为了协调各方面的关系，有关的国营企业在一起开会协商，逐步形成辛迪加。1922年，首先建立了纺织辛迪加，以后推广到盐业、制革、烟叶、石油、机械、冶金等业。到1924年，已经有51%的托拉斯加入辛迪加，后者控制了90%以上的商品批发业务，特别是轻工业产品，在纺织业中占89.7%，制革业占95.1%，盐业97.6%，面粉100%，石油95.3%。它们沟通了工业和市场的关系，防止托拉斯之间的有害的竞争，有利于调节企业流动资金，减少了商业的杂项开支，并在排挤私商的斗争中起了重大作用。

值得注意的是，由于辛迪加主要承担购销的中介职能，就使得它有可能在一定程度上控制托拉斯和企业的生产活动（只有少数辛迪加还想起过去总管理局的作用）。由于辛迪加联系市场，了解行情，掌握供求关系，熟悉消费者对产品品种、质量、花色、规格和数量的要求，就能向生产企业提出比较符合实际情况的供销计划。行情有了变化，它能及时通知企业修订计划，对畅销产品大批量生产，对滞销产品减产停产或转产，并在原料供应上予以调节。由于它和托拉斯是一种合同关系，对于不符合规定要求的产品可以拒绝收购，或折价收购。它还设有技术研究机

---

❶ 《苏共决议汇编》第2分册，第267、265页。

构,负责研究新技术和新产品,促进托拉斯和企业提高技术、改进工艺,生产新产品。辛迪加对于辅助执行国家计划、利用市场的调节作用,有重大的作用,实际上就是工商企业之间的联合,有的是供产销"一条龙"。

比较大的辛迪加上边隶属于最高国民经济委员会,下边由各托拉斯集资而成。但它不是行政机构,而是一种商业企业,有其自身的独立经济核算。俄共(布)十二大决议反对把辛迪加变为一种行政机构,认为"把辛迪加变为贸易'管理总局'的办法,除了会限制商业活动和提高商业杂费以外,不会有别的结果。"❶

经过几年的实践,在新经济政策时期初步形成了一套适合于计划与市场相结合的工业管理组织雏形。

这里需要指出的是,列宁关于企业"集中"和建立托拉斯的思想,不是凭空想出来的,而是借助于发达资本主义商品经济的经验。在《帝国主义论》及其相关著作中,对此曾作了全面考察和深入研究。比如,他非常注意大型企业、企业联合组织和混合企业的优越性。他在阅读海曼所著《德国大钢铁工业中的混合企业》之后,中肯地写道:"这是说明大生产的优越性,特别是'混合'生产,即把生产前后衔接的不同阶段联合起来的生产的优越性的综合资料。"❷再如,他对资本主义的"集中制""联合制"进行透彻的研究。所以,他一再倡导向资本主义托拉斯学习,可以把辛迪加拿过来。但是,他同时反对照抄一种模式,主张根据实际情况利用和创造多种形式。他也反对一味削减小企业,相反却主张充分利用小企业恢复和发展经济,而这些小企业多数由私人和合作社来办,国家掌握的企业则基本上应当是大型的。这样,就同企业组织结构相适应形成了多层次和多成分的所有制结构。

---

❶ 《苏共决议汇编》第2分册,第266页。
❷ 《列宁全集》2版第54卷,第196—197页。

不过，列宁逝世后，到20世纪20年代末，新经济政策时期的一套经济体制被改变了，辛迪加变为行政机构，最后连同托拉斯都一起被取消，恢复了新经济政策以前的体系，即最高国民经济委员会—总局（部）—企业的体系，逐渐形成新的高度集中的模式，以行政管理代替了经济管理。

第三节　企业的管理和领导体制

强化和改善管理，是列宁社会主义建设理论与实践的一个重要方面。他的许多论述，特别是新经济政策时期有关管理及企业领导体制的论述，具有重要的理论价值。

一、借鉴资本主义的管理经验

列宁管理思想的精髓，是向资本主义学习先进的、科学的管理方法，为社会主义服务。其理论基础就是管理的二重性。资本主义的基础是社会化大生产，在几个世纪中积累了丰富的管理经验，用列宁的话说："我们不向资产阶级学习，又应该向谁学习呢？"❶

这一点是继承了马克思恩格斯的基本观点。他们曾多次指出，经济管理"具有二重性"。一方面具有生产力的属性，"凡是直接生产过程具有社会结合过程的形态，而不是表现为独立生产者的孤立劳动的地方，都必然会产生监督劳动和指挥劳动。"这是社会化大生产的客观需要。另一方面，它又有生产关系的属性，体现了生产过程中人与人之间的经济关系，例如在资本主义制度下，它同时又是"由生产资料所有者和单纯的劳动力所有者之间的对立所引起的职能"，即带有资本主义的属性。正因为这样，社会主义经济管理和资本主义管理既有区别，又有联系，前

---

❶《列宁全集》2版第38卷，第246页。

者对后者是一种扬弃。"只要这种劳动（指管理——引者）不只限于剥削别人劳动这个职能；从而，只要这种劳动是由作为社会劳动的劳动的形式引起，由许多人为达到共同结果而形成的结合和协作引起，它就同资本完全无关，就像这个形式本身一旦把资本主义的外壳炸毁，就同资本完全无关一样。"❶ 根据马克思的这一论述，列宁在领导苏联的社会主义经济建设时，非常注重批判地继承资本主义经济的管理方法和经营形式。

早在革命胜利之前，列宁就研究资本主义的管理，特别是发达的资本主义商品经济带来的成果之一——管理的科学化。19世纪末和20世纪初，具有时代标志的泰罗制的出现，为管理科学开辟了一个新纪元。此事引起了列宁的极大关注，他在《关于帝国主义的笔记》中作了详细的记述，还先后发表两篇文章《榨取血汗的"科学"制度》（1913年3月）、《泰罗制就是用机器奴役人》（1914年3月），专门加以论证。尤其在建立苏维埃以后，他反过头来进一步研究和倡导推行泰罗制，作了全面的科学分析。

关于泰罗制产生的时代，列宁首先认为，它是最大的资本主义在劳动组织方面的一个创造，与资本主义经济的高度集中相联系。一方面由于剥削加强，需要使劳动更紧张，提高劳动生产率从而提高剩余价值率；另一方面，企业规模的扩大，传统的管理已经不适应，需要建立科学的体系和方法，实现集约经营。虽然列宁没有把泰罗制纳入帝国主义的五大基本特征，但从先后的论述看，他显然把它的产生与资本主义进入帝国主义阶段即发达的资本主义商品经济联系在一起，并且认为它是帝国主义发展不平衡性的表现之一："美国资本主义走在最前面。技术最发达，进步最快，——这一切都迫使古老的欧洲竭力追赶美国佬。"因此，美国成了泰罗制和科学管理的发源地。其次，泰罗制又和当

---

❶ 《马克思恩格斯全集》第25卷，第431、433、435页。

时科学技术的发展分不开，列宁认为，"在资本主义社会里，技术和科学的进步意味着榨取血汗的艺术的进步"❶，资本的统治"把所有这些新发明变成进一步压榨工人的工具"。他看到，没有一定的计量手段，就不可能进行科学的管理。现在看来，科学管理的产生和进一步发展，是发达商品经济的一个重要特征，标志着由粗放型经济向集约型经济转变的开始。

值得注意的是，列宁分析了发达资本主义国家的市场竞争与科学管理的关系，"资本主义不可能有一分钟原地不动。它必须前进再前进。危机时期特别尖锐化的竞争（同我国的一样），迫使不断发明新手段来降低生产费用"。商品经济愈发达，市场竞争愈激烈，而激烈的竞争必然推动着企业内部技术和管理的改进，一分钟也不能停止下来，停止就意味着失败和被淘汰。因此，外部的竞争压力必然导致内部管理的科学。这是一种趋势，一种内在的机制。如果说在自由资本主义阶段（次发达的商品经济）竞争的压力所带来的主要是外延扩大再生产，那么，到了垄断资本主义阶段（发达的商品经济），这种压力则带来外延和内涵并重的扩大再生产，而且内涵愈来愈占主导地位。泰罗制把新的技术和管理结合起来，是内涵扩大再生产的重要内容。这就是列宁所说的"迫使不断发明新手段来降低生产费用"，使得"劳动生产率大大提高了"。❷

对于评价泰罗制的科学意义，列宁的思想前后有些变化。在取得政权之前，主要是**揭露**它的剥削实质，同时也指出它的科学意义。他说：资本主义社会里，"他们用一切科学办法榨取血汗。"❸ "所有这一切巨大的改进都是**对付**工人的，使他们遭受更深重的压迫和奴役，并且用**工厂内部**恰当的、合理的分工来束

---

❶ 《列宁全集》2版第23卷，第19页。

❷ 《列宁全集》2版第24卷，第398、399页。

❸ 《列宁全集》2版第23卷，第18、19页。

缚他们。"❶ 取得政权之后，在从事社会主义建设中，列宁在倡导泰罗制的时候继续讲它的二重性，但强调的重点则是它的科学管理一面。他说："最大的资本主义在劳动组织方面创造了这样一些制度，这种制度在居民群众受剥削的情况下，是少数有产阶级奴役劳动者，压榨劳动者额外的劳动、体力、血汗和神经的最残酷的形式，但这种制度同时又是科学组织生产的最新成就。社会主义苏维埃共和国应当学会这种制度，并且为了实行我们对生产的计算和监督以及为了提高劳动生产率，还应当对这种制度加以改造。例如，在美国广泛采用的著名的泰罗制之所以著名，就因为它是肆无忌惮的资本主义剥削的最新方法。因此可以理解，为什么这种制度遭到工人群众那样大的仇视和愤恨。但同时丝毫也不应忘记，泰罗制体现了科学的巨大进步，它系统地分析了生产过程，为大大提高人的劳动生产率开辟了途径。在美国，由于实行泰罗制而开始的科学研究，特别是美国人所说的对动作的研究，提供了大量材料，可以用来训练劳动居民掌握无比高超的一般劳动方法，特别是劳动组织方法。"这就是说，它运用于资本主义可以加倍剥削劳动者，这是生产关系的属性；但更重要的是生产力的属性，适用于一切社会化大生产。比如，"采用泰罗制中许多科学的先进的因素，使工资同工厂的总工作量或铁路水路运输等的经营结果相适应"，"我们应当在全国实行泰罗制和美国提高劳动生产率的科学方法，把这种制度同缩短劳动时间结合起来，同利用新的生产方法和劳动组织方法结合起来，而丝毫不损害劳动居民的劳动力。"❷

在新经济政策时期，列宁强调加强管理，要求进一步推行泰罗制。他在《白璧微瑕》（1922年9月）一文中充分肯定了一本"非常有用、非常好的书"，"这本书极其详细地叙述了泰罗

---

❶ 《列宁全集》2版第24卷，第399页。

❷ 《列宁全集》2版第34卷，第130—131、259、131页。

制,而且特别重要的是,既叙述了泰罗制的肯定的一面,也叙述了**泰罗制的否定的一面**;同时这本书还提供了关于人这个机器的生理收入和生理支出的基本科学资料。总的说来,我认为这本书完全可以当作各职业学校和一般第二级学校的必修课本。学会工作,这是目前苏维埃共和国主要的、真正全民的任务。"❶可见,他何等重视泰罗制!当时特别是把这一科学管理同经济核算、提高劳动生产率结合起来。

归根结底,企业内部管理科学化,也是社会化程度提高的表现,并且必然加强社会化。列宁在《关于帝国主义的笔记》中专门说明了这一点,特别是对动作的研究。列宁从《美国科学院年刊》上摘录了这样一段话:这种研究分散和重复造成巨大浪费,"美国政府的任务就是设立这样一个机械手工标准化的机构。那里所规定所收集的标准就会成为公共的财产,并且独立的研究工作者就可能在原来标准的基础上制定出更进一步的标准"。列宁在这一段话后面写道:"这是在资本主义制度下、朝社会主义发展的技术进步的一个极好的例子。"❷

二、应当毫不犹豫地严格管理

在列宁看来,管理不只是个方法问题,而且是个战略问题和机制问题,它关系到整个经济、政治秩序的建立和完善,关系到企业、各项事业和整个国家的素质与效率。正是在这个意义上,列宁提出"管理俄国"的历史任务。

俄国的苏维埃政权建立不久,列宁就及时提出,现在管理的任务"成为主要的中心任务""目前时局的全部特点,全部困难,就是要了解从主要任务是说服人民和用武力镇压剥削者转到主要任务是**管理**这一**过渡的特征**。"他强调"善于**实际地进行组**

---

❶ 《列宁全集》2版第43卷,第209页。
❷ 《列宁全集》2版第54卷,第155页。

织工作""用新的方式去建立千百万人生活的最深刻的经济基础。"接着,又把管理任务具体化为:"精打细算,勤俭办事,不偷懒、不盗窃,遵守最严格的劳动纪律",作为当时的"总口号"。❶ 那时,他并没有把整个国家的管理同企业内部的管理区别开来,恰好表明了高度计划经济的特点。

在战时共产主义时期,围绕着管理问题和与此相关的专家问题在党的领导集团内曾发生过多次争论。但终究没有实行真正的企业管理。一方面由于战争的原因,不可能集中精力进行经济建设;另一方面,由于当时的总思路是消灭商品—市场关系,从而也就没有真正的企业,只能停留在理论争论上。这说明离开体制问题来谈企业管理,是没有着落的。唯有在恢复市场关系之后,列宁才进一步意识到:新经济政策"还有一个极其重要的方面:学习经营管理"。这表明管理同商品—市场关系有着内在的联系。

1921年以后,列宁逐渐把企业管理同市场关系联系起来。提出严于管理应当"以市场、商业为基础"的问题:他对放松管理造成懒散、盗窃、效率低下等现象十分厌恶,对于只强调民主不注重管理的想法和做法竭力纠正。他严厉批评那种"把需要开群众大会讨论的和需要管理的混淆起来"的观念,明确地提出:"一方面要开群众大会,一方面要毫不犹豫地进行管理,要比以前资本家管得更严。""应该记住,一定要比以前更严更紧地进行管理。否则,便会失败。""温情主义是一种并不亚于战争中的利己行为的罪恶"。他把克服纪律松弛、懒散、盗窃现象,加强严格的管理,百倍紧张的工作,视为商业原则的一个重要内容。"我们应当高度紧张地从事每天的劳动,否则我们就必然灭亡。"❷ 核心就是通过严格管理提高效率、扭转亏损局面,获得

---

❶ 《列宁全集》2版第34卷,第155、156页。
❷ 《列宁全集》2版第42卷,第191—193页。

更多的利润。从列宁的观点看,公有制企业主要是国营企业需要更严格的管理,从一定程度上说,比私有制企业的管理要更难一些,所以不能有"温情主义",强调"要比以前资本家管得更严"。

三、企业管理的民主集中制和专人负责制

为了保证严格的管理,列宁主张在企业实行民主集中制原则,特别强调要领导体制实行"一长制"。

关于在企业中贯彻民主集中制、实行一长制的思想,列宁早在1918年春天就提出来了。不过,当时由于战争的影响,特别是由于"整个社会就是一个大工厂"的思想的影响,企业不可能被视为商品生产者,而且由于"为政治热情所激励"、阶级斗争的白热化,也把"群众管理"的原则片面化了。所以,尽管列宁花了很大的气力宣传、解释民主集中制、一长制,但在实际中并未得到真正的贯彻。"直接向共产主义过渡"的理论和政策,使列宁清楚地看到,不实行商业原则的弊端极其严重,进一步认识到必须加强企业内部的管理。为此,他写了一系列的著作,并把学习管理提到关系苏维埃生死存亡的高度。

列宁强调在新经济政策时期"学习经济管理"的一个内容,就是"工厂管理机关和工会的更加正确的关系"。这指的是企业内部的管理体系,即民主集中制的具体化。工会是工人的群众性组织,工人参加管理一般要通过工会起作用;工厂管理机关主要贯彻"一长制"的原则。如何处理"一长制"和工会的关系,就成了当时企业内部贯彻民主集中制的主要内容。

关于这个原则,列宁在《新经济政策和教育局的任务》中从理论上作了历史的总结。他说:"共同讨论,专人负责。由于不善于实行这个原则,我们每走一步都吃到苦头。整个新经济政策要求我们把这两者分得非常清楚、非常明确。"共同讨论,就是发扬民主,让群众对经济建设问题充分发表意见,积极参加管

理。充分发扬民主，群众踊跃讨论，表现了人民的积极性，体现了社会主义企业的性质。没有这种民主，就会变成官僚主义的集中制。然而，在群众讨论的基础上要集中，要有专人负责，要落实到实际工作中去，否则，就会形成无人负责的现象，造成思想上的混乱、行动上的涣散。当时，列宁强调的着重点，在于管理。这是针对当时出现的松懈、涣散、"工人阶级失去阶级性"以及管理上的严重混乱现象而发的。

在列宁专门起草的《工会在新经济政策条件下的作用和任务》的决议中进一步具体规定了处理这个关系的原则。列宁认为，在共产党领导下，"工会应当是国家政权最亲密的和不可缺少的合作者。工会一般说来是共产主义的学校，尤其应当是全体工人群众以至全体劳动者学习管理社会主义工业（以后也逐渐管理农业）的学校。"❶ 他对当时工会参加经济管理规定了几种形式：①向经济机关推荐优秀的管理人员候选人；②参与对生产计划和供应计划的讨论；③对工人进行文化教育工作和生产宣传工作；④参与决定工资和供应标准的讨论，包括参与纪律裁判会，等等。一方面代表工人参与生产和经营的决策，反映工人群众的意见和利益，另一方面又要教育职工，为完成这一决策而奋斗。

当时，在工会的领导或倡议下，工人参加管理的形式还有：工厂委员会生产小组、工厂管理处技术会议、工人大会、工人代表会议，等等。其中生产会议比较普遍，就是一部分工人代表或全体工人讨论生产措施，提出合理化建议，表彰先进，总结生产成绩等。在俄共（布）第十三次代表会议决议中肯定了这样一些民主形式，进一步指出："正是由于国家机关有脱离群众的危险，所以应该加强吸引群众参加实际建设的工作。因此，经济工作人员也应该向群众（通过工人代表会议、工人大会、工厂委员会、

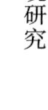

---

❶ 《列宁全集》2版第42卷，第191、370页。

非党工人代表会议、非党农民代表会议等）报告和汇报工作。"❶

同时，列宁又明确提出：工会对企业管理的态度，应当尊重"一长制"和"不干预"。为了提高生产力，恢复大工业，"在俄国目前的环境下，又绝对需要把全部权力集中在工厂管理机构的手中。"工厂的管理机关要按一长制的原则建立，它同工会签订集体合同，一些重大的管理问题必须给予厂长最大的机动自由的权力。"在这种情况下，工会对企业管理进行任何直接干预都必须认为是绝对有害的，不能允许的。"❷

"一长制"原则即专人负责制，也是"个人独裁权力"，是列宁在1918年春天开始提出的。这个原则要求，在生产中要"服从一个人的意见"，实行厂长负责制。他认为，这是由大生产的特点所决定的，也吸取了资本主义的管理经验。"应该说，任何大机器工业——即社会主义的物质的、生产的泉源和基础——都要求无条件的和最严格的**统一意志**，以指导几百人、几千人以至几万人共同工作。这一必要性无论从技术上、经济上或历史上看来，都是很明显的，凡是思考过社会主义的人，始终认为这是社会主义的一个条件。"❸ 技术上，没有统一的指挥，连续性的生产和协作就无法实现，正像大乐队没有指挥一样，这是和孤立的小生产所不同的。经济上，由集体劳动者组成的经济单位，是一个经营的整体，体现了流通过程与生产过程的有机统一，只有统一指挥才能达到生产统一标准的产品和取得一定效益的经济目的。历史上，已为资本主义创造的社会化生产所证明。资本主义制度矛盾的一个重要表现，就是个别企业的有组织性和整个社会的无政府状态，社会主义社会所要抛弃的是整个社会的无政府状态，而企业中的"有组织性"则要吸收过来，并进一步加强。所

---

❶ 《苏共决议汇编》第2分册，第361页。

❷ 《列宁全集》2版第42卷，第369页。

❸ 《列宁全集》2版第34卷，第179—180页。

以，在企业管理中，绝对不能把充分发扬民主和必要的个人独裁对立起来。为此，列宁在1918年春亲自起草了一系列管理条例，特别是铁路管理法令，给予"个人"以非常大的权力。

后来，列宁一直坚持一长制的管理原则。俄共（布）第九次代表大会曾为此进行了专门的讨论，并在决议中规定：在所有的工厂和车间中逐步推行一长制，挑选内行的人（包括领导干部、工人和专家）担任管理工作。要求使"集体领导制"无条件地让位于"一长制"。列宁认为，一长制并不排斥发扬民主、吸收群众参加管理，而是在民主基础上的集中。由于当时处于战争环境，一长制未能全面推行。这一要求，基本上是在新经济政策时期得以贯彻的。

1923年3月，俄共（布）第十二次代表大会决议，进一步肯定了列宁的这一指示，认为"必须在工业组织内从上到下地贯彻真正的一长制。"上级苏维埃机关不得无故干涉厂长的职权，也不能因为工人的工资福利问题妨碍他执行任务。"在这方面，党和工会工作人员一定要尽力协助苏维埃厂长。应当保护很好地完成自己任务的厂长，不让他受到一切意外的偶然事件的影响，没有绝对必要不得撤换或调动。"而没有完成任务的厂长，"不得再担任同样的或更高的工作"（除非有事实证明他又取得了这方面的经验）。❶

那时，从企业到托拉斯、辛迪加，都采取一长制。厂长和托拉斯经理是由上级委派的。辛迪加经理一般是由各托拉斯选举的，但被选后一经任命，就要负全部责任，然后定期向理事会汇报。正如列宁所说，一长制和官僚独裁制不同，是把"民主精神同劳动时的**铁**的纪律结合起来，同劳动时**无条件服从**苏维埃领导者一个人的意志结合起来"❷。

在实施过程中，就这个问题曾发生过多次激烈争论。常常有

---

❶ 《苏共决议汇编》第2分册，第271—272页。

❷ 《列宁全集》2版第34卷，第182—183页。

人把依靠工人阶级同强化管理对立起来，似乎公有制企业不应当严格管理。但是，列宁恰恰把严格的管理当作保证公有制企业生命力的最重要的条件之一。

在论述公有制经济中依靠群众和严格管理的关系时，他把工人阶级的主人地位和服从管理严格地区分开来。"工人阶级的统治地位体现在宪法中，体现在所有制中，还体现在正是我们推动事物前进这一点上，而管理则是另一回事，这需要本领，需要技能。资产阶级很懂这一点，而我们还不懂。"又说："要管理，就必须熟悉业务，做一个出色的管理人员。"❶他坚决反对借口集体负责而又无人负责的现象，反对由此引起的内部摩擦现象，而要把依靠群众同加强管理有机地统一起来，强调坚持"一长制"，强调"绝对需要把全部权力集中在工厂管理机构手中"，而这些管理机构又是"按个人管理制原则组成的。"他反对工会对企业管理进行直接干预。他之所以如此强调严格管理和专人负责，根本点在于遵循社会化大生产的规律，遵循发展生产力的需要，当然也体现了工人阶级的根本利益。为此，必须把说服同强制结合起来，甚至在重大决策上采取铁的手腕，反对和克服形形色色的无政府工团主义和纪律松弛现象。列宁的这些思想，同恩格斯在《论权威》中所阐述的社会大生产绝对需要权威的观点是完全一致的，并且更加具体化了。同时，列宁并没有忽视思想政治教育（见第十八章）。

总括起来看，列宁在社会主义建设初期的商品—市场关系中，提出了以商业原则——经济核算制为核心的社会主义经济管理体制和经营方式的新观点，形成了包括国家与企业之间、企业与企业之间以及企业内部的一套经营管理体系的雏形。它对马克思恩格斯的设想和列宁本人以前的论述，是一个重大的突破。尽管在具体形式和方法上有待于完善，但在理论上却具有重大的意义。

---

❶ 《列宁全集》2版第38卷，第246页。

第十章　揭示农村商品经济发展规律

> 交换和商业渗入农业，引起了农业的专门化，而且这种专门化在日益发展。
>
> 耕作技术水平愈高，农业集约化程度愈高，市场作用愈大，就愈常见这种在小块土地上进行的大生产。
>
> ——列宁

农村商品经济是列宁研究的重点之一。这是由俄国农村人口占多数、农业经济占有举足轻重的地位这一特殊国情决定的，也是领导俄国革命和建设的需要。以往人们认为，列宁继承了马克思关于地租和多种所有制形式方面的研究。实际上，列宁对农村商品经济的研究，其意义还要深广得多，尤其对农村商品经济发展趋势、规律及各种具体经济形式的研究远远超出了地租理论，可以构成一个相对独立的理论体系，它对于商品经济欠发达的国家更具有指导意义。

第一节　农业商业化趋势的特征

在列宁的经济著作中，研究农村、农业、农民问题的篇章最多，他还对俄国、美国以及欧洲许多国家的大量资料，进行了实证性分析，揭示了农村经济走向市场化的规律。

一、农村由自然经济向商品经济转变的进步性和特殊性

（一）农村经济市场化的趋势和进步作用

列宁对19世纪末20世纪初的俄国农村作了这样的估计："现代俄国农民所处的社会经济环境是商品经济。甚至在中部农业地带（这个地带与东南边疆地区或各工业省相比，在这一方面是最落后的），农民也完全受市场的支配，他们不论在个人消费方面或者在自己的经营方面都为市场所左右，至于赋税那就更不用说了。"❶ 列宁认为，就整个社会发展进程来说，这是一个巨大的进步。

在漫长的人类历史中，农村一直是以自然经济为主，这使得农村长期处于停滞状态。无论小农经济还是封建经济，都不能改变农村经济的落后面貌。列宁以俄国的徭役经济（即地主利用份地直接剥削农民的制度）为例，分析了农村经济停滞的条件和状况。"第一，自然经济占统治地位。农奴制的领地必然是一个自给自足的和闭关自守的整体，同外界很少联系。地主为出卖而生产粮食（这种生产在农奴制后期特别发达），这是旧制度崩溃的先声。第二，在这种经济下，直接生产者必须分得生产资料特别是土地，同时他必须被束缚在土地上，否则就不能保证地主获得劳动力。因此，攫取剩余产品的方法在徭役经济下和在资本主义经济下是截然相反的：前者以生产者分得土地为基础，后者则以生产者从土地上游离出来为基础。第三，农民对地主的人身依附是这种经济制度的条件，所以，必须实行'超经济的强制'。第四，技术的极端低劣和停滞是上述经济制度的前提和后果，因为经营农业的都是些迫于贫困、处于人身依附地位和头脑愚昧的小

---

❶ 《列宁全集》2版第3卷，第145页。

农。"❶ 列宁的这个分析,概括了自然经济的落后性,揭示了自然经济阻碍生产力发展的内在根源。俄国经济之所以落后于西欧各国,与自然经济占一定优势分不开。

19世纪60年代,俄国废除了农奴制("改革")。但是,"资本主义经济不能一下子产生,徭役经济不能一下子消灭。因此,唯一可能的经济制度只能是一种既包括徭役制度特点又包括资本主义制度特点的过渡的制度。"其表现形式之一是工役制——用各种工资、计酬的形式使用附近农民的工具和牲畜来耕种土地,这是徭役制度的残余。当时,民粹派颂扬工役制;而列宁则认定它是阻碍生产力发展的落后的生产关系,它所带来的是"极低的劳动生产率、'低得难以想象的'劳动报酬、停滞不前的耕作法"。❷

当时的商品经济发展以私有制为基础,必然由资本主义生产和商品经济互相推动。这种商品经济同样是农村生产力发展的巨大动力。列宁作了这样的描绘:"农业资本主义第一次打破了我国农业数百年来的停滞状态,大大推动了我国农业技术的改造和社会劳动生产力的发展。几十年资本主义的'破坏'所做的事情,比过去整整几个世纪做到的还要多。墨守成规的自然经济的单一性,被商业性农业形式的多样性代替了;原始的农具开始让位于改良农具和机器;旧耕作制度的固定不变状况被新的耕作方法破坏了。这一切变化的过程是同上述农业专业化现象密切联系着的。"❸

它的进步作用表现为:①农民摆脱了土地的束缚和自给自足经济的闭塞状态,由面向自身消费到面向市场;②促进了技术进步,促进了专业化的发展;③促进了人口流动,带来了新的知识要素;④墨守成规的单一农业正在变成技术上经过改造的和具

---

❶ 《列宁全集》2版第3卷,第161、162页。

❷ 《列宁全集》2版第3卷,第165、187、188页。

❸ 《列宁全集》2版第3卷,第280、281页。

有多种多样形式的商业性农业；⑤农民的物质生活得到了很大提高。总之，如果不发展商品经济，农村的落后面貌是永远改变不了的。这个分析，适用于不同的社会制度。列宁晚年对公有制下的商品货币关系的看法之所以改变，是与他前期对商品经济进步作用的研究分不开的。

从历史的发展看，商品经济代替自然经济是一个必然的趋势。用列宁后来的话说，就是："在任何地方和任何国家，**商业性农业增长**的过程都在不可遏止地进行着。"❶

（二）农村商品经济发展的特点

农村由自然经济向商品经济转变带有与工业不同的特点，这是和农业本身的特性分不开的。列宁强调指出："不应当夸大这种（指农业与工场手工业——引者）类似之处"，因为"农业有许多绝对不能消除的特点（如果把在实验室制造蛋白质和食物这种过于遥远和过于不可靠的可能性撇开不谈的话）。由于这些特点，农业中的大机器生产永远也不会具备工业中的大机器生产的全部特点。"❷ 所以，在研究农村商品经济发展时，一方面要注意它与城市经济的共性，另一方面还要从农业的特点出发，注意它的特殊性。

由于农业所处的自然条件比工业复杂得多，由于农业既是经济再生产，又是自然再生产，它本身的特点是"阻碍农业依附市场"的。因此，在商品经济不可遏止的发展过程中，它表现了特殊的方式。"商业性农业的形成过程本身，同工厂工业不尽相同。在工业中，这采取简单的、直线的形式；在农业中，情况却不同：那里大多数是商业性农业和非商业性农业相互掺杂，各种不同的形式结合在一起。每一个地区，运往市场的主要是某**一种**产品。一方面，地主的生产，特别是农民的生产是商品性生产，

---

❶ 《列宁全集》2版第17卷，第106页。

❷ 《列宁全集》2版第5卷，第120页。

另一方面，这种生产又保留着自己的消费性质。"❶

第一，发展中带有更大的不平衡性，地区间进展参差不齐。

第二，"正是在农业中，自然经济，即不是为市场而是为经营者的家庭本身的消费进行的生产起着比较大的作用，它让位给商业性农业的过程进行得特别缓慢。"

第三，商品经济与自然经济常掺杂在一起，又互相转化，即使像美国那种商品经济相当发达的国家，"农业在相当大的程度上还保存着自然经济的性质。"❷ 当市场有利时，可以把自己的消费部分拿出来卖一部分；当市场不利时，又可将商品部分转化为自身的消费。他认为农村经济"最大的自然性始终表现在中等农户身上，但即使在他们那里，也绝对不可能没有相当部分的商品经济（货币形式的收支约占全部收支的40％左右）。"❸

二、商业性农业带来的专业化和系列化

自然经济的特点是社会分工程度低，尤其是农民生产仅仅为了自身的消费，其分工为家庭内部自然分工，其交换为人与自然的交换。而商品经济则以日益深化的社会分工为前提，反过来又促进社会分工的发展。农村经济市场化的趋势首先带来的是专业化和系列化，然后进入到集约化和企业化。

（一）由自然分工向专业化发展

农村商品经济的发展，必然突破农民家庭内部的分工促进生产的专业化。列宁把这种趋势视为带规律性的现象。他在研究了大量事实后指出："商业性农业的发展表现为农业的专业化。"❹ "交换和商业渗入农业，引起了农业的专门化，而且这

---

❶ 《列宁全集》2版第7卷，第94页。
❷ 《列宁全集》2版第27卷，第199、200、229页。
❸ 《列宁全集》2版第44卷，第5页。
❹ 《列宁全集》2版第3卷，第223页。

种专门化在日益发展。"❶

列宁在《俄国资本主义的发展》中,详细地分析了这一过程。其要点为:

(1)农业愈来愈带有商业性质,而商业性农业的发展则主要表现为农业的专业化。"由于农业的性质,它向商品生产的转变是以特殊方式进行的,和工业中的这种过程并不一样。加工工业分为各个完全独立的部门,这些部门都只生产一种产品或产品的一个部分。而农业性工业则不分为各个完全独立的部门,它只是在一种场合下专门生产一种市场产品,而在另一种场合下又专门生产另一种市场产品;而且农业的其他方面都要适应于这种主要的(即市场的)产品。"❷ 开始出现的是大量的专业化农户和兼业农户,他们一方面继续从事农业生产,另一方面用越来越多的精力生产在市场上销售的某种产品。

(2)逐步形成农业地区的分工。诸如,亚麻业地区;"以畜牧业为主的",特别是"牛奶业很发达"的区域;以谷类作物为主的区域;甜菜地区;酿酒用马铃薯种植地区以及烟草地区等。上述经济地区是19世纪末在欧俄境内出现的,并且每年还在不断地发展和独特化。在形成专业的农业区的同时,又形成了大批的专业村庄,他们有的只生产某一产品的一个品种,有的只生产某一产品的一个部分。

(3)手工业的发展成为农村商品生产初始的重要形式。当时仅莫斯科一省就有37种手工业,2278个作坊,11833名工人和500万卢布以上的生产总额。由于俄国当时资本主义的经济落后,所以手工业者几乎还没有从农民中分化出来,他们同土地的联系十分紧密。

---

❶ 《列宁全集》2版第17卷,第106页。
❷ 《列宁全集》2版第3卷,第278页。

（二）专业化发展为系列化

按照列宁的论述，农村商品经济的进一步发展必然在专业化的基础上形成多种形式的系列化。这主要表现为：

（1）集中销售带动分散的生产。在资本主义条件下表现为"包买商"的系列。列宁多次对"包买商"形成的过程、作用及其性质作过详尽的论述。随着商品生产专业化的提高以及市场的不断扩大，原来商品经济极不发达的小生产者那种小规模的分散销售，已经逐渐成为不可能。在大市场上，销售往往是大规模的、整批的。于是，要解决这种矛盾，就只有依靠少数富裕户独揽销售。他们大批地收购制品（或原料），这样就减少了销售的费用，把小规模的、偶然的和不正规的销售变为大规模的和正规的销售，并且通常以这种或那种形式使众多小生产者从属于自己。这些人就是包买商。在资本主义条件下，包买商实质上是商业资本的代表。

（2）农产品的生产和加工工业及大型储存的结合。列宁不但分析了俄国的资本主义商品经济在农村的发展，而且还进一步研究了欧美农业发展的一些特点。他认为："农产品加工业和农业的结合，是农业中独特的资本主义进步的最明显的标志之一。"❶ 这是商品经济所带来的技术进步的重要表现。列宁详尽地分析了"农产品的技术加工"，认为这种"技术性农业生产的增长对于资本主义的发展问题有很重要的意义。第一，这种增长是商业性农业发展的一种形式，而且也正是这种形式才特别突出地表明了农业如何变为资本主义社会的一个工业部门。第二，农产品技术加工的发展通常总是和农业的技术进步密切联系着的：一方面，加工原料的生产本身常常要求不断改进农业（例如，种植块根作物）；另一方面，加工时剩下的废料往往可以用于农业，提高农业的效益。"❷

---

❶ 《列宁全集》2版第5卷，第186页。

❷ 《列宁全集》2版第3卷，第254—255页。

列宁对于俄国的酿酒业、甜菜制糖业、马铃薯淀粉业、榨油业、烟草业、工业蔬菜业、果园和果品加工业，欧洲的牛奶和酪制品加工业、葡萄和葡萄酒加工业等作了实证分析。这种系列化生产的显著特点，是加工技术与种植、养殖技术互相联接又互相制约。加工业要求农产品、畜产品基地化、良种化，而农产品、畜产品的生产依赖于加工，使之增值，即由初级产品变为中级或高级成品，增加附加值。当然，这种情况在资本主义条件下，往往是承担加工的大农户、业主或大资本家，靠牺牲农民的利益获取高额利润，无法克服他们与农民的矛盾；但它引起的技术进步，是列宁所充分肯定的。与此相关，他还论述了农产品大型储存在商品经济和技术中的重要性。这也是农业生产系列化的表现之一。

（3）大工厂对农村手工业、服务业的带动。这里除了木材工人、建筑工人、运输工人、开采泥炭沼地的工人和一般的所谓小工（多属亦工亦农）外，还有工人的若干辅助工作是由独立的小手工业者进行的；工厂中心或其周围出现了一些辅助性手工业，列宁称这种由工业带动起来的农村附属生产的发展为"工厂的附属物"。

三、农业的集约化和企业化

在市场推动下，商业性农业势必由一般的专业化向集约化转轨，并且组建各种形式的农业企业。这是农村商品生产经营的高级形式。

（一）市场经济促进农业集约化

农业集约化是列宁深入研究的一个重点。按照他的观点，在市场经济下，农业走向日益高级的集约化趋势，是一条重要的经济规律。

（1）农业中大经济优于小经济的原理

19世纪末20世纪初，从俄国民粹派到西欧各国的修正主义派别都极力宣扬粉饰小农经济的论调,证明小农经济的生命力、小农优于大农,说农业的资本集中并不排挤小生产,等等。为此列宁进行了大量的研究工作,在占有详细材料的基础上揭示了农业中的大生产优于小生产的规律。他指出:"农民对自己耕种的土地的私有权,是小生产的基础,是小生产繁荣并成为典型形态的条件。但这种小生产只能同狭隘的原始的生产范围和社会范围相容。"❶它不能适应市场竞争,摆脱不了贫困和破产的境地,更无法以手工劳动同资本主义大农业抗衡。"科学和技术每前进一步,都必不可免地、毫不留情地破坏资本主义社会内的小生产的基础。"他们由于受生产规模、资金和技术等限制,不可能采取农业机器、先进技术,在"资本主义制度下没有出路"❷。暂时出现的"农业中小生产稳固,绝对不是由于它在技术上合理,而是由于小农拼命干比雇佣工人干更多的活,而同时却把自己的需要水平降低到后者的需要水平和生活水平以下。"❸他的论证表明,个体农业小生产是不可能适应市场竞争的,势必分化,然后才能采用新的经营方式。

(2)市场经济推动着农业集约化

列宁在研究农业大生产优于小生产的过程中,逐步将重点转移到研究农业的集约化,由注重耕作规模到注意投资规模和农业的收益,特别是对西欧北美农业发展趋势的实证分析,对集约化趋势作了新的概括。

1914年3月,他研究了莫斯科郊区的农业(主要是园艺业和蔬菜),认为"这个市场优势比较发达的地区的例子,就更清楚地向我们表明资本主义统治下**各种**农民经济的**基本**特点。""值得注意的是这个地区的资本主义农业是在通常的土地上,在经营

---

❶ 《列宁全集》2版第26卷,第72页。
❷ 《列宁全集》2版第17卷,第15页。
❸ 《列宁全集》2版第4卷,第81页。

规模极小的情况下形成的。"于是,他得出结论:"耕作技术水平愈高,农业集约化程度愈高,市场作用愈大,就愈常见这种在小块土地上进行的**大生产**。"❶

1915年12月,列宁进一步研究美国的农业统计材料,写了《关于农业中资本主义发展规律的新材料》(第一编)的长篇论文。他将粗放经营与集约经营进行对比,认为不能简单地按土地数量来划分农户和研究资本主义关系,因为"资本主义农业发展的主要路线就是:**小经济**(就土地面积来说**仍然是小经济**)**变成大经济**(就生产的规模、畜牧业发展、使用肥料数量、采用机器增多等等来说是大经济)。"他认定集约化的发展是资本主义现代农业带有的普遍性的特征。他在分析了生产水果等的典型农户之后写道:"可见,现实生活中存在着农场土地面积大量**减少**而同时其人造肥料费用大量**增加**的情况,因此'小'生产——如果仍然按照惯例,根据土地面积把它算作小生产的话——按其投入土地的资本数量来说却是'大'生产。这种情况并不是个别的,而是所有正在以集约农业代替粗放农业的国家的典型现象。**一切资本主义国家都是如此**"。❷

(3)集约化的重要特点在于资本密集和技术密集

列宁对集约化作了高度的概括:"什么是集约化?就是更多地投入劳动和资本。"❸又说:"对土地投资,这是什么意思呢?这就意味着改进农业技术,实行农业集约化,逐步走向更高级的耕作制度,更多地使用人造肥料,改良和更多地使用农具和机器,更多地使用雇佣劳动,等等。"❹以此充分利用土地资源,取得更高的收益。就是说,集约化的基本特点不在于土地规模过

---

❶ 《列宁全集》2版第24卷,第377、378页。
❷ 《列宁全集》2版第27卷,第204、176页。
❸ 《列宁全集》2版第16卷,第273页。
❹ 《列宁全集》2版第27卷,第194页。

大（当然也有一定的规模），而是在适当的土地面积上充分利用土地资源，以高投入（包括资金、技术、劳动）获得高产出、高商品率、高收益。这个论述进一步丰富了级差地租理论，即用投资和技术改造土地，造成新的级差收入。

（4）集约化要求高质量的产品

在分析农业集约经营时，列宁注意了数量和质量的关系、集约化和规模的关系。他以畜牧业为例，认为这种进步"不单表现在数量的增长上，有时甚至主要不是表现在这方面，而是表现在质量的提高上，表现在以优代劣和增加饲料等方面。"同时，规模和质量也不是对立的，往往是"农户规模愈大，牲畜的质量就愈高。"❶在市场经济下，各种消费需求对于各种农产品质量的要求愈来愈高，包括培植新的品种、达到品质的标准化，而且变化也很快，特别是世界市场上激烈的竞争更促进农产品更新换代。所有这些都同科学技术的神速发展直接联系着。

列宁对于农业集约化的深入研究，揭示了市场经济和集约经营之间的内在联系，其中科学技术的因素是它重要的支撑。就时代特征来说，如同工业上的集约经营（特别是科学管理的出现）是发达商品经济的一个标志一样，20世纪初开始出现的农业集约化也是它的一种表现。列宁对于农业集约化的论述有着重要的理论价值和实用价值，即使对于工业乃至整个经济由粗放型向集约型转轨都有指导意义。

（二）企业性农业的特点和形式

商业性农业的进一步发展，必然形成一定程度的规模经济，构建为农业企业。这是专业化、集约化、系列化的综合表现。列宁论述的资本主义农场、农牧产品加工厂（如乳制品加工厂、酿酒厂等），以及后来论述的从事大生产的"小农"，都属于这种企业性农业。按照列宁的观点：企业性农业属于商业性农业，但

---

❶ 《列宁全集》2版第5卷，第215—217页。

比其他形式高一级。第一，要有一定的规模，一定数量的资金，能够获取规模效益；第二，完全或基本上没有自给性的消费生产，而以盈利为目的；第三，有一定技术、设备来保证生产高质量的产品；第四，能够把其他的小生产联系起来。就是说，它具有企业的一般特点。同时，农业企业也有自身的特点，即："农业中的企业要多得多、小得多，这正是农业的落后性、分散性和零碎性的表现。"而且，即使像美国那样的国家，"农业中企业总数的增加比工业慢得多"。❶因此，不能把工业企业模式完全照搬于农业。

第二节　土地问题与商品经济发展的关系

土地问题，是列宁自1900年到1914年间研究最多的一个问题，主要论著有12篇（部），加上短篇文章近30篇（部），代表作为《社会民主党在1905—1907俄国第一次革命中的土地纲领》（1907年11—12月）。由于列宁的研究成果卓著、见解独到，当时被欧洲马克思主义者誉为"土地专家"。这里，我们不打算全面论述列宁关于土地问题的思想体系，而是侧重于阐释土地问题与商品经济的关系。

一、解决土地问题客观上为商品经济发展扫清道路

列宁所以热衷于研究土地问题，是基于革命的需要，即从俄国的国情出发进行无产阶级领导的资产阶级民主革命，而这个革命的中心是农民问题，农民问题的症结又在于土地问题。"'欧洲'和俄国之间的不同是由于俄国极端落后产生的。在西欧，资产阶级土地制度已经完全建立，农奴制早已消灭，农奴制残余微不足道，起不了什么重大作用，西欧农业方面的主要社会关系是

---

❶　《列宁全集》2版第27卷，第229页。

雇佣工人对农场主或土地占有者的关系……但是在我国，纯资本主义关系还在**广大**范围内受到**农奴制**关系的压制。居民群众，首先是全体农民群众正在同这种关系做斗争——这就是俄国土地问题的特点所在。"❶ 又说："俄国土地问题的经济实质是什么呢？就是对俄国进行资产阶级民主改革。"❷ "农民经济是俄国现代土地问题的中心点。"❸

正是基于这个思想，列宁反复论证解决土地问题并不消灭商品经济，也当然不是无产阶级的最终目的（当时是把社会主义同消灭商品经济联系起来），而民主革命恰好是为商品经济的发展扫清道路。他说："目前土地变革的实质就是要消灭农奴制大地产，造就自由的和富裕的（在目前可能的范围内）农民，使他们不是勉强地混日子，不是在地里苦熬，而是能够发展生产力，提高农业经营水平。这种变革完全不触动，也不可能触动农业中的小规模**经营**、**市场**对生产者的统治。"资本主义要取消农奴制残余的束缚，"要求土地上的任何经营一律适应市场的新条件和新要求"；即使是实行土地国有化，也还是"表达了在商品生产条件下尽量发展土地生产力的要求"。用马克思主义的观点来看，"农民经济获得最充分的自由，在全民的或者说不属于谁的或者说属于'上帝的'土地上经营的小业主相互之间完全平等，——这就是商品生产的制度。市场把小生产者联系起来，使他们受市场的支配。产品的交换造成了货币的权力，随着农产品变为货币，劳动力也变为货币。商品生产成为资本主义生产。"❹ 这就是农民摆脱封建束缚、获取土地经营权之后经济发展的必然趋势，也是农业生产力发展的客观要求。

---

❶ 《列宁全集》2版第21卷，第312—313页。
❷ 《列宁全集》2版第25卷，第316页。
❸ 《列宁全集》2版第17卷，第68页。
❹ 《列宁全集》2版第16卷，第200、245、260页。

二、资本主义农业的两种演进方式

列宁在研究土地问题时，从世界历史的分析中得出资本主义农业演进的两种方式、两条道路的论断，即普鲁士容克方式和美国方式。

他说："在资产阶级国家里消灭农奴制可能有两条道路。"

"第一条消灭农奴制的道路，就是农奴主—地主农场缓慢地转变为容克—资产阶级农场，大批农民变成单身无靠的农民和雇农，用暴力保持群众贫穷的生活水平，同时分化出一小撮大农，也就是资本主义必然要在农民中间造成的资产阶级大农。"

"第二条发展道路，我们称之为美国式的资本主义发展道路，以别于第一条道路，普鲁士式的道路。第二条道路也要求用暴力来摧毁旧的土地占有制。"❶

"在前一种情况下，农奴制地主经济缓慢地转化为资产阶级的容克经济，同时分化出为数很少的'大农'，使农民遭受几十年最痛苦的剥夺和盘剥。在后一种情况下，地主经济已不再存在，或者已被没收和粉碎封建领地的革命所捣毁了。农民在这种情况下占优势，成为农业中独一无二的代表，逐渐演变成资本主义的农场主。在前一种情况下，演进的基本内容是农奴制转变为盘剥，转变为在封建主—地主—容克土地上的资本主义剥削。在后一种情况下，基本背景是宗法式的农民转变为资产阶级农场主。"❷

这两种演进方式，既是资产阶级革命中解决土地问题的两种方式，也是资本主义商品经济的农业演进的两种方式。按照"普鲁士式"的道路，农业商品经济发展要经过一个缓慢的过程；按照"美国式道路"，农业商品经济发展则很快形成蓬勃之势。他

---

❶ 《列宁全集》2版第16卷，第388—389页。
❷ 《列宁全集》2版第16卷，第205—206页。

在研究美国农业统计资料之后,得出这样的结论:"在美国,农业资本主义**更纯**一些,分工**更明确**一些;同中世纪、同依附于土地的劳动者的联系**更少**一些;地租压迫轻一些;商业性农业同自然经济的农业的混淆程度轻一些。"❶ 所以他主张采用第二种革命的方式解决土地问题,倡导彻底的资产阶级民主革命,摒弃改良主义道路。

列宁的这个概括,是马克思主义土地理论的新内容,也是对世界资本主义农业发展道路的科学抽象。这对于我们深入研究农村商品经济,对于研究不同国家以不同方式进行"土地改革"造成的后果及其发展趋势,仍然有重要的理论价值。

三、土地国有化将为商品经济发展创造条件

列宁依据资本主义农业两种演进方式的分析,进一步提出通过民主革命解决土地问题的具体形式为土地国有化。他说:"俄国革命只有作为农民土地革命才能获得胜利,而土地革命不实行土地国有化是不能全部完成其历史使命的。"他认为,土地国有化并没有超出资本主义革命的范围,当然也不会消灭商品经济,相反,却为商品经济的发展创造了条件。他指出:"以**经济现实**为依据的土地国有化概念,是商品社会和资本主义社会的范畴。……在资本主义关系下实行土地国有化,无非就是把地租交给国家。""废除土地私有制就是在资产阶级社会可能做到的范围内,尽量铲除一切阻挠资本自由地投入农业、阻挠资本自由地从一个生产部门转入另一生产部门的障碍。让资本主义获得自由、广阔和迅速的发展,让阶级斗争有充分的自由,不让任何把农业变得同'血汗制'工业相似的多余的中介人插手——这就是在资本主义生产条件下的土地国有化。"总之,"土地国有化正是我国农业中资本主义取得最迅速的进步的条件。"❷

---

❶ 《列宁全集》2版第56卷,第559—560页。

❷ 《列宁全集》2版第16卷,第392、260—261、280—281、286页。

列宁特别指出，土地国有化并不妨碍土地进入流通领域，它的经营权可以在市场上交易。"在可以向国家自由租种土地（在资产阶级社会中，土地国有化的实质就在于此）的情况下，土地被卷入商业周转的情形要比在土地私有制占统治地位的情况下**更加普遍**。在自由租佃的情况下，对土地投资的自由，农业竞争的自由，都比在私有制的情况下多得多。"❶ 事实上，旧俄国的份地（一种封建性质的"官有"土地）正在越来越多地进入流通，交易额越来越多。据此，列宁作出判断："资本主义**正在破坏**旧的份地占有制。农业现在不是迁就**官有**份地，而是要求土地买卖**自由**，要求土地自由租入和出租，这是符合市场需要和资产阶级经济结构的需要的。"❷ 由此类推，土地国有之后，更有利于土地经营权的流动，形成土地产权市场。这个论点，在土地公有制下也是可以借鉴的，土地资源在一定范围内通过市场配置，而不变更终极所有权。

列宁的这个看法是同产权概念的层次性和产权的可分性联系在一起的。他认为，土地所有权归于国家，并不妨碍地方分层管理和个人经营，把土地分配给农户或协作社经营，必然要交给地方政府分级管理。"如果关于这一切还可能产生什么误会，那要么是由于不了解所有权、占有权、支配权、使用权等概念的区别，要么是由于蛊惑人心地玩弄省区自治和联邦制。"（指的是所谓"地方公有化"）❸ 他不同意孟什维克提出的土地地方公有化，因为它不能消灭农奴制残余，还会巩固作为封建残留的份地所有制。但是，土地国有化并不取消地方管理和农户、协作社经营，从而也允许土地使用权、经营权的交易，在土地市场上流转。这一产权分割的现象是市场经济下常见的现象。列宁的这个

---

❶ 《列宁全集》2版第17卷，第114页。
❷ 《列宁全集》2版第24卷，第378页。
❸ 《列宁全集》2版第16卷，第302页。

观点对于研究市场经济中的产权关系、产权流动有重要的指导意义,可谓一大理论建树。

还需要注意的是,列宁在1917年为《社会民主党在俄国第一次革命中的土地纲领》一书所写的跋中,有了"另一种提法",即"土地国有化不仅是资产阶级革命的'最高成就',而且是**走向社会主义的一个步骤**。"❶ 就是说列宁在提出土地国有化作为资产阶级民主革命纲领时,就考虑到它同下一个革命之间的衔接,把消灭土地私有制作为走向社会主义的一个准备。这和后来他对合作社看法的改变、对于探索社会主义建设初期的商品、市场关系有着一定的联系。可以引申理解为:在土地国有化的前提下,存在着市场交易并不会影响所有制关系,可以对土地的经营权、支配权、使用权进行交易。现在看来,即使在社会主义条件下(尤其在中国),也应当研究土地问题的新情况及相关问题,制定相应的土地政策。

四、丰富和发展了地租理论

地租理论是《资本论》的重要内容,也是土地问题的理论基础。列宁的商品经济理论不仅针对俄国和发达资本主义国家的土地问题深入论证了地租问题,而且把以剩余价值为基础的地租作为商品经济的重要范畴,后来又运用于社会主义建设初期的市场关系中。就商品经济理论来说,他从以下几个方面发挥和发展了马克思关于地租的观点。

(一)对地租理论及运用作了简洁的概述

他在《卡尔·马克思》一文中用十分精练的语言把这一相当复杂的问题清晰准确地表述出来:

由于土地面积有限,而在资本主义国家中土地又全被各个业主所占有,所以农产品的生产价格不是取决于中等地的生产费

---

❶ 《列宁全集》2版第16卷,第396页。

用，而是取决于劣等地的费用，不是取决于产品运往市场的中等条件，而是取决于产品运往市场的劣等条件。这种生产价格与优等地（或优等条件下）的生产价格的差别，就产生等差地租或者说级差地租。马克思仔细分析了这种地租，说明它来源于各块土地肥力的差别，来源于土地的投资量的差别，这就完全揭露了李嘉图的错误。李嘉图认为级差地租只是由于从优等地依次向劣等地转移而产生的。实则相反，也有逆向的转移，也有某一类土地转变为别类土地的情况（由于农业技术的进步、城市的发展等），所以那个出名的"土地肥力递减规律"是极其错误的，是把资本主义的缺陷、局限性和矛盾归咎于自然界。其次，利润在工业的各个部门乃至整个国民经济的各个部门中平均化的提前，是竞争的完全自由，是资本从一个部门向一个部门流动的自由。但土地私有制造成垄断，妨碍这种自由流动。由于这种垄断，资本有机构成较低，从而个别利润率较高的农业的产品，就不加入完全自由的利润平均化过程，土地所有者作为垄断者有可能使价格保持在平均价格之上，而这种垄断价格就产生绝对地租。在资本主义存在的条件下，级差地租是不可能消灭的，而绝对地租却可能消灭。例如在土地国有化的时候，在土地转归国家所有的时候就可以消灭。这种转变会打破私有者的垄断，会导致在农业中更彻底更充分地实行自由竞争。因此——马克思指出——激进派资产者在历史上多次提出土地国有化这一资产阶级的进步要求，但资产阶级中大多数人却害怕这个要求，因为这个要求太接近于触动当代另一种特别重要的和特别"敏感的"垄断，即一般生产资料的垄断。❶

在这里，列宁不但用自己的语言表述了马克思的基本观点，而且包括了他在土地问题研究中的新见解，还揭示了资产阶级和修正主义对地租理论的曲解及其理论基础。这样，就把马克思主

---

❶ 参见《列宁全集》2版第26卷，第69—70页。

义的基本原理同现实的理论论战和政治斗争密切地联系起来。下面我们阐释它所包含的新见解。

（二）把地租视为商品经济的一个普遍范畴

从列宁的全部论著可以看出，关于以剩余价值为基础的地租范畴（前资本主义地租是剩余劳动、剩余产品的形式，不表现价值形态，不受平均利润率规律的影响，与生产价格范畴无关），不仅适用于次发达的资本主义商品经济和发达的资本主义商品经济，而且适用于社会主义建设初期商品、市场关系；不仅适用于土地私有制的条件，而且适用于土地国有制乃至土地公有制（后者指的社会主义国有制）。他说："在资本主义关系下实行土地国有化，无非就是把地租交给国家。"❶ 而在社会主义条件下，"我们废除的是土地私有制，而农民并没有私有的土地，他们是在租来的土地上经营。"❷ 明确这一点十分重要，因为它是构成社会主义商品经济的一个重要内容，也可作为社会主义市场经济条件下自觉运用地租范畴的借鉴（应当说，无论是以前的苏联及其他社会主义国家，还是中国，在经济建设中对地租范畴的运用都是不够的，甚至自觉不自觉地有废除地租的倾向）。这一点我们应当加深理解，作为研究社会主义市场经济条件下开发、利用土地资源、提高土地效率的一把钥匙。

（三）系统地批判"土地肥力递减规律"论

"土地肥力递减规律"，是资产阶级经济学家土地理论和地租理论的基石，从李嘉图、马尔萨斯到俄国的布尔加柯夫以及德国的修正主义者大卫等人都以这个"规律"来为资本主义辩护，从而掩盖了资本主义的矛盾，也违背了科学技术的规律，其本身是反科学的。他们认为资本主义经济规律不适用于农业，力图用"永恒的自然规律"来取代社会经济规律。20世纪初，"合法

---

❶ 《列宁全集》2版第16卷，第261页。
❷ 《列宁全集》2版第42卷，第190页。

马克思主义者"布尔加柯夫重弹马尔萨斯的老调，认定每次投入土地的追加劳动和追加资本所提供的产品数量，不是相应增加而是递次减少，甚至由此推导出荒谬的悖理：如果投入土地的劳动和提供的产品不递次减少而是数量相等，那就根本用不着扩大耕地了，在原有的土地面积上（不管多么小）就可以生产更多的粮食，乃至"全世界的农业就可以容纳在一俄亩土地上了"。列宁用各国农业发展的大量事实加以驳斥，然后指出："资产阶级的辩护士自然要设法回避农业落后的社会原因和历史原因，而把这种落后归咎于'自然力的保守性'和'土地肥力递减规律'。这个臭名远扬的规律所包含的无非是辩护术和糊涂思想。"❶

实际上，土地肥力递减并不是规律，恰好是集约经营的对立物。"它抛开了技术水平和生产力状况这些最重要的东西。事实上，'追加的（或连续投入的）劳动和资本'这个概念本身，就是以生产方式的改变和技术的革新**为前提的**。要大规模地增加投入土地的资本的数量，就必须**发明**新的机器、新的耕作制度、新的牲畜饲养方法和产品运输方法，等等。"当然，土地的生产能力在相对的技术水平不变的条件下确有一定的限度，"较小规模地'投入追加劳动和追加资本'，可以在原有的、没有改变的技术水平的基础上实现（而且正在实现）。在这种情况下，'土地肥力递减规律'在某种程度上倒是适用的。"所以，它不是什么普遍规律，"而是极其相对的'规律'，相对地说不是一种'规律'，甚至说不上是农业的一个重要特征。"农业的集约化打破了这种所谓"规律"的神话，关键的一条是随着技术的改进和市场经济的发展，改变了土地的自然状况和经济地理位置，可以在规模并不甚大的基础上从事高投入、高产出的经营。"谁都知道，市郊农民的1俄亩土地，相当于偏僻地区农民的10俄亩土地，而且经营形式由于临近城市也有极大的改变。"❷因此，

---

❶ 《列宁全集》2版第5卷，第210页。

❷ 《列宁全集》2版第5卷，第88，141页。

市场经济所选择的不是这一个反科学的"规律",而是农业的集约化。

(四)界定了两种地租、两种垄断及其不同的作用

列宁为了回答"合法马克思主义者"对地租理论的否定,详细分析了两种地租形态。劣等地(或劣等条件下)的生产价格和优等地(或优等条件下)的生产价格的差别就产生级差地租,它产生于土地肥力和环境的差别、投资量(加技术条件)的差别。而绝对地租则产生于土地私有制。前者是同土地经营权的垄断相联系,后者是同土地私有权的垄断而联系。前一种垄断是由于土地有限,后一种垄断是由于土地私有制造成的经济关系的限制。前一种垄断参与市场流转和利润平均化过程,后一种垄断则妨碍土地流转的自由和不参与利润平均化的过程,且会产生垄断价格,使农产品价格在平均价格之上。列宁说:"对土地所有权的垄断和对土地经营的垄断,不仅在逻辑上而且在历史上,都是两种完全不同的现象。在逻辑上,我们完全可以设想完全没有土地私有制,土地归国家或村社等所有这样一种纯粹的资本主义农业组织。在现实中,我们也看到,在所有发达的资本主义国家里,全部土地都被私人农场占用着,但是,这些农场不仅经营自己私有的土地,同时还经营从私有者那里租来的土地以及国家的土地和村社的土地。"❶ 这两种垄断、两种地租有着不同的作用。前者有利于采用科学技术、发展生产力,有利于土地资源的流动和农产品生产参与利润平均化过程;后者则妨碍采用新技术和土地资源的流动及其充分利用,妨碍生产力的发展。

正是因为这样,两种地租有两种不同的命运。列宁在论证土地国有化纲领时,分析了级差地租产生的基础和它的作用,然后说:"在资本主义农业中,即使土地私有制已全部废除,级差地租还是不可避免地要形成的……在土地私有制被废除的情况下,

---

❶ 《列宁全集》2版第5卷,第100页。

这笔地租就由国家获得。"而"绝对地租是由土地私有制产生的。这种地租包含有垄断成分，垄断价格的成分。土地私有制妨碍自由竞争，妨碍利润的平均化。"由此而来，"资本主义社会的土地国有化问题分为两个本质上不同的部分：级差地租问题和绝对地租问题。国有化更换级差地租的占有者，并根本消灭绝对地租。"❶ 如果联系后来社会主义建设初期的商品、市场关系及土地制度，也可以视为，在这里列宁不自觉地打下了一个伏笔：一旦认识转变，就会自觉地把这种关系引入公有制经济。这就启发我们，在社会主义市场经济条件下应当广泛运用级差地租理论，促进土地经营的集约化；为了保护土地资源和生态环境，即使类似绝对地租的资源税赋也可以考虑在一定范围内利用。

此外，列宁在论述土地问题和地租问题时还涉及了土地价格问题。他说："土地价格是一种预先计算出来的地租。因此它被看作是从一定数量的资本中所得到的收入。在购买土地时，需要花费资本，这种资本可以提供平均地租这种收入。因此工业的迅速发展进程在欧洲大大抬高了地租，并使之固定下来。"❷ 研究市场经济，研究农业商业化、集约化，研究城市房地产业的发展和运作，必须研究同地租（主要是级差地租）相关的地价问题。可以说，这是研究建立健全土地市场及土地资源管理的重要理论基础。

第三节　农民商品经济："消灭"—利用—疏导

如果说十月革命前列宁对农民、农业、农村以及土地问题的研究主要涉及资产阶级革命和资本主义经济关系范围内的商品、市场问题，那么十月革命后则成为社会主义革命和建设的一个实

---

❶ 《列宁全集》2版第16卷，第261—264页。
❷ 《列宁全集》2版第7卷，第96页。

践问题，仅靠原来马克思恩格斯的论点远远不够，而必须从实际出发重新探索和创造。他在十月革命后，对待农民商品经济走过了一个由消灭的试验转变为设法在一定范围利用、再转变为积极疏导和发展的过程，找寻一定的形式把它纳入社会主义经济关系体系。这同他对社会主义建设初期商品、市场关系的探索一样（是后者的重要内容之一），也是在马克思主义经济学说史上对农民问题和农业经济理论的一大突破。

一、取得政权后解决农民问题的出发点

纵观列宁的重大转变过程可以发现，那决不是随心所欲、情绪激动的表现，而是把目的和手段、实质和形式区分开来，围绕着基本的宗旨探寻解决问题的方法，从而导致理论上的"根本改变"。这里最核心的东西，是列宁解决农民问题的出发点和立足点。

从俄国的国情出发，农民占总人口的70％以上，农业特别是粮食问题历来是俄国经济发展中生死攸关的大事。所以，列宁一直研究如何满足农民的要求，适应他们的条件和愿望。早在20世纪之初，他就认定："农民问题在俄国社会中和俄国革命运动中不论过去和现在都占有重要的地位。"❶后来又说："土地问题是俄国资产阶级革命的根本问题，它决定了这场革命的民族特点。"❷十月革命后，列宁强调工农联盟是巩固政权、保证社会主义胜利的基础。他说："社会革命胜利的必要条件，就是各先进国家的被剥削劳动农民同工人阶级即无产阶级结成完全的联盟。今后俄罗斯共和国的整个国家体制和管理工作，从上到下都必须以这种联盟为基础。"❸为了结成、维护和发展这一联

---

❶ 《列宁全集》2版第4卷，第206页。

❷ 《列宁全集》2版第16卷，第387—388页。

❸ 《列宁全集》2版第33卷，第91页。

盟,他不惜多次向农民让步,同农民妥协,并且逐步改变了对中农的看法。直到他最后的文章都把工农联盟视为立国之本。他谆谆教导俄国共产党人:"我们应当努力建成这样一个国家,在这个国家里工人能够保持他们对农民的领导,保持农民对他们的信任。""如果在这两个阶级之间发生严重的阶级分歧,那么分裂将是不可避免的。"对此,看得愈清楚,"我们避免那种会使苏维埃共和国覆灭的分裂的可能就愈大。"❶ 正是基于这个出发点和立足点,列宁对于农村商品经济的政策和认识发生了多次转变。这从根本上说,体现了尊重作为生产力主体的劳动者的愿望同尊重客观经济规律的一致性。

二、消灭农民商品经济政策的失败

按照列宁原来的计划,就是在取得政权之后实行土地国有化,接着把土地分给农民集体组织,可以很快消灭农民商品经济。而实际情况并未完全按照列宁的思路发展。

第一次的变更,就是在1917年10月实行土地国有化进程中采纳了左翼社会革命党人的方案,对土地进行了平均分配。十月革命发生后的第二天,苏维埃发布了《土地法令》,宣布"立刻废除地主土地所有制",收归国有,无偿地分给农民使用。在这个法令后边附了由社会革命党起草的《农民的土地问题委托书》(根据242份地方农民委托书拟订),提出"土地应当平均使用,即根据当地条件,按劳动土地份额或消费土地份额把土地分配给劳动者",如果人口增加,劳动生产率提高,"土地应定期重新分配"。当时有人指责为什么要采用社会革命党人的方案?列宁回答说:"谁拟定的不都是一样吗?我们既是民主政府,就不能漠视下层人民群众的决定,即使我们并不同意。""实际生活是最好的教师,它会指明谁是正确的""我们应当跟随着实

---

❶ 《列宁全集》2版第43卷,第391、377页。

际生活前进，我们应当让人民群众享有发挥创造精神的充分自由。"❶ 可见，列宁并不固执己见，能够根据实际情况和群众的意愿采取灵活的方法和形式，甚至改变原有的计划。

然而，尽管在土地分配问题上有所改变，但消灭商品经济的重大问题还未受到实践的检验。1918年春天还比较谨慎，而进入战时共产主义时期就走向激进了。这一方面是由于战争所迫，另一方面也是因为主观上认定消灭农民商品经济的条件已经成熟。主要政策是余粮收集制、关闭市场、禁止买卖。但是，黑市到处都有，一些投机倒把活动十分猖獗。列宁当时主要强调反对农民商品经济。他说："商品经济的环境，又必然使农民（不是任何时候，而是在大多数情况下）成为商人和投机者。"❷ 又说："现实向我们证明，甚至在俄国，也同任何资本主义社会一样，资本主义商品经济还活着，起着作用，发展着，产生着资产阶级。"❸ 他当时则把从事小生产的农民视为资本主义复辟的基础："农民经济仍然是小商品生产。这是一个非常广阔和极其深厚的资本主义基础。在这个基础上，资本主义得以保留和重新复活起来，同共产主义进行着极其残酷的斗争。"❹ 他有一个著名的观点："小生产是经常地、每日每时地、自发地和大批地产生着资本主义和资产阶级。"❺ "反对贸易自由"，是当时的基本口号。现在看来，当时对农民的自发性估计得过于严重了。

如前所述，事情的发展不仅未达到消灭农民商品经济的目的，反而走向另一种局面。一方面农民积极性急剧下降，农业生产力遭到破坏，导致饥荒的日趋严重；另一方面黑市愈加突出，

---

❶ 《列宁全集》2版第33卷，第19—20页。
❷ 《列宁全集》2版第37卷，第274页。
❸ 《列宁全集》2版第36卷，第161页。
❹ 《列宁全集》2版第37卷，第269—270页。
❺ 《列宁全集》2版第39卷，第4页。

当时的统计资料表明，居民大部分食物是来自自由市场：1920年1月占粮食消费总数的65%（其中在产粮区为50%以上，在消费区为70%）。农民为了逃避余粮收集制，设法隐报，把粮食卖给商贩，约有1/5的谷物面积未报，1/3的余粮隐瞒，到1921年3月前收集的余粮只能完成一半左右，其余的流入黑市（估计3亿普特以上）。❶ 直到1920年底、1921年初发生多次农民暴动，消灭农民商品经济的政策归于失败。

三、利用农民商品经济恢复发展农业生产

转变是从改行粮食税开始的，即国家只收农民的一部分余粮（食物税），其余的允许到市场上交易，即恢复地方市场。这是对农民的又一次更大的让步，正如列宁所说："这个问题的本质在于工人阶级如何对待农民""我们必须对这两个主要阶级之间的关系（这两个阶级之间的斗争或妥协决定着我国整个革命的命运）作新的、也许可以说是更慎重更精确的补充考察，并且作一定的修正"，即"掌握国家政权的无产阶级和大多数农民之间达成妥协"。❷

对于战时共产主义时期的教训，列宁进行了反思，认识到走得太远了，损害了农民的利益，违背了他们的意愿。他把原来长期研究农民的理论运用到无产阶级掌握政权后的新情况，重新认识农民的特点："小农只要还是小农，他们就必须有同他们的经济基础即个体小经济相适应的刺激、动力和动因。这就离不开地方流转自由。"这就是农民发展商品经济的内在要求，反映了经济发展的必然趋势，他们希望同商业、工业建立交换关系。从这种客观实际出发，列宁提出："从理论上说来，能不能在一定的程度上给小农恢复贸易自由、资本主义自由而不至于因此破坏无

---

❶ 资料引自俄罗斯《祖国历史》杂志1993年第4期。
❷ 《列宁全集》2版第41卷，第50、51页。

产阶级政权的根基呢？能不能这样做呢？能够，因为问题在于掌握分寸。"就是说，在一定范围内利用小农的特性，调动他们商品生产经营的积极性，而不会动摇政权的根基。但是当时仍然认为，贸易自由＝资本主义自由。"我们所有的人，哪怕是只学过一点马克思主义起码常识的，都知道这种流转和贸易自由不可避免地要使商品生产者分化为资本所有者和劳动力所有者，分化为资本家和雇佣工人，这就是说，重新恢复资本主义雇佣奴隶制，这种制度不是从天上掉下来的，它在全世界都正是从商品农业经济中生长起来的。"❶ 由于经济困难，只是把它控制在一定范围内。所以，开始也还是暂时地利用它，从长远看这同社会主义仍然是不相容的。

不过，对待中农的看法已有很大的变化，因为中农是一种小业主，原来列宁曾认为复辟的主要危险就是来自这些小业主。现在转而要利用这些业主。由于土地的平均分配，农村已经均衡化了，"整个说来，农民已经处于中农的境况。""现在增加产品成为（已经成了）**关键和试金石**。因此，在农业方面要'指靠'中农。勤劳的农民是我国经济振兴的'中心人物'"。❷ 后来，他明确地提出让俄共领导人研究："**如何'限制'富农而又不妨碍生产力的增长**"❸，千方百计调动中农发展商品生产的积极性。可见，列宁在理论上和实践上都开始有了重大变化。

四、把国家引导的商业作为工农联盟的新基础

由于把农民商品经济限制在一定范围内仍不符合实际，结果仅仅半年的时间就被冲破了，受限制的商品交换为商业所取代，地方的小市场为全国的大市场所取代。到1921年10月以后，进

---

❶ 《列宁全集》2版第41卷，第55、54页。

❷ 《列宁全集》2版第41卷，第52、377页。

❸ 《列宁全集》2版第43卷，第46页。

而又改为国家调节和引导商业。列宁采取了所谓"改良主义"的渐进的办法，商业成了"千百万小农与大工业之间唯一可能的经济联系"❶。就是说，在国家引导之下允许和鼓励农民发展商品经济。这就成了工农联盟新的基础。列宁在俄共（布）十一大上明确指出了这一点："新经济政策的全部意义就在于而且仅仅在于：找到了我们花很大力量所建立的新经济同农民经济的结合。""我们在同农民一道建设自己的经济。我们要一次次地改造这种经济，并把它组织得能使我们在大工业和农业中的社会主义工作同每个农民从事的工作结合起来，农民是能怎么干就怎么干，只求摆脱贫困，而且是会怎么干就怎么干，决不卖弄聪明。"中心在于充分发挥农民的才能，只要有利于社会主义，摆脱贫困，可以放手地大干，大力发展商品经济，即"上面集中，下面农民自由贸易"的体制。到1922年11月，列宁高兴地说："真正大多数居民的真正经济活动"是"广大农民的活动"，"正是现在，农民精力充沛地、废寝忘食地重整自己的耕地，修复自己的农具、房舍、各种设施，等等。""在辽阔的俄国的农村和城市里这样普遍掀起的有目共睹的建设高潮，又是从哪儿来的呢？"在于农民非常"赢利"。❷列宁在《论合作社》一文中，则把农民个人的商品经营、"私人买卖利益"通过合作社这种组织形式同国家的利益结合起来，也就是探索把商品关系纳入社会主义经济的轨道。

五、国家对农业发展的指导和支持

在发展农业这个关系全局的大事上，列宁并非完全放弃国家计划的作用，而是改变了主要靠行政命令的方法，特别是放弃了战时共产主义时强制征收全部余粮的军事式手段。国家对农民商

---

❶ 《列宁全集》2版第42卷，第249页。
❷ 《列宁全集》2版第43卷，第74、75—76、262、257—258页。

品经济发展和农业生产给以多方面指导和支持。

首先,把恢复和发展农业摆在国民经济和国家计划的第一位。列宁在俄共(布)十大就指出:"我们必须懂得,虽然农民经济发生了危机,但是,除了依靠农民经济来帮助城市和乡村,我们没有别的办法生存下去。"❶ 可以说,当时的一切基本政策,都是围绕着迅速恢复和发展农业这个轴心旋转的,而一切经济部门的发展又都是以农业的发展为前提的。这一观点和政策,列宁在1921年11月莫斯科省第一次农业代表大会的讲演中阐述得最为清楚。他说:"目前整个形势所提出的一个基本问题,作为我们共和国对内对外政策首要问题之一提出来的一个基本问题,就是发展整个经济,首先是发展农业……今年我们遭到的最大灾难,就是许多省份发生饥荒,发生旱灾,而且在今后一年甚至几年内看来还可能发生旱灾。因此,不仅是农业,而且是整个国民经济的基本任务在于:无论如何要使农业得到极大的改善和发展,并且要立即付诸实现。……一切政治问题就都集中到了一个方面,就是无论如何要提高农业生产率。农业生产率的提高必定带来工业情况的改善,因而也会改善对农民经济的供应……"❷

列宁认为,农业在当时的俄国不仅是经济生活的中心问题,而且是国家政治的中心问题。他的这个观点,在俄共(布)的文件中多次得到反映。十二大决议指出,"农业在很长时期内仍将是苏维埃国家的经济基础""农业对苏维埃俄国的整个经济具有头等重要的意义"。俄共(布)第十三次代表会议又重申:"农民经济是恢复工业的主要基础。"❸

列宁为什么把农业摆在这样重要的位置上?有些学者过分强调了暂时性的因素,认为这是列宁为了急于摆脱当时的经济危机

---

❶ 《列宁全集》2版第41卷,第20页。

❷ 《列宁全集》2版第42卷,第283—284页。

❸ 《苏共决议汇编》第2分册,第249、256、375页。

而采取的措施。这当然是一个重要原因。但是，列宁所考虑的不止于此，还有更深刻的原因，这就是俄国的生产力发展水平和在此基础上形成的经济结构，以及农业在这样的国度里对整个国民经济的影响。

（1）俄国是一个农业经济占优势的国家，它是全部国民经济赖以存在的基础。1913年农业产值占工农业总产值的57.9%。1912年农村人口占人口的86%（同一时期的英国占22%、德国占34%、美国占58%、法国占41%）。列宁早年就指出过："农业是俄国国民经济的基础。"❶这样的国情决定了国民经济对农业的依赖性。从第一次世界大战开始，粮食问题就成了最突出的经济问题。十月革命后，一直闹粮荒。1918年1月，莫斯科的粮食可供量还不到最低需要的一半。同年5月，列宁提出"为粮食斗争就是为社会主义斗争"的口号，先后派出几万人组成征粮队进行"十字军讨伐"。不久实行强制性的余粮收集制。正如列宁所说："粮食问题一向是我们最困难的问题。"❷在通过全俄电气化计划时，他又指出："经济的真正基础是粮食。……没有这些粮食，国家政权就等于零。没有这些粮食，社会主义的政策不过是一种愿望而已""没有这么多粮食就不可能恢复国家的工业，就谈不到恢复运输业，更不可能去着手实现俄罗斯电气化这一伟大任务。"❸到1921年春，粮荒以致饿死几百万人。❹列宁所以把农业摆在第一位，正是总结了这方面的经验教训。在农业状况根本改变以前，全部国民经济的发展必须以农业生产为转

---

❶ 《列宁全集》2版第14卷，第177页。

❷ 《列宁全集》2版第36卷，第129页。

❸ 《列宁全集》2版第40卷，第147—148页。

❹ 据西德鲍里斯·迈斯纳主编的《苏联的社会变革》一书所载："苏联官方统计，五百万人死于饥饿"，"A.N·塞林会夫教授估计为九百万人。"又说，俄国人口1917—1920年下降了一千万人，其中一部分死于战争。

移，必须摆在首位。列宁的这一思想具有重要的战略意义，后来的历史充分证实了这一点。

（2）在这样的国度里，工业的发展在很大程度上也依赖于农业的发展。除了粮食供应直接影响工业以外，轻工业原料主要来自农业。当时由于棉花、亚麻等匮乏，致使大批企业停工。1925年技术作物产量接近于战前水平，推动了轻工业的迅速发展。同时，农业是工业的广阔市场，并为工业的发展提供了资金。1922年秋，列宁在病中给斯大林的一次谈话中说道："情况是困难的，但最困难的日子已经过去了。丰收会使情况根本改善。有了丰收，工业和财政状况一定会好转。"❶ 俄共（布）第十三次代表会议认为，"农民市场是工业品的主要的广阔市场，另一方面，农民经济又是我国工业原料的主要供应者。"俄共（布）第十三次代表大会在总结1923年由于工业品价格偏高造成的"销售危机"的教训时指出："要进一步扩大国营工业生产，在很大程度上取决于要善于通过发展合作社获得大量农民主顾，并同他们取得经常的联系。"❷ 对于这一点，布哈林曾经阐发列宁的思想："社会主义工业是由农民需求的数量变化和质量变化来决定的"，一是农民对工业消费品的需求，二是对生产资料的需求，而这些需求都取决于农业发展的状况和农民经济的状况。并说："不懂得我国工业取决于农民市场的道理，在现在是最有害的。"❸

从当时工业发展的速度看，确实直接受农业的影响。1921年农业歉收，影响到1922年的工业恢复，使之仅增长30.7%；1922年丰收，促使1923年工业增长53%；1923年差些，加上"销售

---

❶ 《斯大林全集》第5卷，第111页。
❷ 《苏共决议汇编》第2分册，第375、442页。
❸ 《论新经济政策和我们的任务》（《布尔什维克》1925年8—10期）。

危机"使得1924年工业增长速度下降为16％；1924年是丰收年，1925年工业增长速度猛增到66.1％。这个曲线说明农业的确是"关键和枢纽"，农业生产率的提高必然促进工业的发展。

（3）列宁强调农业的重要，从普遍意义上说，也和农业自身的特点有关。它的生产周期长，受自然因素的影响大，既是经济的再生产，又是自然的再生产。在农业生产力较低的条件下，它的发展非常不稳定（世界上任何一个国家也还不能完全摆脱自然条件对农业的影响）。因此，对农业不能掉以轻心，必须大力支持，大力发展，做到以丰补歉，保持稳定增长。

为此，要给农业一定的经济支持，特别是放宽政策，调动农民发展商品经济的积极性。用列宁的话说："我们必须尽一切力量来改善小业主的生活。给小农更多的东西，为他们更扎实地进行经营创造条件。"❶ 甚至不惜暂时"降低"国民经济增长速度。但是从整个时期算总账，却会产生真正的高速度，因为只有农业发展了，人民生活有了保证，工业的原料、市场、资金有了保证，政治上的安定有了保证，整个国民经济才可能建立在稳固的基础上。如列宁所说："同农民群众，同普通劳动农民汇合起来，开始一道前进，虽然比我们所期望的慢得多，慢得不知多少，但全体群众却真正会同我们一道前进。到了一定的时候，前进的步子就会加快到我们现在梦想不到的速度。"❷ 新经济政策的成就，证实了列宁的预言。

六、发展农民商品经济的历史评价

联系列宁前期对商业性农业的论述，就可以看出，列宁晚年利用和疏导农民商品经济的思想和政策，正是他前期思想的必然继续和发展，而且通过实践的检验，充分证实了它的正确性。

---

❶ 《列宁全集》2版第41卷，第108页。
❷ 《列宁全集》2版第43卷，第77页。

纵观俄国20世纪以来的农业经济发展史,农业一直是它的关键和难题,而粮食产量最高的是两个时期。

第一个时期是斯托雷平时期(1906—1913年)。在政治上,斯托雷平时期是反动的,在经济上却进行了有利于富农发展的土地政策,主要是支持富裕农民建立农业企业(家庭农场),促进旧的村社瓦解,其粮食产量超过了西方三大农业国(美国、加拿大、阿根廷),成为世界上最大的农业出口国,号称"欧洲谷仓"。直到斯大林逝世那一年(1953年),粮食产量也未达到1913年的水平。其奥秘在于大力发展农村商品经济。但是,它以牺牲广大农民的利益为代价,保护贵族大地产,加速了两极分化。实际上,类似普鲁士的道路,受到各界的强烈反对,列宁也专门撰文加以批判。

第二个时期就是新经济政策时期,由于大力发展农民的商品经济,粮食产量和其他农产品产量恢复和增长得很快,短短三年内(到1925年),农业产值达到战前的112%,播种面积和谷物产量已接近或超过战前(1909—1913年)的平均水平。1922—1928年,算是俄国农民最活跃、最愉快的时期。此后,即1929年开始实行农业集体化以来,农业特别是粮食问题始终发展缓慢,以至被称为"经济的癌症"。

通过历史的比较,可以看出农民商品经济的威力,农业的商业化同集约化有着不可分割的联系,而农民商品经济的特殊性在于以农民家庭经济为基础,在这个基础上发展企业化农业和农产品的加工业。贯穿在列宁农村商品经济思想中的一条主线就是扫除束缚农民积极性的种种障碍,充分解放农村生产力,按照农业、农民、农村的特点以多种形式发展商业化、集约化农业和农产品的系列化加工,并且相应地发展农村工业,使农民富裕起来,巩固工农两大阶级的经济联盟和政治联盟。列宁曾经以极大的热情来形容新经济政策下农民高度的生产积极性:"农民群众已经深深地认识到再也不能按旧方式来经营了。……一连串的迹象表明，农民从来没有像现在这样深刻、广泛和敏锐地感到需要改造农业，提高农业经营水平。"❶ 正是因为这样，他把提高农业劳动生产率的希望寄托在这样的农业政策上面，要求在实现合作化和限制富农的过程中使生产力的增长不致中断。与此同时，提出用合作社这种形式来组织农民发展商品经济（将在十二章论述）。后来几十年的历史表明，列宁的这些论点，符合农村商品经济发展和运行的客观规律，也可以同社会主义制度相结合，为我们今天探索农村商品经济发展的路子提供了明鉴。

第十章　揭示农村商品经济发展规律

---

❶ 《列宁全集》2版第42卷，第283页。

第三篇

商品经济同所有制的关系

列宁的商品经济理论中有一个重要内容，就是论述它同生产资料所有制以及分配的相互关系。既论证了所有制关系对商品经济的影响，也论证了商品经济对于各种所有制结构及其具体形式的反作用。特别是在新经济政策时期，阐明了社会主义建设初期多种经济成分与商品—市场关系的相互作用，具体论述了苏俄的经济结构，发展了合作社理论，创造了国家资本主义理论，提出了适应商业原则的分配原则，丰富了按劳分配的原理。这些论述既属于商品经济的基本理论，又和部门经济学相交叉。由于这是关系社会主义制度同市场经济结合的一个基本问题，我们特地将这方面的论述单独划为一个单元。

第十一章　商品经济同所有制形式的相互关系

> 我们决没有把俄国的经济制度看成是一种单一的和高度发达的东西……
>
> 从理论上说，我们在这方面正面临着一系列的过渡阶段和过渡办法。各种过渡经济形式都可以利用……
>
> 新经济政策的真正实质在于：第一，无产阶级国家准许小生产者有贸易自由；第二，对大资本的生产资料，无产阶级国家采用资本主义经济学中叫作"国家资本主义"的一系列原则。
>
> ——列宁

从列宁对商品经济研究的三大阶段（次发达商品经济、发达商品经济和社会主义建设初期的商品—市场关系）的论述中，我们既可以看到所有制关系对商品经济的影响，又能够看到商品经济对所有制结构及其具体形式的形成也有一定的作用，尤其对于某种占主导地位的所有制，采取什么样的具体实现形式其作用力度更为明显。他研究商品经济，旨在揭示与商品经济结合的资本主义同生产社会化的一系列矛盾，说明社会主义代替资本主义的客观必然性；在社会主义建设初期，从许多新的矛盾过程中发现公有制领导下的多种所有制结构同商品—市场关系的内在联系，中心仍然是如何有利于生产力发展的问题。本章在阐释列宁所论述的一般原理的基础上，重点说明他对社会主义建设初期市场经济同多种所有制结构的关系和它对公有制具体实现形式的影响。

第一节　商品经济同所有制结构的交互作用

商品经济同生产资料所有制结构究竟是什么关系？我们先从列宁的论述中作一般阐释。

一、商品经济对所有制形式的适应性和选择性

马克思在《资本论》中讲过："商品生产和商品流通是极不相同的生产方式都具有的现象，尽管它们在范围和作用方面各不相同。"❶他所指的主要是以私有制为基础的各种方式，当然也可理解为包括原始社会末期，但绝不包括社会主义制度。列宁继承了马克思的观点，直到晚年才开始探索商品经济同公有制能否结成一定关系的问题。

在他看来，商品经济首先适应的是私有制，即个体手工业者和个体农民，产生了小商品生产者或小业主、小资产阶级这种形式。尔后，最适合它本性的当然是资本主义所有制，按照列宁的说法，商品经济必然发展为资本主义，形成资本家的私有制；再进一步发展变为大资本所有制，也包括社会资本的所有制形式，各种各样的股份公司，出现以大资本家为主体的混合经济形式。列宁在论述这种大资本的形式（或发达阶段）时是这样说的："发生这种更替不是由于别的原因，而是资本主义和一般商品生产的最深刻最根本的趋势直接发展、扩大和继续的结果。交换的发展，大生产的发展，这是几百年来全世界范围内处处可见的基

---

❶　《马克思恩格斯全集》第23卷，第133页。

本趋势。"❶ 当然，毫无疑问，商品经济是适应这种庞大的资本主义所有制及其派生的混合经济所有制形式的；反过来，这些所有制形式的出现在一定程度上也受商品—市场经济发展的推动。

但是，在公有制占主导地位的制度下，能不能让商品经济与之适应呢？列宁确实经过了一个痛苦的探索过程（前面已作论述），后来他才提出："对整个商业经济进行改造，使之适应有保障的社会主义建设的需要。"❷ 还提出使无产阶级的国家成为"一个精明的**批发商**"和谨慎、勤俭、能干的"业主"，国有企业实行商业原则，使作为商业机关的合作社成为组织农民的基本形式等，在他看来商品经济至少在一定阶段内也可以适应于公有制关系。

按照他各个时期的论述，可以显示，他对商品经济同各种生产关系形式之间的关系，有深刻的理解。他同迷恋小生产的民粹派论战时，一方面揭示资本主义初期商品经济所包含的矛盾；另一方面又分析了它对生产力发展的促进作用，对社会化生产的组织形式和资本主义所有制形式的适应性。他同粉饰帝国主义的第二国际修正主义者论战时，一方面深刻揭露了资本主义商品经济发达阶段固有矛盾的激化，指出了它的寄生性、腐朽性和垂死性；另一方面，也实事求是地承认它所带来的社会生产力的飞速发展，并且分析了这种推动力的根源和商品经济发展的必然趋势。在新经济政策时期反驳"感情社会主义"的各种论调时，一方面坚持公有制和无产阶级专政，另一方面，又指出社会主义可以改造商业经济，使之为社会主义建设服务，并说商业离共产主义比小生产要近些。

关于商品经济对所有制具体实现形式的选择性，也是列宁论证的重点之一。他多次阐明商品经济改造和创造了各类生产组织

---

❶ 《列宁全集》2版第27卷，第141页。

❷ 《列宁全集》2版第52卷，第360页。

形式和经营形式,对所有制的具体形式有很强的选择性。如果说自然经济要求生产形式的单一化,那么,商品经济则必然要求其经营形式的多样化。他认为,"这种或那种类型的资本主义演进因素,可能有无限多样的结合。""有各种各样的资本主义",在旧制度不变的情况下,无产阶级斗争要"迫使它采取较文明的、具有更高度技术的资本主义方式。""资本主义的发展在不同的国家有不同的速度、不同的情况和不同的方式方法。"❶以农业商品经济形式为例:"墨守成规的自然经济的单一性,被商业性农业形式的多样性代替了。"民粹派认定土地所有权的形式会构成资本主义商品经济的障碍,列宁回答说:"就问题的本质看来,土地占有的任何特点都不能构成资本主义的不可克服的障碍,因为资本主义是根据农业、法律和日常生活的不同条件而采取不同形式的。""商业性农业的形式非常多种多样,它不仅在不同的地区形式各异,而且在不同的农场也不相同。"❷工业、商业、各种服务业,其形式表现为五光十色,不拘一格。到了资本主义商品经济的发达阶段,经营形式更是千姿百态,花样翻新。这一切,都是为适应市场需要,以取得更佳效益为准则,经过多次选择而形成的多种形式。

列宁在阐明土地问题时,分析了俄国封建的经济形式对生产力发展造成羁绊之后说:"资本主义要求把**所有**这些类别一概取消,要求土地上的任何经营一律适应市场的新条件和新要求,适应农业技术的要求。""资本**必须**(就经济的必要性来说)为自己创造**新的**、适应自由的商业性农业这一新条件的土地制度。"即使实行普鲁士式的方式(像斯托雷平的"改革"那样),也会改造封建土地制度,"创立资本主义新农业的基础",形成容克

---

❶ 《列宁全集》2版第3卷,第13页;第46卷,第16页;第38卷,第102页。

❷ 《列宁全集》2版第3卷,第280、289、278页。

地主式的统治形式。总之,资本主义商品经济一定会改造或消灭旧的生产关系的某些具体形式,创造新的适于市场要求的新形式。所以,他借用马克思的论点作了这样的表述:"资本主义**自己从封建地主、农民村社、克兰等旧的土地占有制形式中,创造出相应的土地关系形式。**"❶ 在发达资本主义商品经济形态中,它所选择和创造的所有制形式及其实现的具体形式就更加多样,公司制就是一种创造,卡特尔、辛迪加、托拉斯、康采恩以及各种类型的合作社等都是市场经济选择和创造的产物。

在公有制建立后,也有类似情形。战时共产主义时期(实行产品经济),其生产形式、分配形式十分单一,"总管理局制"包揽了一切。而进入新经济政策时期之后,列宁则要求根据市场形势采取多种多样的灵活形式,所有制结构采取"五层楼"的造型,而各种成分的具体形式就更灵活,仅国家资本主义就有四五种形式,国营工业企业、公有商业形式和中介组织更是五花八门,像已被否定的交易所又被重新利用起来。正如列宁起草的俄共决议所说的:"新经济政策并不改变工人国家的实质,然而却根本改变了社会主义建设的方法和形式。"❷ 只要对发展生产力有利,在坚持社会主义公有制的前提下,可以采取多种的灵活形式。这也充分表现了社会主义商品经济对经营形式的选择性。

总的看来,商品经济所具有的适应性和选择性,正是它比自然经济(以及产品经济)具有更大的优越性之一,也是它的生命力之所在。

二、商品经济同一定所有制关系结合的阶段性及其复杂的交叉性

商品经济同一定所有制关系的结合,是随着生产力水平及其

---

❶ 《列宁全集》2版第16卷,第245、242、243、240页。
❷ 《苏共决议汇编》第2分册,第154页。

社会化程度的提高而呈现不同的层次，在历史过程中呈现出一定的阶段性。粗略地划分，简单商品经济同个体小私有者的结合，大体是在奴隶社会、封建社会，附属于奴隶制和封建所有制，特别是在封建社会末期活跃起来，逐步形成一种社会势力。进入资本主义商品经济，有几个大的发展阶段。而在各个大的阶段中，又区分为若干小阶段。列宁对从封建农奴制末期到以大机器为基础的资本主义商品经济（次发达商品经济）分析得非常细致，对于经济落后的国家借鉴意义很大，可以从中悟出许多规律性的东西。

他说："资本主义是同商品经济一道发展的，随着家庭生产让位于为出售而进行的生产，随着手工业者让位于工厂，为资本提供的市场也就逐渐形成。"❶ 在《俄国资本主义的发展》一书中，他把垄断前资本主义这一大阶段的市场经济的发育成熟的过程又划分三个小阶段：

（一）小商品生产（小的，主要是农民的手工业）；

（二）资本主义工场手工业；

（三）大商品经济（资本主义工厂）。

按照列宁的分析，这三个小阶段的生产力特点构成如下的序列。技术基础：传统手工技艺—手工技术开始变革—系统地应用科学成就，技术进步迅速；分工程度：基本上无分工—自发地分工—社会分工的深化；劳动者分工：兼业农民—"局部工人"（工匠）—与大机器结合的完全的产业工人。只有认识以上由生产力发展程度形成的序列，才能把握各个阶段的特殊规定性。

与生产力这三种发展水平相适应，劳动组织形态各异，呈现出阶段性特征。"小商品生产与工场手工业的特征是小作坊占优势，从小作坊中，只产生出少数大作坊。大机器工业彻底排挤小作坊。"它的基本组织形式就是工厂（企业）。列宁强调，必须

---

❶ 《列宁全集》2版第2卷，第110页。

明确"工厂的科学概念",不要把手工工场与工厂混同起来,后者的基本标志是建立在大机器体系的基础上,由机器体系把劳动者组成生产的群体,特别是500人以上的大工厂是整个社会经济的骨干。列宁说:"把手工工场与工厂混淆在一起,这就是以纯粹外部的标志作为分类的基础,而忽视了区别资本主义工场手工业时期与机器工业时期的那些技术的、经济的与生活环境的极重要特征。"❶ 换句话说,生产力的特征,决定了劳动组织的形式,从而使整个社会经济转上了商品经济的轨道,引起了整个组织结构的变化。企业形式的确立和普遍化,意味着个别资本"小循环"的载体已经成了社会经济的基础细胞,然后形成社会资本的大循环。

商品经济与不同的所有制关系及其表现形式结合起来,形成了上述三个小的发展阶段,在小手工业时代即小商品阶段与小私有制结合,微弱的资本主义经济关系表现为拥有少量雇佣工人的作坊及商业资本,尚未形成尖锐的对立。第二个小阶段,即手工工场阶段,出现较大的业主,基本上形成资本主义私有制,富裕的占有者与工人间的鸿沟已经达到很深的程度。到了第三个小阶段——大机器为基础的资本主义商品经济阶段,大型的工厂厂主所有制成为主要形式,一切矛盾暴露出来。两大阶级的对立达到了"最高的发展"。

由上述三个小阶段的发展可以看出,在商品经济发育的不同时期与不同的所有制形式相结合,发育程度愈高同资本主义所有制形式结合得愈紧密,资本主义所有制具体形式也愈高级化,二者互为表里。这里促进商品经济同各种所有制各个层次的结合的动力和轴心,还是社会化生产及其表现形式——市场关系的发展。生产力发展水平和社会化程度愈高,市场关系的发展愈成熟,商品经济愈能摆脱各种中世纪所有制形式种种残余的束缚,

---

❶ 《列宁全集》2版第3卷,第499、505页。

而同资本主义所有制高级形式结合愈紧密。

然而,这种阶段性不是绝对的,往往出现各种阶段的多种成分的错综交叉。正如列宁所说:"工业形式的发展,就像任何社会关系的发展一样,只能非常缓慢地进行,只能通过大量交错的、过渡的形式和仿佛回到过去的形式进行。"甚至在大工业工厂阶段还会出现大量手工生产、家庭劳动、"包买主"之类的经济形式,还有中世纪的一些重要形式(特别是土地制度)被改造,变成适应商品经济的形式(如德国的容克地主)。但是,这些过去的形式已经成了资本主义大工业的附庸,不再起决定作用。"为了正确估计这些现象的意义,必须把这些现象同工业发展一定阶段上的整个工业结构以及这一发展的基本趋势联系起来。"❶ 就是要看哪些经济现象起主导作用,表现质的规定性,并且支配着其他的经济现象。

实际上,这种过渡性和交叉性不只表现在资本主义商品经济发育阶段之初,即使到它的发达阶段,这类现象也是大量存在的。列宁在分析帝国主义时就说道:"在任何一个最发达的国家里也不能找到最纯粹形式的资本主义。"那里"常常还保持着不很发达的形式。"❷ 就是说,高级形式同低级形式互相交叉,一方面金融资本起主导作用,另一方面又存在大量的以往的许多经济形式,而且它们之间形成一定的联系。特别是发达资本主义国家(帝国主义)对各落后国家的侵略,使那些国家的经济结构更为复杂化。按照列宁的说法,"帝国主义永远会**重新**产生**资本主义**(从殖民地和落后国家的自然经济中),**重新**引起小资本主义向大资本主义、不发达的商品交换向发达的商品交换的过渡,如此等等。"❸ 1919 年 3 月,列宁曾批评布哈林脱离实际,企图描

---

❶ 《列宁全集》2版第3卷,第492页。

❷ 《列宁全集》2版第36卷,第163页。

❸ 《列宁全集》2版第54卷,第105页。

绘纯粹的帝国主义。他说："没有资本主义这一主要基础的纯粹帝国主义从来没有过，任何地方都没有，将来也绝不会有。把金融资本主义描写成似乎没有任何旧资本主义的基础，这是把涉及辛迪加、卡特尔、托拉斯、金融资本的一切论述作了不正确的概括。"俄国更为复杂，由于战争的隔绝，许多地方"初级阶段的资本主义正在发展。"有两个东西把我们引到社会主义革命："引我们来的是帝国主义，引我们来的是原始商品经济形式的资本主义。"❶这里既有高级形式，又有低级形式以及各种过渡成分（例如中农问题）。因此，必然形成许许多多过渡形式和复杂纷纭的交叉现象，不可能变成一种纯粹的经济形态。

列宁的这些分析，符合俄国和其他经济落后国家的实际，对我们研究这些国家商品经济发展的特殊性有指导意义。就其方法来说，也可借鉴于社会主义建设初期的市场关系的分析，列宁在新经济政策时期就是用这种方法分析俄国的所有制结构的。

第二节　苏俄的所有制结构与商品经济

在苏俄建国之后，特别是新经济政策时期，列宁对当时所有制结构的分析同对利用商品、市场关系是联系在一起的，或者说是一个问题的两个方面，他力求科学地把握商品经济同多种所有制结构在社会主义建设初期的相互关系。

一、社会主义的一系列过渡阶段

为认识社会主义时期商品市场关系同所有制结构的有机联系，必须首先弄清当时所处的社会主义发展阶段。这也涉及对整个社会主义社会的再认识问题。

大家知道，马克思恩格斯在《共产党宣言》和《共产主义原

---

❶ 《列宁全集》2版第36卷，第137、138、141页。

理》中指出：不能一下子就废除私有制，不能一下子把现有生产力扩大到为建立公有制所必要的程度，需要"一步一步地"逐步改造现有社会。他们还从当时西欧资本主义国家情况出发，设想了一些过渡措施。不过，那时还没有把共产主义区分为不同的发展阶段。19世纪70年代以后，马克思的思想有了进一步发展，在《哥达纲领批判》中把共产主义社会区分为高级阶段和低级阶段，并且提出了"过渡时期"的观点。马克思说："在资本主义社会和共产主义社会之间，有一个从前者变为后者的革命转变时期。同这个时期相适应的也有一个政治上的过渡时期，这个时期的国家只能是**无产阶级的革命专政**。"❶ 恩格斯晚年，特别注意革命发展的阶段性，以至他把科学社会主义理论说成是"对包含着一连串互相衔接的阶段的发展过程的阐明"❷。

然而，对于发展程度不同的国家，特别是经济落后的国家，究竟如何具体过渡，经过哪些发展阶段，马克思恩格斯都没有具体地阐述。

列宁作为第一个社会主义革命实践的领导者，就需要具体解决社会主义发展过程的问题，他除了把俄国革命的整个进程划分为民主革命和社会主义革命两大阶段以外，对社会主义革命胜利后的发展进程也开始进行具体的划分。比较明确的是在《国家与革命》中的论述，大体划分为三个阶段：①从资本主义到社会主义的过渡时期；②共产主义的第一阶段——社会主义社会；③共产主义社会的高级阶段。值得注意的是，当时对于"过渡"想得比较抽象，认为无产阶级只要取得政权，完全可能"在一天之内立刻着手由武装的工人、普遍武装的人民代替他们去**监督**生产和分配，**计算**劳动和产品"，而计算和监督又可以把"共产主义社会**第一阶段**'调整好'"。当所有的人都学会了管理

---

❶ 《马克思恩格斯选集》1995年版第3卷，第314页。

❷ 《马克思恩格斯选集》1995年版第4卷，第680页。

之后，人们把遵守公共准则变成习惯，"到那时候，从共产主义社会的第一阶段过渡到它的高级阶段的大门就会敞开"。❶可见，当时设想的整个过渡时间是很短的，方法也是比较简单和容易的。

十月革命后，当这种过渡的设想要变为直接的实践之时，一个重大的课题提到列宁面前：像俄国这样一个经济落后的国家能不能按原来的设想很快完成从资本主义向社会主义的过渡？他在后来回顾十月革命以来的一段历史时是这样说的："你们回想一下我们党从1917年底到1918年初所作的各种正式的和非正式的声明就可以发现，我们那时已认为，革命的发展、斗争的发展的道路，既可能是比较短的，也可能是漫长而艰辛的。但是，在估计可能的发展道路时，我们多半（我甚至不记得有什么例外）都是从直接过渡到社会主义建设这种设想出发的，这种设想也许不是每次都公开讲出来，但始终是心照不宣的。我特意重新翻阅了过去写的东西，例如1918年3、4月间所写的关于我国革命在社会主义建设方面的任务的文章，我确信当时我们真有过这样的设想。"❷

可见，那时基本上是十月革命以前的想法，其显著的特征仍是"直接过渡"。所谓"直接过渡"，就是从时间上说，过渡得愈快愈好；从进行的步骤上说，径直跨入"纯社会主义经济"即"国家生产和分配"；从方式方法上说，尽量彻底摧毁旧东西，立刻建立新东西，也就是说"不必先经过一个旧经济适应社会主义经济的时期就直接过渡到社会主义"。❸例如，不分大中小型企业，凡属资本主义的一律国有；对小生产农业实行全面公有化的政策，加上余粮收集制、普遍义务劳动制、尽快消灭商品货币

---

❶ 参见《列宁全集》2版第31卷，第96—98页。
❷ 《列宁全集》2版第42卷，第219—220页。
❸ 《列宁全集》2版第42卷，第221、280页。

关系等，都属于"直接过渡"。

当然，在战时共产主义之前，即1918年春天，还是比较审慎的。当时列宁曾经强调："我们还没有超出从资本主义向社会主义过渡的最初几个阶段，俄国的特点使这一过渡更加复杂。"甚至也谈到将"小资产阶级资本主义"变为社会主义都要经过"中间站"，❶反对过于性急和简单化。1919年12月在《关于星期六义务劳动》一文中，列宁指出："我们在剥夺了地主和资本家以后，只获得了建立社会主义那些最初级形式的可能，但是这里还丝毫没有共产主义的东西。……如果你们以为我们能从大资本主义直接过渡到共产主义，那你们就不是革命者，而是改良主义者或空想主义者。"❷1920年4月，列宁在《共产主义运动中的"左派"幼稚病》中又说："从共产主义的观点看来，否定政党就意味着从资本主义崩溃的前夜跳到共产主义的最高阶段而不是进到它的低级阶段和中级阶段。"❸他有时还用过"发达的社会主义社会"之类的表述。❹但是，这并不意味着列宁已经对社会主义的发展阶段作出了明确的划分，只能看出一些朦胧的设想，尚未形成明确的阶段层次。

那时，总的倾向还是"直接过渡"，想尽快把多种成分过渡到单一的社会主义成分。例如，列宁在同"左派共产主义者"论战时就是这样说的："如果国家资本主义在半年左右能在我国建立起来，那将是一个很大的胜利，那将极其可靠地保证社会主义一年以后在我国最终地巩固起来而立于不败之地。"❺

虽然当时列宁比"左派共产主义者"的幼稚幻想要清醒得

---

❶ 参见《列宁全集》2版第34卷，第46、280页。
❷ 《列宁全集》2版第38卷，第37页。
❸ 《列宁全集》2版第39卷，第24页。
❹ 参见《列宁全集》2版第34卷，第129页。
❺ 《列宁全集》2版第34卷，第274页。

多,但从后来的实践来看也还是估计得过于乐观,基本上是"直接过渡",只经过一个非常短暂的(半年或一年左右)中间站即可"最终地"把社会主义巩固起来。再如,在《苏维埃政权的当前任务》一文中就提出,要"造成使资产阶级既不能存在也不能再产生的条件"作为当前任务"提到日程上来"。❶ 在政权刚刚建立几个月,就提出这样的任务,的确反映了当时认识上的直线性。因此,绝不能把列宁在1918年春天的认识和他在新经济政策时期的认识等同起来。

战时共产主义政策的实行,则使"直接过渡"变成了直接的激进行动。"当时在某种程度上由于军事任务突然压来,由于共和国在帝国主义战争结束时似乎已经陷于绝境,由于这一些和其他一些情况,我们犯了错误:决定直接过渡到共产主义的生产和分配。"❷ 那时的大量文件,特别是列宁起草的党纲,经常采用"力求尽量迅速地实行最激进的措施"这一类的表达方式。在所有制方面的政策就是立即实现纯粹的、清一色的社会主义经济结构,"变生产资料和流通手段为苏维埃共和国的财产即全体劳动者的公共财产",❸ 农村实行以农村公社为基本形式的共耕制,实际上是力求变成单一的全民所有制。在交换和分配方面则走得更远。战时共产主义的基本教训,是"不能指望直接向共产主义过渡"。这里所说的"共产主义"是广义的,基本意思指的是社会主义,但也有共产主义高级阶段的某些内容。

进入新经济政策时,列宁作出了纠正"直接过渡"的一些提法,这就是,建设社会主义要经过"一系列中间阶段"或"过渡阶段"。

1921年3月,列宁在俄共(布)第十次代表大会上说道:

---

❶ 《列宁全集》2版第34卷,第157页。
❷ 《列宁全集》2版第42卷,第182页。
❸ 《列宁全集》2版第36卷,第91、109、88页。

"毫无疑问,在一个小农生产者占人口大多数的国家里,实行社会主义革命必须通过一系列特殊的过渡办法,这些办法在工农业雇佣工人占大多数的发达的资本主义国家里,是完全不需要采用的。""从理论上说,我们在这方面正面临着一系列的过渡阶段和过渡办法。"❶

在《论粮食税》一书中,列宁直接回答了俄国不能"直接过渡"的问题,认为只有在完成全俄电气化计划的条件下,俄国才能"直接过渡到社会主义去";而要实现这一条件,"单是完成第一批工程,就至少要花上十年工夫"。这就首先从时间上大大延长了。后来,进一步提出需要整整一个时代,要经过几代人。列宁着重指出:"在最近这几年,必须善于考虑那些便于从宗法制度、从小生产过渡到社会主义的中间环节。""为了使'我们'能顺利地完成我们直接向社会主义过渡的任务,就必须懂得,需要经过哪些**中间的**途径、方法、手段和辅助办法,才能使**资本主义以前**的各种关系过渡到社会主义。关键就在这里。"❷

列宁的着眼点,是要在"过渡时期"中再找出"一系列"(不是一个)中间环节,好像一级一级的阶梯,一步一步地往上升,并且要走一些"盘山路"。1921年秋季以后,列宁还把这种多阶梯性的思想进一步运用于社会主义社会的发展过程中去。他认为,过去没有经过社会主义的一些过渡阶段而多次实行了向"共产主义"的过渡,犯了错误,而"为了**作好**向共产主义过渡的**准备**,需要经过国家资本主义和社会主义这些过渡阶段。"❸

这样,列宁就在"过渡时期"的概念中注入了新的含义,它不是一次性过渡、一步走的过渡,它本身包含若干小阶段,比之"逐步"这个一般的提法更加具体;况且这种过渡不是直线

---

❶ 《列宁全集》2版第41卷,第50、58页。
❷ 《列宁全集》2版第41卷,第216—217页。
❸ 《列宁全集》2版第42卷,第176页。

的，而是迂回的，采取各种方便的、渐进的途径和方法。与此相适应，社会主义自身也应包括许许多多"中间环节""中间阶段"、过渡形式。这些思想，丰富了马克思恩格斯关于"过渡时期"的观点和社会主义理论，使人们避免绝对化、直线性和片面性，促进人们更好地研究各国千差万别的复杂情况，制定符合各国国情的"过渡"方案。

在人类社会的发展史上，由一种社会制度向另一种社会制度的转变，直线式的过渡是少见的，多数都经历过曲折、反复、多阶段的过渡过程。马克思研究资本主义生产方式的演变过程之后，指出："社会生产方式的变革，生产资料改革的这一必然产物，是在各种错综复杂的过渡形式中完成的。"❶ 甚至像英国那样典型的资本主义国家，"也还有若干中间的和过渡的阶段到处使界限规定模糊起来"。❷ 而社会主义这样深刻而复杂的社会变革，当然也不会那样笔直和纯粹。所以，列宁把这个过渡比作"攀登一座还没有探测过的非常险峻的高山"，是意味深长的。

对于社会主义社会的发展阶段问题，理论界多数人认为，列宁在十月革命后多次划分过社会主义要经过不同的发展阶段，例如"发达的社会主义"和"没有牢固基础的社会主义"之分，❸ 共产主义的"低级阶段""中级阶段""最高阶段"之分。这个说法的根据不充分。如果认真地、连贯地阅读一下列宁的著作，就可以看出，列宁在新经济政策时期之前的论述多半是粗略的，甚至是比喻性的，划分得并不很细致，而且就"过渡时期"而论，还是建立在"直接过渡"的见解上。例如，在《共产主义运动中的"左派"幼稚病》中，列宁对先进资本主义国家用"跃进"来形容过渡（德国），对经济落后的俄国也是明确讲"从资

---

❶ 《马克思恩格斯全集》第23卷，第518页。
❷ 《马克思恩格斯全集》第25卷，第1000页。
❸ 《列宁全集》2版第38卷，第113页。

本主义向社会主义即向共产主义低级阶段过渡的最初阶段"❶，但并未涉及一系列"中间阶段"。只有经过了战时共产主义经济政策的失败和新经济政策的成功，列宁才得出了新的结论：不能把"过渡时期"理解为"直接过渡"，而只能是多阶梯的过渡，其本身发展在若干大的阶段之中也还有许许多多的小的阶段。这样的认识，就更细致、更符合实际，从而也弥补了以前粗略划分的不足，使人们对"过渡时期"特别是社会主义社会发展的复杂性、长期性有更进一步的认识。

联系起来看，列宁晚年关于社会主义建设初期商品—市场关系及其多种所有制结构相互作用的思想，同他对社会主义所处阶段的看法是分不开的。所谓经过"一系列过渡阶段"，既是利用商品—市场关系的出发点，也是认识多种所有制结构的立足点。不过，需要说明的是，列宁当时并未形成"社会主义初级阶段"的概念。

二、将单一结构调整为多种成分的结构

生产资料所有制是生产关系的基础。生产资料公有制，是社会主义制度的经济基础。这是科学社会主义的基本观点。列宁晚年，从俄国实际生产力水平出发，确立了公有制占支配地位的多种成分并存的格局和政策，同商品市场关系结合，探索了公有制本身的实现形式，提出了所有制改革、优化配置的许多重要观点，丰富了科学社会主义理论。

（一）从"纯社会主义形式"向多种成分的转变

科学社会主义的创始人，从西方资本主义当时的情况出发，强调实现全部生产资料全部公有化。恩格斯晚年论证"社会主义社会"时，特别指出："它同现存制度的具有决定意义的差别当然在于，在实行全部生产资料公有制（先是单个国家实行）的

---

❶ 《列宁全集》2版第39卷，第24页。

基础上组织生产。"❶ 这一观点,是一个十分重要的科学抽象。而在经济落后的国家中,如何实现公有制及处理与其他成分的关系,尤其是能否允许私人资本主义存在,是科学社会主义理论尚未回答的问题。

列宁对这一问题的认识也有一个曲折过程。十月革命后,所谓"赤卫队进攻"阶段,是以土地、工厂、银行、铁路等全部公有化为目标的。他要求:"彻底完成一切工厂、铁路、生产资料和交换手段的国有化。"而在实践过程中,特别是签订布列斯特和约后的三个月"暂时喘息"时期,在与"左派共产主义者"论战中,列宁面对俄国的经济状况,对当时的经济成分作了比较符合实际的分析:新的苏维埃制度内,"**既有**资本主义的**也有**社会主义的成分、部分和因素。""现在我们把这些成分列举如下:(1)宗法式的,即在很大程度上属于自然经济的农民经济;(2)小商品生产(这里包括大多数出卖粮食的农民);(3)私人资本主义;(4)国家资本主义;(5)社会主义。俄国幅员如此辽阔,情况如此复杂,社会经济结构中的所有这些不同的类型都互相错综地交织在一起。特点就在这里。"❷ 这是列宁对当时俄国经济成分的第一次全面分析。这个观点,也是他后来实行新经济政策、利用商品经济的重要基础。

但是,国内战争的爆发,产生了一种以军事手段加快国有化的情绪,特别明显地表现在俄共(布)第八次代表大会通过的党纲中,要求利用"尽量迅速地实行最激进的措施"推进产品经济的扩展,把生产资料和流通手段变为"苏维埃共和国的财产即全体劳动者的公共财产"。❸ 到1920年底,凡是拥有机械动力、5人以上或者无机械动力、10人以上的企业(全国共40.4万个)

---

❶ 《马克思恩格斯全集》第37卷,第443页。
❷ 《列宁全集》2版第34卷,第202、275页。
❸ 《列宁全集》2版第36卷,第91、109页。

全部收归国有。甚至连合作社也实行了国有化。战时共产主义的基本指导思想,在于实现纯粹的社会主义。

然而,执行的结果带来了严重的经济危机和政治危机,不但粮食严重匮乏,而且工业品奇缺。鉴于这一教训,1921年春天在实行新经济政策时,列宁提出利用私人小工业恢复经济的主张,重申实行国家资本主义的政策。他分析了俄国的经济结构和农民恢复流转的愿望,然后说:"我们在这方面犯了很多错误,走得太远了:我们在商业国有化和工业国有化方面,在禁止地方流转方面走得太远了。"因此,需要后退,把一部分国有企业(主要是小企业)退给私人经营。基于此点,列宁重新发表了1919年春天关于五种经济成分的论述(《论"左派"幼稚性和小资产阶级性》的一些重要段落),作为《论粮食税》的代序言。他认为,1918年春的论断尽管在期限估计上有错误,"可是我国经济的基本成分仍然和从前一样"。"从宗法式的即半野蛮的直到社会主义的这五种结构、五个层次(或者说组成部分)都是存在的。"❶

总结这一教训时,列宁说:"我们决没有把俄国的经济制度看成是一种单一的和高度发达的东西";而所以造成1921年2月以来最严重的政治危机,"是因为我们在经济进攻中前进得太远了……向纯社会主义形式和纯社会主义分配直接过渡,是我们力所不及的,如果我们不能实行退却,即把任务限制在较容易完成的范围内,那我们就有灭亡的危险。"❷ 这是对一个深痛的历史教训的总结,它告诉人们:

第一,必须根据生产关系一定要适应生产力状况的原理来具体考察所有制成分的配置关系。脱离生产力的现实状况去追求似乎更高级的所有制形式和所有制结构,就必然带来不堪设想的后

---

❶ 《列宁全集》2版第41卷,第56、206、210页。

❷ 《列宁全集》2版第43卷,第275—276、278页。

果，乃至面临灭亡的危险。

为了使人们深刻、全面地认识俄国经济状况，他对当时生产力和生产关系发展的极端不平衡状态，作了生动的描绘：看一下俄罗斯联邦的地图吧。在沃洛格达以北、顿河畔罗斯托夫及萨拉托夫东南、奥伦堡和鄂木斯克以南、托木斯克以北有一片片一望无际的空旷地带，可以容下几十个文明大国。然而主宰这一片片空旷地带的却是宗法制度、半野蛮状态和十足的野蛮状态。那么在俄国所有其余的穷乡僻壤又是怎样的呢？乡村同铁路，即同那连结文明、连结资本主义、连结大工业、连结大城市的物质脉络往往相隔几十俄里，而只有羊肠小道可通，确切些说，是无路可通。到处都是这样。这些地方不也是到处都是宗法制度、奥勃洛摩夫精神和半野蛮状态占优势吗？❶ 这是商品经济极其薄弱、自然经济占据优势的经济格局。

列宁认为，在这种情况下不能"完全禁止、堵塞一切私人的非国营"的成分的存在和发展。不然的话，"那它就是在干蠢事，就是自杀。说它在干蠢事，是因为这种政策在经济上行不通；说它在自杀，是因为试行这类政策的政党，必然会遭到失败。"因此，他提出："现在需要最大限度的灵活性。"❷

第二，强调不能向"纯"社会主义形式过渡。如同世界上的一切事物一样，把社会主义所有制关系视为纯而又纯、单一的东西，是一种绝对化观念，不符合实际。尤其是在社会主义的不同发展阶段，更不可能强求一个清一色的"纯度"。在经济落后的国家建立社会主义制度，在社会主义建设初期，也绝不能像在资本主义发达的国家里一样，很快实现全部生产资料的公有制，它的落后经济成分、过渡形态会更复杂。

第三，在考察现实社会的各种经济成分时，不能作抽象的

---

❶ 参见《列宁全集》2版第41卷，第216页。

❷ 《列宁全集》2版第41卷，第210、368页。

比较，笼统地作出哪个先进、哪个落后的一般结论。正如列宁所说："'我们'直到现在还常常爱这样议论：'资本主义是祸害，社会主义是幸福。'但这种议论是不正确的，因为它忘记了现在的各种社会经济结构的总和，而只从中抽出了两种结构来看。""同中世纪制度、同小生产、同小生产者涣散性引起的官僚主义比较，资本主义则是幸福。"他认为在过渡时期必须利用国家资本主义"作为中间环节"，"作为提高生产力的手段、途径、方法和方式"。❶他把搞活经济、提高生产率视为最急需的事情，当作考虑一切问题的基点。他一再阐发这样一个观点：在宗法式的和小商品生产的农民经济占优势的情形下，国家资本主义比其他成分要优越，甚至"看得高于社会主义"，因为在小资产阶级成分占优势的条件下，它"是一种比现有形式更为适宜的形式"。❷

（二）多种成分的结构特点和相互关系

列宁不但回答了社会主义建设初期必须允许多种成分存在，而且开始探索了它们之间的关系，首先是公有制与其他成分的关系。他的一个重要指导思想是："各种过渡经济形式都可以利用"，用以巩固工农联盟、发展经济。

在新经济政策实行初期，列宁就认为资本主义成分在一定程度上有所发展，是必然的，但并不可怕；经过半年多的实践，他认为："掌握商业，引导商业，把它控制在一定的范围内，这是无产阶级国家政权能够做到的。"❸这里的"商业"是流通—市场的泛称，包括商品生产。

列宁主张通过一定的政策和恰如其分的形式，将一切非社会主义成分，在条件成熟时，一步一步地引向社会主义轨道，引导

---

❶ 《列宁全集》2版第41卷，第217页。

❷ 《列宁全集》2版第43卷，第275、276页。

❸ 《列宁全集》2版第42卷，第250页。

农民走合作制的道路，对私人企业采取国家资本主义形式。1922年11月，他勾画了这样的经济格局：

"新经济政策＝

（1）经济命脉在我们手里

（2）土地归国家所有

（3）农民经济活动的自由

（4）大工业（和大农业）在我们手里

（5）私人资本主义——它有可能同国家资本主义竞争

（6）国家资本主义是这样的：我们把私人资本吸收过来同我们的资本合在一起。"

然后，他又作了进一步归纳：

"实际上三个主要之点（国家资本主义）＝ $\begin{cases}（1）小生产范围内的贸易自由。\\（2）全部经济命脉（大农业和大工业）在我们手中。\\（3）合营'公司'＝'学习的保证。'\end{cases}$"❶

这样，列宁就勾画了一幅多种经济成分的多层次结构图景。

从量上看，农民小私有制、资本主义小企业占有优势；从质上看，国家掌握了经济命脉，加上政治权力，它可以决定其他成分的发展方向，它可以通过中间的"牢固的桥梁"——国家资本主义、合作社等形式，使非社会主义成分在社会主义需要的范围内发展，并且逐步把它们引向社会主义道路。

在《论合作社》一文中，列宁对当时俄国社会各种成分的构成有了新的看法，并提出了"三种企业"，这就是：

（1）"彻底社会主义式的企业"——国营经济成分；

（2）合作企业——社会主义集体经济成分；

（3）私人资本主义企业；

---

❶ 《列宁全集》2版第43卷，第427页。

再加上：

（4）国家资本主义企业（租让制、合营公司、租赁企业等）；

（5）农民、手工业者、小商品生产者。

前两种属于社会主义经济成分，在数量上将逐步占据优势，后三种是非社会主义和半社会主义（国家资本主义）成分。非社会主义的成分将受国家的限制和引导，具体政策是：私人资本主义企业，"必须是建立在公有土地上的，必须是处在工人阶级的国家政权监督下"❶，并且用国家资本主义的某些形式引导和改造它们；小商品生产者，则通过合作社引导它们组织起来，走社会主义的道路；国家资本主义，还要受国家法令的监督和国家经济的调节。

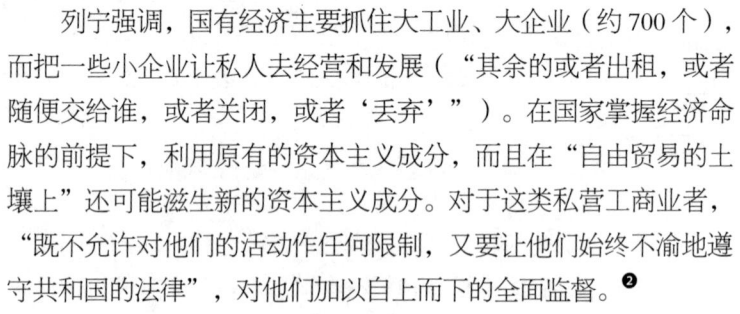

列宁强调，国有经济主要抓住大工业、大企业（约700个），而把一些小企业让私人去经营和发展（"其余的或者出租，或者随便交给谁，或者关闭，或者'丢弃'"）。在国家掌握经济命脉的前提下，利用原有的资本主义成分，而且在"自由贸易的土壤上"还可能滋生新的资本主义成分。对于这类私营工商业者，"既不允许对他们的活动作任何限制，又要让他们始终不渝地遵守共和国的法律"，对他们加以自上而下的全面监督。❷

新经济政策时期执行的结果是这样的：到1925年，私营工厂企业固定资产占全部工业固定资产的0.7%左右；在大工业中占总产量的4%，工人占2.5%；在小工业中占总产量的81.9%。在商业中，私人商业也是中小型的，主要是零售业务。农业中主要是个体农业经济，占农业总产值的95%以上，但有越来越多的农民加入了合作社；在流通领域已经纳入社会主义统一市场，因此，它和以前的纯粹的个体小私有制农民相比已经有了部分的质变。至于国家资本主义成分，却没有得到更大的发展。

---

❶ 《列宁全集》2版第43卷，第366页。

❷ 参见《列宁全集》2版第42卷，第68—69、361—362页。

（三）多种成分与市场关系的相互适应

列宁对多种成分经济结构的分析，是他当时承认商品—市场关系，以商业、市场作为工农联盟的基础和利用市场、商业、贸易自由发展生产力的出发点之一。他认为，各种成分之间"唯一可能的经济联系"，就是商业。"退到商业上去：从经济上来说，这是怎么一回事？**联系**"，"**以经济为中介的联系**"。在他看来，商业、市场乃是社会主义成分和各种非社会主义成分共存共荣的一种经济形式。他说："批发商这类经济界人物同共产主义似乎有天壤之别。但正是这类矛盾在实际生活中能把人们从小农经济经过国家资本主义引导到社会主义。"因为关键在于能够发展生产力。❶ 允许农民贸易自由才能恢复和发展农业以及小工业。所不同的是，在资本主义制度下，资本主义成分占主导地位，资产阶级掌握政权；在新经济政策下，一切大生产资料掌握在国家手中，而对汪洋大海般的小农经济则找到合作社这种"简便易行和容易接受的形式"加以引导。他说："新经济政策的真正实质在于：第一，无产阶级国家**准许小生产者有贸易自由**；第二，**对于大资本的生产资料，无产阶级国家采用资本主义经济学中叫作'国家资本主义'的一系列原则。**"❷ 就是说，无产阶级国家采用公有制占支配地位的多种成分同商品经济相结合的种种形式。从另一个层面说，多种成分的存在，既是商品经济发展不充分的表现，也是它进一步发展的要求，而采取正确的政策发展商品经济，更有利于公有制的壮大和无产阶级政权的巩固。

由于多种成分、多层次的经济结构适合当时生产力发展的水平，适合商品经济发展的客观要求，使得国民经济迅速活跃起来。当时的布哈林曾作过这样的论述："新经济政策的最深刻的意义在于，我们第一次开辟了各种经济力量、各种经济成分互相

---

❶ 参见《列宁全集》2版第42卷，第337、531、337、176页。

❷ 《列宁全集》2版第43卷，第263页。

繁荣的可能性，而只有在这个基础上才能得到经济的增长。只有从这种联系和从这些经济成分的相互影响中，才能得到这种经济的增长，即生产力的增长和经济的高涨。"❶ 这是符合列宁思想的。

那么，列宁所设想的多种成分的多层次结构，是不是适用于社会主义改造基本完成之后的社会呢？关于这一点，他没有作明确的回答。不过，从他最后的几篇著作如《论合作社》《我们怎样改组工农检查院》《宁肯少些，但要好些》等来看，仍然倾向于不要一下子搞成纯而又纯的社会主义经济结构。只要极少数资产阶级（"耐普曼"）不破坏捣乱，也是允许他们存在一定时期的。尤其要谨慎地对待农民，适应农民的要求。至于租让制，列宁直至临终也没有提出取消它。这就是说，即使在社会主义成分占绝对优势的条件下，还可能允许少量其他经济成分存在。

因此，我们有理由说，列宁在新经济政策时期已经突破了社会主义单一所有制结构的古典模式，这对以后各国的社会主义建设有重要的启迪作用。不仅对社会主义商品经济是一个大胆的探索，而且对马克思主义关于社会主义所有制结构的理论也是一个发展和补充。这对我们今天研究社会主义初级阶段的所有制结构有着重要的借鉴意义。

第三节 试探公有制的多种形式

与商品—市场关系相联系，列宁也探索了公有制本身的形式，除了前面阐释的企业组织形式之外，这里试图着重从产权形式上加以分析。

---

❶ 《论新经济政策和我们的任务》（《布尔什维克》杂志1925年8—10期）。

一、从单一模式向多样化的转变

在新经济政策时期之前,列宁所说的"纯社会主义",不仅指单一的公有制成分,而且指公有制的单一形式,即国家所有制,包括农村经济在内,也实现国有化。例如列宁起草的党纲规定:"坚持不懈地把已经开始并已在主要方面基本上完成的对资产阶级的剥夺,把变生产资料和流通手段为苏维埃共和国的财产即全体劳动者的公共财产的工作继续下去并进行到底。"❶ 公有制=国有制=全民所有制,这是他当时的基本公式。

实际上,这并不是列宁的发明,而是从马克思恩格斯那里延续下来的。马克思恩格斯在分析了私有制特别是资本主义私有制的基本矛盾之后,提出了建立生产资料公有制的设想,这个基本观点是科学的,符合社会历史发展的趋势。由于囿于当时的社会实践还不可能对其实现形式论述得很具体。没有实际资料(除了空想社会主义者的试验之外),只得参考古代历史上公有制的形式。马克思晚年深入地研究了古代原始社会,他多次提出"以古代类型的所有制最高形式即共产主义所有制来代替资本主义所有制",现代社会要"回复到古代类型的集体所有制和集体生产的最高形式"。恩格斯在研究了东欧的马尔克(农村公社)之后,提出"采取恢复马尔克的方法,但不是陈旧过时的形式,而是用新的形式"。❷ 参照古代原始公有制的形式,与现代生产结合,这是他们的基本思路。在《资本论》中,马克思已经提出了"大工厂论"的观点("把整个社会变成一座工厂")。❸ 这是后来公有制形式单一化、管理过分集中的思想萌芽。

正是继承了这些观点,列宁才阐发了"大工厂论",一切

---

❶ 《列宁全集》2版第36卷,第88页。
❷ 《马克思恩格斯全集》第19卷,第443—444、437、369页。
❸ 《马克思恩格斯全集》第23卷,第395页。

生产手段集中于国家手中，国家不仅是唯一的所有者，而且是唯一的经营管理者，"全体公民都成了国家（武装工人）雇用的职员。全体公民都成了一个全民的、国家的'辛迪加'的职员和工人。"❶

列宁晚年之所以转变，第一，是从俄国生产力水平出发，看到原来设想的国有制不能囊括一切；第二，尤其是农民占大多数，不能什么都变为"彻底的社会主义"；第三，商品—市场关系的存在，要求公有制采用灵活的形式。

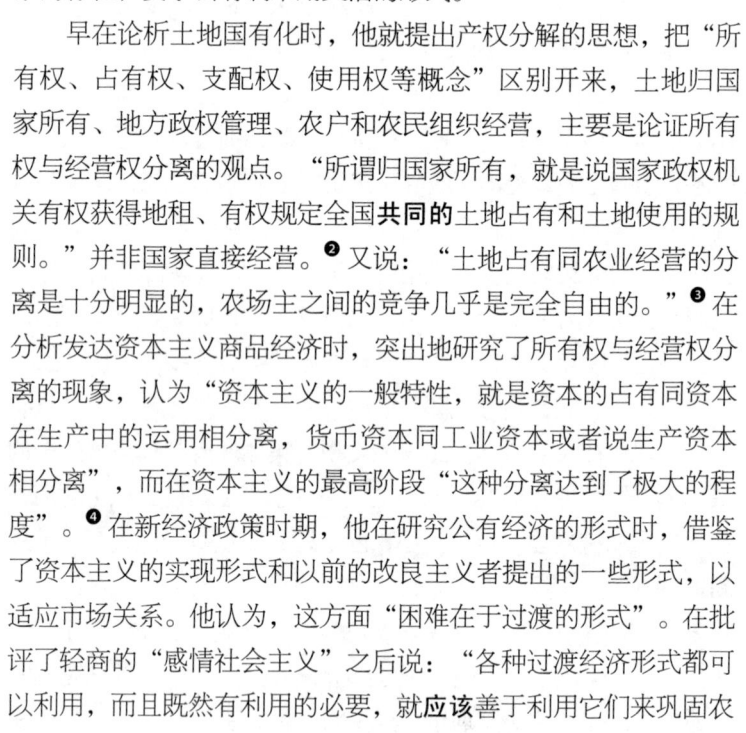

早在论析土地国有化时，他就提出产权分解的思想，把"所有权、占有权、支配权、使用权等概念"区别开来，土地归国家所有、地方政权管理、农户和农民组织经营，主要是论证所有权与经营权分离的观点。"所谓归国家所有，就是说国家政权机关有权获得地租、有权规定全国**共同的**土地占有和土地使用的规则。"并非国家直接经营。❷ 又说："土地占有同农业经营的分离是十分明显的，农场主之间的竞争几乎是完全自由的。"❸ 在分析发达资本主义商品经济时，突出地研究了所有权与经营权分离的现象，认为"资本主义的一般特性，就是资本的占有同资本在生产中的运用相分离，货币资本同工业资本或者说生产资本相分离"，而在资本主义的最高阶段"这种分离达到了极大的程度"。❹ 在新经济政策时期，他在研究公有经济的形式时，借鉴了资本主义的实现形式和以前的改良主义者提出的一些形式，以适应市场关系。他认为，这方面"困难在于过渡的形式"。在批评了轻商的"感情社会主义"之后说："各种过渡经济形式都可以利用，而且既然有利用的必要，就**应该**善于利用它们来巩固农

---

❶ 《列宁全集》2版第31卷，第97页。
❷ 《列宁全集》2版第16卷，第302页。
❸ 《列宁全集》2版第5卷，第101页。
❹ 《列宁全集》2版第27卷，第374页。

民同无产阶级的联系,立即活跃……国民经济,振兴工业,为今后采取各种更广泛更深入的措施如电气化等创造条件。"❶广义地说,他所说的"各种过渡形式"也包括探索公有制本身的实现形式。

如何选择具体实现形式呢?列宁的总原则是面向贸易自由和实行商业原则,再具体一些就是对于大资本的生产资料采用"国家资本主义"的一系列原则或"资本主义原则",即借鉴资本主义方法与国家制度相结合的原则,这也包括国有经济的实现形式。

二、对"集体企业"的界定

从文字上看,"集体占有"的概念,马克思恩格斯曾经多次使用过。需要注意的是,他们那时使用的"集体占有"与后人的概念是不同的。第一,那是公有制的总称,没有和"全民所有制"区别开来,二者不是相对应的概念。如在《哥达纲领批判》中所使用的"集体占有",就是指单一的公有制。同样,马克思讲的"合作制"也是全民所有制性质的,如在《法兰西内战》中就是这样说的:"如果合作制生产不是一个幌子或者一个骗局,如果它要去取代资本主义制度,如果联合起来的合作社按照共同的计划调节全国生产,从而控制全国生产,结束无时不在的无政府状态和周期性的动荡这样一些资本主义生产难以逃脱的劫难,那么,请问诸位先生,这不是共产主义、'可能的'共产主义,又是什么呢?"❷恩格斯在《法德农民问题》所说的"工人协作社",基本上也是这个意见。他们都认为,社会主义社会是由单一的公有制构成的。第二,马克思恩格斯对如何确保参加合作社的农民所应有的特殊劳动利益,还不可能仔细地考虑,因为他们

---

❶ 《列宁全集》2版第42卷,第248、250页。
❷ 《马克思恩格斯选集》1995年版第3卷,第59—60页。

一直认为实现公有制与消灭商品经济是同步进行的。既然没有等价交换，就不可能保证集体农民劳动的特殊利益。俄国战时共产主义时期的余粮收集制（实际上是剥夺农民），证明了这一点。

列宁在总结战时共产主义教训和新经济政策的经验的基础上，主要在《论合作社》一文中对于集体所有制明确了以下三点：

第一，它是与国家企业并列的第二种公有制的企业（加上私人资本主义企业，是"第三种企业"）。列宁称"合作企业"为"集体企业"。其基本属性"与社会主义企业没有区别"，如果其"占用的土地和使用的生产资料是属于国家即属于工人阶级的"（这里说的生产资料指的是"大生产资料"，即大工业、交通运输工具等）。它同国家企业即"彻底的社会主义类型的企业"又有一些不同，国家企业"无论生产资料或企业占用的土地以及整个企业都属于国家"，而"集体企业"其企业本身不属于国家，而是属于社员集体所有，就是说这种企业自身拥有的资产、资金、产品不属于国家，从而在分配上是集体企业范围内部的分配。列宁在另一封信中说得清楚：合作社"资金的来源应是自愿交纳""谁交股金，谁就得到收益"。❶加上合作社内部的按劳分配，就体现了集体所有、集体分配。这样，他把两种公有制的基本形式确定下来，既讲清了两者的共性，又说明了两者的一些区别。同时，还指明了国营经济的支配地位，集体企业不可能完全离开这种"彻底社会主义式的企业"而起"独立作用"。在此以前，列宁著作里已开始把农业中的"集体经济"与"国营农庄"区别开了。❷这就比马克思恩格斯更加明确地分清了公有制的两种基本形式。

第二，集体所有制与商品生产、商品交换有着不可分割的关

---

❶ 《列宁全集》2版第43卷，第366、55页。

❷ 《列宁全集》2版第43卷，第43—45页。

系。合作社一定是"买卖机关"。它必须具有企业的特性。它同国营企业、同其他集体企业以及劳动者的交换关系，是等价的。国家或其他单位或个人无权无偿占有集体企业的劳动成果，必须尊重它劳动的特殊利益。不然的话，就等于剥夺农民，集体所有制的原则就遭到了破坏。可见，取消了等价交换便不可能有真正的集体所有制；反过来说，集体所有制的存在，是社会主义社会存在商品经济的重要因素之一。这一点，是列宁对马克思恩格斯论述的纠正和补充，也是对他自己战时共产主义时期的观点的纠正和补充，与他原来讲的"生产消费公社"迥然不同了。从列宁晚年的著作看，他所说的"集体企业"，就是合作经济，并未把二者区别开来。

第三，赋予集体经济（合作经济）以"阶梯"性和多样性，从多层面组织农民。从马克思恩格斯到列宁的前期，所设想的实现农业社会化的形式基本上是共耕制。列宁后期的实践证明"直接过渡"是不行的，纠正了原来的看法，由共耕制转向合作制，又把合作社比作一段一段的"阶梯"，其本身又有两个以上的层次和多方面的业务。

三、国有经济产权组合形式趋于多样化

在《论合作社》一文中，列宁把属于国有的公有制形式称之为"彻底的社会主义类型的企业"。这说明，他坚持把国有经济当作公有制的主要形式。而对于"归全民所有"的国有经济❶的具体形式还未来得及进行过细的探索。不过，也可以看出，他正在考虑多样化的问题。

最明显的是在1922年2月22日给财政人民委员部的信。他说："现在整个关键在于迅速发展国营商业（包括它的各种形式：合作社、国家银行的客户、合营公司、代销人、代理人，等

---

❶ 《列宁全集》2版第35卷，第17页。

等）。"❶ 就是说，国营商业不只是国家直接经营的批发、零售商业企业，还包括它所委托的多种形式，即通过经济关系把多种中小商业企业连在国有商业的链条上，使它们依附和服从于"彻底的社会主义类型的企业"。尤其是"国家银行的客户"，通过银行的资金信贷关系将多种形式联系起来，使之成为国营商业的组成部分，这是运用了金融资本与产业资本既分离又联结的方法和形式。由此看来，突破了国家直接经营的格局，说明列宁善于借鉴发达商品经济的灵活形式为公有制所用。

值得注意的是，他把所有权和经营权分离的理论以特殊的"委托"—"承租"的形式运用于国有企业。对于这种关系，列宁把它区分为两类。

第一类，作为国家委托人的集体承租经营。1921年5月工程师莫伊谢耶夫在一份报告中说："现在形成了这样的一种情况，好像工厂管理委员会是个承租人，唯一不同于工厂的区别（原则上无疑是非常重要的）是：工厂是国家企业，而工厂管理委员会只是国家的委托机关……"列宁在"好像工厂委员会是个承租人"一句话下面连画了三道线，旁边写了"对！"❷按照这个见解，列宁把国家和国营企业中工厂委员会之间视为一种特殊的"委托""承租"的关系，这就把所有权和经营权分开了。不久，又专门回信肯定他的报告"非常正确"。同时强调，这类情况不是原来意义上的租赁。以国营农场占有为例，"国家是所有者，国营农场的租赁者则耕种。这实际上不是租赁者，也不是原来意义上的租赁。这不如说是**管理权**的转移。""这是一种特殊形式。"看来，列宁对国有经济内部的产权关系还处在研究中，尚无定论。所以，他说："应该更详细、更周密地研究这个问题。"但对于国家的所有权他是坚持不

---

❶ 《列宁全集》2版第52卷，第301页。
❷ 《列宁全集》2版第60卷，第401页。

疑的，认定国家是国有经济的"产权人"，❶可见，他主张两权分离。

第二类，私人承租国家的企业。列宁对于一份报告中提到对"**私营**组织和个人"不应受监督的意见批示："对吗？？不对！私营的＝苏维埃的，**是出租的**"❷，并在有关此事的一封信中明确地说："从苏维埃政权那里承租的企业**也**是**苏维埃**企业。"❸联系到其他论述，列宁有时把这一类型划为国家资本主义的一种形式，实际上也是国有企业的一种经营方式。

同时，还运用了股份制的形式，与国内外的私人资本联合建立合营公司，"这种公司的资本，一部分属于私人资本家，而且是外国资本家，另一部分属于我们。"❹还有一部分是与私人资本合营。实际上，是一种有限责任公司的形式，即混合经济。如俄英林业股份公司、俄荷林业股份公司，各有股份，而苏俄占优势。俄德运输公司虽然由德方任董事长，但其决策必须由苏维埃批准。国营百货公司则是由几个部门合办的股份公司。皮革原料国内外贸易股份公司又是几个部门同外国联办的股份企业。列宁在俄共（布）十一大把建立合营公司作为一条重要的经验。"我们现在有了一些合营公司。诚然，这种公司还很少。"列宁希望建立得更多一些。❺

四、关于个人所有制的新见解

"重新建立个人所有制"，是马克思在《资本论》中提出的一个论点。完整地领会他的意思，还是讲的联合起来的劳动者的

---

❶ 《列宁全集》2版第51卷，第506—507、291、198页。
❷ 《列宁全集》2版第60卷，第454页。
❸ 《列宁全集》2版第52卷，第277页。
❹ 《列宁全集》2版第43卷，第284页。
❺ 《列宁全集》2版第43卷，第89页。

公有，❶恩格斯解释为：个人所有制包括产品即消费品。❷列宁早年也是重申马克思恩格斯的这一见解的。而在新经济政策时期，列宁不再拘泥于前人的用法，而赋予它新的内容。

在《新经济政策和政治教育委员会的任务》一文中，列宁是这样说的："有人对我们说：'同农民的个人利益结合，就是恢复私有制'。不对，我们从来没有废除过农民对消费品和工具的个人所有制。我们废除的是土地私有制，而农民并没有私有的土地，他们是在租来的土地上经营。"❸列宁在这里所说的个人所有制包括一部分生产资料，但不等同于私有制，而是在最重要的生产资料公有的基础上拥有的一部分生产资料。就是说，这种个人所有制是附着于基本生产资料公有制的大机体之上的，并非完全独立形态。这个新见解可以作为我们理解附着于公有制主体之上的种种个人小资本的借鉴，同时也给我们提供了一个研究问题的方法，即不要老是停留在前人的结论上，要敢于联系新情况提出新见解。在市场经济条件下，这类个人所有制一定会有多种多样的形式出现。例如，早在十月革命前所写的《大难临头，出路何在？》一文中他就说过："银行国有化决不剥夺任何一个'产权人'的一个戈比""这种合并（指将所有银行合并为一个银行——引者）本身丝毫也不改变财产关系"，但要实行真正的监督，"使国家知道几百万以至几十亿卢布流动的来去方向、流动的方式和时间"。❹1917年12月银行法令中规定："债券和各种股票的小额持有者，即属于各劳动阶级的小额持有者的利益，完全予以保护。"❺这就是说，允许私人的存款保留个人的所有权。

---

❶ 《马克思恩格斯全集》第23卷，第832页。
❷ 《马克思恩格斯全集》第20卷，第143页。
❸ 《列宁全集》2版第42卷，第190页。
❹ 《列宁全集》2版第32卷，第190、191页。
❺ 《列宁全集》2版第33卷，第177页。

后来在新经济政策时期，发展储蓄银行，鼓励个人储蓄，这对于工薪阶层和其他劳动人民来说，便是承认他们的个人所有制。但这种个人所有制又与个体经济不同，它不从事独立经营，而是附着于一定的公有制主体上。这是一种值得研究的个人小额资本形态。

当然，由于列宁逝世过早，实践很不充分，他未能再作进一步探索，只是提出了一些想法，有的还处于萌芽状态。我们应当运用列宁的基本观点和方法论，结合今天的实际进一步探索。

从后来的历史事实看，以多种所有制结构和商品经济相结合为特征的新经济政策的经验影响深远。我国不但在1956年以前吸取过这一经验，而且在社会主义改造基本完成之后毛泽东也曾考虑再继续实行一段"新经济政策"。在党的十一届三中全会后，邓小平提出目前我国仍处在社会主义初级阶段。这就更进一步借鉴和发展了新经济政策的历史经验，成为建设有中国特色社会主义理论的重要内容。

第十二章　同商品经济紧密相联的合作制

　　从实质上讲，在实行新经济政策的条件下，使俄国居民充分广泛而深入地合作化，这就是我们所需要的一切，因为现在我们发现了私人利益即私人买卖的利益与国家对这种利益的检查监督相结合的合适程度，发现了私人利益服从共同利益的合适程度，而这是过去许许多多社会主义者碰到的绊脚石。

　　在生产资料公有制的条件下，在无产阶级对资产阶级取得了阶级胜利的条件下，文明的合作社工作者的制度就是社会主义的制度。

——列宁

　　在社会主义经济发展史上，在用什么组织形式引导农民的问题上付出过沉痛的代价，也有成功的经验。实践一再表明，社会主义商品经济是正确认识合作制的一把钥匙。应当说，这是从列宁开始突破的。用合作社这种商业形式引导、改造亿万小农，把小商品生产引入大商品生产的轨道，同国内外市场相衔接，这是列宁在组织农民问题上的一大创造。实质上是把社会主义公有制同农民商品经济结合起来。他本人的实践和后来的历史，都从正反两方面证实这一理论的正确性。我们下面之所以要较为详尽地说明列宁在由共耕制到合作制的转变过程，正是为了使人们深刻地总结这方面的历史教训，实事求是地认识客观经济规律。

第一节 共耕制试验的失败

在一个小农经济占优势的国家里，如何引导农民走农业社会化的道路，促进农业生产的大发展，是社会主义经济建设中最困难的课题之一。在几十年的革命斗争中，列宁结合俄国的实际情况进行了大量的研究工作，十月革命后进行了大规模的"试验"。进入新经济政策时期，有一个重大的战略转变，即从"共耕制"向"合作制"的转变，这标志着马克思主义关于引导农民联合起来走社会主义道路的理论发展到一个新的阶段。这个转变，与整个新经济政策的理论和实践有着不可分割的联系。

一、马克思恩格斯的合作社思想

从列宁的前期到1920年，他所设想、实施的改造农民的战略和形式是"共耕制"。其特点是：不仅土地公有，而且农具、牲畜和其他生产资料均为公有，集中劳动，统一分配，单一层次的经营，特别强调大规模集中。后来，列宁称这个战略为帮助农民走向公有化的"方案（或方法、制度）"，❶即"直接过渡"的战略。这个"计划""战略"的理论来源于马克思恩格斯。

大家知道，逐步改造小农，把小农业变为大农业，把个体经济变为社会主义经济，这个思想是马克思恩格斯提出来的。在《资本论》《论土地国有化》《法德农民问题》及其他著作中，对农业社会化的问题作了精辟的论述。他们关于农业社会化的客观必然性，概括地说主要讲了三个观点：第一，小生产者的局限性及其必然灭亡的命运。"小块土地所有制按其性质来说就排斥

---

❶ 见《列宁全集》2版第42卷，第244—245页。

社会劳动生产力的发展、劳动的社会形式、资本的社会积聚、大规模的畜牧和科学的不断扩大的应用。"❶因此，小农经济在资本主义的剧烈竞争中，"要保全他们那样的小块土地所有制是绝对不可能的，资本主义的大生产将把他们那无力的过时的小生产压碎，正如火车把独轮手推车压碎一样是毫无问题的。"❷第二，资本主义农业的发展史证明，农业的大规模经营优于小家庭经济，有利于采用机械耕作和先进技术，可以节约劳动力和生产资料，可以大大提高劳动生产率。"农业本身的进步，总是表现在不变资本部分对可变资本部分的相对的增加上"，即有机构成的提高，意味着农业技术的巨大进步。第三，"资本主义制度同合理的农业相矛盾，或者说，合理的农业同资本主义制度不相容"，主要表现为滥用和破坏土地的自然力，并且破坏劳动力。而能够克服小私有制农业和资本主义农业的弊病的，只能是"联合起来的生产者的控制"的合理农业❸，使农民为了自己的共同利益"自己进行大规模经营"❹。

关于实现农业改造的原则，马克思恩格斯指出，在实现土地集体所有制过程中，要由他们自己通过经济的道路实现这种过渡，"不能采取得罪农民的措施，例如宣布废除继承权或废除农民所有权"❺"决不会考虑用暴力去剥夺小农（不论有无报偿，都是一样）"。过渡的方法，强调采取"示范和提供社会帮助"的一些措施。"如果他们还不能下这个决心，那就甚至给他们一些时间，让他们在自己的小块土地上考虑考虑这个问题"。关于农业集体经济的具体形式，他们已经提出合作社这种形式，即

---

❶ 《马克思恩格斯全集》第25卷，第910页。
❷ 《马克思恩格斯选集》1995年版第4卷，第501页。
❸ 《马克思恩格斯全集》第25卷，第857、139页。
❹ 《马克思恩格斯选集》1995年版第4卷，第500页。
❺ 《马克思恩格斯选集》1995年版第3卷，第287页。

"把他们的私人生产和私人占有变为合作社的生产和占有",并赞赏丹麦社会党提出的把个体农户联合为共同耕种的大田庄,"按入股土地、预付资金和所出劳力的比例分配收入"。❶

需要注意的是,马克思恩格斯所讲的合作社是以共耕制作为基础的,与列宁晚年所说的"合作制"含义有很大的差异(后面将详述)。总起来看,马克思恩格斯关于农业社会化的思想,强调"一大二公"、共同耕作和对农民逐步引导,并消灭商品经济。这些思想,主要是根据发达的资本主义国家资本主义大农业的发展趋势提出来的。

二、十月革命前列宁的观点

俄国是一个经济落后的资本主义国家,农民问题是俄国革命基本问题之一。列宁把马克思主义关于农民问题的原理运用于俄国的时候,区分为两个不同的历史阶段:第一阶段,扫除封建剥削,满足农民土地要求,实现土地国有化;第二阶段,在解决土地问题的基础上引导农民联合起来,走社会主义道路。两个阶段的衔接,是通过没收封建主的大农场,实行土地国有化,建立示范农庄和共耕社。这一战略思想,早在20世纪初就基本上形成了,如在《告贫困农民》《社会民主党对农民的态度》等著作中作了论述。列宁写道:"在实践上,在奴役性的、农奴制的大地产占优势而实现大规模社会主义生产的物质条件尚未具备的地方,可能是把土地转归小私有农民阶级掌握;而在民主革命完全胜利的条件下,可能是实行国有化;也可能是把巨大的资本主义地产转交给**工人协会**。"❷

当时设想的形式,是在被没收的地主庄园上办起"协作农场"。这就是:"工人大伙一起种地,自由选举代理人来当管

---

❶ 《马克思恩格斯选集》1995年版第4卷,第498、500、498—499页。

❷ 《列宁全集》2版第11卷,第223页。

理人员，会有减轻劳动的各种机器，轮班工作，每天不超过8小时（甚至6小时）。那时候，就是还想照旧单干的小农，他的经营也不会为了市场，不会为了卖给别的什么人，而是为了工人协作社，小农将为工人协作社供应粮食、肉类、蔬菜，工人则把机器、耕畜、肥料、衣服和农民所需要的一切东西无偿供给他们。"❶ 按照这个设想，是从两个方面吸引农民的，一是先把农村中的无产阶级和半无产阶级组织到在被没收的大地主庄园基础上建立起来的工人协作社里，为其余的农民示范；二是以这种协作社为基地建立工人与农民之间互相供应的关系，控制并消除流通领域，然后逐步把他们吸收到协作社中来。

这里，有两点特别值得注意：①这种协作社是由工人组成的国营农场，完全按工厂的方式组织生产；其产品不是出售而是交给国家或赠给农民。这种形式和后来讲的"集体企业"是不同的。②他当时设想的社会主义经济是没有市场的，农民和工人之间不是买卖关系，单独经营的小农"也不会为市场"而经营，即由控制流通领域进而到消灭流通领域。这一设想和当时列宁关于"社会主义就是消灭商品经济"的总公式是密不可分的。可见，那时共耕制的基本轮廓已经确定下来。

三、共耕制的试验

应当说，列宁共耕制的思想，除了受马克思恩格斯的影响之外，也同他的土地问题理论有一定的关系。在20世纪初，列宁对土地问题作过大量研究。

1917年列宁在《四月提纲》中提出的土地纲领规定，在一切土地实行国有的同时，还"把各个大田庄（其面积约100俄亩至300俄亩，根据当地条件和其他条件由地方机关决定）建成示范农场，由雇农代表进行监督，由公家出资经营"。接着，列宁

---

❶ 《列宁全集》2版第7卷，第159页。

在农民大会上阐述了这一观点:"我们不能向农民,更不能向农村的无产者和半无产者隐瞒:在保存商品经济和资本主义的条件下,小经济是不能使人类摆脱群众贫困的;必须**考虑**如何向公共经营的大农场过渡,必须**立刻着手来实行这种过渡**,教导群众**并向群众学习**用些什么切实可行的办法来实现这种过渡。"❶

不久,他在全俄农民第一次代表大会上又说:"必须过渡到在大规模的示范农场中共同耕作,否则就不能摆脱俄国现在遭到的经济破坏,就不能摆脱这种简直是绝望的处境。""如果我们仍然依靠小经济来生活,即使我们是自由土地上的自由公民,也不免要灭亡。"❷ 那时的着眼点还是把大庄园交给农业工人和贫农,由农业工人苏维埃领导。

十月革命后,在实行土地国有化的基础上把共耕制提到日程上来,准备在全体农民中广泛推广。1918年3月,在俄共(布)第七次代表大会上列宁是这样说的:"利用城市工人与贫苦农民的联盟逐步地但是坚定不移地向共耕制和社会主义大农业过渡,由于这个联盟,土地私有制已被废除,关于从小农经济转到社会主义的过渡形式的法令已经颁布,站在无产者方面的农民思想家们把这种形式称之为土地社会化。"❸

到战时共产主义时期,进一步加快了这一进程,把共耕制当作摆脱困境和提高农业劳动生产率的基本途径。列宁说:仅仅分配了土地还是不够的,"只有实行共耕制才是出路","这就是摆脱小经济的弊病的出路,这就是振兴农业,改进农业,节省人力以及同富农、寄生虫和剥削者做斗争的手段。"他认为,实行共耕制不但可以节省生产工具,同时"劳动生产率就会提高一两倍,农业和人类生产活动中人的劳动就会节省一半以至三分之

---

❶ 《列宁全集》2版第29卷,第115、270页。
❷ 《列宁全集》2版第30卷,第155—156页。
❸ 《列宁全集》2版第34卷,第66页。

二"。❶

当时,苏俄最高国民经济委员会的不少领导人都认为,如果能在 300 万俄亩的土地上组织起共耕制的农业大经济,它就一定会成为国家的粮食工厂,源源不断的粮食可以从这里生产出来供应红军,并能解决城市用粮的一半,使国家摆脱饥饿状况和危机的困境。

1919 年春天,由列宁起草为党的八大通过的党纲,正式规定了农业社会化的任务:"苏维埃政权在完全废除了土地私有制以后,已着手实现一系列旨在组织社会主义大农业的办法。"其中最重要的办法是:①建立国营农场(即社会主义大农场);②支持共耕社;③无论谁的土地,凡未播种的,一律由国家组织播种;④由国家动员一切农艺人才来大力提高农业技术;⑤支持农业公社——农民经营公共大经济的完全自愿的联合。俄共认为,这些措施是使绝对必须提高的农业劳动生产率得以提高的唯一方法。❷

当时共耕制的组织形式,广义地说包括国营农场、农业公社、劳动组合和协作社(共耕社)。因为国营农场属于国营经济,即共耕制的高级形式,一般不把它计算在内。狭义地说,后三种,也统称"集体农庄"。

除了国营农场之外,在集体农庄中又是把农业公社放在第一位的。列宁要求:"向新的经济过渡……必须贯彻农业公社经济的原则。"1918 年 12 月 9 日《关于农业集体化》的决议,明确地提出:"农业政策的主要任务是,坚定不移地广泛建立农业公社。"它是按共产主义原则组织起来的,生产资料和生活资料都属于公有。用列宁的话说:"农业公社是个很响亮的名称,是与

---

❶ 《列宁全集》2版第35卷,第174、353页。

❷ 《苏共决议汇编》第1分册,第544页;《列宁全集》2版第36卷,第113页。

共产主义这个概念有联系的。"❶1918 年 2 月 19 日农业人民委员部的指令要求："农业公社的基本原则是：各尽所能，按需分配。"1919 年 2 月 19 日苏联农业人民委员部批准的《农业生产公社示范章程》规定："任何公社社员，除了同全体社员一起满足自己的生活需要之外，在公社内劳动，不应取任何报酬。"在生活上，一般都实行了免费的公共食堂制，连衣服、鞋袜、小日用品都由公社发给个人。1919 年 2 月 19 日苏联人民委员会批准的《农业生产公社示范章程》规定："凡愿参加公社的人，为了公社的利益，应当放弃他对货币资金、生产工具、牲畜以及一般为进行共产主义经营所必需的一切财产的私有权。"用斯大林后来的话说，农业公社"不仅把生产资料公有化，而且把每个社员的生活也公共化了"，"他们没有私有的家禽、小家畜、奶牛、谷物和宅旁园地"，可以说"是为了达到小资产阶级的平均主义而用公共利益把社员的个人利益压抑下去了"。但他同时认为，农业公社"是集体农庄运动的高级形式"。❷需要注意的是，这种农业公社同原有带封建残余性质的村社有一定联系，有的就是直接在村社基础上发展起来的。

农业劳动组合与农业公社有两点不同：一是允许农民有自己的家禽、小家畜、奶牛，可耕种少量的宅旁园地；二是按劳动日计酬（后来演变成"工分制"）。但是，由于实行余粮收集制和按劳动日计酬比较粗，农民应得的利益也没有得到合理解决，1929 年以后，斯大林把劳动组合当作集体农庄的基本形式。

农民协作社或共耕社，就是在一定生产环节上的互助组织，在耕种土地和收获庄稼的时候共同劳动，共同使用生产工具，临时互相帮助。这种组织在旧社会就大量存在，列宁在十月革命前就曾多次论述过。这是共耕制的初级的、辅助的形式。

---

❶ 《列宁全集》2版第37卷，第362页。
❷ 《斯大林选集》下卷，第333页。

为了发展共耕制，苏维埃政权采取一系列扶持和优惠政策，第一，优先分配给共耕制组织以大量的土地。1919年2月，根据列宁的建议，颁布了《关于社会主义土地规划和过渡到社会主义农业的措施》条例，以国家法律的形式规定："必须使土地耕作的个体形式过渡到共同使用的形式""应当把各种个体形式看成是暂时的和过时的"。为此，国家必须对全部土地的使用进行统一规划，使其"首先用来满足苏维埃经济和公社的需要，其次用来满足劳动组合，共耕社和其他公共耕作的需要，最后才是个体农民生存的需要。"❶ 到1920年，共耕制组织（集体农庄）共占有耕地达117.66万俄亩（约等于122万公顷），其中70%以上坐落在过去地主的大庄园上。第二，在农具、耕畜和其他生产资料方面给予多方面支持，包括原来地主场园上的生产资料和政府的支持。第三，国家提供大量资金，在当时极端困难的条件下曾拨给10亿卢布巨款作为援助基金。

四、共耕制失败的教训

实践的结果与理论上的推断相反，共耕制并没有达到预期的要求，主要从以下几个方面表现出来：

（1）劳动生产率没有提高。1920年集体农庄共拥有耕地117.66万俄亩，约占全部耕地0.4%，参加农户占总农户的0.5%，1919年和1920年期间为国家提供的余粮为25万普特，约占同期余粮总数5.8亿普特的0.04%，大大低于它占有耕地和户数的比重，也就是说大大低于全体农户提供余粮的平均水平。

（2）生产费用大大高于全体农户的平均水平。根据列宁的说法，在内战时期拨出的10亿卢布的援助基金主要用于支持公社、劳动组合、共耕社；比一般农民优厚得多。列宁曾辛辣地讽

---

❶ 苏联《党和政府关于经济问题的决议（1917—1967年）》第1卷，第110页。

刺说:"如果除土地外还从十亿卢布基金中拨出建筑补助费,那么任何一个傻瓜都会比普通农民生活得好些。农民会说:这里哪谈得上什么共产主义,哪里有什么改进,他们有什么值得我们钦佩的?如果挑出几十个或几百个人来,给他们几十亿卢布,那他们当然会干起来。"❶按照这个数字,每个集体农庄可以得到约10万卢布。

(3)集体农庄没有对农民提供帮助,没有起到示范作用。多数集体农庄办得很糟,助长了依赖国家、懒惰、偷拿、吵闹的现象。许多非党农民代表如实地反映:"农民一点都没看到集体经济的好处。"❷甚至有的农民忧心忡忡:"如果有了大农场,那我又要当雇工了。"❸有一次列宁在同卡卢加省莫萨利斯克农民代表博佳科夫谈话后,曾经记述了农民不满情绪:锡利科夫斯卡亚乡有一个大地主的田庄,约一千多俄亩土地,收归苏维埃经营后,土地没人耕种,国家花了几百万公款,只种上不到5俄亩;马由原来的100多匹,只剩下10匹;牛由原来的200多头,只剩下30~40头;参加共耕农庄经营的人谁也不卖力气,都把家俱全给拿光了。而周围的农民很需要土地,但既不给他们草场,也不给他们土地,引起农民极大的不满。❹这个为列宁亲自了解和关切的事例,反映了当时的共耕制组织与周围农民的关系,也说明其内部造成劳动者积极性降低的原因。

对农民的余粮和其他农畜产品的无偿占有,共耕制的弊端,使得农业生产急剧下降。尽管苏维埃政权发过一道又一道扩大播种面积的指令,但播种面积和粮食产量却大幅度下降,1920年的农业总产值只有1913年的67%(当然战争破坏也是重要原

---

❶ 《列宁全集》2版第37卷,第363页。
❷ 《列宁全集》2版第40卷,第395页。
❸ 《列宁全集》2版第36卷,第190页。
❹ 参见《列宁全集》2版第50卷,第18—19页。

因）。农业的状况，与他原来的设想恰是南辕北辙，使得列宁十分焦虑。

同样，由于上述原因，共耕制组织的集体农庄并没有像原来设想的那样迅速发展，到1920年只占农户的0.5%。具体情况可见下表：

1918—1920年共耕制组织发展情况*

年份	农业公社（个）	劳动组合（个）	共耕社（个）	总数（个）	参加农户（万）	占全总农户（%）	占用土地（万俄亩）	占全国农用土地总面积（%）
1918	975	604	—	1579	1.64	0.1	20.16	0.1
1919	1961	3605	622	6188	8.13	0.3	92.44	0.3
1920	3313	10815	2514	16012	13.10	0.5	117.66	0.4

*关于共耕制集体农庄发展情况，有关经济学者提供了不同的统计数字。我们在制定本表时参考了拉扎尔·沃林在《俄国农业一百年》一书中的资料，见该书211页。土地数字根据《苏联社会主义经济史》第一卷。

通过实践检验，列宁逐渐发现了共耕制的弊端。早在1919年底，列宁就尖锐指出：它不应是"人工制造的""温室里培植出来的"，其优点"不在于它领取公家的补助金"，而在于"能够在恶劣的条件下用共产主义方法经营农业"，并且能够帮助附近的农民。"我们应当时刻警惕，不致让农民说公社、劳动组合和协作社的社员是靠公家养活的，说这些人与普遍农民的区别只在于他们能得到优待。"列宁警告：这是一种"危险"。❶

又过了一年，即1920年底，他进一步改变了看法。在全俄苏维埃第八次全国代表大会上，谈到农业生产时，他毫不含糊地指出："集体农庄的问题并非当务之急。我知道，集体农庄还没

---

❶ 《列宁全集》2版第37卷，第368、367、363页。

有很好地组织起来，还处于名副其实的养老院的可怜状态。"❶他在一封电报里甚至要求，在安排农村工作的时候，"建立公社应当最后考虑，因为建立人为的假公社，使个别人脱离群众是最危险的事情。"❷

1921年春天，他又在俄共（布）十大讲道："人们怀着一片好心，到农村去组织公社、组织集体农庄，却不善于经营，因为他们没有集体工作的经验。这些集体农庄的经验只是提供了一个不该这样经营的例子，让周围农民见笑或者生气。"在《论粮食税》的几个提纲中又写道："集体农庄的作用：做了许多蠢事。"原来，他曾以为依靠法令可以促进和保证农民向共耕制过渡，而现在他改变看法："问题不在于立法文件，而在于实际执行。"他把企图在几年内实现共耕制的想法称之为"空想"，把抱这种"空想"的人称之为"幻想家"。❸这意味着列宁改变了原来在短期内实现共耕制的计划。当时的布哈林，也曾尖锐地批评集体农庄的弊病。他认为，在农业集体化事业中，面临着两种危险。一方面，某些集体农庄可能发生资本主义的蜕化，逐渐使用雇佣工人，变成资本主义小企业；另一方面，一部分可能变成"共产主义寄生机构"，经营得一塌糊涂，自己无法维持，"于是他们就从全国的大锅中盛饭吃"。❹

然而，列宁并没有使自己思想僵化，也没有被这些已有的形式束缚自己的头脑，而是坚持在实践中发展自己的认识。早在1918年11月，他指出，对农民的改造应当坚持恩格斯提出的"采用示范的办法"；但同时断言："在到达完全的共产主义以

---

❶ 《列宁全集》2版第40卷，第177页。
❷ 《列宁全集》2版第39卷，第365页。
❸ 《列宁全集》2版第41卷，第53、377、21、53页。
❹ 《在苏联农业集体组织会议上的演说》，引自苏联《真理报》，1925年3月6日。

前，任何形式都不是最终的。我们不敢说我们准确地知道道路怎样走。"❶ 由于他始终坚持了唯物辩证法，所以能够促进他不断探索，使得自己的认识继续深化。

第二节　向合作制的战略转变

新经济政策的实现，标志着列宁社会主义经济理论和经济战略的重大转变。在农业社会化的道路上，集中地表现在改变了对共耕制即被列宁称之为"康姆尼"（共产主义的词根）的看法，转而走向合作制的战略。

这个时期，列宁提出一个普遍性的结论——"在实践上和理论上都很重要和正确的基本思想：在**小农经济**的条件下，直接实行**完整**的共产主义是**极其错误**的（决不只是在法国如此，在有小农经济的一切国家都是如此）。"这一结论或"基本思想"，首先是从俄国的实践中得出来的。在此基础上提出新的战略，这就是列宁所说的不彻底"摧毁"旧的社会经济结构（包括"小经济"），"审慎地、缓慢地、逐渐地改造旧事物，力求尽可能少加破坏"的计划或战略。❷ 经过了一段探索，形成了合作制理论和"合作制计划"。

一、对旧形式的两个扬弃

合作制理论和计划，就其发展过程和包含的内容来说，是对两种旧的经济形式的"扬弃"，一是对旧的农民个体经济的扬弃，一是对旧的合作社的扬弃，然后加以综合，才形成了合作制的完整理论和战略。

第一个扬弃，对农民个体经济（或"小经济"）的扬弃。即

---

❶ 《列宁全集》2版第35卷，第217页。
❷ 参见《列宁全集》2版第42卷，第310、245页。

利用个体农业商品经营形式所容纳的、尚可发挥的生产力，赋予家庭经济以社会主义内容，用以为社会主义经济建设服务。

早在1920年12月，他就从内战后俄国的实情出发，提出当时的农业"必须依靠个体农民……还不能设想向社会主义和集体化过渡。"❶这意味着他将寻求新的形式和方法解决发展农业和组织农民的问题，而新经济政策的实行，正好为寻求新的形式和方法开拓了道路，打开了视野，提供了条件。

1921年春天，列宁在提出取消余粮收集制、实行粮食税的同时，指出："改造小农，改造他们的整个心理和习惯，这件事需要花几代人的时间。只有有了物质基础，只有有了技术，只有在农业中大规模地使用拖拉机和机器，只有大规模电气化，才能解决小农这个问题，才能像人们所说的使他们的整个心理健全起来。""不经过很多很多年，任何集体经济组织，集体农庄，公社都是不能改变这种现象的。"因此，"当我们还没有把他们改造过来的时候，当大机器还没有把他们改造过来的时候，就应当保证他们有经营的自由。"❷

为了调整国家同农民的关系，改善占农民总数99%的个体农民的状况，苏维埃政权实行了一系列政策。在交换上，恢复了商品流通，开始只在地方范围，很快扩大到全国范围，保证了在国家政策指导下农民的贸易自由，使农民成为名副其实的小商品生产者。在土地所有制方面，在国有化基础上确保农民对土地的使用权。1922年全俄苏维埃第九次代表大会决议要求："在农民自由选择使用土地形式和全面加强土地规划的基础上，调整土地关系"，取消了前几年对个体农民的一系列歧视性政策。这次大会通过的《土地法典》，以法律的形式承认了农民对土地的实际支配权（使用权），只要不是农民自己主动放弃耕种或法律的要

---

❶ 《列宁全集》2版第40卷，第177页。
❷ 《列宁全集》2版第41卷，第53、126、23页。

求，谁也不能剥夺他们使用土地的权利。农民有权独立自主地经营土地，有权选择使用土地的形式，任何人不得干涉，而且当时允许雇工。列宁主持的俄共（布）十一大关于农村工作的决议，要求对使用雇佣劳动和租佃土地不要过分限制，但要研究限制极端行为的办法。列宁指出，农业政策的根本出发点在于发展生产力，"党在农民中的整个工作，其首要目的是实际帮助迅速扩大播种面积，增加耕地，增加农产品的数量，减轻农民的严重贫困状况。"❶

对农民看法的改变，很重要的一点是基于消灭了土地私有制。因为土地是农业中最重要的生产资料，没有土地也就没有农业。土地公有是社会主义农业最主要的基础。因此，列宁着重指出："土地属于国家这一点是非常重要的，在经济上也有很大的实际意义。这一点我们已经做到了，我还要说，我们今后的一切活动都应当只在这些范围内展开。"❷ 由此改变把农民视为纯粹小私有者性质的观点，这是符合恩格斯的论述："社会主义的任务，不如说仅仅在于把生产资料转交给生产者**公共占有**"，而农业的"生产资料，即土地"。❸

所以，列宁认为，苏维埃制度下的农民和纯粹小私有者并不完全一样。"我们废除的是土地私有制，而农民并没有私有的土地，他们是在租来的土地上经营。"至于有些工具属于农民个人所有并不能起决定作用，因为"我们从来没有废除过农民对消费品和工具的个人所有制。"❹ 这个说法，实际上改变了列宁以前提出的"农具公有、牲畜公有"❺的要求。也就是说，在坚持

---

❶ 《列宁全集》2版第43卷，第130页。
❷ 《列宁全集》2版第43卷，第283—284页。
❸ 《马克思恩格斯选集》1995年版第4卷，第491—492页。
❹ 《列宁全集》2版第42卷，第190页。
❺ 《列宁全集》2版第30卷，第154页。

土地公有制的范围内采取灵活的经营形式，发挥农民经营的主动性。

同时，受强大的国营经济的影响和国家控制手段的制约，国家可以通过税收、价格、利率、生产资料的供应等调节、推动农业生产，这就与完全受资本主义经济规律的支配不相同了。用列宁的话说："土地掌握在国家手中。占用土地的小农纳税的情况很好。"❶ 这样，对个体经营乃是一种扬弃，既保留了它对农业生产发展有利的一面，又改变了它的基础，在一定程度上限制了它的消极的一面。

第二个扬弃，对旧合作社的扬弃。单单第一个扬弃还不够，还不能正确解决农民和国家的关系，尤其不能引导农民与社会化大生产联系起来。列宁看到流通领域是小商品生产最基本的"关卡"，掌握了流通领域也就掌握了农民商品生产的出入口；而且由于保留了农民自身的经营权，农民容易接受在流通领域首先组织起来的形式。因此，在国家和农民之间必须也可能架设一座"桥梁"，设置一个农民乐意接受的枢纽组织。列宁通过对经济生活的研究和对实践经验的总结，发现合作社是承担这一职能最理想的形式。现在，先来看看他对利用合作社的认识过程。

从历史上说，合作社是在资本主义商品经济条件下产生和发展起来的一种以经商为主要业务的经济组织。在西欧，合作社产生于19世纪初期。以后，资本主义愈发展，合作组织就愈多。由于其领导权掌握在资产阶级分子或小资产阶级手中，从总体上说，对资本主义有利，也在一定程度上保护了农民利益。列宁从早期研究商业性农业和国内市场形成时，就研究资本主义制度下的合作社（包括协作社），把它视为农业企业的一种特殊形式。当时区分为两种情形：一种是商业组织，一种是农副产品加工组织。对前一种组织，列宁认为它是一种"贱价买进高价卖出的联

---

❶ 《列宁全集》2版第43卷，第258页。

合组织""得利最多的是富人"。❶不过,"每一个买东西方便的合作社……都在把农民经济卷入商业周转。"❷这种商业和信贷合作社企业,在欧洲是十分普遍的。后一种组织,既加工又经营的合作社(或协作社),都有一定规模。列宁认为"农业中的合作社和工业中的托拉斯在形式上的差别"是存在的,而"两者的社会经济内容是完全一样的"。❸对大农有好处,小农参加的很少,甚至有利于剥削雇佣劳动者。例如,"农民**业主**组织协会为的是提高粮食、干草、牛奶和肉类的销售价格,廉价雇佣工人。农民愈自由,他们的土地愈多,这一点就愈明显。"❹这是从联合组织的性质上讲的。如果撇开其社会内容不讲,实质上也是社会化生产所要求的一种经济联合。正是商品经济促进了这种联合的发展,"一个国家的资本主义发展水平愈高,合作社就愈发达。"❺这就揭示了合作社与资本主义商品经济的内在联系。

不过,即使那时合作社在一定程度上也可以减少中间剥削,对工人和农民有一定的好处。列宁主张,在资本主义条件下,工人运动也应当利用合作社这种形式,联合自己的队伍,同资本家斗争,但不能把它当作主要斗争形式,不能以它来实现最终目标而不去推翻资产阶级政权,以致使工人运动的领导者资产阶级化。他指出,过去的"合作社工作者只考虑商业利益,常常忘记了社会主义制度";而且,"吸收的社员往往主要是小资产阶级分子——中农",以致使合作社运动带有小资产阶级倾向❻。列宁在《卡尔·马克思》一文中写道:"合作社,即小农协作社,虽能起非常进步的资产阶级的作用,但只能削弱这个趋势,而不

❶ 《列宁全集》2版第7卷,第138页。
❷ 《列宁全集》2版第24卷,第355页。
❸ 《列宁全集》2版第7卷,第92页。
❹ 《列宁全集》2版第24卷,第348页。
❺ 《列宁全集》2版第38卷,第111页。
❻ 《列宁全集》2版第35卷,第197页。

能消灭这个趋势；同时不应当忘记，这种合作社对富裕农民的好处很多，对贫苦农民群众的好处则很少，几乎没有，而且协作社本身也会成为雇佣劳动的剥削者。"❶

旧俄国的合作社，初创于19世纪60年代。以后，各种类型的合作社都有一定的发展，不过比起西欧发达的资本主义国家就少得多。到二月革命前，合作社约有2.3万多个，社员近700万（列宁说有1千万），而其销售额只占全部社会销售额的2.1%。不过，合作社已经形成从中央到地方的一套组织体系，而且很长时间里为孟什维克、社会革命党人所把持。

早期的列宁对合作社运动并未引起足够的重视，甚至认为是一种"欺骗"。而在1905年后期列宁开始注意，认为"消费合作社在一定意义上是社会主义的一部分。第一，社会主义社会是一个为了消费而有计划地组织生产的大消费合作社；第二，没有强大的多方面的工人运动，社会主义就不能实现，而消费合作社必然是这许多方面的一个方面。"❷他在1910年国际社会党人哥本哈根代表大会上最鲜明地表述了对合作社的观点。他认为，"无产阶级的合作社通过减少中间剥削、通过影响供货人那里的劳动条件和改善职员的生活状况等，使工人阶级有可能改善自己的生活状况……在群众性的经济斗争和政治斗争中具有愈来愈大的重要性……把工人阶级群众组织起来，训练他们独立管理事务……并在这方面把他们培养成未来社会主义社会的经济生活的组织者。"但列宁同时又认为，合作社是纯粹商业性的机构，因此"有蜕变为资产阶级股份公司的趋势""合作社不是同资本直接做斗争的组织，有可能造成而且也正在造成一种错觉，似乎合作社是解决社会问题的手段"。❸这也就是他后来在《论合作社》

---

❶ 《列宁全集》2版第26卷，第73页。
❷ 《列宁全集》2版第11卷，第370页。
❸ 《列宁全集》2版第19卷，第305—306页。

中所讲的旧日的合作社工作者即改良主义者的"幻想"。

十月革命前夕,已经很强大的俄国合作社运动进一步蓬勃发展起来。就合作社的数量和加入合作社的人数看,俄国的合作社占世界第一位。消费合作社的贸易占俄国总额的35%,这一数字仅低于英国批发收购合作社。6500万~8500万人同合作社运动有联系,约占俄国居民总数的40%~50%。

十月革命后,列宁一直重视改造和发展合作社。他认为,"合作社是一笔极大的文化遗产,必须加以珍视和利用"❶,是"资本主义遗留下来的""最好的分配机构"。❷ 他多次论述过改造旧合作社的必要性和可能性,亲自起草和修改有关合作社的许多文件,同孟什维克、社会革命党人进行了一系列争夺领导权的斗争,争取其中的一大批人转到布尔什维克方面来。

但是,需要指出,在新经济政策之前,列宁并未提出把合作社作为组织农民走农业社会化的主要形式。研究这段历史,要注意以下几点:

首先,合作社组织和前面所说的农业公社、农业劳动组合和农业协作社不是一套体系,而是两套体系,合作社主要作为销售、供应组织系统而存在的。

其次,在新经济政策以前,特别在战时共产主义时期,列宁打算改变合作社的商业经营性质,进而把它变成消灭商品经济的组织,普遍建立"生产消费公社"。他在《苏维埃政权的当前任务》一文及其初稿中说:"合作社是商店,无论什么变动、改善和改革都改变不了这一点……但是问题也就在于:从无产阶级夺得国家政权的时候起,从无产阶级的国家政权着手有系统地建立社会主义制度的时候起,合作社的地位就起了原则性的根本变化。在这里,量转化为质。"这时,苏维埃政权要把合作社机构

---

❶ 《列宁全集》2版第35卷,第198页。

❷ 《列宁全集》2版第41卷,第56页。

普及到整个社会,建立"一个生产消费公社网"。这就是社会主义性质的合作社。❶

再次,当时存在两种合作社,一种是改造过的和新建立的消费合作社,一种是旧时遗留下来的合作社和农民自发建立的合作社,后一种合作社领导权主要掌握在小资产阶级手里,其中有一部分直接为孟什维克和社会革命党残余分子所控制。1918年春天,列宁把资产阶级合作社工作者看作"国家资本主义"的成分。❷

最后,战时共产主义时期,"合作社已不再存在"❸,消费合作社并入人民粮食委员部,变成官方的分配机构,同时取消了农业生产合作社。

二、新经济政策时期对合作社认识的两个阶段

进入新经济政策时期,列宁把合作社提高到空前未有的高度。俄共(布)第十次代表大会根据列宁的建议,作出专门决议,重新把合作社从人民粮食委员部中划出来,恢复它群众性的特点,把生产合作社与消费合作社分开,开始把合作社作为联合农民的基本形式。这就开始了向合作制战略的转变。这个过程又可分为两个小的发展阶段。

第一个小阶段,以《论粮食税》这部著作为代表,其公式是:"在俄国目前情况下,合作社有自由,有权利,就等于资本主义有自由,有权利。"那时把合作社视为联合农民的国家资本主义经济组织形式。"合作制政策一旦获得成功,就会使我们把小经济发展起来,并使小经济比较容易在相当期间内,在自愿联合的基础上过渡到大生产。"❹

---

❶ 参见《列宁全集》2版第34卷,第146—147、167页。
❷ 《列宁全集》2版第34卷,第275—276页。
❸ 《列宁全集》2版第38卷,第163页。
❹ 《列宁全集》2版第41卷,第214、215页。

这是一个新的提法，一是合作社的作用起了重大变化，二是以合作社作为组织农民的基本形式，代替了共耕制的地位。"合作社这一商业形式比私营商业有利，有好处。""合作社便于把千百万居民以至全体居民联合起来，组织起来，而这种情况，从国家资本主义进一步过渡到社会主义的观点来看，又是一大优点。"❶

可以看出，一个基本思想开始形成：首先从流通领域，通过合作社这种商业形式把小商品生产的流转汇总起来，使之联合。一方面合作社是"在经济上最好的自由流转形式"，另一方面又便于国家"计算、监督、监察"，便于国家同它们"订立合同关系"。"**在上面**"国家"同它实行联合"，"**在下面**给农民等流转自由"。合作社恰如一座桥梁，沟通了国家与农民之间的结合。又是引导农民一步一步走向联合的枢纽。它的基础"是手工的、部分甚至是宗法式的小生产"，它能引导这种小经济向新形式过渡。"由小业主合作社向社会主义过渡，则是由小生产向大生产过渡，就是说，是比较复杂的过渡，但是它一旦获得成功，却能包括比较广大的居民群众，却能把根深蒂固的旧的关系，社会主义以前的，甚至资本主义以前的即最顽固地反抗一切'革新'的那些关系彻底铲除。"❷

但在当时，列宁把合作社的性质看作是一种国家资本主义的形式，"国家资本主义的一个变种"。这是因为当时合作社的领导权多数还在上层小资产阶级分子手里；同时，也和列宁当时对农民的看法有关，把自发势力产生资本主义看得过重，以至还把它看作是经济上的主要敌人。所以，他认为，"小商品生产者合作社……必然会产生出小资产阶级的、资本主义的关系，促进这种关系的发展——把小资本家提到首位，给他们以最大的利

---

❶ 《列宁全集》2版第41卷，第214页。
❷ 《列宁全集》2版第41卷，第367、214、215页。

益。"不过，这种资本主义并不可怕，它对发展生产有利，而且便于小生产者走向联合（当时认为，"国家资本主义"＝"小生产的联合"❶）。

第二个小阶段，以《论合作社》一文为代表，其公式是："文明的合作社工作者的制度就是社会主义的制度"，"合作社的发展也就等于社会主义的发展"。❷

从此，确定了合作制的社会主义性质，把合作社这种商品流转的最好形式引入社会主义经济自身的结构，并把它当作联合农民的基本形式。

列宁对合作社的认识为什么有这样大的变化？苏联从20世纪20年代以来一直争论了几十年。按照斯大林的解释，主要是"因为这两年内（指1921年到1922年——引者）社会主义工业已经壮大"❸。这是不能使人信服的。历史事实告诉我们，1922年的工业产值虽然比1920年增长85.7%，但这是恢复性的，实际上等于1913年工业产值的25.6%，远不是根本性的变化，谈不上什么"已经壮大"。如果从列宁的一系列原著看，基本原因还在于对农民和商品经济的看法改变了。在实行新经济政策之初，列宁还认为："贸易自由意味着资本主义的增长""既然小业主占优势，既然有交换的可能和必要，那么事情也只能是这样"。❹从1921年底和1922年初以来，列宁就不大讲这个观点，不再把"自发势力"当作主要敌人，更多地讲"同农民群众在经济上极其牢固地结合起来，使我们的联盟——工农联盟，即我们整个苏维埃革命……立于不败之地"。❺特别是在俄共（布）第

---

❶ 《列宁全集》2版第41卷，第213—214、149页。
❷ 《列宁全集》2版第43卷，第365、367页。
❸ 《斯大林选集》上卷，第454页。
❹ 《列宁全集》2版第41卷，第149、214页。
❺ 《列宁全集》2版第42卷，第514页。

十一次代表大会上,他反复强调新经济政策就是要寻求社会主义建设同农民经济的结合点,只有实现这种结合才能加快建设的速度。在共产国际四大,列宁指出:"农民在我国是决定性的因素。"《论合作社》说:"幻想出种种工人联合体来建设社会主义,是一回事;学会实际建设这个社会主义,能让**所有**小农都参加这项建设,则是另一回事。我们现在达到的就是这级台阶。"

这时,不再害怕贸易自由,而是找出了把贸易自由纳入社会主义轨道的办法和具体形式,并且把商品经济的机制当作实现国家统一计划的"捷径"。同时,也由此促使列宁重新审查对合作社的看法,不再视之为资本主义或国家资本主义的东西,认定它"与社会主义企业没有区别""在我国的条件下合作社往往是同社会主义完全一致的"。❶

为了使人们认清合作社的社会主义性质,他进一步分析了决定合作社性质的外部和内部的条件。"国家政权既已掌握在工人阶级手里,剥削者的政权既已推翻,全部生产资料……既已掌握在工人阶级手里,情况就大不一样了。""……当我们把私人资本主义企业(但必须是建立在公有土地上的,必须是处在工人阶级的国家政权监督下的)同彻底的社会主义类型的企业(无论生产资料或企业占用的土地以及整个企业都属于国家)连接起来的时候,这里也就出现了第三种企业的问题,即合作企业的问题,从原则意义上说,这种企业以前是没有起过独立作用的。在私人资本主义下,合作企业与资本主义企业不同,前者是集体企业,后者是私人企业。在国家资本主义下,合作企业与国家资本主义企业不同,合作企业首先是私人企业,其次是集体企业。在我国现存制度下,合作企业与私人资本主义企业不同,合作企业是集体企业,但与社会主义企业没有区别,如果它占用的土地和使用

---

❶ 《列宁全集》2版第43卷,第280、362、366页。

的生产资料是属于国家即属于工人阶级的。"❶

这是一种用历史地比较的方法所进行的科学分析,深刻阐明了对旧合作社扬弃的过程。合作社作为一种集体企业的经济形式,它的内容和地位在不同的条件下有所不同,它自身没有起过"独立作用",而是受旧统治地位的经济成分的影响和制约。在社会主义制度下有三方面的变化:第一,政权性质变了,合作社不再是一个"小岛",工人阶级政权支持它的发展,它受这个政权的监督和制约;第二,国营经济("彻底社会主义式企业")占支配地位,它规定和影响整个国民经济的发展方向,从而也规定和影响合作企业的发展方向;第三,它自身以基本生产资料的公有制为基础,是劳动者的集体企业。因此,这就和旧的合作社区别开来,赋予旧形式新的内容。

综上所述,合作社就把两个扬弃即对个体农民经济的扬弃和对旧合作社的扬弃结合起来,利用了两种旧的经济形式,把它们变成社会主义性质的新的经济形式。这个经济形式中有两个关键性的因素起着决定性作用:一是基本生产资料的公有,二是流通领域的联合并与国家经济紧密地联系着,从而使形式上仍然进行家庭经营的农民经济逐步变为社会主义经济。所以,正如列宁所说:"仅仅通过合作社,通过曾被我们鄙视为做买卖的合作社的——现时在新经济政策下我们从某一方面也有理由加以鄙视的——那种合作社来建成完全的社会主义社会所必需的一切。"❷

于是,实现农业社会化的基本战略便由共耕制转移到合作制方面来。

三、列宁的"合作制计划"

所谓合作制的战略,也就是过去人们所说的"合作制计

---

❶ 《列宁全集》2版第43卷,第367、366页。
❷ 《列宁全集》2版第43卷,第362页。

划"。它包括什么内容呢？主要的就是《论合作社》所阐述的基本思想，用整整一个时代，通过合作社这种商业形式把农民联合起来，发展社会主义农业生产。具体包括这样几个要点：①确定和确保文明合作社的社会主义性质；②联合农民的基本组织形式不是共耕制，而是合作社这种"买卖机关"，使农民"从个人利益出发"积极参加合作社并同国家利益、国家监督结合起来；③促进农业经济商品化，变自然经济为商品经济；④进行文化工作和"文化革命"，"要使我国居民'文明'到能够了解人人参加合作社的一切好处"，学会"文明商人"的本领；⑤国家对合作社给予财政上的支持，找出充分帮助合作社，培养"文明的合作社工作者"的奖励方式；⑥实现完全的合作化需要整整一个时代，"在最好的条件下，我们渡过这个时代也要一二十年"；⑦"有了完全合作化的条件，我们也就在社会主义基地上站稳了"，也就有了"建成完全的社会主义所必需的一切"。

那么，这是不是意味着列宁彻底放弃了共耕制的一切组织形式呢？这里需要弄清楚以下几个方面的情况：①从进入新经济政策时期以后，列宁就很少提到共耕制及其组织形式，有几处涉及也只是附带提一提，尤其是他最后几篇重要著作竟一字也不曾提到；②从1921年3月到1923年1月共23个月里，列宁对合作社作了三十多次指示和论述，包括许多细节都要过问，而且把它的位置越提越高；③在列宁逝世前后，原来的农业公社、劳动组合、协作社还存在着（1921年当年还略有发展，因为新经济政策在基层还刚刚贯彻，尔后就处于下降或停滞状态），说明列宁没有采取一下子完全否定的办法，而是让它继续试验。1922年3月，列宁批评了鼓吹集体经济的种种不实之辞，他指出："说'集体经济'一概都好，没有证明。不应当用共产党员的自我吹嘘去激怒农民。"要采取实际措施"同办得不好的国营农场，办得不好的合作社和集体农庄做斗争"和实行"合作化"，但一定不要"用愚蠢的共产主义的合作社游戏去激怒农民"。❶ 那时，战略的重点或基本的形式不再是共耕制，而是合作制了。列宁逝世后的一段时间里，俄共（布）基本上执行了这个战略，例如1924年5月俄共（布）十三大就专门作出了《关于合作社》的决议，直到1929年才发生了重大变化。我们可以从乡村中的合作社组织和集体农庄组织这两个体系发展情况的对比说明这一点。

20世纪20年代苏联乡村合作社和集体农庄发展情况

年份	农村生产合作社		农村消费合作社		集体农庄组织	
	数量（个）	参加农户占总农户的比例（%）	数量（个）	参加农户占总农户的比例（%）	数量（个）	参加农户占总农户的比例（%）
1921	24060	—	2500	—	1600	0.9
1923	31200	—	19224	20.8	1600	0.9
1925	54813	28	25625	22.7	21900	1.2
1927	79300	32	27165	约30	14800	0.8
1929	19800	55	25757	约70	57000	3.9

＊材料来源：《苏联社会主义经济史》第二、三卷，基斯坦诺夫著；《苏联消费合作社》（中国人民大学和时代出版社两种译本）、《第二个五年时期的集体农庄》（莫斯科1940年版），《1956年苏联国民经济年鉴》。表中未把农村信贷合作社统计进去。

上述材料，令人信服地表明，农村中的合作社发展十分迅速，越来越占有举足轻重的地位；集体农庄没有什么发展（1929年由于政策变化才发展到占总户数的3.9%），作用是微不足道的。这足以说明，从新经济政策实行以来，在实现农业社会化上也发生了重大的战略重点转移。

❶ 《列宁全集》2版第43卷，第43、46，44页。

第三节　合作制与农村商品经济的内在联系

从共耕制向合作制的转变，不是主观臆想或理论推导的产物，而是实践检验的结果，是实践、认识、再实践、再认识得出的必然结论。核心问题在于：究竟哪种组织形式有利于农业生产的发展，能够更好地把农民的利益与国家、集体的利益结合起来。

一、合作制与共耕制比较

如果认真地读一读列宁的《论合作社》，就不难发现他对合作制和共耕制是进行了比较分析的，尽管没有说出"共耕制"这个词，实际上他所说的"幻想出种种工人联合组织来建设社会主义"恰恰指的就是共耕制（前面已引证了《给农村贫民》和十月革命前后的论述）。共耕制不只是要以农业工人（农村无产者和半无产者）为主体，而且把用组织工人从事工业生产的方法搬到农业生产中来。所以，列宁把合作制看作"学会实际建设社会主义而使所有小农都能参加这项建设"的阶梯，是采用尽可能使农民感到简便易行和容易接受的方法"过渡到新制度"的形式。这本身就是一个对比，并特别指出："这一点又是主要的。"

现在，我们可以根据列宁一系列的论述和当时的历史情况，对共耕制与合作制作一个比较分析。

（1）**两者产生的基础不同**。共耕制的三种形式除了协作社以外，基本上都是新产生的组织形式，没有以往的基础。旧俄国的农民中也有"劳动组合"，基本上是类似中国的互助组，或上面讲的协作社，恩格斯认为，它在俄国连西欧的合作社的组织程度都达不到❶，而旧的村社（封建的残余）则同共产主义农村

---

❶ 《马克思恩格斯全集》第18卷，第616页。

公社在性质上实属南辕北辙。对新的组织农民群众不大熟悉，也不习惯于这些形式，没有很深的根基。所以，列宁一直担心，这些组织会变成"人工制造的""温室里培植出来的"东西。合作社则不同，它在资本主义商品经济的胎盘上已经有了长久的发展史。像列宁所说的那样：合作社是"由资本主义在群众中准备好的唯一机构，在处于原始资本主义阶段的农村群众中进行活动的唯一机构。"❶ 正是因为这样，合作制为农民群众所熟悉，也容易被他们接受。劳动群众是生产力的主体，他们的愿望往往能够真实地反映生产力的状况和生产力发展的要求。

共耕制并不是"人民所意识到的东西"，所以花了那么大的财力物力也还是推广不开；合作制则是"人民所意识到的东西"，在农民群众中生了根，于是便很快蓬勃地发展起来。

（2）**开始组织农民的领域不同**。共耕制首先径直从生产领域把农民高度地组织起来，集中使用劳动力，对于能否适应农村生产力的要求和农业自身的特点，是没有把握的，特别在以手工操作为基础的条件下，企图单纯地通过混合型的简单协作发展农业生产往往要走向反面，强化了自然经济。合作制则首先从流通领域逐步把农民组织起来，不但符合农民的要求，而且对原有的生产形式不作大的变动。农民参加合作社流转，提高经营兴趣；合作社为农民的生产和销售提供各种方便，能够促进农业的发展，在条件成熟时逐步进入生产领域中不同环节不同程度的联合。《论合作社》一文中所要求的就是：通过合作社这一"买卖机关"吸引农民，"支持**确实有真正的居民群众参加**的合作社的流转""奖励参加合作社流转的农民"，并且要学会"文明商人的本领"，"按欧洲方式做买卖"。列宁所要求的完全的合作化，也就是"全体居民人人参加合作社的业务，并且不是消

---

❶ 《列宁全集》2版第36卷，第149页。

极地而是积极地参加"❶。在一个农民占优势的国家里,离开市场、商业,农民经济无法生存和发展。而"流通是商品所有者的全部相互关系的总和。"❷掌握了流通领域就掌握了商品生产的总开关。所以,流通领域的联合更迫切、更重要,而且比较容易。

列宁的这一思想不是一时形成的。如上所述,他在《论粮食税》中就讲到要通过"合作社这一商业形式"把农民联合起来。在《十月革命四周年》一文中,特别强调无产阶级国家必须成为一个"精明的批发商"。"批发商业在经济上把千百万小农联合起来,引起他们经营的兴趣,把他们联系起来,把他们引导到更高的阶段:实现生产中各种形式的联系和联合"。按照这个论述,列宁所作的规划,联合的顺序为:小商品生产—流通中的联合—生产中的联系和联合;流通中的联合层次为:农民—合作社—批发商(国家)。他认为:不这样做,"就不能使这个小农国家在经济上站稳脚跟。"❸这里需要注意的是"联系"二字,联系不是混成一体,而是各种形式或松或紧的经济上的沟通、依赖关系。可见,列宁并不是通过合作社商业形式再回到以往共耕制的模式。而且,由共耕制向合作制的战略转变,是同农业由自然经济向商业经济的转变相联的。

(3)**经营层次不同**。在共耕制组织内部由一个中心组织生产(实际上是一两个人在那里指挥),集中劳动,按劳动时间计酬(甚至"按需分配"即平均分配),然后统一核算、统一分配、只有一个经济实体、一个单一的经营层次。由此决定,劳动者没有什么独立性和自主权,一切听命于领导。合作制组织,则

---

❶ 《列宁全集》2版第43卷,第363—364页。

❷ 《马克思恩格斯全集》23卷,第188页。

❸ 《列宁全集》2版第42卷,第176—177页。

是独立生产者之间的联合，而在生产过程中不一定集中劳动，在合作社这一大的经济实体内部存在着许许多多的小的经营实体，即以家庭为单位的经营。这就产生了两个或更多的经营层次，一户农民可以参加多种合作社，合作社之间又有多边联合。由此决定，农业劳动者有更大的独立性和自主权，可以自主地根据具体条件和实际情况采取各种生产和经营的措施。对于这种形式，斯大林在1924年4、5月间（即列宁逝世后不久）所写的《论列宁主义基础》一书，作过较为详细的说明。当时有许多种农业生产合作社，例如其形式之一的亚麻合作社具有代表性：合作社把种子和生产工具供给农民，然后向这些农民购买全部亚麻产品，在市场上大批销售；保证农民也得到利益，从而通过合作社把农民经济和国家工业联系起来。"怎样称呼这种生产组织形式呢？在我看来，这是国家社会主义大生产在农业方面的家庭手工制。"❶可见，在合作制下，农民家庭经济还起着相当大的作用，它构成整个合作经济的一个层次，与合作社以各种形式联系起来（只是紧密程度有所不同）；合作社本身可以直接举办许多为农民服务的企业，又派生出许多准层次。在这种经济形式下，农民既不像马克思形容的"由一些同名数简单相加形成的，好像一袋马铃薯是由袋中的一个个马铃薯所集成的那样"，互相隔绝、彼此独立的状态❷，也不像共耕制那样把许多小经济实体完全合而为一，而是像一棵葡萄树上结出的一颗颗葡萄、一个有机体上生存着一个个细胞，彼此既相互联系，又相互独立。

这里特别要说明一下，列宁对农民家庭经济的看法也是有变化的。他在早年阅读考茨基的著作《土地问题》（1899年）时，赞赏他的观点（当时还是马克思主义者）。其中读到："农业和

❶ 《斯大林选集》上卷，第235页。
❷ 参见《马克思恩格斯选集》1995年版第1卷，第677页。

工业的重要差异之一——**农业与家庭经济结合在一起。**"❶在另一篇读书笔记中认为,在资本主义条件下,既要"扩大和巩固商品经济,同时消除由这种商品经济所产生的对农民的剥夺"(即农业工人的"家业")是不可能的。❷现在,在合作社这种形式中,则可以既保持同农业特点相联系的家庭经济形式,又可以纳入社会大生产、大市场的轨道,并同无产阶级国家的要求统一起来。可见,他认识的本身也是一个扬弃过程,找到了公有制经济与家庭经济结合的组织形式。

(4)**经营形式的灵活程度不同**。共耕制的经营形式单调、死板,基本形式就是组织社员集中起来干活,业务范围比较狭窄。合作社则不同,它面向市场,像列宁所说的是"要做生意",而不是搞政治空谈;❸它必须把经济效益摆在第一位,根据行情采取各式各样的经营形式。按业务范围分,有各种类型的合作社,如消费合作社、生产合作社、信贷合作社等。生产合作社又有各种专业合作社,如亚麻合作社、油脂合作社、甜菜合作社、肉类合作社、乳奶合作社,等等。各种合作社都举办各种加工厂、良种场、科技指导站、机器租赁站和各种协作社。如1925年就有近4百个种子培育协作社、3800多个土壤改良协作社、2000多个机器协作社和1000多个租赁站,还有2万多个各式各样的农产品加工厂。有些生产环节,农民需要和愿意联合,就组织各式各样的联合和协作,如1929年农民组织了几万个播种协作社,有一百多万农户参加。

(5)**生产资料所有制、产品分配和进行交换的具体形式也有差异**。共耕制强调各种生产资料(土地、牲畜、机械、肥料、种子等)统统公有,农民只有小农具,有的甚至小农具也是公有

---

❶ 《列宁全集》2版第59卷,第45页。
❷ 参见《列宁全集》2版第57卷,第36页。
❸ 参见《列宁全集》2版第43卷,第55页。

的。合作社的土地虽然是公有的，但使用权归社员，其他大部分生产资料由社员自己投资，属于个人所有。在产品分配上，共耕制是按劳动日计酬、统一分配。合作社则既有统一分配，又有个人直接占有，即使在统一分配中，也不完全是按劳动分配，有一部分是按股金分配。列宁对此说得很明确：（合作社）"资金的来源应是自愿交纳。既然我们的合作社要做生意……那么做生意就应当有收益。谁交股金，谁就得到收益。"❶这里体现了既有劳动的联合，也有资金的联合。在交换关系上，共耕制下的产品由集体统一交换，农民事实上是无权过问集体的交换活动的，他们的交换权利只限于家庭副业产品（当时多数连家庭副业也没有）；合作制下既有集体的交换，又有个人的交换，社员和合作社之间也存在着一种按合同进行的交换关系。总之，共耕制追求的是一种尽可能"纯粹"的公有制和按劳分配甚至"按需分配"的制度，即列宁所说的"公有化"；合作制则不要求一下子很"纯粹"，在生产关系的各个方面都体现了多层次性互相结合的弹性。应当说，合作制这种不"纯粹"是合乎规律的现象，而要求"纯粹"则是违反辩证法的片面观点，甚至会导致事业的破产。

（6）**在发展过程中采用的方法、手段不同**。由于共耕制并未得到农民群众真心实意的拥护，变革又比较突然，所以在推行过程中往往采取行政命令和用大批资财"输血"的办法。尽管在战时共产主义时期，列宁一再申明不要强迫命令，但强迫命令的现象仍然是很严重的。后来列宁对这种现象愤慨地说：对在集体农庄中"把不执行法律的人和**无能的人**提交法庭审判（3年）"❷。但是，到了20年代末30年代初全盘集体化运动中，这种强迫命令的现象却达到了登峰造极的程度。合作制则不同，

---

❶ 《列宁全集》2版第43卷，第55页。

❷ 《列宁全集》2版第41卷，第377页。

完全靠农民自愿，"他们从个人得益出发，又会急于参加合作社尝试一下。"所以列宁把合作社看作是"尽可能使农民感到简便易行和容易接受的方法过渡到新制度"的形式。在这方面，列宁是反对用行政命令的办法乱加干涉的，曾严厉地批评："解散（或仓促改组？）农业合作社机构的办法是错误的，建议在这方面必须极其慎重。"❶

综合来看，两者的区别主要在于同农业商品经济的关系上。共耕制是以产品经济为基础，与商品经济不相容，而合作制则体现了它与商品经济、农业自身特点有着内在的联系，可谓符合经济发展的自然历史过程。事实表明，合作社有很强的适应性和巨大的生命力。

二、农民利益和国家利益正确结合的形式

在《论合作社》中，列宁认为，解决了一个前人所未解决的难题，这就是究竟哪种组织形式能够更好地满足农民的利益并与国家、集体的利益正确结合起来，有利于农业的发展。这是公有制同市场经济结合的一个核心问题。

列宁作了一个精辟的概括："在新经济政策中，我们向作为商人的农民作了让步，即向私人买卖的原则作了让步；正是从这一点（这与人们所想的恰恰相反）产生了合作社的巨大意义。从实质上讲，在实行新经济政策的条件下，使俄国居民充分广泛而深入地合作化，这就是我们所需要的一切，因为现在我们发现了私人利益即私人买卖的利益与国家对这种利益的检查监督相结合的合适程度，发现了私人利益服从共同利益的合适程度，而这是过去许许多多社会主义者碰到的绊脚石。"❷

---

❶ 《列宁全集》2版第43卷，第130页。
❷ 《列宁全集》2版第43卷，第362页。

人类社会发展的全部历史告诉我们："每一既定社会的经济关系首先表现为**利益**。"❶ 社会主义社会的经济关系、社会主义农村的关系也是如此。列宁之所以认为这是以前的社会主义者所没有解决的难题，就是因为他从实践中真正感受到：如果不解决利益关系，任何美好的形式都不会得到农民的欢迎，从而不能促进生产力的发展。这段话，实际上是对马克思恩格斯思想的补充和发展，也是对他自己过去认识的清理。

1921 年春天以前的实践表明，共耕制这种组织形式，不利于调动农民联系个人利益去关心农业生产的发展，更不能恰当地对待农民"私人买卖利益"，当然也无从谈起把农民个人利益与国家利益的正确结合。这是因为：

第一，战时共产主义政策，除了对全体农民实行余粮收集制外，在共耕制各种组织内部实行平均主义的分配。

第二，基本上不允许农民有个人的财产和家庭经济。包括列宁本人在内，也认为在公共大经济中，劳动者是不应当拥有个人的菜园、牲畜和家禽的。有些地方做得更为过分，简直连农民家里的衣服也要归公。

第三，农产品的收获不能和农民的物质利益直接联系，不能从关心个人物质利益上去关心农业生产的发展。农民"习惯于个体经营"，习惯于认为"粮食是我生产的，这是我自己的产品，我就有权利出卖。""虽然土地私有制已经消灭，但他们仍然是私有者。"❷ 他们的个人利益、个人买卖的利益得不到满足，就不会提高经营的兴趣，不会增强对共耕制经济的热情。所以，事实并没有像列宁 1918 年所估计的那样，"大多数劳动农民，都渴望建立共耕制。"❸ 恰恰相

---

❶ 《马克思恩格斯选集》1995年版第3卷，第209页。
❷ 《列宁全集》2版第37卷，第310、307页。
❸ 《列宁全集》2版第35卷，第355页。

反，未参加集体农庄的多数农民还存在畏惧感，已参加的农民由于平均主义分配助长了依赖性，在社员之间常常引起争吵，而这些组织又常常成为懒汉、寄生虫、二流子、小偷的庇护所。

第四，集体农庄对国家的依赖性很强，有的就是靠国家补助过日子。

这里当然有其他政策和经验不足的因素，但主要的还是这种形式的本身不能很好地增加农民的利益，尤其是不能把对个人利益的关心与增加农产品生产有机地联系起来。所以，列宁总结这一段教训时说道："困难在于如何同个人利益结合""困难在于过渡的形式"。❶ 正是共耕制这种形式造成了这些困难。

基于共耕制农业走过的这段道路，列宁得出了这样的结论："我们不应该指望直接采用共产主义的过渡办法。必须以同农民个人利益的结合为基础。"❷

在这个过程中，列宁一直寻找国家经济建设同农民利益的结合点。实践证明，合作社是解决这一"难题"的切实可行的形式。

（1）合作社以农民的分散经营的个体生产为基础，就自然把自身的物质利益与生产的成果直接联系起来。列宁在一件批示中写道：发展农业，要"更多地支持农民在经营上的主动性。"他认为，农民"同个人利益结合，能够提高生产；我们首先需要和绝对需要的是增加生产。"这个思想不仅一般地贯彻物质利益原则，而且已经触及农业生产的特殊要求，即把劳动者的利益与农产品的收获联系起来，以"确保合理经营和农民直接受益。""在无产阶级政权支持下发展小农的生产力，

---

❶ 《列宁全集》2版第42卷，第190、248页。

❷ 《列宁全集》2版第42卷，第190页。

并在这个基础上把小农组织起来。"❶ 合作社所起到的正是这个作用。

（2）合作社这种商业组织形式，还可以满足农民"私人买卖的利益"，即同发展农民的商品经济联系起来。列宁通过战时共产主义政策特别是余粮收集制的失败，认识到："只要小农还是小农，就必须保证小经济有一定的流转体系，否则小农便不能生存。"❷ 当时的布哈林，根据列宁的思想也作过这样的论述："在战时共产主义制度下，农民对增加生产不感兴趣。他的所有的产品都被拿走了，他不能合法地卖东西，他经营的个人刺激因素被摧残了。因而出现了经济的完全'脱节'，商品流转被封锁起来了。这样一来，我们的工业也必然要停滞不前。"❸ 这再次表明，一定的生产方式是离不开一定的交换方式的，它们之间即使在每一瞬间都会相互影响。没有一定交换方式来保证，生产就无法正常进行。农民熟悉市场、熟悉商业，还必须利用商品生产和商品流通及其价值规律的作用，来推动、刺激生产，并在很大程度上调节生产。合作社这种形式是与一定的周转体系相联系，能够满足农民做买卖的要求，从而能够调动他改进生产、扩大经营的积极性。

（3）合作社不仅能够满足农民的这些利益，而且可以把这些利益汇合起来，既可以发挥他们分散经营和自由贸易的积极性，又可以把这积极性纳入经济计划的轨道，克服其生产经营的盲目性。损害农民的积极性不利于生产，任其自由发展又会冲击国家计划，对个人也会造成一定的损失（所谓"惊险的跳跃"），甚至破产。通过合作社的合同，可以把农民的利益

---

❶ 《列宁全集》2版第42卷，第291、176—177、161、189页。
❷ 《列宁全集》2版第41卷，第24页。
❸ 《论新经济政策和我们的任务》（《布尔什维克》1925年8—10期）

与国家的利益结合起来,把小生产和国家大生产、大市场联系起来。

列宁曾经把商业看作是工人和农民、工业和农业经济联系的一个纽带,而合作社则是这一纽带中的十分重要的联系形式。它一头满足了农民的利益,一头保证了国家的需要,在巩固工农经济联盟、在流通领域战胜资本主义商业中起到了重要作用。例如,在采购农产品方面,1925—1926年度,农业合作社采购量在全国采购量中所占的比重:谷物29%、亚麻26.5%、棉花76.5%、糖用甜菜45%、莫合烟66%、烟草77%。其中消费合作社采购的粮食占全国总采购量的34%。工业原料有一半左右是由这两种合作社供应的,如棉花占75%、蓖麻占60%、烟草占50%、马合烟占45.3%、糖用甜菜占44%、毛类占45%。通过农业合作社购销的农业机器五年间(1921—1925年)增长10倍。1925年农业合作社供给农村的机器比重为75%,种子为63%,肥料为61%,农药为42.5%,五金商品为51.2%。合作社在批发商品流转额中,1923—1924年度为32.0%,1924到1925年度为38.6%,1925—1926年度为42.6%,仅次于国营商业。合作社在农村中的商品零售额,每年都有大幅度的增加,逐渐居于首位。正如俄共(布)第十三次代表会议决议所说:"合作社组织在组织商业,特别是零售商业方面有优越作用。"❶

正是因为它能够更好满足农民私人利益、私人买卖的利益,并同国家利益密切结合,才得到了多数农民的拥护,像雨后春笋般地发展起来。可以说,找到了公有制与农村市场经济的结合点。

三、合作制对农业生产力的推动

我们先来看一看从1913年到1939年苏联农业生产的指数。

---

❶ 《苏共决议汇编》第2分册,第382页。

苏联农业产值指数变化情况

年份	农业总产值	种植业(农业)产值	畜牧业产值	综合分析
1913	100	100	100	恢复时期(1921—1925年),农业总产值每年递增16.9%,种植业递增17.6%,畜牧业产值递增15.9%
1921	60	56	67	
1925	112	107	121	
1926	118	114	127	
1927	121	113	134	三年中(1926—1928年)农业总产值每年递增3.5%,种植业递增3.0%,畜牧业产值递增4.2%
1928	124	117	137	
1929	121	116	129	
1930	117	126	100	
1931	114	126	93	全盘集体化时期(1929—1933年),农业总产值每年递减4.0%,种植业每年递增0.7%,畜牧业每年递减13.8%
1932	107	125	75	
1933	101	121	65	
1934	106	125	72	
1935	119	138	86	全盘集体化(共耕制)以来的11年(1929—1939年)农业总产值每年递减0.5%,种植业产值每年递增0.6%,畜牧业每年递减1%
1936	109	118	96	
1937	134	150	109	
1938	120	120	120	
1939	121	125	119	

*材料来源:1959年《苏联国民经济统计年鉴》(中文版)第304页。按1939年以前的苏联疆界计算。1925年指数引自《苏联国民经济史》第2卷。

1928年以前,农业生产主要靠参加合作社的和个体的农民发展,农牧各业持续增长,尤其是畜牧业增长更快。而重新实行全面共耕制即全盘集体化以来,农业生产停滞不前(据外国专家分析，农业产值还有虚数），其中畜牧业大幅度下降，持续11年之久，这不能说是偶然因素造成的。而且还有大批农民因饥饿而死。从此，农业落后一直是苏联的一大包袱。如按现有疆界计算，粮食产量到1954年以后才达到1913年的水平，牲畜总头数到1958年才达到1928年的水平。

再从经济效益看，集体农庄的效益比参加合作社的农民和个体农民的效益差得多。以1925年为例，集体农庄提供的农业总产值占全国农业总产值的1.04％，而它的农户却占总户数的1.2％、耕地面积占总耕地面积的1.4％，可见低于一般农户提供的产值。但所花费的代价却远远高于一般农户，如1925至1926年度，播种一俄亩耕地，一般农户平均得到贷款19卢布，集体农庄则得33卢布，后者相当于前者的174％。该年度国家向农业提供的全部贷款中，集体农庄就占10％，国家拨给农村的拖拉机，集体农庄占33％，大大高于它所占的农户比例。1926—1928年集体农庄创造的产值比例没有显著增加，却享受支农贷款的8.8％，而在1927—1929年三年中国家给集体农庄和国营农场的支农预算拨款占全部支农拨款的60％以上，另外还把没收富农的价值4亿卢布的财产无偿交给集体农庄。实现全盘集体化后，一方面农业畜牧业是下降的，一方面投资又是大大增加的，例如1930—1932年的农业投资相当于1926—1928年农业投资的3.6倍，可见投资的回报大大降低了。经济效益的优劣是衡量生产关系是否适应生产力状况的重要标志之一，从合作制与共耕制经济效益状况的对比，清楚地说明，列宁由共耕制向合作制的战略转移是完全正确的。

四、综述：历史的经验和教训

苏联70多年的历史和我国社会主义建设近50年的历史，都在组织农民的问题上出现过重大的失误，有的可谓惨重的失败，走过了一个否定之否定的过程。所不同的是：苏联是共耕制—合作制—共耕制，我国是合作制（50年代初的"低级"形式）—共耕制—合作制（80年代后联产承包和90年代的产业化："公司＋农户"）。其结果迥然不同，苏联：失败—成功—失败；我国：成功—失败—成功。这些成功的经验和失败的教训一再表明，症结在于对列宁的合作制理解上。1929年以后形成的苏联模式，在农业上表现为集体化，实质是共耕制的继续和普遍化，但人们却称之为"合作化"，实际上是对列宁合作制的严重误解，乃至把这种模式固定化，等同于社会主义制度。我国也曾照搬照抄了这种被误解的观点和被固定的模式，甚至搞"公社化"，直到党的十一届三中全会后才明白过来。现在看来，邓小平理论中关于农村"两个飞跃"的论断，才是真正对列宁合作制理论的继承和发展。

从历史教训中反思，列宁的合作制思想最重要的东西，在于用适合于农村商品经济的形式把农民组织起来，再用它发展社会主义农村的商品经济。而且是先从流通领域联合农民，逐步用多种形式深入到生产领域。这是马克思恩格斯还没有想到的。因为他们设想的社会主义制度是立即消灭商品，实行直接分配，当然不可能考虑到从流通领域首先组织农民。而列宁所以能提出这个思想，也正是由于他首先正视社会主义同商品经济的关系、农民同市场的关系，才有可能提出利用合作社这种传统的商品经济形式把农民联合起来的观点。我们应当把社会主义商品经济理论当作理解列宁合作制理论的一把钥匙，也必然会创造多种有利于发展社会主义生产力的具体形式。我们应当从历史上失败的教训和成功的经验中找出规律性的东西，把列宁的合作制思想当作一个重要的理论武器，扫除集体化——共耕制观念的束缚，沿着社会主义市场经济的路子适应农业生产和农村经济的特点继续求索，更快地发展农村生产力，实现农业现代化。

第十三章　首创国家资本主义理论

> 无产阶级的国家政权是不是能够……把资本主义纳入国家轨道，建立起一种受国家领导并为国家服务的资本主义呢？必须清醒地提出这个问题。
>
> 国家资本主义，就是我们能够加以限制、能够规定其范围的资本主义，这种国家资本主义是同国家联系着的……
>
> 一切都要有限度和有一定的条件。什么样的限度？经验会表明。
>
> ——列宁

列宁关于社会主义建设初期国家资本主义的理论和政策，就是在无产阶级执政条件下，在商品经济环境中，把资本主义纳入国家轨道，建立起一种受国家领导并为国家服务的资本主义，然后再以此为过渡形式，使之成为社会主义成分。这一理论是列宁在马克思主义发展史上第一次提出来的。

第一节　国家资本主义同商品经济的关系

我们在研究列宁的国家资本主义理论时，必须抓住一个核心，即它同商品—市场经济的关系。他在1922年11月回顾国家资本主义理论的形成过程时,提到1918年的论述,特别讲道:"这短短几行论战性的文字,在当时决不是什么退却计划。例如,很重要的一点,即对国家资本主义具有根本意义的贸易自由,在这里就一个字也没有提到。"❶我们厘清列宁在这方面的思路,必须抓住"具有根本意义"的主线。

一、借鉴资本主义发达商品经济的经验和形式

国家资本主义理论不是马克思恩格斯现成的结论,因为他们生活的时代还提不出这个问题。在列宁之前,马克思恩格斯只提出过在特殊条件下对资产阶级可以实行赎买的观点。恩格斯在《法德农民问题》一文说:"这一剥夺(指对大土地占有者——引者)是否要用赎买来实行,这大半不取决于我们,而取决于我们取得政权时的情况,尤其是也取决于大土地占有者先生们自己的态度。我们决不认为,赎买在任何情况下都是不容许的;马克思曾向我讲过(并且讲过好多次!)他的意见:假如我们能赎买下这整个匪帮,那对于我们最便宜不过了。"❷

这对于改造资产阶级的方式是一个重要指示,后来成为国家资本主义政策中的一种手段。但不等于说马克思恩格斯已经提出了国家资本主义的理论,因为后者主要之点还不在于赎买,而是一种经济关系,包含更丰富的内容、政策和手段。所以,正如列宁在俄共(布)十一大上所说:以前"没有一本书写到过共产主义制度下的国家资本主义。连马克思也没有想到要就这个问题写下片言只语,他没有留下任何明确的可供引用的文字和无可反驳的指示就去世了。因此现在我们必须自己来找出路"。国家资本主义"不管是马克思还是哪个马克思主义者都未能预见到这一点"。

---

❶ 《列宁全集》2版第43卷,第276页。
❷ 《马克思恩格斯选集》1995年版第4卷,第503页。

列宁多次说过，国家资本主义是借用"资本主义经济学"中的述语。"照所有经济著作解释，国家资本主义就是资本主义制度下由国家政权直接控制这些或那些资本主义企业的一种资本主义。"❶ 可以说，他是从资本主义商品经济中发现了一种社会主义国家可以利用的经济形式。

如前所述，列宁对发达商品经济出现的国家垄断资本主义进行了深入的研究，战争的爆发使得国家资本主义加速发展，以致实行全国性的集中、统一分配等形式。他在1916年准备写《关于国家的作用》（未完成）一文的材料中，特意写了这样一句话："论国家资本主义。很有意思。实际上可以公开。"❷ 最初发现的实际措施就是全面的计算和监督，既然资本主义国家可以采用，那就可以借用来为社会主义服务。以后，列宁把"全民的计算和监督"作为十月革命前后的重要口号和政策，探寻"国家资本主义和社会主义所**共有的**东西"，当作"无产阶级的工具"，"**他们的苏维埃**政权将利用这种工具来反对小私有者的瓦解作用和涣散现象。"不把它当作资本主义独有的范畴，而是利用资本主义发达商品经济和社会主义所共有的东西用来为无产阶级政权和公有制服务，这是一个非常深邃的思想，如同后来我们看待市场经济一样，视之为一种"工具"、手段。正是从这里引申，列宁反复讲这样一条原理："社会主义并不是臆想出来的，而是要靠夺取政权的无产阶级先锋队去掌握和运用托拉斯所造成的东西。"❸

二、国家资本主义理论发展的三个阶段

列宁的国家资本主义理论不是一下子形成的，而是有其发展

---

❶ 《列宁全集》2版第43卷，第83、114页。

❷ 《列宁全集》2版第31卷，第118页。

❸ 《列宁全集》2版第34卷，第281、289—290页。

过程，它和对商品、市场关系的利用有着密切的联系。

第一阶段。在革命胜利前，主要是在第一次世界大战期间，列宁对资本主义制度下国家垄断资本主义分析。这是他国家资本主义理论形成的最直接的理论基础。在他看来，发达资本主义商品经济计划性加强的表现之一，是国家垄断资本的出现。垄断资本建立在生产高度社会化的基础上，垄断进一步发展则变为与国家政权结合的国家垄断资本主义。

在《大难临头，出路何在？》这本小册子里，他回答了在民主革命完成以后如何从经济上向社会主义过渡的问题。他仔细地研究了外国（尤其是德国）和本国国家垄断资本主义的形式，重点抓住计算、监督、监察这个中心环节，提出了五项具体措施，即银行国有化、辛迪加国有化、取消商业秘密、强迫工商企业合并为联合组织（辛迪加化）、强迫并奖励人民群众加入各种消费合作社以调节消费，等等。他认为："真正革命民主国家中的国家垄断资本主义，必然会是走向社会主义的一个或一些步骤""国家垄断资本主义是社会主义的最充分的**物质**准备，是社会主义的**前阶**，是历史阶梯上的一级，在这一级和叫作社会主义的那一级之间，**没有任何中间级**。"他提出一个重要的论点：国家资本主义的性质取决于国家的性质，取决于国家"为谁的利益服务"，如果是为地主资本家的利益服务，那就不是革命民主国家，而是反动官僚国家，是帝国主义共和国；如果是为革命民主派的利益服务，那就是实现社会主义的步骤。"社会主义无非是**变得有利于全体人民**的国家资本主义垄断。"❶因此，国家资本主义的性质取决于国家的性质。后来，在国家资本主义问题上的争论，基本上是围绕这个问题展开的。

他在1918年5月所写的《论"左派"幼稚性和小资产阶级性》一文里，回顾了这个过程："我绝不只是现在，而是早在布

---

❶ 《列宁全集》2版第32卷，第217、218—219页。

尔什维克取得政权以前,就对国家资本主义作过'高度的'评价;为了让读者相信这一点,我想从我在1917年9月所写的《大难临头,出路何在?》这本小册子中摘引几段……"在作了几段引证之后,他写道:"请注意,这几段话是在克伦斯基执政时期写的,这里所谈的**不是**无产阶级专政,**不是**社会主义国家,而是'革命民主'国家。"❶ 可见,列宁自己认为,关于国家资本主义的理论,是他在十月革命前夕提出来的。

不过,在这一阶段,列宁关于国家资本主义的思想还未形成系统的理论,只是有了一个雏型,但已构成1918年春天那一发展阶段的基础。

从这一理论的提出可以看到,列宁不是凭空构想社会主义条件下的一些经济形式,而是对旧的垄断组织形式的"积极扬弃"。由于资产阶级临时政府拒绝了布尔什维克和平改革的建议,列宁的这一计划未得实现。

第二阶段。1918年春天,着手进行建设的3个多月。在实行大企业和银行国有化的同时,列宁曾想以国家资本主义形式把中小资本和小手工业者组织起来,引向社会主义道路,也就是实行无所不包的计算或监督。当时,列宁把国家资本主义作为五种成分之一,比作由资本主义成分通向社会主义的"中间站"。但以教条主义为特征的"左派共产主义者"指责说:走向国家资本主义是一种"危险",是"布尔什维克向右转"。列宁和他们展开了激烈的辩论,专门写了《论"左派"幼稚性和小资产阶级性》一文。他辛辣地讽刺"左派":"这些人怎么啦,怎么能够抓住书本上的只言片语而忘掉现实呢?""他们的坚决性那么多……而思考力却那么少!""任何一个没有丧失理智、没有被书本上的只言片语塞满头脑的人都一定会说,国家资本主义是我们的救星。"

---

❶ 《列宁全集》2版第34卷,第281、282页。

列宁反对把社会主义经济和资本主义经济简单地抽象地对立起来，而不具体地分析国家现时的生产力水平和经济结构。他认为，从总体上看，"国家资本主义**在经济上**大大高于我国现时的经济"。

列宁为什么要强调发展、利用国家资本主义呢？第一，在多种经济成分中小商品生产占优势，社会主义力量比较弱，国家资本主义介乎中间，它以社会化大生产为基础，可以成为社会主义的助手，可以同社会主义经济联合起来反对和克服小资产阶级的自发势力。第二，通过国家资本主义学习管理经济，提高经济效益和劳动生产率。有人认为不向资产阶级学习也可以建成社会主义，列宁说："这是中非洲居民的心理。我们不能设想，除了建立在庞大的资本主义文化所获得的一切经验教训的基础上的社会主义，还有别的什么社会主义。"❶

不过，当时尚缺乏实践经验，列宁的思想还未充分展开。例如，他设想国家资本主义的形式比较单一，也没有指出它和市场的关系。那时，列宁认为："苏维埃政权下的国家资本主义意味着什么呢？在目前实现国家资本主义，就是实行资本家阶级曾经实行的计算和监督。"他把粮食垄断，受监督的企业主和商人、办合作社的资产阶级分子算作国家资本主义的形式。对那些最有文化、最有才干、最有组织能力并愿为革命继续服务的资本家进行赎买。当时的具体形式是建立国家资本主义联合体。如1918年年初制革工人工会和全俄皮革业工厂主协会达成协议，工厂在苏维埃政府资助下按政府规定的任务进行生产，全部产品由国家支配。接着，纺织、制糖和其他轻工、食品工业也签订了类似的协议。在企业中建立工人监督委员会，由工人代表和资本家一起管理企业。当时列宁表扬纺织、烟草、制革等行业这方面做得好，工人同资本家坐在一起，"向他们学习，办理托拉斯，办理

---

❶ 《列宁全集》2版第34卷，第235、273、236、278、252页。

'国家资本主义'。"❶但是,由于内战爆发和资本家的反抗,国家资本主义措施很快中止了。战时共产主义时期没有再提到国家资本主义的口号,而为"直接过渡"的激进政策所代替。

第三阶段,新经济政策时期。这时,国家资本主义的理论和政策已经成熟。

1921年3月,在组织向新经济政策转变中,列宁重新提出利用国家资本主义。接着,在《论粮食税》和其他著作中,进行了系统的论述。1922年3月,在俄共(布)第十一次代表大会上又对此展开争论,普列奥布拉任斯基、拉林、施略普尼柯夫等人重弹"国家资本主义＝资本主义"的老调,列宁在同他们的辩论中进一步发挥了这一思想,全面地论证了国家资本主义的概念(范畴)、实行的必要性、具体形式和具体政策,把它作为向社会主义过渡的中间阶段和阶梯,并认为新经济政策内容之一就是"退到国家资本主义"。为了澄清党内的种种糊涂认识,列宁在理论上多次阐述了在社会主义条件下国家资本主义的性质、地位和作用,规定了明确的政策。

三、从国家资本主义理论的发展看它同商品—市场的关系

上述三个阶段中,第一个阶段还是一种设想;第二个阶段开始作了试验,但很快中止了;第三个阶段真正实施,并使理论日臻完备。如果认真研究一下这一过程的时序,就会发现从1918年夏天到1921年春天隔着近三年的一段空白,这就是战时共产主义时期。这时他之所以未提国家资本主义,还是由于商品—市场关系从主观的计划、政策上终止了(虽然客观上还存在着)。再对1918年春天研究一下,那时尽管没有注意经济建设同商业、市场的关系,但当时市场仍比较活跃,主观上也还没有要求立即

---

❶ 《列宁全集》2版第34卷,第236、290页。

消灭商品货币关系。而恰恰是在新经济政策开始又重提国家资本主义,甚至经常把新经济政策视为退到国家资本主义。对此,列宁多次把1918年同新经济政策作继承性的对比,发现最重要的差别就是忽略了国家资本主义同市场关系的内在联系。

同列宁的看法相左的是,曾为1918年"左派"成员的普列奥布拉任斯基,恰好认为正是由于存在着无产阶级政权下的市场关系,才不应当用国家资本主义的概念。他说:"由于我们处在非常独特的制度之下,在这里我们拥有无产阶级专政,掌握了国家政权和大工业,但同时又在市场的基础上开展我们的全部经济活动,一方面存在市场,通过市场调节经济,另一方面存在国家计划委员会,还有国家银行,它试图也应当对市场和经济过程发挥调节作用,因此摆在我们面前的是某些社会主义关系和(在更大程度上)商品资本主义关系的非常复杂的结合。怎么称呼这种独特的从来没有过的经济制度呢?把它叫作国家资本主义,这是使用完全属于另一种概念的术语。列宁同志说,我们这里在书本上写过资本主义下的国家资本主义,而我们现有的是共产主义下的资本主义,这当然是'失言',但无论如何,我们现有的是全新的特殊构成物,属于另一种社会制度的术语是不适用于它的,因此应予抛弃。"❶他建议展开论战。

列宁批评他们不懂得什么是新经济政策,当然也不理解国家资本主义同商品—市场关系的联系。他反复说明,国家资本主义"是理论上唯一正确的术语,而且是一个必不可少的术语。它可以迫使那些因循守旧的共产党明白,新政策在认真贯彻执行。"❷"我们容许资本主义存在,不过是在农民所需要的范围以内。这是需要的!没有它,农民就无法生活,无法耕作经

---

❶ 《俄共(布)第十一次代表大会速记记录》1961年俄文版第82—83页。转引自《列宁全集》2版第43卷,第505页注释85。

❷ 《列宁全集》2版第52卷,第217—218页。

营。""我们必须照顾到农民这个大多数,让他们自由买卖。"❶可见,他是把国家资本主义同农民所需要的市场经济联系在一起考虑的,只有从整个经济关系上看问题,才能了解国家资本主义存在的必然性和可能性。实际上,从同一层面说明了商品经济与多种成分的依存关系。同时,也作为吸引外国资本的一种形式,是参与国际市场的需要方式。

第二节 国家资本主义范畴和形式

关于国家资本主义理论,经过多次反复提出和多次争论,又在实践中实施和检验,列宁作了深思熟虑的阐述,给以科学的定义,并有具体的形式和政策保证。

一、对国家资本主义范畴的论述

早在1918年5月,列宁在和"左派"论战时,就提出国家资本主义是"经济范畴的术语"。到1922年3月,又同普列奥布拉任斯基争论,他又进一步作了科学的概括。

当"左派"以形式逻辑的推理硬说"国家资本主义就是资本主义"时,列宁回答说:"我敢肯定,这是一种经院式的论断。直到现在还没有人能写出一本论述人类历史上的这种资本主义的书籍,因为我们现在才第一次经历这种资本主义。在此以前,关于国家资本主义写得还像样的书籍,都是在国家资本主义就是资本主义这种条件、这种情况下写出来的。现在的情况不同了……这是一种非常意外的、谁都绝对预见不到的资本主义,因为谁也无法预见到,无产阶级竟会在一个属于最不发达之列的国家中取得政权;它起初试图为农民组织大规模的生产和分配,后来由于

---

❶ 《列宁全集》2版第43卷,第117、116页。

文化条件所限无力完成这个任务,不得不采用资本主义。"❶ 在这里,列宁阐明了它存在的特殊条件,所以不能用以往教科书中的观点经院式地理解国家资本主义。

列宁指出,传统的"国家资本主义就是资本主义制度下由国家政权直接控制这些或那些资本主义企业的一种资本主义",在苏维埃国家内,政权性质起了根本变化,"国家资本主义,就是我们能够加以限制、能够规定其范围的资本主义,这种国家资本主义是同国家联系着的,而国家就是工人,就是工人的先进部分,就是先锋队,就是我们。""国家资本主义是我们应当将之纳入一定范围的资本主义。"❷ 他在共产国际三大报告中,把国家资本主义看作是"受无产阶级国家监督和调节的资本主义"。❸

这个论述对国家资本主义作了明确的界定:第一,凡是国家资本主义都与一定的政权相联系。资本主义社会的国家资本主义(或国家垄断资本主义)受资产阶级国家支配,为那个阶级服务;社会主义建设初期的国家资本主义则与无产阶级政权相联系,受无产阶级国家所支配和控制,要为人民大众服务,甚至认为"社会主义无非是**变得有利于全体人民**的国家资本主义垄断"。❹ 第二,这种资本主义不能任其自发地无限发展,而是要受一定的限制,受无产阶级国家的监督、调节。列宁将其比作汽车,由无产阶级政权掌握着方向盘,决定它的方向、道路、发展速度、活动范围等。第三,由以上两点决定了它的性质,按照列宁的说法,构成国家资本主义的,不是金钱,而是社会关系,❺ 决定这一社会关系性质的不是它的形式和外壳,而是它的内容,

---

❶ 《列宁全集》2版第43卷,第114—115页。
❷ 《列宁全集》2版第43卷,第83—84页。
❸ 《列宁全集》2版第42卷,第6页。
❹ 《列宁全集》2版第32卷,第217页。
❺ 《列宁全集》2版第34卷,第253页。

最关键的东西是国家、政权的性质。国家的阶级性质不同，就决定了各种国家资本主义性质上的差别。在无产阶级专政下，国家资本主义是这一新政权有意识地利用和组织的，它虽然仍带有资本主义的特性，但是被用来为无产阶级服务，因此，它又带有社会主义的特性，"在苏维埃政权下则会是 3/4 的社会主义，因为我们可以使国家资本主义企业的组织者成为我们的助手。"❶

按照列宁的解释，当时的国家资本主义的范围很宽，他指的不仅是几种特定的形式，还包括当时接受国家调节和监督的一切私人资本主义企业。从《论粮食税》所列的几种形式看，不但包括一般的资本主义企业，而且包括农民组织的合作社（后来改变了看法，单独划出来了）。

列宁有时把它们称之为"经过严格训练的""循规蹈矩的"资本主义。"做生意吧，发财吧！我们允许你这样做，但是我们将**加倍**严格地要求你做老实人，呈送真实准确的表报，不仅要认真对待我们共产主义法律的条文，而且要认真对待它的**精神**，不得有**一丝一毫**违背我们的法律。"国家及其司法部门的任务之一，"是限制、制止、监督、当场抓住犯罪行为，是狠狠地惩办**任何超越国家资本主义范围的资本主义**。"❷

因此，广义地说，凡是在国家法律范围内活动的私人或私人联合企业，都叫作国家资本主义。有时列宁也简称"国家资本主义"为"资本主义"，但不是一般资本主义，而必须是受无产阶级政权监督的资本主义。

关于这个理论，拿新经济政策时期同 1918 年比较，后一时期在理论上的论述更系统了。具体看，有两个方面不同：

从它包括的范围来看，比 1918 年规定的范围要宽得多，其中特别突出的一点是把广大农民组织的合作社包括到国家资本主

---

❶ 《列宁全集》2版第34卷，第237—238页。

❷ 《列宁全集》2版第42卷，第428、425页。

义经济中来。"如果要问这种条件下的国家资本主义是什么，这将是小生产的联合。"❶ 而1918年虽然包括合作社，但当时组织农民的基本形式是共耕制而不是合作社，列宁认为共耕制才属于社会主义公有经济的范围。

从国家资本主义的经营方式和经济环境上来看，有着重大差异，其中最突出的表现在自由贸易上面。如前所述，1922年11月，列宁在共产国际第四次代表大会上，曾经谈到1918年春天认识上的局限性。他说："很重要的一点，即对国家资本主义具有根本意义的贸易自由，在这里就一个字也没有提到。"❷ 这主要是讲市场经济，就是说国家资本主义成分离开市场是无法生存的。

这里需要指出的是，1921年后经过两年的实践，列宁关于国家资本主义的论述又有新的变化，集中地表现在1923年1月他口授的《论合作社》一文。最重要的一点是他把合作社从国家资本主义中划出来，认为合作社就是社会主义，不属于国家资本主义了。而且还把私人资本主义企业与国家资本主义清晰地划分开。这样，国家资本主义的基本范围和基本形式，即为租让制、合营企业、租赁企业、代销商业等。这个规定，既不同于1918年的范围（包括作为供应机关的合作社），也不同于新经济政策初期的范围（包括组织农民基本形式的合作社和一般"循规蹈矩"的私人资本）。《论合作社》规定的范围，基本上是我们现在所理解的概念，与列宁在共产国际四大报告的提要中的解释基本吻合，即把一般私人资本划出来了，而以合营公司作为国家资本主义主要的、高级的形式。

二、国家资本主义的具体形式

现在，我们来看一看新经济政策时期国家资本主义几种形式

---

❶ 《列宁全集》2版第41卷，第149页。
❷ 《列宁全集》2版第43卷，第276页。

的发展情况。

租让制——苏维埃政权同外国资本缔结的一种合同、同盟或联盟。列宁认为,"这种国家资本主义,和苏维埃体系内其他形式的国家资本主义比较起来,大概是最简单、明显、清楚和一目了然的形式。"❶ 这一点后面我们还将较详细地予以论述。

合作社——在新经济政策初期,列宁也把合作社视为国家资本主义的一种形式。他认为小生产能独立存在的条件下,国家资本主义"将是小生产的联合。资本把小生产联合起来,资本从小生产发展起来"。❷ 小商品生产者合作社,会把小资本家提到首位,给他们最大的利益(实际是一种合伙经营)。后来,列宁对文明的合作社的看法有所改变。

代销商——在商业中代行零售业务的私商。"国家把作为商人的资本家吸引过来,付给他们一定的佣金"❸,由他们来销售国家产品和收购小生产者的产品。列宁设想,当时的商品流转,由国家和合作社负责批发业务,由合作社和私人代销商负责零售业务。由于国营商业和合作社掌握了商品的主要批发权,大部分私人都要从公有商业中批发,成为代销人。有时,他把这类代销商也视为国营商业。

租借或租赁企业——对于租赁的产权关系问题,列宁作了理论分析。有人曾经指责他一方面谈剥夺地主资本家,另一方面又谈租赁森林、土地等,有矛盾,他回答说:"剥夺按俄文的意思是**没收财产**。租赁者**不**是产权人。可见,没有矛盾。""租赁是**有期限**的合同。无论是产权还是监督权都**在我们手中**,在工人国家手中。"那些原来的资本家会不会担心被剥夺而不肯来承租呢?列宁也作了回答。他说:"剥夺是**事实**,而不是什么**可能**

---

❶ 《列宁全集》2版第41卷,第213页。

❷ 《列宁全集》2版第41卷,第149页。

❸ 《列宁全集》2版第41卷,第215页。

性。这差别很大。**在事实上被剥夺以前**，没有一个资本家同意为我们效劳，成为租赁者。"但是，经过三年战争，他们逃到国外过穷日子，不如回国来签订租赁合同，能有5%的人回来试一试，这就不坏了。❶可见租赁并不改变所有权，所涉及的是使用权、经营权。

他主张，"国家把国有的企业或油田、林区、土地等租给企业资本家，而且租借合同与租让合同极为相似。"❷1921年7月5日，人民委员会颁布了《关于出租最高国民经济会议管辖企业的办法》，允许合作社、协作社，和个人租赁小型国营企业，并给合作社以优待。当时规定出租的企业有7400多个，承租人中合作社占37%，私人占52%，其中原来的所有者占30%，平均每个企业17人，主要是轻工业企业（如食品、制革等）。这部分企业在国家管理时已无法开工，租赁出去以后就恢复了生产。当时主要是短期租赁（租期一年的为20%，三年的为50%，3~6年的为30%）。

此外，国家还允许私人办小型企业。1921年5月17日人民委员会宣布废止1920年11月29日小企业国有化的规定，10人以下或拥有机械的5人以下的小企业归还原主。7月7日又规定，苏维埃俄国的每个公民都有权从事小手工业、组织小企业，独立处理自己的产品，并可获得原料和设备，其人数不得超过10~20人。这样就恢复和新出现了一些小工业（人数由1921年的180万增到1926年的近400万，超过了1913年），虽然它在工业产值中所占比重不大（1925年占29.8%，其中私人资本又占63.6%），但对满足农民的需要却起了一定的积极作用。正如列宁所说，在大工业遭到破坏的情况下，"在一定程度上帮助恢复小工业是必要的，因为它不需要机器，不需要国家的和大批的原

---

❶ 参见《列宁全集》2版第50卷，第329—330页。
❷ 《列宁全集》2版第41卷，第215页。

料、燃料和粮食的储备，却能够立刻给农民经济以相当帮助并提高其生产力。"❶ 根据列宁 1921 年的划分，这些接受国家监督的小工业企业（包括私人资本主义和手工业者），也属于国家资本主义的范围。

三、关于国家资本主义的历史评述

列宁创造的国家资本主义理论和政策，具有重大的理论意义和实践意义。他一再指出，无产阶级政权下的国家资本主义是一个新的范畴。它"不是**资本主义**下有过的那一种，而是**新的**概念，因为是新的现象。国家＝工人阶级，它的先锋队，它凝结成的组织力量和文化力量"。❷

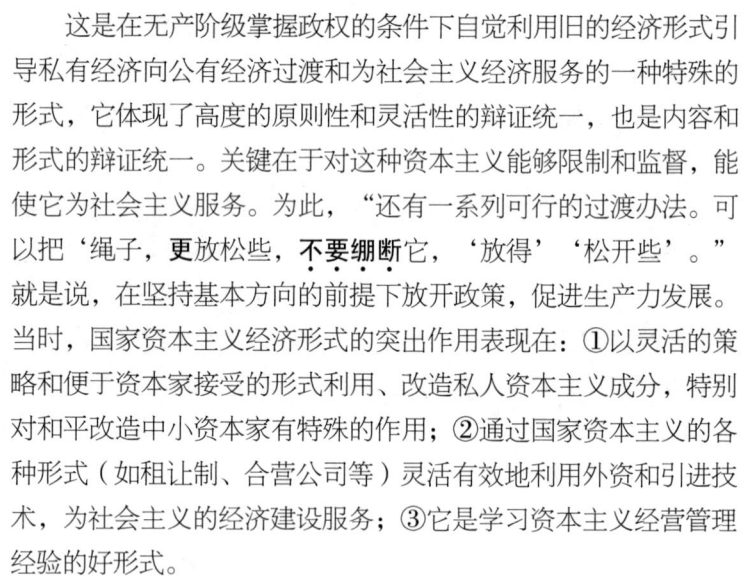

这是在无产阶级掌握政权的条件下自觉利用旧的经济形式引导私有经济向公有经济过渡和为社会主义经济服务的一种特殊的形式，它体现了高度的原则性和灵活性的辩证统一，也是内容和形式的辩证统一。关键在于对这种资本主义能够限制和监督，能使它为社会主义服务。为此，"还有一系列可行的过渡办法。可以把'绳子，**更放松些**，**不要绷断**它，'放得''松开些'。"就是说，在坚持基本方向的前提下放开政策，促进生产力发展。当时，国家资本主义经济形式的突出作用表现在：①以灵活的策略和便于资本家接受的形式利用、改造私人资本主义成分，特别对和平改造中小资本家有特殊的作用；②通过国家资本主义的各种形式（如租让制、合营公司等）灵活有效地利用外资和引进技术，为社会主义的经济建设服务；③它是学习资本主义经营管理经验的好形式。

当然，由于列宁逝世过早和其他客观条件，国家资本主义政策在苏联没有继续推行下去。但是，后来我国在 20 世纪 50 年

---

❶ 《列宁全集》2版第41卷，第209页。
❷ 《列宁全集》2版第43卷，第398页。

代利用各种国家资本主义形式对资本主义工商业改造的成功经验表明，列宁的思路是正确的："全部问题，无论是理论上的还是实践上的问题，在于找出正确的方法，即应当怎样把不可避免的（在一定程度上和在一定期限内不可避免的）资本主义的发展纳入国家资本主义的轨道，靠什么条件来做成这件事，怎样保证在不久的将来把国家资本主义变成社会主义。"❶

历史表明，这种形式不仅适用于经济落后国家的社会主义改造，而且对发达资本主义国家将来进行社会主义革命也有借鉴的作用；即使在社会主义改造基本完成之后，在社会主义初级阶段仍然可以利用它引进外资和发展国内的私营经济，为快速提高社会主义社会的生产力服务。

第三节　对新生资产阶级分子的政策

从实行新经济政策之初，市场一放开，列宁就预料到会产生一批新的资产阶级分子，他们在一定时期一定范围内的发展对提高生产力有利，但超出这个限度就会造成危害，甚至使无产阶级政权变质。对此，无产阶级政党在利用和发展市场关系的时候，应当保持清醒的头脑，采取有效措施加以规范、限制、打击。这就是要找出一个利用和限制相统一的尺度，防止阶级分化，防止这些分子变为一种"政治力量"。

一、有限度和巧妙地培植资本主义

在恢复和放开市场之后，原有的业主活跃起来，同时也在产生一批新的资产阶级分子，当时称之为"耐普曼"，即新经济政策中出现的人。列宁对此是有所预料的。在《论粮食税》一书中，他就指出："既然有交换，那么，小经济的发展就是小资

---

❶ 《列宁全集》2版第41卷，第366、211页。

阶级的发展，就是资本主义的发展；这是无可争辩的真理。"❶要善于"**有限度地和巧妙地**""**培植资本主义**"，主要是有利于生产力发展。他提出"国家对待资本主义的态度"问题："商品交换和贸易自由意味着资本家和资本主义关系必然出现。这是没有什么可怕的。工人国家掌握的各种手段足以使这种在小生产条件下有益的和必要的资本主义关系**只在适当的限度内**发展，足以监督这种关系。现在全部问题就在于确切地研究这种现象的范围，找出国家对它进行监督和计算的适当方法（不是压制，确切些说，不是禁止）。"❷他列出一系列具体题目让各级政府调查、研究。以后，他又说："如果资本主义得益，工业生产就会得到发展，无产阶级也会随着成长。资本家将得益于我们的政策，并创造出工业无产阶级。"❸同时，"必须让资本主义经济和资本主义流转能够像通常那样运行，因为这是人民所需要的，少了它就不能生活。"特别是"私人资本做买卖应能满足农民的需要"。❹

从事实看，大量的新生资产阶级分子还是产生于商业领域。据苏联的统计材料表明，1923年和1926年，在"耐普曼"中，工厂主只占1.8%和0.8%，农业业主占10.7%和12.7%，手工业业主占21.5%和26.6%，建筑承包商占1.3%和0.4%，运输业业主占4.1%和3.4%，富商占57.0%和55.7%。可见，由经商而发财的小商业资本占第一位，近60%，其次是手工业业主（1/5~1/4）。❺

1922年11月，当英国《曼彻斯特卫报》记者阿·兰塞姆问到耐普曼作为一个新的商业阶级会不会成为一种"政治力量"

---

❶ 《列宁全集》2版第41卷，第210页。
❷ 《列宁全集》2版第41卷，第269页。
❸ 《列宁全集》2版第42卷，第186页。
❹ 《列宁全集》2版第43卷，第84页。
❺ 材料转引自瓦·鲍·日罗姆斯卡娅著《1921—1925年的苏联城市（社会结构问题）》（俄文版）。

时，列宁作了否定的回答。"我想，'耐普曼'，也就是在'新经济政策'下繁荣起来的商业的代表，是想成为一种政治力量，但是没有在这方面显示出任何迹象，或者虽有迹象，那也是把自己的愿望掩盖起来的。他们必须竭力掩盖自己的愿望，因为不然的话，就会受到我们国家政权的严厉反对，有时比反对还厉害，会受到公开的敌视。"当时，他认为他们在活跃市场方面起了一些积极作用。他同20世纪初伦敦的街头商业比较，作了生动的描绘：街上摆满了摊子，用金属筒做的小煤油灯或诸如此类的灯具照亮自己的商品，灯火很美丽，街上熙熙攘攘，热闹非常，大家忙着买东西或卖东西。俄国当时的情形有类似之处。"小商贩人多，他们的活动极为活跃，还丝毫不能证明他们是阶级的强大的经济力量，而只有这种经济力量才可以而且应该断定会成为一种'政治力量'。""您问，为什么这种'耐普曼'（也就是街头商贩？小贩？）在我们这里没有显示出'要求成为一种政治力量的迹象'，您提这个问题恐怕会使我们发笑，而我们会这样来回答：这跟每逢星期六英国伦敦街头那群忙着买东西卖东西的人没有显示出'要求成为一种政治力量的迹象'的原因是一样的。"❶列宁并不认为市场的繁荣、小贩的活跃会有什么危险，第一，因为他们手里并没有什么大的生产资料；第二，他们不能从根本上左右市场；第三，他们能够起到生产和消费之间的中介作用，促进市场的活跃；第四，列宁也没有把"耐普曼"视为政治经济学上的科学范畴，只不过视为报纸上的戏语。用我们现在的话说，也就是从事第三产业的个体户，他们的经济力量还是有限的。

但是，后来确有一批靠在市场上投机形成的富户，虽然他们也曾起过积极作用，是由于得益于当时的政策，也经常会表现出这样那样的消极作用。

---

❶ 《列宁全集》2版第43卷，第262、256—257页。

二、防止"耐普曼"分裂工农联盟

在列宁最后的著作里,对耐普曼是重视的。他说:"在我们苏维埃共和国内,社会制度是以工人和农民这两个阶级的合作为基础的,现在也容许'耐普曼'即资产阶级在一定的条件下参加这个合作。如果在这两个阶级之间发生严重的阶级分歧,那么分裂将是不可避免的……我们共和国的命运归根到底将取决于农民群众是和工人阶级一道走,忠实于和工人阶级的联盟呢,还是让'耐普曼'即新资产阶级把他们和工人拆开,使他们和工人分裂。对这两种结局,我们看得愈清楚……我们避免那种会使苏维埃共和国覆灭的分裂的可能就愈大。"❶

为什么时隔两个多月提法就变了,认为耐普曼=新资产阶级,而且将来会有分裂工农联盟的危险?第一,1922年11月的答记者问有一定的新闻舆论性质,同党内的文件有所区别,而1923年1月作为遗嘱必须告诫将来的危险性;第二,在市场经济和多种成分存在的条件下,总会产生利用无产阶级政策的薄弱环节这样那样的新资产阶级分子,这种趋势带有一定的规律性。对此,不保持清醒的头脑是很危险的。

事实上,列宁在讲到资产阶级会得益于我们的政策时,就指出了这种危险。他说:"全部问题就在于谁跑在谁的前面?资本家如果先组织起来,他们就会把共产党人赶走,那就什么也不用谈了。必须清醒地看待这些事情:谁战胜谁?"❷ 后来的发展也验证了列宁在1919年所讲的话:新资产阶级会"从我们苏维埃的职员中间产生出来(从这里也能产生极少的一部分),还会从一些"农民和手工业者中间产生出来"。❸ 即使是国家资本主

---

❶ 《列宁全集》2版第43卷,第377页。
❷ 《列宁全集》2版第42卷,第186页。
❸ 《列宁全集》2版第36卷,第161页。

义，如果不采取相应的措施，也会造成一定的危险性。

所以，列宁在强调认真发展商业、活跃市场的同时，又要求"必须善于克服新经济政策的一切消极面，使之缩小到最低限度……必须善于精明地安排一切"。❶

三、采取引导和抑制的配套政策

为了发挥市场和多种成分包括一部分资产阶级的积极作用，抑制他们的消极作用，列宁提出了一系列措施，其中最基本的仍然是运用政权、"依靠农民，对资本家老爷加以适当的控制，把资本主义纳入国家轨道，建立起一种受国家领导并为国家服务的资本主义。"❷

在对待资本主义成分的问题上（即"没有组织起来的资本主义"），他认为"一切都要**有限度**和有**一定**的条件。什么样的限度？经验会表明。"❸即在实践中探索。

归纳起来，当时列宁采取了如下措施：

（1）在思想上注意各种倾向。当时主要倾向是"感情的社会主义"，不愿也不会利用市场和多种成分；同时，对于资本主义在某些领域的发展"必须清醒地提出这个问题"。列宁最后的文章提出警惕耐普曼分裂工农联盟的危险，就是一个告诫。

（2）充分利益国家力量。国家牢牢地掌握国家经济命脉和大生产资料，即维护公有制特别是国营经济的支配地位，不让新资产阶级分子控制国民经济的主要部门和左右市场。"在无产阶级当权的国家里，国家资本主义只能在受限制的情况下存在，它既受推广时间和范围的限制，也受其采用条件和监督办法等的限制。"❹

---

❶ 《列宁全集》2版第43卷，第301页。
❷ 《列宁全集》2版第42卷，第186页。
❸ 《列宁全集》2版第41卷，第381页。
❹ 《列宁全集》2版第52卷，第218页。

（3）制定税收政策，调节收入分配。列宁在答英国记者问中专门讲了征税问题。他说："征税也能使我们从耐普曼和生产者那里取得支援工业的资金，特别是支援重工业的资金。"❶ 后来，逐步完善累进税、继承税等。

（4）在金融上实行着重扶持国营商业和合作社商业的政策，适当控制私人小资本，并对其经营加以监督，利用货币政策加以限制。

（5）大力发展国营商业，特别是控制批发权，通过改善经营同私商竞争。同时，稳定物价，使之无法找到大肆投机的机会。列宁强调，不能使耐普曼单独影响物价，国家要控制粮食，"因为物价的基础是粮食"，并利用控制外贸来辅助物价的稳定。❷

（6）加强法制，让资本主义成分在一定的法律范围内活动，严厉打击、惩处各种违法行为。对此，列宁作了专门论述。

（7）经济上、政治上满足农民的要求，用合作社把农民组织起来，千方百计地巩固工农联盟，不让资产阶级分子去组织农民，不让他们形成"政治力量"以影响政权的职能和政策取向。

（8）反对贪污行贿，加强执政党本身的清理工作，保持健康的肌体和清醒的头脑，建立和健全检查、监督机制。

总之，对待新资产阶级分子的问题仍然属于国家资本主义政策的大范围，其核心是"国家"。这是列宁反复强调的："当我们说到'国家'的时候，这国家就是我们，就是无产阶级，就是工人阶级的先锋队。""这种国家资本主义将来会怎样，这就取决于我们了。我们有足够的、绰绰有余的政治权力，我们还拥有足够的经济手段，但是，被推举出来的工人阶级先锋队却没有足

---

❶ 《列宁全集》2版第43卷，第259页。

❷ 参见《列宁全集》2版第43卷，第265页。

够的本领去直接进行管理,确定范围,划定界限,使别人受自己控制。"他最担心的主要是缺乏这个本领。所以,他把新经济政策比作学校,一直强调在实践中学习,学会驾驭的本领。❶列宁的这些观点和政策,对我们今天研究和驾驭社会主义市场经济有着重要的指导意义。既要充分搞活市场,又要防止和消除两极分化,我们应向列宁请教。

第十三章 首创国家资本主义理论

---

❶ 《列宁全集》2版第43卷,第84页。

第十四章　适应交换关系的分配方式

同个人利益结合和个人负责的原则。

必须把国民经济的一切大部门建立在同个人利益的结合上面。共同讨论，专人负责。

（物质奖励）在社会主义建设中这是一项有极重要意义的制度。吸引人们参加劳动是社会主义的一个最重要和最困难的问题。必须经常注意实际经验，加以收集和研究。

——列宁

恩格斯说过："随着历史上一定社会的生产和交换的方式和方法的产生，随着这一社会的历史前提的产生，同时也产生了产品分配的方式方法。""可是分配并不仅仅是生产和交换的消极的产物；它反过来也影响生产和交换。"❶ 在这里，恩格斯阐明了同生产相联系的交换方式方法对产品分配方式方法的影响及其辩证关系。但是，在社会主义建设初期两者的关系如何处理，这是前人未能解决的课题。应当说，列宁在实践的基础上，第一个探究了这一重要问题。

---

❶ 《马克思恩格斯选集》1995年版第3卷，第490、491页。

第一节 "报酬平等"和"直接分配"的教训

消费资料的分配,是生产关系的一个重要方面,广义地说,也属于所有制关系的实现形式的一个层面。它既表现生产方式的性质,又反作用于社会生产。在社会主义制度下,采取什么样的分配形式,如何正确地处理分配关系,能否恰当地运用分配对生产的反作用,这对于巩固社会主义生产关系、发挥公有制的优越性、发展生产力有着重大的影响。马克思运用唯物辩证法的发展观,分析了共产主义社会低级阶段一般的特点,提出了按劳动量分配的基本原则,这就为处理社会主义社会的分配关系指出了方向。然而,马克思运用的是科学的抽象法,他提出的是纯粹社会主义社会的一般分配形式,当时既没有实践经验,也没有考虑各类国家、各个发展阶段的具体情况,更不可能设计出各式各样的具体分配形式,尤其没有提出在公有制条件下分配与交换的相互关系。他们是不想这样做的,正如恩格斯所说,只能"尽力找出进一步的发展将循以进行的**总趋向**",而不存在一个"一成不变的分配方式"❶。

列宁作为第一个社会主义建设实践的领导者,把马克思关于社会主义分配关系的原理运用于俄国实际,就遇到了比马克思恩格斯的设想更为复杂的情况。列宁处理社会主义的分配关系,也同处理社会主义的各种经济关系一样,经历了一个十分曲折的认识过程,通过失败与成功两个方面经验的对比,进而补充、发展了关于社会主义建设初期分配关系的理论,创造了灵活多样的分配形式,从而也极大地调动了各类劳动者的积极性。新经济政策时期的苏维埃俄国,国民经济所以能够如此迅速地恢复和发展,也是和列宁正确地调整社会主义分配关系分不开的。当然,列宁

---

❶ 《马克思恩格斯选集》1995年版第4卷,第691页。

在社会主义分配理论上的突破，不是孤立发展的，同他对"社会主义的整个看法的根本改变"有直接联系，是他整个社会主义经济理论体系的一个有机组成部分。

一、"报酬平等""直接分配"的理论

列宁对分配关系的研究，总是同整个社会经济关系的研究连在一起的。他多次批评过单独把分配放在首位的观点，指出："分配关系实际上是生产关系的结果。"❶ 同时，关注分配关系对生产力发展的反作用。

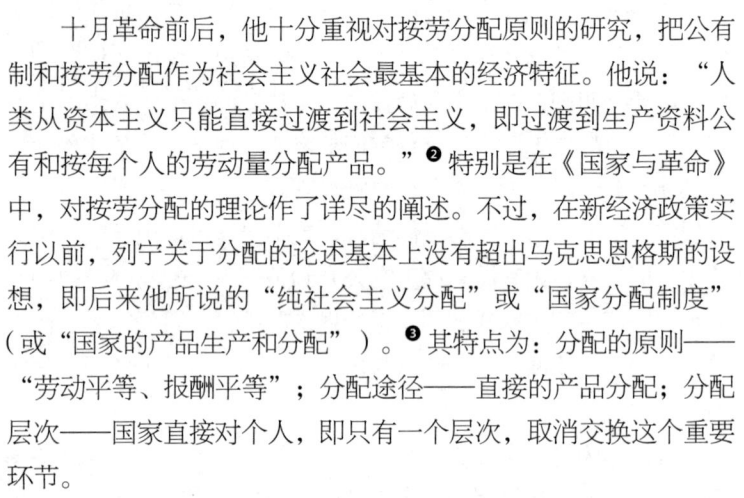

十月革命前后，他十分重视对按劳分配原则的研究，把公有制和按劳分配作为社会主义社会最基本的经济特征。他说："人类从资本主义只能直接过渡到社会主义，即过渡到生产资料公有和按每个人的劳动量分配产品。"❷ 特别是在《国家与革命》中，对按劳分配的理论作了详尽的阐述。不过，在新经济政策实行以前，列宁关于分配的论述基本上没有超出马克思恩格斯的设想，即后来他所说的"纯社会主义分配"或"国家分配制度"（或"国家的产品生产和分配"）。❸ 其特点为：分配的原则——"劳动平等、报酬平等"；分配途径——直接的产品分配；分配层次——国家直接对个人，即只有一个层次，取消交换这个重要环节。

"劳动平等、报酬平等"，是按劳分配原则和巴黎公社原则的统一，即不分脑力劳动和体力劳动，不分管理职能和生产职能，一律按统一的劳动小时计算报酬，都拿普通工人的工资，以至连复杂劳动和简单劳动也不在报酬上加以区分。以上思想直接来自于恩格斯《反杜林论》中的论述。恩格斯在谈到社会主义的

---

❶ 《列宁全集》2版第7卷，第30页。
❷ 《列宁全集》2版第29卷，第178页。
❸ 《列宁全集》2版第43卷，第278页；第42卷，176页。

分配时说:"现在怎样解决关于对复合劳动支付较高工资的全部重要问题呢?在私人生产者的社会里,培养熟练的劳动者的费用是由私人或其家庭负担的,所以熟练的劳动力的较高的价格也首先归私人所有:熟练的奴隶卖得贵些,熟练的雇佣工人得到较高的工资。在按社会主义原则组织起来的社会里,这种费用是由社会来负担的,所以复合劳动的成果,即所创造的比较大的价值也归社会所有。工人本身没有任何额外的要求。"❶

这显然是说,"有学识的"劳动者虽能为社会生产力的发展作出较大的贡献,但因为培养他们的费用是由社会承担的,所以不能给像专家之类的劳动者以更高的工资。在马克思和恩格斯看来,这样做才能体现劳动者在分配上的"平等"。

列宁在《国家与革命》一书中,对马克思恩格斯这一思想作了进一步发挥。按照他几个地方的解释,"劳动平等、报酬平等"有以下几个方面的含义:

(1)**社会成员对生产资料所有权的平等。**"一旦社会全体成员在占有生产资料方面的平等即劳动平等、工资平等实现以后,在人类面前不可避免地立即就会产生一个问题:要更进一步,从形式上的平等进到事实上的平等,即实现'各尽所能,按需分配'的原则。"❷显然,他把公有制作为劳动平等和报酬平等的基础,因为这是消灭剥削乃至实行按需分配的根本条件。

(2)**以劳动时间作为尺度,同等的工作、同等的报酬。**"全体公民都成了一个全民的、国家的'辛迪加'的职员和工人。全部问题在于要他们在正确遵守劳动标准的条件下同等地劳动,同等地领取报酬。"从而,废除了分配上的"特权"。❸

(3)**"在共产主义的'高级'阶段到来以前,社会主义者**

---

❶ 《马克思恩格斯选集》1995年版第3卷,第545页。

❷ 《列宁全集》2版第31卷,第95页。

❸ 参见《列宁全集》2版第31卷,第97页。

要求社会和国家对劳动量和消费量实行极严格的监督。"❶后来，他在《关于星期六义务劳动》一文中又解释说："社会主义的前提是在没有资本家帮助的情况下进行工作，是在劳动者的有组织的先锋队即先进部分施行最严格的计算、监督和监察下进行社会劳动；同时还应该规定劳动量和劳动报酬。"❷

这里说的劳动平等，就是指人人都有劳动的权利和义务，谁也不能不劳而获。这里说的报酬平等，就是废除剥削的特权，都以劳动时间为尺度计算报酬。当然，这个平等是相对的，从废除私有制、废除剥削的意义上说是平等的，从"富裕的程度还会不同"的情况上说，还是"不平等"的。"消费品的分配是和每个人向社会提供的劳动量'成比例的'。分配的不平等还很严重。"❸这些论述，和马克思恩格斯的观点完全一致。

现在看来，那时的论述有两方面的缺陷。一是提出"一旦"实现了公有制，就要进一步考虑实现"事实上的平等"，即按需分配问题，对于按劳分配存在和发展的过程估计得比较短暂，这是战时共产主义时期实行平均主义分配的认识上的一个原因；二是对于"报酬平等"的理解较为狭窄，考虑劳动时间的因素多，对于熟练程度特别是智力的作用看得过于简单，认为管理是一种"非常简单""非常容易""任何一个识字的人都能胜任"的事。所以，在报酬上过分强调了一律按"普通工人"的水平。列宁写道：当摧毁了旧的国家机器之后，"我们就会有一个除掉了'寄生物'而技术装备程度很高的机构，这个机构完全可以由已经联合起来的工人自己使用，雇用一些技术人员、监工和会计，对**所有**这些人的工作如同对**所有**'国家'官吏的工作一样，付给工人的工资。"要"把**整个**国民经济组织得像邮政一样，做到在

---

❶ 《列宁全集》2版第31卷，第93页。

❷ 《列宁全集》2版第38卷，第36页。

❸ 《列宁全集》2版第31卷，第89、164页。

武装的无产阶级的监督和领导下使技术人员、监工和会计，如同**所有**公职人员一样，都领取不超过'工人工资'的薪金，这就是我们最近的目标。"❶ 特别重要的一点，是强调"直接分配"同商品交换是不相容的，当然更不考虑市场的因素。

二、实践中的教训

根据列宁的上述思想，人民委员会于1917年12月1日作出决议，规定人民委员领取的最高工资是每月500卢布，包括技术人员也是如此。在执行中，发现给高级科学技术专家的工资标准过低，决定发给他们以较高的工资。后来，列宁反复强调利用专家的重要性，认为"没有各种学术、技术和实际工作领域的专家的指导，向社会主义过渡是不可能的，因为社会主义要求广大群众自觉地在资本主义已经达到的基础上向高于资本主义的劳动生产率迈进。"社会主义是以社会化大生产作为基础，而社会化大生产又是"建立在科学成就的基础上的，因而也是建立在造就出大批科学上有造诣的专家的基础上的。"然而，列宁并不认为这种办法符合社会主义分配原则，他说："现在我们不得不采用旧的资产阶级的方式，同意对资产阶级最大的专家的服务，付给高额报酬……显然，这种办法是一种妥协，是对巴黎公社和任何无产阶级政权的原则的背离。"他把这种政策看作是对资产阶级的一种特殊"赎买"，而且会对苏维埃的干部队伍、工人队伍产生"腐化作用"。❷1919年3月，列宁起草的党纲也指出，给专家们较高的报酬以使他们工作得更好些，只是"从资本主义向共产主义过渡"中一种暂时措施，是不符合"劳动的报酬一律平等"原则的❸。实际上还是把对专家的待遇看作是"各尽所能，按劳

---

❶ 《列宁全集》2版第31卷，第47页。

❷ 《列宁全集》2版第34卷，第160、356、161—163页。

❸ 《列宁全集》2版第36卷，第89页。

分配"的对立物。尽管在经济上承认对他们付出的报酬要比他们的实际贡献小得多,但总还认为是"不合理的"。

这种"劳动平等、报酬平等"的另一措施,就是普遍推行义务劳动制,贯彻"不劳动者不得食"的原则。列宁把"不劳动者不得食"称之为社会主义实践的训条❶,"社会主义的第一个主要的和根本的原则。"❷这同他在《马克思论国家》(笔记)中的观点相一致,他认为:共产主义低级阶段的分配"也是一种强制形式:'谁不劳动,谁就没有饭吃'。"❸在战时共产主义时期,很少讲多劳多得的原则。由于战争的需要,由于经济上的困难,就使得这方面的认识走向过激,以致把工人的工资变为"劳动口粮",按劳动卡片供应粮食和其他食品,参与义务劳动的免费供应一顿午餐。正如列宁所说:"在不能着手恢复生产以前,力求尽可能平均地供应所有的人,养活他们并维持他们的生活。"❹

在理论上,也有超越社会主义阶段的观点。例,列宁在《从莫斯科—喀山铁路的第一次星期六义务劳动到五一节全俄星期六义务劳动》一文中说:"我们要努力把'大家为一人,一人为大家'和'各尽所能,按需分配'的准则渗透到群众的意识中去,渗透到他们的习惯中去,渗透到他们的生活常规中去。"❺这就不仅是"纯社会主义的分配"了,而且要实行共产主义的分配原则。当时平均主义思想盛行,也和理论上超越社会主义阶段有一定的联系。

与"直接分配"相关的是分配层次。马克思在《哥达纲领批判》中设想,整个社会是一个大的生产单位,分配只有一个层

---

❶ 《列宁全集》2版第33卷,第210页。
❷ 《列宁全集》2版第34卷,第334页。
❸ 《列宁全集》2版第31卷,第164页。
❹ 《列宁文集》俄文版,第20卷,第103页。
❺ 《列宁全集》2版第39卷,第100页。

次：上面是社会整体，下面是劳动者个人，中间没有企业或集体这一层。列宁长期也是按照这样的层次设想未来社会的分配的。在《国家与革命》中，他论述社会主义社会时这样写道："生产资料已经不是个人的私有财产。它们已归全社会所有。社会的每个成员完成一定份额的社会必要劳动，就从社会领得一张凭证，证明他完成了多少劳动量。他根据这张凭证从消费品的社会储存中领取相应数量的产品。"❶

他把社会看作是一个"大工厂"，一个大"辛迪加"，社会扣除之后，直接的就是劳动者个人的消费资料的分配，没有涉及企业的集体利益和分配。正是从这个观点出发，在战时共产主义时期，企业完全变成了国家的附属品，没有任何独立的利益，工人的劳动报酬与企业经营得好坏完全无关，不仅造成职工个人之间的平均主义，而且形成企业之间的平均主义，导致严重的浪费、效率低下等现象。

战时共产主义经济政策的失败，使列宁认识到直接实行"纯社会主义的分配"同样是行不通的。十月革命胜利后不久，列宁曾经认为工农已经在"为自己工作了"，自然能够迸发出极大的热情。然而，实践说明，群众真正认识"为自己工作"并非如此简单，不通过同劳动相联系的分配关系是很难体现的，而平均主义的分配导致了严重的后果。列宁多次讲："令人讨厌的是：懒惰，办事马虎，零星的投机倒把，盗窃，纪律松弛。"由于不关心劳动者的物质利益，"我们每走一步都吃到苦头。""现在必须解决我们是否能为自己工作的问题，不解决这个问题……我们的共和国就会灭亡。"❷

为此，列宁根据俄国的具体实际，逐步调整社会主义的分配关系，冲破了"纯社会主义的分配"的老框框。

---

❶ 《列宁全集》2版第31卷，第88页。
❷ 《列宁全集》2版第42卷，第241、191、192—193页。

第二节　同个人利益结合和个人负责的原则

一、对平均分配的纠正

早在战时共产主义后期，列宁已经觉察到平均主义的分配不利于生产的发展，曾经以实物奖励的办法作为基本报酬的补充形式。1920年底和1921年初，列宁批驳托洛茨基在工会问题上挑起的争论时，主张实行"重点制"和奖励制，要求逐步取消"平均制"。托洛茨基提出："在消费方面实行平均分配，而在生产上实行重点制。"意思是说，消费资料实行平均分配，生产上则有重点地依靠和发展某些部门、企业和一部分劳动者。列宁说，这种提法"在理论上是错误的"。"重点制就是优先照顾，照顾不包括消费，那就无所谓照顾了。"他认为："实行**实物**奖励，是工会在生产中的作用和任务。"当时在极端困难的条件下，曾经拨出50万普特粮食作为奖励的物资，"用来奖励那些英勇奋斗、努力工作、才干出众和忠心耿耿的经济工作者。"这种奖励不是"夸奖"，"而是要给他们面包和肉。""这种重点制是需要的。我们要仔细地研究我们实行重点制的实际经验。"❶

进入新经济政策时期，列宁进一步系统地研究这一问题。鉴于前几年的经验教训，他深刻地指出：实物奖励"在社会主义建设中这是一项有极重要意义的制度。吸引人们参加劳动是社会主义的一个最重要和最困难的问题。必须经常注意实际经验，加以收集和研究。"❷

其所以"最重要"，就在于劳动者是生产力中最积极最活跃的因素，只有把他们的积极性调动起来，才能更好地同生产资料

---

❶ 《列宁全集》2版第40卷，第302、211—212页。
❷ 《列宁全集》2版第41卷，第277页。

结合，发挥生产工具的作用，并且创造出新的生产手段来，向生产的深度和广度进军，取得最好的经济效益。不发挥劳动者的积极性，任何先进的工具和丰富的资源都不能起到应有的作用。社会主义制度的先进性和优越性，一个很重要方面就表现在这里。这是健全社会主义制度，发展生产力的一个关键问题。其所以"最困难"，是因为让广大劳动者认识到"为自己而工作"，把自身的利益和社会整体的利益结合起来，自觉地为整个社会积极劳动，并不是像以前设想的那么容易。真正克服平均主义思想，找出群众便于接受的分配形式，需要付出巨大的努力。

为了解决这个问题，列宁在理论上阐明了消费品的分配对于生产的反作用，提出了消费资料的分配是提高生产的手段这一著名论点。他在全俄粮食工作第三次会议上，以粮食的分配为例，阐述了这个原理。他尽力纠正平均分配的观点和做法，强调指出："按平均分配的原则来分配粮食会产生平均主义，这往往不利于提高生产。"接着说："在粮食分配问题上，决不能认为只要分配得公平合理就行了，而应当考虑到粮食分配是提高生产的一种方法、工具和手段。"❶列宁的这一论述，发展了恩格斯关于分配反作用于生产的观点，他把消费资料的分配看作提高生产的手段，就会使人们更自觉地利用分配的反作用；而对这种反作用利用得恰当，能够成为促进生产发展的决定因素之一。

二、与商品经济相适应提出"同个人利益结合和个人负责的原则"

随着商品交换的恢复、市场的活跃，列宁于1921年秋季提出了新的分配原则。

他在《十月革命四周年》（1921年10月14日）一文中总结

---

❶ 《列宁全集》2版第41卷，第351、352页。

了以往的经验教训,然后指出:"不能直接凭热情,而要借助于伟大革命所产生的热情,靠个人利益,靠同个人利益的结合,靠经济核算,在这个小农国家里先建立起牢固的桥梁,通过国家资本主义走向社会主义。""同个人利益结合,能够提高生产;我们首先需要和绝对需要的是增加生产",并且讲了商业可以"引起他们经营的兴趣"。"现实生活是这样告诉我们的。革命发展的客观进程是这样告诉我们的。"❶实际上,列宁是说明客观经济规律的要求。这是包括处理所有制关系、分配关系和交换关系相互关系在内的一个完整的思想。它阐明了一个极其重要的原理:解决调动广大劳动者生产和经营的积极性这一"最重要和最困难"的问题,其办法不能从经济关系外面去寻找,只能主要从经济关系内部去寻找。就是说,这是社会主义经济机制自身必须而且能够解决的任务,是同市场关系相联系的个人利益和个人责任的有机统一。

正是基于这个观点,列宁在1921年10月间对社会主义分配关系作出了新的理论概括,这就是:"同个人利益结合和个人负责的原则""必须把国民经济的一切大部门建立在同个人利益的结合上面。"❷

应当说,这个原则不是突然提出来的,它同商品—市场关系的恢复和发展密不可分。早在俄共(布)十大(1921年3月),他就提出对小农的刺激(或激励)机制问题。又在《论粮食税》提纲中写道:农民的"个人主义""自由贸易"并不可怕❸。5月22日,他对电力工程师莫伊谢诺夫的报告批示中,表示同意实行物质利益原则。然后,在1921年8月9日人民委员会发布了由列宁审订的《关于贯彻新经济政策原则》,要求鼓励增加工人生

---

❶ 《列宁全集》2版第42卷,第176—177页。

❷ 《列宁全集》2版第42卷,第191页。

❸ 《列宁全集》2版第41卷,第377页。

产成果的物质利益关心和提高劳动生产率的积极性。

1921年9月4日,他亲自修改了人民委员会主席基谢廖夫起草的关于工资问题的提纲。"工农国家的援助应当以阶级的原则为依据。工资少一些,国家援助就多一些。"列宁批道:"这不对""去掉"。这个文件提出工资要与经济核算联系起来,不能有亏损,实行"少劳少得"的原则。❶在这个基础上,制定了工资问题的条例。

1921年9月21日,渔业部和渔品工业局局长波嘉耶夫给列宁写信说,由于对渔民劳动采用了新的付酬形式,捕鱼量急剧增加。"每个渔民按照1913年的价格(以金币计算)稍加变动(根据市场情况)把鱼卖给我们,然后领到一张可以在我们的商店或小铺里兑现的特别票证……对渔场工人,我们规定计件付酬……无论对商店和小铺的货物,还是对鱼产品,都实行严格的商业核算……我深信,只有使渔民、工人和职员的物质利益同他们的劳动成果直接挂钩,我们才能有出路并创造出最高的劳动生产率。"他把市场经营、商业核算和生产经营者的报酬联系起来。列宁10月9日回电报让他把新办法在报纸上介绍,并交劳动国防委员会推广。

同年10月14日,在给人民检查委员会负责人之一亚·阿瓦涅索夫的信中,专门就仓库工作人员的问题作了指示:"不同个人利益结合,什么也办不成。要善于同利益结合起来。"❷同一天发表了《十月革命四周年》著名论文。

这个过程说明,列宁关于同个人利益结合和个人负责的原则,是在研究了大量实际问题和吸收了很多人的意见的基础上,从发展生产力出发,考察了商品交换和市场扩张的进程,经过审慎的考虑,才提出来的。

---

❶ 《列宁全集》2版第60卷,第444页。
❷ 《列宁全集》2版第51卷,第641、420、448—449页。

三、同个人利益结合和个人负责原则的丰富内涵

列宁关于同个人利益结合和个人负责的原则,发展了马克思主义的分配理论,它有丰富的内涵。特别突出的一点是它同市场经济联结起来,因为商品交换的核心恰好是利益("私人买卖利益")和责任的统一,互相尊重劳动利益,体现物的人格化和人格物化的辩证关系。这个原则不仅适用于企业领导者,而且适用于每个劳动者,人人都要有明确的责任和相应的利益。它的内容可从以下几个方面理解。

(一)进一步明确了社会主义生产发展的物质动因

一不能过分夸大精神的力量,二不能把"公平""合理"之类道德标准作为分配的依据,而必须坚持历史唯物主义的基本观点,即依靠物质利益关系内在的矛盾运动,依靠劳动者从切身的经济利益和应负的责任出发来发展社会主义经济。可以理解为,正确处理公平和效率的关系。

列宁在总结战时共产主义的教训时写道:"我们为热情的浪潮所激励,我们首先激发了人民的一般政治热情,然后又激发了他们的军事热情,我们曾计划依靠这种热情直接实现与一般政治任务和军事任务同样伟大的经济任务……现实生活说明我们错了。"❶ 在社会主义制度下,尽管人们的精神有很大的反作用,但经济运动乃是物质的运动,经济建设有其特殊的规律,不能照搬政治斗争和军事斗争的经验,推动经济发展的最基本的只能是物质的动因。从列宁亲自批注的一份文件中可以体现以物质利益为基础的观点。这份文件写道:"应当遵循这样一个原则:国家需要产品,而且只有产品可以和应该得到报酬。毫无疑问,只有各工厂的工厂管理委员会不是什么行政事务办公厅,而成为生产和劳动报酬的真正领导者的时候,我们才会有产品。应当彻底终

---

❶ 《列宁全集》2版第42卷,第176页。

止靠热情和英雄主义来搞建设,因为人们不能够长年累月地处于狂热的兴奋情绪中,而只有经济的需要才能够促使他们工作。只能在这种讲求实际的基础上搞建设。"列宁在旁边连连批了"对!"表示赞同。❶ 这段话的意思,就是生产的发展不能主要依靠精神因素,只能在生产和分配之间建立正确的关系,依靠经济利益关系推动生产的不断发展。

(二)把智力劳动者的报酬纳入社会主义分配的范畴,不再看作是一种"后退"和不得不实行的"资产阶级方式"

列宁所说的同个人利益结合包括"农民、工人、专家",他特别指出:"必须使每个专家也从生产的发展中得到好处。"❷ 这样,列宁就不再把给予专家以较高的工资看作是"不平等"的事情,而是和工人、农民的劳动报酬属于同一个范畴,即符合按劳分配的原则。他充分估计到智力劳动创造的价值。正是从这个意义上去衡量专家劳动的贡献,按等量劳动交换的原则给予较高的工薪是完全符合社会主义分配规定的。而且,列宁不再提专家高薪所产生的"腐化作用",相反,却认为对专家的重视有利于鼓励工人学习文化和科学技术知识。为此,他多次批评轻视知识、轻视专家的狭隘观念,并亲自为全俄苏维埃九大起草了指令,要求从中央到地方都要经常关心改善专家的生活待遇,关心他们主持训练广大工农群众的工作。在具体工资政策上,拉大差距,最高工资和最低工资由 5∶1 扩大为 8∶1。

(三)把物质利益与应负的责任联系起来,并使之制度化

列宁在"个人利益关心和个人负责的原则"这一命题下,作了这样的论述:"我们说,必须把国民经济的一切大部门建立在同个人利益的结合上面。共同讨论,专人负责。由于不善于实行

---

❶ 《列宁全集》2版第60卷,第400页。

❷ 《列宁全集》2版第42卷,第497、190页。

这个原则,我们每走一步都吃到苦头。"❶

这时的新观点,是把劳动者个人的物质利益和他应负的责任紧紧联系起来,纳入一个管理的体系。这就比马克思在《哥达纲领批判》中所讲的"他以一种形式给予社会的劳动量,又以另一种形式领回来"❷进了一步。

列宁在《国家与革命》中谈到共产主义第一阶段总产品的分配时写道:"马克思不像拉萨尔那样说些含糊不清的笼统的话('全部劳动产品归劳动者'),而是对社会主义社会必须怎样管理的问题作了冷静的估计。"❸那时,列宁开始把分配问题同管理问题联系起来,但主要指的社会总产品分配。1918年春天以来,也提出建立责任制的问题,特别是"一长制"(或"专人负责制"),也提倡采用泰罗制、实行计件工资制等,不过那时还没有把经济责任同个人经济利益密切地联系在一起,更没有在理论上加以论述。

经过一段实践,特别是吃到许多"苦头"之后,才逐渐形成新的认识。仅仅从一般意义上、从政治意义上树立劳动者的主人翁责任感还不够,还必须在经济上具体体现出每个人、每项工作上的物质利益,以物质利益关系把工作责任固定下来。这就丰富了"等量劳动相交换"的含义,即不仅以劳动时间作为计酬标准,而且要对全部经济任务、对经济效果负责,对整个劳动集体和社会机体承担经济责任。劳动者个人同"劳动联合体"的关系,不仅是劳动上的"交换"关系,而且具体化为一个特定的责任和特定的利益相统一的关系。劳动者个人不再占有生产资料,这和以往私人对私有制财产和产品所负的责任是根本不同的;但要对公有的生产资料中的某一部分及其效用负有特殊责任,而其

---

❶ 《列宁全集》2版第42卷,第191页。

❷ 《马克思恩格斯选集》1995年版第3卷,第304页。

❸ 《列宁全集》2版第31卷,第87—88页。

特殊责任又同特殊利益联系在一起。这就把马克思所讲的在共产主义低级阶段劳动还作为"谋生的手段"具体化为对社会负有一定责任,把劳动者既是公有生产资料的"主人翁",又在共同劳动中成为"交换"者,使这二重身份统一起来。因而就能更好地利用社会主义经济自身的机制,更具体地体现劳动者"为自己工作",更充分地调动他们生产和经营的积极性。

这种以经济利益为基础的责任制,在一定意义上说,也是对以私有制为基础的商品经济的一种积极的"扬弃"。那时所以对他们的财产及其效用负责,有所谓"私人进取心",归根结底,是他们的利益所在。在社会主义条件下,否定了私有制,也就否定了建立在私有制基础上的"私人进取心";但是,建立在一定的同个人利益相结合的基础上的个人"进取心"还存在着,特别是在存在商品—市场关系的条件下,这种"进取心"不是去发展私有的生产资料,但能取得较大的利益。在一定意义上说,也含有使公有资本人格化的含义。

(四)把原来设想的一个分配层次扩展为两个分配层次,从而又把职工的利益与企业的经济成效挂起钩来

如前所述,列宁改变了"整个社会就是一个大工厂"的看法,通过经济核算制扩大了企业的相对独立性。他虽然没有明确地表述为三个利益层次和两个分配层次,但实际上已有这种思想了。由于实行经济核算制企业有了相对独立的利益,职工的收入和福利不只取决于个人劳动的数量和质量,而且与整个企业的经济效益相联系。这就进一步克服了平均主义的分配思想。实行新经济政策之初,首先克服了劳动者个人之间的平均分配问题,如1921年6月间,取消了按人头供应卡片的制度。8月9日的通知,强调不论在工人个人之间或小组之间,都要根据他们的生产成果来分配供应品。9月10日,由列宁签署的《工资等级问题基本条例》中讲到,"规定工资率时,必须从'最少的劳动领取最低工资,这一原则出发。""在规定各种熟练程度的工人、职员、中级技术人员和高级行政人员的工资率时，必须抛弃一切平均主义思想。"10月以后，又逐渐克服企业之间的平均主义，使工人的工资与本企业的生产状况挂钩。如10月10日，列宁用电报通知各地："实行按生产率用粮食和现金支付劳动报酬的新规定，废除平均支付粮食和现金的办法。"❶同年底，列宁为全俄苏维埃第九次代表大会起草的经济工作指令指出，应当随着生产和流通取得的成绩的大小，增加产业工人工资，改善他们的生活，❷实际上是和每个企业的经营状况相联系。以后俄共（布）十一大决议要求，"不能使支付工资同生产管理脱节。"俄共（布）十二大决议强调，"在大力改善工人阶级状况的时候，国家机关和工会必须记住，只有在发达的工业，也就是获利的工业的基础上才有可能长期地全面地改善工人阶级的状况。从这个观点看来，维持开工率很低的企业，或者由工厂养活人数同企业实际生产力不相称的大批工人，这类措施是最亏本、最不合理的社会保证形式，因而也是违背工人阶级的将来利益的。"❸所有这些，都是使职工的工资收入不仅和国家的经济状况联系起来，而且首先和企业的经营状况联系起来。列宁所说的"把国民经济的一切大部门建立在同个人利益的结合上面"，就是这个意思。事实证明，忽视了中间这一层次的特殊利益，也是不能很好地克服平均主义、贯彻物质利益原则的。中间这个层次之所以重要，乃是由社会分工规律决定的。没有各个独立的承担各种经济职能的社会细胞，也就没有真正的社会分工。在劳动仍然作为人们谋生手段的时候，社会分工必然与劳动者的特殊利益联系着。因此，要全面贯彻物质利益原则，就必须兼顾三个层次的利益关系，各个企业实行独立的经济核算，企业之间实行等价交换的原则。这

---

❶ 《列宁全集》2版第51卷，第424页。
❷ 《列宁全集》2版第42卷，第360页。
❸ 《苏共决议汇编》第2分册，第168、268—269页。

也是在国有企业相互间存在商品货币关系的重要原因。

（五）从多种经济形式存在的实际出发，扩大了社会主义分配关系的范围，使分配关系与所有制结构、市场交换关系更好地适应

我们在研究列宁经济思想的时候，特别要注意他所使用的概念上的差异。他所提出的"同个人利益结合和个人负责原则"，这个概念比之"按劳分配"的概念要大得多，无论从内涵上还是从外延上更为广泛。它既包括纯粹的按劳分配所得，也包括按股金分配所得，还包括与劳动者经济利益相联系的其他收入，实质上，是按绩效分配。在社会主义制度下，劳动者个人所得的物质利益，主要来自公有经济中的按劳分配，这是毫无疑义的。但是，在实际分配中有很多收益并不像马克思所设想的那样纯粹，如合作经济中的股金分红，各类企业中的各类特殊补贴、奖励和福利待遇等。至于个体经济，其劳动产品归个人支配，显然不是按劳分配，但由于它不属于剥削收入，却算作合理合法的物质利益。列宁当时所说"必须以同农民的个人利益的结合为基础"，是包括个体农民的劳动收入的。合作社中的分配关系，情形更为复杂，既有以公有制为基础的按劳分配，又有公有经济内部的资金联合的收益（分红），还有农民个体经济的劳动产品，并且包括一部分级差收入（类似由自然条件不同而形成的级差地租Ⅰ和投资状况形成的级差地租Ⅱ）。这种分配关系的复杂现象，是与经济形式多样化相适应的，有利于调动各类劳动者多方面的生产和经营的积极性。

在列宁看来，只要坚持基本生产资料的公有制，只要不剥削他人的劳动，只要承担对社会和集体应尽的义务、不损害社会主义利益，就基本上符合社会主义建设初期的分配关系和分配原则。这正是关于不追求"纯社会主义的分配"的具体体现，是唯物辩证观点在分配领域中的运用。他的基本出发点在于：消费资料的分配形式一定要适应生产力发展水平和与此相关的所

有制关系、交换关系，从而充分调动劳动者生产和经营的积极性。在生产力水平比较低下而又发展不平衡、存在着多种经济形式的条件下，过早地追求"纯社会主义的分配"，就不容易使各类劳动者的利益与他们的生产和经营成果直接联系起来，尤其对于农民来说，不能提高他们的经营兴趣。可见，列宁采用"同个人利益相结合"的提法，既符合按劳分配原则，又比"按劳分配"的提法灵活，更易于为群众所接受，更符合当时经济状况，特别是适应市场交换关系，这大概是列宁在新经济政策时期较少使用"按劳分配"一词的一个原因。但是，这丝毫不意味着他放弃了这个原则，而是更有效地运用和发展了这一原则。

以上诸点，总括起来看，都是关于社会主义分配理论的新发展，比马克思恩格斯的论述更丰富、更具体。后来的实践证明，列宁的"同个人利益结合和个人负责原则"，对于发展社会主义生产、改进经营管理、巩固和发展公有制经济、提高生产力有很大的推动价值，值得后人参鉴。

第三节　在实践中探寻按劳分配与市场交换的联系

马克思在论述共产主义低级阶段的分配关系时，留下一个重要问题，即按劳分配与商品经济的关系。他设想的是实行直接分配："在一个集体的、以生产资料公有制为基础的社会中，生产者不交换自己的产品；用在产品上的劳动，在这里也不表现为这些产品的**价值**，而是到"社会储存"中去领取实物。❶而列宁作为第一个领导社会主义建设的实践者，如果回避这个问题，就无法实施新经济政策。他的回答，首先是依靠实践，然后作了一些初步的理论探索。

---

❶　《马克思恩格斯选集》1995年版第3卷，第303—304页。

一、实践的回答：创造多种多样的分配形式

马克思在《哥达纲领批判》中主要阐述的是社会主义分配的基本原则，对于它的具体形式并没有更多地涉及。由于他设想的是消灭商品、价值、市场，所以，当时提出按劳动时间计算，用"一张证书"（劳动券）领取消费资料。

列宁没有拘泥于马克思恩格斯的个别结论，而是根据他们提供的基本思想和基本方法，结合社会主义建设初期市场关系的实际，依靠群众的实践，扬弃了资本主义制度下的种种计酬方法，在实践中逐步创造出社会主义工资的多种具体形式。

在采取什么样的计酬形式上，列宁的基本出发点是有利于调动劳动者的积极性，有利于取得好的经济效益，从而有利于发展生产力。这是符合马克思和恩格斯的基本观点的。

马克思在《资本论》中讲到未来"自由人联合体"的消费资料分配时说："这种分配的方式会随着社会生产机体本身的特殊方式和随着生产者的相应的历史发展程度而改变。"❶19世纪90年代，恩格斯在批评一些人用教条主义的态度空想未来社会的分配形式时指出，在他们看来，"'社会主义社会'并不是不断改变、不断进步的东西，而是稳定的、一成不变的东西，所以它应当也有个一成不变的分配方式。""但奇怪的是谁也没有想到，分配方式本质上毕竟要取决于**有多少**产品可供分配，而这当然随着生产和社会组织的进步而改变，从而分配方式也应当改变。"❷

列宁正是这样对待马克思主义的。他要求对于能够吸引劳动者参加社会主义劳动的具体分配形式和制度，"必须经常注意实际经验，加以收集和研究。"❸事实上，这一工作，从1918年

---

❶ 《马克思恩格斯全集》第23卷，第95页。
❷ 《马克思恩格斯选集》1995年版第4卷，第691页。
❸ 《列宁全集》2版第41卷，第277页。

春天就开始了。到新经济政策时期,由于有了更多的成功和失败的经验作为借鉴,就能创造出更多样更灵活的分配形式和制度,大大突破了原来排斥商品、市场关系所设想的单调形式。这些形式有:

(1)计时工资。战时共产主义时期除了对少数专家有所优待外,其他的工资趋于拉平。实行新经济政策之后,主要是扩大级差等级,目的在于吸收更多的技术人员和熟练工人返回工业。例如,有许多工程师、医生当了马夫、手工业者、农民等,不少人不愿意再从事工作。1922年实行了17级工资制,最低和最高之间的比例为1∶8,9级以上基本上属于技术人员。这个政策对于提高工业的技术水平、推动生产,起了不小的作用。

(2)计件工资。1918年春天,列宁在提出采用泰罗制时,就要求实行计件工资制(十月革命后曾取消计件工资制,为计时工资制所取代)。❶ 在战时共产主义时期,不少企业名义上还有计件工资制,但由于实行定量供应,实际意义并不很大。进入新经济政策时期,取消了对计件工资的限制,扩大了它的适用范围。1921年9月全俄工会召开的第二次工资会议指出:对劳动者实行个人鼓励的最有效的形式是无限制的计件工资制,凡规定有定量定额的国营企业,均应实行。1923年开始大幅度增加,1925年达到全部工业人数的61%。当时强调,搞好计件工资的关键是制定合理的劳动定额和质量标准,加强质量管理。因此,计件工资一般都比计时工资能更好地贯彻多劳多得的原则,有利于降低劳动消耗,提高劳动生产率。当时的布哈林曾经论述这个问题。他说:在战时共产主义时期"就在最大的工业内我们也出现了由于对工人利益注意不够而产生的不良现象。如果我们没有计件工资之类的制度,我们就堵死了私人的个人主义刺激因素,甚至堵死了在工人阶级中也有的这种刺激因素。当我们转而采用了计件

---

❶ 参见《列宁全集》2版第34卷,第170页。

工资制度和其他报酬形式时,我们就以这把钥匙甚至把工人阶级成员的个人利益的因素也打开了,使之促进了经济的发展。"❶

(3)奖励制(包括实物奖和奖金)。列宁在1918年4月就提出过实行奖金制的想法。战时共产主义时期也没有完全中断这个制度,实行的是实物奖,缺点是与经济效益缺乏直接联系。到新经济政策时期才系统地推广奖励制。这种作为工资补充形式的奖励制,也是列宁在扬弃了旧有形式的基础上的一种创造。1921年5月,列宁指出:实物奖"在社会主义建设中这是一项有极重要意义的制度"。他要求把奖励制系统化,并逐步把奖品变为工资准备金,不仅要发给劳动者个人,也发给企业集体❷,例如奖励按商业化原则办得出色的企业。1922年以后,列宁强调联系生产和经营效益发放奖金。实物奖越来越少。他在为俄共(布)中央政治局起草的关于《新经济政策的指示》中说:"政治局坚决要求让负责人员中有尽可能多的办事迅速、提高了产量和扩大了国内外贸易额的人受到奖励。这一要求首先是对对外贸易人民委员部提出的,其次是对国家银行(特别是它的贸易部)、中央消费合作总社和最高国民经济委员会提出的。"❸他把奖励制看作克服官僚主义的一项措施。奖金的数量,应根据营业额、利润收入、节约开支和精简机构的情况确定。❹1922年4月,列宁提出人民委员会副主席必须研究:"刻不容缓的是实行奖励制度,根据对外贸易人民委员部、合作社以及其他贸易机关的交易额和利润额来奖励苏维埃职员。必须系统地研究并拟定措施,把奖励制度推广到全体苏维埃职员的全部报酬中去。"在实行奖励制的

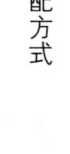

---

❶ 《论新经济政策和我们的任务》(《布尔什维克》1925年8—10期)。

❷ 《列宁全集》2版第41卷,第277—278页。

❸ 《列宁全集》2版第42卷,第380页。

❹ 《列宁全集》2版第52卷,第440页。

过程中出现过一些问题，托姆斯基等人主张取消这个制度，列宁批驳说："托姆斯基同志关于奖励制度的意见，我认为是不正确的。照托姆斯基同志的说法，工会奖励制度已蜕化成'对国家的掠夺'，其实工会奖励制度的失败，应当促使我们更加坚定地研究和改进实行奖励制度的方法，而决不是放弃奖励制度。"❶后来，在俄共（布）第十三次代表会议的决议中还提出："禁止滥发奖金，这种奖金必须经工会同意从纯利润中拨出，而且只发给个别特别勤恳的有功的工作人员。"❷

（4）提成制或分红制。这是列宁参照资本主义企业分红的办法（按股金分配利润）所创造的一种用于按劳分配的形式。既不同于计时工资，也不同于计件工资，又区别于奖金，是根据实际经济效益按比例分配。1921年10月，列宁曾指示，为了搞活对外贸易和巩固对外贸易垄断制，对小额采购员，经理人和代办人的工作"应按比例提成"。❸1922年2月，又提出对国家银行贸易部中的商业检查员等采取"分成制"，❹1922年3月3日，列宁针对外贸工作存在的官僚主义和拖拉作风，建议："我们可以对我们的官吏改行分成制：做成一笔交易，给你一定的提成（按百分比）；不干事就去坐牢。"❺3月7日，列宁向中央消费合作总社管理委员会主席列·米·亨楚提出："您是否按照合作社工作人员完成的贸易额以及降低机构开支的百分比方面取得的成绩来决定他们的报酬？"❻列宁建议，对莫斯科、彼得格勒与经济工作有关的所有职员"改行按营业额和利润分成的制度，如有亏损、办事不力和失职等情况，应予严惩，对贸易方面的质询

❶ 《列宁全集》2版第43卷，第149、181页。
❷ 《苏共决议汇编》第2分册，第388页。
❸ 《列宁全集》2版第51卷，第532页。
❹ 《列宁全集》2版第52卷，第289—290页。
❺ 《列宁全集》2版第42卷，第462页。
❻ 《列宁全集》2版第52卷，第341页。

必须在 3~6 小时内作出答复，违者至少监禁五年。"❶ 为了贯彻列宁的这一思想，1924 年 6 月 17 日人民委员会决定，允许国营工业、合作社工业及商业企业中的职员根据专门协议以纯利润或企业流动额按百分比提成的方式支付劳动报酬，以利于企业的经营。❷ 这种分红制或提成制，实际上是浮动工资的一种形式。

（5）"集体供应制"与小组承包制。所谓集体供应制即是企业同国家订立合同，国家按企业的生产情况供应企业粮食，取消按个人卡片配给粮食，而且一律包括在工人的工资之内。其意义是把劳动报酬（消费品的供应）与生产的情况直接联系起来，同时缩减由国家供应的企业。按照列宁的说法，"这种将要实行的制度就是：对某一确实开工的企业，根据它生产的多少而给它一定数量的粮食。"他认为这是从配给制向另一制度的转变，肯定这种办法是很好的。❸1921 年 6 月 18 日劳动国防委员会发布了《关于某些国营企业的职工实行集体供应制》的决议，接着苏维埃国家机关也实行了，列宁专门为职员的集体供应制起草了补充意见。但在没有实行经济核算制以前，集体供应制不好推行，它和企业实行商业原则有直接联系。1922 年秋季以后，在逐步实行经济核算的基础上得到广泛推广，到 1925 年实行这种制度的企业职工占职工总数的 92.7%。这实际上是一种企业承包制，企业和国家按合同承担一定的任务，国家按其生产情况拨给企业经费和物资。不仅如此，企业下边还有承包小组，承包企业的一定生产任务，按照完成任务的情况付给报酬。

当时，工资采取什么形式是由企业自己确定的，国家只掌握工资率。为了确保工人的生活，国家确定最低工资标准；为了确保工人的实际工资水平不下降，还按物价上涨情况发给"特别

---

❶ 《列宁全集》2版第42卷，第458页。
❷ 苏联《法令汇编》俄文版1924年第75期，第760页。
❸ 《列宁全集》2版第41卷，第310页。

津贴"。

对于企业领导人的工资待遇,也采取了与企业经济状况直接联系的制度。如俄共(布)十二大关于工业的决议规定:"企业领导者的报酬,应该决定于收支平衡表,正像工人的工资应决定于产量一样。"厂长必须关注提高劳动生产率、降低成本、增加国家的收入,"对他的最好的鉴定是企业的盈余。"对于没有完成任务的厂长要给以处分,在没有事实证明他能继续胜任之前,"不得再担任同样的或更高的工作"。❶ 这种制度,把企业领导的个人利益与企业的经营状况直接联系起来,有利于促进他们尽心尽责地工作,积极钻研科学技术和管理业务,切实提高经济效益。

总之,以上这些机动灵活、多式多样的计酬形式,有利于各类不同企业、不同工种根据实际情况贯彻按劳分配原则,体现物质利益与责任密切联系的精神,大大促进了生产的发展和经营的改善。这在实践上已经开始沟通了按劳分配与商品经济的关系。

二、理论的引申:开始触及按劳分配和商品关系的内在联系

新经济政策时期,通过商品货币关系在市场上实现消费资料的分配,在许多方面事实上就把按劳分配与商品流通联系起来。列宁正是在这个基础上对直接分配模式作了初步思考。

1921年春天,列宁在给布哈林的便条中,分析了无产阶级专政条件下商品生产(包括运送)的公有制基础之后,写道:

"无产阶级国家政权怎样处理这些商品储备?

把它们卖给

(α)工人和职员以换取货币,或者不是货币而是换取他们的劳动。

---

❶ 《苏共决议汇编》第2分册,第271、272页。

(β)农民**以换取粮食**。"

接着，讲了通过合作社和代售人卖给他们❶。这里的（α），就是讲工人和职员消费资料的分配要通过商品交换来实现。换句话说，工人和职员在工厂、机关等获得的是货币，然后拿货币到商业企业购买消费资料。这和马克思讲的从社会库存中领取就大不一样了，也改变他在1920年所说的"不经过市场而供社会消费的产品"的定义❷的提法。只是那时由于实物工资的比重还比较大，因此尚且存在"没有货币报偿的劳动"，以后很快改变了。

随着货币工资的增加和企业采取商业原则，逐步扩大了收费的范围直到全部收费。在战时共产主义时期对职工实行生活服务项目（交通、住房、邮电、报纸等）免费制。1921年7月9日开始实行水路和铁路运输收费；7月18日实行邮递收费；8月5日起实行商品（包括食品）收费；8月25日规定了市政公用事业收费的办法；11月28日批准了报纸收费的法令，等等。列宁曾在1921年8月27日指示"小人民委员会"："全面考虑（并制定相应法令）如何使收费制同工人的工资以至整个生活水平相适应（规定工人可以免交，或诸如此类的措施；收费的期限和条件等）。"❸这时，列宁已经提出收费制与工资制如何适应的问题。尽管在执行过程中由于通货贬值，有时工人有些意见，当时采取了一些弥补措施（"商品卢布"补贴等），但是按劳动的质量、数量付酬和以现金付酬代替实物工资这两个并行的政策已经肯定下来，"实行按生产率用粮食和现金支付劳动报酬的新规定。"❹1922年列宁提出依靠商业来供应，使商业经济完全适合

---

❶ 《列宁全集》2版第50卷，第205—206页。
❷ 《列宁全集》2版第60卷，第308页。
❸ 《列宁全集》2版第42卷，第119页。
❹ 《列宁全集》2版第51卷，第424页。

社会主义建设的需要,就把劳动报酬的支付形式和市场的供应形式统一起来了。

现在看来,尽管列宁当时还未来得及系统论述,有些措施在实践中是被迫采取的,有些认识处于萌芽状态,但他的思路已经明晰。我们可以引申理解,他在这方面的实践和理论确有重大的意义。

(1)它回答了货币是否一定要转化为私人资本的问题(恩格斯曾特别讲到货币的积累会助长私人积累,以至导致"公社"解体❶),肯定了绝不会由于货币作为劳动报酬的支付手段而转化为私人资本。因为这里的基础是公有制,而不是私有制,而且职工个人无须购买生产资料,更不允许剥削别人。列宁强调保证消费品交易自由,使得职工和农民通过市场满足消费需求。在这样的条件下,货币不可能变成资本。加上其他措施(银行的作用、社会救济、法律规定等),也不允许产生一个以经营货币资本为生的剥削者阶层。

(2)它告诉我们在生产力没有达到高度发展的条件下轻易地采取直接分配的形式;很容易把按劳分配变成平均主义分配即低标准的"按需分配"。因为实物分配限制人们的消费,不像"万能的"货币那样便于按自己的意志自由选购、集中使用或互相调剂等,也便于在分工越来越发达的条件下实行全国以至全世界范围的交换。事实上,按劳分配的本身是要求差别、承认差别、承认个人的"天然特权",一些人由劳动情况不同和经济负担不同会使富裕程度有所差别。只有便于实行自由消费的货币关系,才能更好地体现这种差别。使用货币对于活跃经济、促进交换、刺激生产有好处,对于满足群众的需要也有好处,因此受到群众的欢迎。从战时共产主义到新经济政策时期实物工资和货币工资消长的历史过程说明了这一点(见下表):

---

❶ 参见《马克思恩格斯选集》1995年版第3卷,第544—545页。

年度	1917	1918	1919	1920	1921	1922	1923	1924
货币工资占比（%）	100	72.1	32.4	12.8	6.8	83.7	91.1	100
实物工资占比（%）	0	27.9	69.6	87.2	93.2	26.3	8.9	0

这个"之"字形的发展过程说明，长期采取实物工资形式是行不通的，货币工资是不可逆转的发展趋势。

（3）它把社会主义条件下的劳动报酬纳入整个商品经济运动体系，实质上是揭示了按劳分配和商品货币关系之间的内在的联系。应当说，马克思已经涉及交换关系，尽管他不承认社会主义条件下存在商品生产和货币交换。他在《哥达纲领批判》中，有这样的表述："显然，这里（指按劳分配——引者）通行的是调节商品交换（就它是等价的交换而言）的同一原则。内容和形式都改变了，因为在改变了的情况下，除了自己的劳动，谁都不能提供其他任何东西，另一方面，除了个人的消费资料，没有任何东西可以转为个人的财产。至于消费资料在各个生产者中间的分配，那么这里通行的是商品等价物的交换中通行的同一原则，即一种形式的一定量劳动同另一种形式的同量劳动相交换。"❶

等量劳动相交换和等价商品相交换，都是以尊重劳动者的劳动利益为基础，二者为什么不可以统一起来、联系起来呢？列宁实际上突破了二者不能统一和联系的观念，提出把国家的商品卖给职工以换取其货币报酬和收费制要与工资制相适应的观点，实质上是把"等量劳动相交换"扩大到全社会范围，中间加上货币这个媒介物。就是说，劳动者不是拿着"专项"的"劳动券"（如"戏票"那样）到"社会库存"中"领取"，而是凭着"万能的"货币到市场上去自由地购买，并且以基本上稳定的物价为前提（物价上涨给以补贴）。这就和恩格斯所说的不同，又要

---

❶ 《马克思恩格斯选集》1995年版第3卷，第304页。

请"著名的'价值'插手其间"了。这是否违背"等量劳动相交换"的原则？一点也不违反，因为决定价值的是社会必要劳动量，所谓"等量劳动"也只能是指社会劳动，而不是指个别劳动。付给劳动者的劳动报酬以价值的形式出现，基本上与劳动者的劳动相当，所以仍然符合"等量"的原则。这样看来，按劳分配和商品交换不是互相排斥，而是互为因果，互相制约的。其中有三个东西把二者联接和统一起来：以价值为交换尺度，以货币为支付手段，以消费资料的个人所有权（个人物质利益）为基础。

（4）我们可以从中领悟，按劳分配与商品交换的统一能够保证提高社会经济效益。列宁把劳动者的劳动报酬同企业的经济核算制联系起来，同企业的营业额、利润额联系起来，创造了计件工资、分红制、奖金等形式，也就突破了马克思以时间作为计酬标准的规定，而是以凝固于商品之中并得到市场承认的社会必要劳动量，即以价值作为计酬的尺度。这就解决了劳动者只关心劳动时间而不关心劳动效果、只关心生产产品而不关心价值实现的问题，把劳动者个人利益和企业的利益、国家的利益统一起来，避免因盲目生产造成损失，有利于增加生产、降低消耗、改进技术、提高劳动生产率和加速资金周转，有利于在计划指导下保证社会再生产的良性循环，也有利于克服企业之间、职工之间的平均主义。

这里还要说明一下，列宁在新经济政策时期把货币作为劳动报酬的支付形式，并不等于说他把货币当作所谓"劳动券"，他既没有这类表述，也无这个意思。他仍然把货币看作是一般流通手段和等价物，而且明确规定实行金本位制。可见，列宁在实践中发展了马克思和恩格斯的思想，没有拘泥于前人的个别结论和个别名词而裹足不前。

（5）它启示人们，要按社会主义原则正确处理个人与整体的利益关系。在存在着商品市场关系的条件下，各种利益关系比较复杂。如何实行合理的分配，列宁反对两种倾向：一是过分强调个人利益，不顾生产的增长和社会的需要，片面追求个人多得；二是过分强调企业和国家的利益，忽视劳动者个人利益。他认为，要处理好各种利益关系，必须作好三个方面的工作：在经济上注意处理好提高工资与发展生产的关系；在思想上进行恰如其分的共产主义教育；在文化上提高群众的文化水平。为此，他曾经写过许多文件和指示，比较集中的是他为俄共（布）十一大起草的《工会在新经济政策条件下的作用和任务》的决议以及《新经济政策和政治教育局的任务》等。

列宁指出："经济建设的一切成就都会改善工人和农民的生活状况。"❶ 在经济建设中必须处理好发展生产和改善人民生活的关系。职工工资的提高和生活的改善，不仅取决于本单位的生产状况，也要和整个国家的经济任务完成情况联系起来。他在为全俄苏维埃九大起草的经济工作指令中，明确指出当时国家的主要任务是增加能满足农民需要的产品，促进农业生产的提高，同时保证国防的需要。国家企业职工收入水平应当和工业成绩的大小相联系。❷ 俄共（布）十一大根据列宁的草稿所作的决议中指出："当工人阶级的个别部分同工人国家的个别机关发生纠纷和冲突时，工会的任务就是要尽快地圆满地解决冲突，使工会所代表的工人获得最大限度的利益，但要无损于其他部分和无害于工人国家及其整个经济发展，因为只有这种发展，才能为工人阶级的物质福利和精神福利打下基础。"❸ 只顾工人阶级局部的和个人的利益而损害整个国家和其他部分的工人的利益，到头来也要损害其自身的根本利益。同时，也要防止分配中忽视工人利益的倾向，克服脱离群众的官僚主义作风，应当善于"关心满足群众

---

❶ 《列宁全集》2版第41卷，第271页。

❷ 参见《列宁全集》2版第42卷，第360页。

❸ 《苏共决议汇编》第2分册，第156—157页。

的要求。"列宁特别要求工会维护劳动者的利益，促进其物质生活水平的提高，防止由于脱离群众的毛病导致大灾难。他强调，新制度必须在发展生产力基础上保证全体人民群众的物质福利。这些论述，与《按商业原则办事》一文提要中所列的公式联系起来看，实际上是要正确处理 C、V、M 之间的关系，处理好国家和企业的积累与职工个人消费的关系，做到各得其所，防止片面性。

　　统论全章，可以看出，列宁是在社会主义建设初期的商品—市场关系中对分配的具体原则和方式方法有重大的突破，以"同个人利益的结合和个人负责的原则"把社会主义分配与交换关系联接起来，初步沟通了按劳分配与商品经济的相互关系。当然，那时理论认识和实践经验都只是初步的，有些方面还是不自觉的。我们应当在社会主义市场经济的实践中进一步完善、发展。

第四篇 4

对外经济

发达市场经济一个极其重要的特点,表现为世界经济的整体性。在形成国内市场的同时,又形成竞争激烈的世界市场。列宁对商品经济的研究,包括了他对世界经济和国家对外经济理论的考察,其内容异常丰富。特别是苏俄对外经济政策与理论的探索,对我们今天的对外开放有着极其宝贵的借鉴意义。

第十五章　关于世界经济与世界市场的阐述

我们强调世界经济的意义，并且是有意这样做的。

我们并不是孤零零地生存在世界上。我们是作为世界经济的一员，生存在资本主义国家的体系中。

经济和政治发展的不平衡是资本主义的绝对规律。

——列宁

世界经济是在发达市场经济基础上形成的。列宁对世界经济和世界市场的分析，是他的商品经济理论体系的一个组成部分，也是他在经济理论方面的重要建树。要把握市场经济的规律，必须研究世界经济和世界市场。列宁在这方面的论述，同样是一份极宝贵的理论遗产。

第一节　世界经济范畴

列宁在谈到租让制时指出，"我们强调世界经济的意义。"❶ 在有关帝国主义论述、苏俄的对外经济关系和国际无产阶级及殖民地半殖民地人民的斗争中，他多次使用了"世界经济"的概

---

❶ 《列宁全集》2版第40卷，第71页。

念,实质上它是发达市场经济的一个范畴。

一、"世界经济"的提出

对"世界经济"概念的论述,列宁自从事经济学研究就开始了,直到全面分析发达资本主义商品经济(即帝国主义)之后,才使之完备起来。

早在19世纪末,他在研究俄国资本主义国内市场形成时,就注意了同国际市场的联系,进而论述了世界经济体系。他在反驳民粹派以所谓寻求国外市场"证明资本主义无力维持下去"的谬论时指出:"完全相反。这种需要明显地表明资本主义进步的历史作用,资本主义破坏了旧时经济体系的孤立和闭关自守的状态(因而也破坏了精神生活和政治生活的狭隘性),把世界上所有的国家联结成统一的经济整体。"又说:"资本主义如果不经常扩大其统治范围,如果不开发新的地方并把非资本主义的古老国家卷入世界经济的漩涡,它就不能存在与发展。"❶当时的世界经济也还是刚刚形成,帝国主义时代的许多特征仅初见端倪。列宁的论述还只作为资本主义商品经济的一般现象,基本未超出马克思恩格斯的分析,其天才的敏感恰好在于突出它的整体性上。

真正深入的分析,乃在于著述《帝国主义论》前后。1914年5月,他在论述世界市场的基础和农民经济对它的依赖时,说道:"在商品生产占统治地位的社会里,农业中的一切小业主必然日益被卷入**交换**,并且依赖**市场**,不仅依赖当地的和本国的市场,而且依赖世界**市场**。世界经济的每一天的发展,新建的每一俄里铁路,每一个刚刚离开农村到城市或者到工厂'谋生'的劳动者,每一部新的农业机器,总之,可以说世界经济生活每前进一步都把最偏僻的地方卷入了交换。日常看到的亿万种现象证明,

---

❶ 《列宁全集》2版第3卷,第50、547页。

这种交换经济，商品生产，资本主义正毫无例外地在世界各个角落和一切国家发展着。""显然，处于这种世界经济环境里的农民就是**商品生产者**。"❶

1912年，他进一步搜集关于世界经济及发展趋势的材料（如摘阅资产阶级经济学家卡尔韦尔的《世界经济导论》、哈尔姆斯的《世界经济》一书的有关资料）。在为《帝国主义论》所写的提纲中，曾设想专门写一部分"世界经济的对比情况"❷。1915年1月，他专门为布哈林所著《世界经济和帝国主义》一书写了序言，指出："它考察了世界经济中有关帝国主义的基本事实，它把帝国主义看成一个整体，看成最高度发达的资本主义的一定的发展阶段。"同时，批判了考茨基的所谓超帝国主义论，即认为世界经济的趋势将由几个金融巨头联合成一个"统一的世界托拉斯"，从而消除帝国主义之间日趋尖锐的矛盾。他在1916年1—2月间所写的名著《帝国主义是资本主义的最高阶段》一书，对19世纪末20世纪初以来的世界经济作了系统的分析，用他自己的话说："本书的主要任务，无论过去或现在，都是根据无可争辩的资产阶级统计的综合材料和各国资产阶级学者的自白，来说明20世纪初期，即第一次世界帝国主义大战前夜，全世界资本主义经济在其国际相互关系上的**总的情况**。"❸

十月革命后，特别是在提出实行租让制时，他反复使用"世界经济"的概念。他所起草的苏俄租让法令（1920年11月23日），"阐明了关于世界经济利益的思想。恢复俄国生产力以及整个世界经济的过程，可以通过如下途径而大大加速……世界经济需要恢复"，他讲解这个法令时，特别指出："我们强调世界经济的意义，并且是有意这样做的。这无疑是正确的观点。要恢

---

❶ 《列宁全集》2版第25卷，第161页。

❷ 见《列宁全集》2版第54卷，第247页。

❸ 《列宁全集》2版第27卷，第141、325页。

复世界经济,就必须利用俄国的原料。""我们经常说,我们要把全世界建立在合理的经济基础上。这无疑是正确的。毫无疑问,如果很好地采用现代化的机器,那么依靠科学的帮助便可以迅速地恢复整个世界经济。"❶

所谓世界经济的概念,就是突出国际经济联系的紧密性和整体性的特征。在同外国记者谈话中,列宁作了生动的论述。他说:"俄国目前的经济破坏只是世界经济破坏的一部分。经济问题,如果不是从国际的角度,而是从个别国家或一些国家的角度来考察,那是不可能解决的。欧洲没有俄国,便不能恢复元气。而欧洲衰弱了,美国的情况就会危急起来。"❷ 这就是客观形成的互相依赖性,不以社会制度和意识形态为转移。

在许多文章和讲演中,他多次分析了世界经济的结构特点,阐述了苏俄在世界经济中的地位及对世界经济的影响。例如,他在1921年7月向共产国际作《关于俄共策略》的报告中说:"我们并不是孤零零地生存在世界上。我们是作为世界经济的一员,生存在资本主义国家的体系中。"❸

要全面地理解,列宁关于世界经济的论述是发达商品经济理论的组成部分。世界经济的形成,是交换关系高度发达的表现和结果,是国际市场的发达程度的总体表现,也是国际政治的基础。对于首先建立社会主义的国家来说,制定对外政治、经济政策都必须以此作为立足点,而且这也会影响国内的经济生活和政治生活。

二、世界经济的特点(同次发达的资本主义商品经济比较)

大家知道,资本主义商品经济自它确立以后就是世界性的。

---

❶ 《列宁全集》2版第40卷,第81、71、72页。
❷ 《列宁全集》2版第38卷,第166页。
❸ 《列宁全集》2版第42卷,第51页。

马克思在《共产党宣言》中作过这样的描述:"资产阶级,由于开拓了世界市场,使一切国家的生产和消费都成为世界性的了。""资产阶级,由于一切生产工具的迅速改进;由于交通的极其便利,把一切民族甚至最野蛮的民族都卷到文明中来了。它的商品的低廉价格,是它用来摧毁一切万里长城、征服野蛮人最顽强的仇外心理的重炮。它迫使一切民族——如果它们不想灭亡的话——采用资产阶级的生产方式;它迫使它们在自己那里推行所谓的文明,即变成资产者。一句话,它按照自己的面貌为自己创造出一个世界。"❶ 就是说,那个时候已经有了世界市场,已经使世界各国、各地联系起来,生产社会化扩展到整个世界。

但是,那时候还没有形成一体化,还是处在分散占领、分散倾销、抢夺殖民地的时代,总体上还没有形成世界经济。

到了发达资本主义商品经济时代,商品经济的发达程度使世界经济成了一体化的体系,各个国家和地区紧密地联系在一起,不可孤立地分开,一方面竞争和矛盾趋于激烈,一方面互相依赖性进一步加强,达到牵一发动全身的状态。

两个时代相比较,虽然都是以商品经济为基础,但是,量变引起了质变。按照列宁的论述,它有以下特点:

第一,形成世界性的资本统治。"资本已经变成国际的和垄断的资本。"❷ 突出表现在资本输出起主导作用。"对于自由竞争占完全统治地位的旧资本主义来说,典型的是**商品输出**。对垄断占统治地位的最新资本主义来说,典型的则是**资本**输出。"❸ 这意味着资本作为国际联系的主要纽带取代了实物形态的商品交换纽带的统治地位,使得国际经济更紧密、更机动,促进国际分

---

❶ 《马克思恩格斯选集》1995年版第1卷,第276页。
❷ 《列宁全集》2版第26卷,第365页。
❸ 《列宁全集》2版第27卷,第376页。

工的一体化。

第二，便于迅速集中的金融资本支配着各个国家和地区，在世界范围内融通。金融资本统治世界，以它的特殊优势形成世界经济生活的轴心。"金融资本的密网可以说确实是布满了全世界""它布满全国，集中所有的资本和货币收入，把成千上万分散的经济变成一个统一的全国性的资本主义经济，并进而变成世界性的资本主义经济。"❶它的周转比商品流通的周转要快得多、联系紧密得多。

第三，"这是全世界资本和生产集中的一个新的、比过去高得多的阶段。"❷"大规模的垄断代替了自由竞争。极少数资本家有时能把一些工业部门整个集中在自己手里；这些工业部门转到了往往是国际性的卡特尔、辛迪加、托拉斯等联合组织的手里。因此，垄断资本家不仅在个别国家内，而且在世界范围内，在金融方面、产权方面、部分地也在生产方面，控制了整个整个的工业部门。"❸如果说在旧资本主义时代主要是个别企业之间的竞争，那么在这时则主要是大集团之间的竞争，形成垄断组织之间高层次的竞争，包括争夺原料基地和势力范围的竞争。这样，就使得兼并、联合、"参与制"的过程在全世界范围内展开，以金融资本为支柱的跨国公司打破了国际界限，成为世界性的经济组织。

第四，生产力高度发展和社会化，使各个国家和地区全部纳入了世界分工的系列。特别是交通和通信网络的密布，使得交通更加便利，信息极其快捷，从而改变了各国的经济空间，社会分工打破了国界，形成国际间的互相依赖关系。像列宁所说的那样，"要恢复世界经济，就必须利用俄国的原料。不利用俄国原

---

❶ 《列宁全集》2版第27卷，第380、349页。

❷ 《列宁全集》2版第27卷，第381页。

❸ 《列宁全集》2版第39卷，第206页。

料就不行，这样说在经济上是正确的。"❶ 后来又说："**资产阶级国家需要同俄国做生意**，因为它们知道，没有这种那种形式的经济联系，它们还会像以前那样继续垮下去"。❷ 同样，列宁也强调俄国离不开世界。当时，著名资产阶级经济学家英国的凯恩斯（当时著有《和约后的经济后果》一书）、美国金融巨头万德利普等提出现在原料太少，需要俄国。用我们现在的话说，就是资源短缺，需要世界各国各地互补。尤其是科学技术的飞速发展，进一步强化了世界范围内的互补性。

第五，经济、政治发展的不平衡性更为突出，有些发达国家带有跳跃式的发展，使得各国不断重新排位，各种经济势力和政治势力不断重新组合，各国之间的联合、对立交错发展，矛盾在高层次上以不断改变的形式展开，乃至爆发世界大战，同时也造成一些薄弱环节为革命人民所利用。列宁非常注意殖民地半殖民地和各种附属国的地位和作用，认为"东方已经最终加入了革命运动，最终卷入了全世界革命运动的总漩涡。"❸

归纳起来，发达市场经济的世界经济特征，突出地表现为两点："头足倒置"、统一和矛盾平行推进。

所谓"头足倒置"，就是把社会再生产的顺序颠倒过来，由生产决定流通、流通决定金融，变为金融支配流通，流通支配生产。正如列宁在《帝国主义论》中所说的那样："资本主义已经发展到这样的程度，商品生产虽然依旧'占统治地位'，依旧被看作全部经济的基础，但实际上已经被破坏了，大部分利润都被那些干金融勾当的'天才'拿去了。这种金融勾当和欺骗行为的基础是生产社会化，人类历尽艰辛所达到的生产社会化这一巨大进步，却造福于……投机者。"❹

---

❶ 《列宁全集》2版第40卷，第71—72页。

❷ 《列宁全集》2版第43卷，第3页。

❸ 《列宁全集》2版第43卷，第390页。

❹ 《列宁全集》2版第27卷，第342页。

所谓统一和矛盾平行推进，是说经济既走向一体化，又充满着矛盾，在高层次形成统一趋势和矛盾趋势相互作用的体系，发达市场经济的规律系列在世界范围内以错综复杂的形式越来越充分地表现出来。

三、"现在的世界经济仍然是资本主义经济"

由于经济政治发展不平衡规律的作用，资本主义世界出现了薄弱环节，社会主义首先在一国或数国取得胜利，改变了帝国主义的一统天下。但是，在世界范围内经济上占主导地位的还是资本主义发达市场经济。所以，列宁多次指出："目前整个国际形势的基础就是帝国主义的经济关系。"❶ "现在世界经济仍然是资本主义的经济。"❷ 对于世界经济的性质必须有个清醒的认识。虽然出了新制度的新国家，但还不能改变世界经济的社会性质，社会主义国家处在被资本主义经济包围之中。换句话说，发达的世界市场经济是在资本主义的基础上形成的，发达资本主义国家仍然占据优势地位。列宁在共产国际第二次代表大会上特地分析了当时的国际经济结构：总人口为17.5亿，其中12.5亿为殖民地半殖民地国家（占70%多），2.5亿为基本保持原来地位的国家（处于依赖地位），2.5亿为世界上富有的国家（不到15%）（列宁没有把拥有1.3亿人口的俄国变为社会主义国家包括进去）。"这些数字只是粗略地勾画出一幅世界经济的图景。""在世界人口这样划分的基础上，金融资本的剥削，资本主义垄断组织的剥削，加重了许多倍，是很自然的。"❸ 这种格局虽然在后来有过这样那样的变化，但至今没有从根本上改变世界经济的资本主义性质和主导地位。

---

❶《列宁全集》2版第39卷，第205页。
❷《列宁全集》2版第40卷，第81页。
❸《列宁全集》2版第39卷，第208页。

第二节　世界市场的新特征

同世界经济相联系的是世界市场，后者是前者的重要基础和突出表现。列宁当时对帝国主义特征的国际部分的分析，可以从中抽象出对世界市场特征的分析。

应当说，世界市场的形成早于统一的世界经济的形成。在资本主义最初开辟世界市场时，还称不上世界经济（或者说开始发育）。没有世界市场，资本主义就不可能发展起来。列宁说："由于商业的发展，由于商品交换的发展，分化出了一个新的阶级——资本家阶级。资本产生于中世纪末期，当时世界贸易因发现美洲而得到巨大的发展，贵金属的数量激增，金银成了交换手段，货币周转使得一些人能够掌握巨量财富……新阶级即资本代表者的力量发展起来。"❶ 列宁在深入分析俄国资本主义发展时指出："资本主义国家必须有国外市场……取决于下面几点：第一，资本主义只是超出国家界限的广阔发展的商品**流通**的结果。因此，没有对外贸易的资本主义国家是不能设想的，而且也没有这样的国家。"第二，受经济危机威胁的资本家必须"寻求国外市场""寻求促进输出的补助费和奖金等"。第三，它与前资本主义的生产规律不同，是生产方式的经常改造和生产规模的无限扩大，所以必须冲破地方和国界的限制，"每个资本主义生产部门的自然趋向使它必须'寻求国外市场'。"资本主义商品经济的发展，需要两个互补的市场，当然开始以国内市场为主，世界市场为辅，但是世界市场是不可缺少的，而且越来越占有重要地位（对很多国家占主导地位）。这是符合资本主义和商品经济发展规律的。"资本主义市场形成的过程表现在两方面：资本主义向深度发展，即资本主义农业与资本主义工业在现有的、一定

---

❶　《列宁全集》2版第37卷，第70页。

的、闭关自守的领土内的进一步发展；资本主义向广度发展，即资本主义统治范围扩展到新的领土。"❶

到了发达资本主义商品经济即帝国主义阶段，资本主义原有规律还起作用，但是量变引起质变，它又带来一些新的特征。用列宁的话概括就是："它已经不是从前正常时代的资本主义，因为它现在靠垄断世界市场来攫取百分之几百的利润。"❷ 它的新特征表现如下。

一、发展投资市场日益占据主导地位

资产阶级经济学家霍布森在其《帝国主义》一书中提出新老帝国主义的重大区别之一在于："**金融利益或投资利益统治着商业利益**。"又说："**帝国主义的实质是发展投资市场，而不是发展商业市场**。"列宁肯定了他的论点，强调了资本输出在形成金融资本的依附和联系的国际网中的作用。

"国内交换尤其是国际交换的发展，是资本主义的具有代表性的特征。"这种国际交换的蓬勃发展，曾经对世界生产力的发展起了巨大的推动作用。然而，到了19世纪末和20世纪初，情况就不同了。"和商品输出不同的资本输出具有特别重要的意义。"这时不只是将自己生产的商品输入世界各国，更要把"过剩的资本"输入别国，利用廉价劳动力办工业、设立公司，把那里的整个生产纳入了资本运转的体系。资本不仅支配着输出国的经济运行，而且支配着世界经济的运行。"在这些落后国家（输入国——引者）里，利润通常都是很高的，因为那里资本少，地价比较贱，工资低，原料也便宜。其所以有输出资本的可能，是因为许多落后的国家已经卷入世界资本主义的流转，主要的铁路线已经建成或已经开始兴建，发展工业的起码条件已有保证等。

---

❶ 《列宁全集》2版第3卷，第49、547页。
❷ 《列宁全集》2版第41卷，第17—18页。

其所以有输出资本的必要，是因为在少数国家中资本主义'已经过度成熟'，'有利可图的'投资场所已经不够了（在农业不发达和群众贫困的条件下）。"由此造成了如下变化："资本输出在那些输入资本的国家中对资本主义的发展发生影响，大大加速这种发展。因此，如果说资本输出会在某种程度上引起输出国发展上的一些停滞，那也一定会有扩大和加深资本主义在全世界的进一步发展作为补偿的。"❶

这种以资本联系和统治全世界的国际投资市场，按照列宁的论述，其手段有：

（1）**在国外进行生产投资**。此为资本输出的主要形式。由于国外有充分的资源，廉价的劳动力，可以比本国投资效益高，同时又能解决"资本过剩"问题。列宁列举了1862—1914年几个主要资本主义国家的国外投资发展情况后写道："由此可见，资本输出是在20世纪初期才大大发展起来的。在大战前夜，3个主要国家的国外投资已经达到1750亿~2000亿法郎。按5%的低利率计算，这批款额的收入一年可达80亿~100亿法郎。这就是帝国主义压迫和剥削世界上大多数民族和国家的坚实基础，这就是极少数最富国家的资本主义寄生性的坚实基础！"❷在客观上它促进了资金和其他生产要素在国际范围内的流动。这种流动，主要表现为经济发达国家向经济落后国家投资，但也有发达国家之间的相互投资，例如，当时的法国就在俄国有大量投资。

（2）**用租让、贷款等形式输出资本**。即国与国之间的租赁经营。不仅租赁企业，而且可以租赁一大块土地、城市等，来进行开发经营，有的利用租让的办法修筑铁路。在帝国主义条件下，这是发达资本主义国家剥削落后国家的一种方式。列宁称之

---

❶ 《列宁全集》2版第27卷，第401、377、378—379页。
❷ 《列宁全集》2版第27卷，第378页。

为"租让和收买"❶。贷款也是一种重要手段。

二、利用资本和商品的优势在国与国之间进行垄断竞争，建立瓜分势力范围的垄断同盟（集团化趋势）

列宁说："最新资本主义的基本特点是最大的企业家的垄断同盟的统治。""资本主义早已造成了世界市场。所以随着资本输出的增加，随着最大垄断同盟的国外联系、殖民地联系和'势力范围'的极力扩大，这些垄断同盟就'自然地'走向达成全世界性的协议，形成国际卡特尔。"1907年美国和德国的托拉斯缔结了瓜分世界的条约，消除了它们之间的竞争。但是，这两个强大的托拉斯分割世界的事实，当然并不排除对世界的重新分割。"在金融资本时代，私人垄断组织和国家垄断组织是交织在一起的，实际上这两种垄断组织都不过是最大的垄断者之间为瓜分世界而进行的帝国主义斗争中的一些环节而已。"这种以卡特尔的形式结成垄断同盟，也就是后来表现出来的集团化趋势。这种高层次的市场竞争和一定的联合，是资本运行国际化的一种必然采用的方式。正如列宁所说："资本家瓜分世界，并不是因为他们的心肠特别狠毒，而是因为集中已经达到这样的阶段，使他们不得不走上这条获取利润的道路；而且他们是'按资本''按实力'来瓜分世界的，在商品生产和资本主义制度下也不可能有其他的瓜分方法。"其具体办法之一就是建立保护关税的同盟。"卡特尔导致了一种新型的、独特的保护关税，它所保护的恰好是那些可供出口的物品。""最先走上卡特尔化道路的，是那些实行高额保护关税制的国家（德国和美国）"。❷

---

❶ 《列宁全集》2版第54卷，第195页。

❷ 《列宁全集》2版第27卷，第395、381、386、388、426、434页。

三、利用强权争夺和控制原料基地和投资市场

争夺和控制原料是帝国主义的基本特征之一。当所有的原料来源都被霸占起来的时候,资本主义国家间的矛盾和斗争会更加尖锐。"资本主义愈发达,原料愈感缺乏,竞争和追逐全世界原料产地的斗争愈尖锐,抢占殖民地的斗争也就愈激烈。""对于金融资本来说,不仅已经发现的原料产地,而且可能有原料的地方,都是有意义的,因为当代技术发展异常迅速,今天无用的土地,要是明天找到新的方法(为了这个目的,大银行可以配备工程师和农艺师等去进行专门的考察),要是投入大量资本,就会变成有用的土地。"因此,金融资本必然力图扩大经济领土,甚至一般领土的争夺和控制原料产地的斗争也日趋剧烈,采用各种手段来瓜分各种形式的殖民地和附属国。而千方百计地争夺那些形式上保持独立的半殖民地和依附国,则越来越成为新的趋势,以至"造成了许多**过渡的**国家依附形式",它们实际上"被金融和外交方面的依附关系的罗网缠绕着"❶(这种情形在第二次世界大战后成为新殖民主义形式)。这就是列宁所说的最大的资本主义大国将世界瓜分完毕,需要采取新的手段重新瓜分和争夺。在客观上形成世界范围内的系列化经营。

四、规模巨大的高层次竞争日益激烈,使世界市场显得狭小

发达资本主义商品经济以技术的迅速发展和经营形式的不断改进为基础,一轮接着一轮的世界市场竞争趋于白热化,周期性的世界危机加剧了争夺市场的斗争,使得竞争方式方法花样翻新。如果说在20世纪以前世界市场尚有一些空白地带,那么进入20世纪后全球市场的空间似乎越来越狭小。"它们在世界市

---

❶ 《列宁全集》2版第27卷,第395、396、398页。

场上日趋尖锐的相互竞争，使产量不断增加的商品愈来愈难找到销路。在相当尖锐的工业危机（接着危机而来的是相当长的工业停滞时期）中表现出来的生产过剩，是资产阶级社会中生产力发展的必然后果。"❶ 为了争夺市场，资本主义经济不断调整，设法打开市场，采取许多新的销售方式。"金融资本造成了垄断组织的时代。而垄断组织则到处实行垄断的原则：利用'联系'来订立有利的契约，以代替开放的市场上的竞争。最常见的是，规定拿一部分贷款来购买债权国的产品，尤其是军用品、轮船等，作为贷款的条件。"这样，"资本输出成了鼓励商品输出的手段。在这种情况下，特别大的企业之间订立的契约，……往往'接近于收买'"。❷ 商品和资本输出的日益扩大渗透导致帝国主义对经济落后国家控制权的争夺更为激烈。当然，这种新的竞争和危机，在一定时期一定限度内又会推动兼并、集约化经营和技术的提高，然后再开始另一轮的竞争。如此循环往复，就使得社会化的生产力和市场经济，在波动中进一步向深度和广度扩展，而同时各种矛盾也在加剧，这就带来世界市场严重的不稳定性，乃至为争夺市场爆发战争，帝国主义成为战争的根源。

对于世界市场的新特征，还可用列宁的话进一步概括为两点："（1）几个帝国主义互相竞争；（2）金融家比商人占优势。"❸ 几个大国成为争夺的主角，金融资本的竞争支配着商品市场的竞争。

第三节　经济政治发展的不平衡规律

上面我们阐释列宁的世界经济理论时曾经谈到一体化趋势

---

❶《列宁全集》2版第36卷，第78页。
❷《列宁全集》2版第27卷，第379页。
❸《列宁全集》2版第27卷，第404页。

和矛盾趋势的平行推进,其重要的原因在于不平衡的发展规律所致。列宁在《论欧洲联邦口号》一文里提出一个著名的论点:"经济和政治发展的不平衡是资本主义的绝对规律。"❶ 接着又在《无产阶级革命的军事纲领》一文中指出:"资本主义的发展在各个国家是极不平衡的。而且在商品生产下也只能是这样。"❷ 可以说,它也是商品经济特别是发达商品经济的发展规律。对这个规律的认识和掌握,不仅对研究世界经济、世界形势和世界革命运动的发展有重要作用,而且也适用于国内各区域之间的生产力发展布局和市场经济扩展的研究。

一、发展不平衡规律的表现

应当说,发展不平衡是商品经济扩展的普遍规律。即使在资本主义商品经济的次发达阶段,发展不平衡性都十分明显。到了发达商品经济阶段就更加突出。这种不平衡表现在各个方面,"在资本主义制度下,各个企业、各个工业部门和各个国家的发展必然是不平衡的,跳跃式的。"这种发展的不平衡,"是这种生产方式的根本的、必然的条件和前提"之一。❸ 尤其是世界经济的形成和发展,这种不平衡性更带有跳跃性。可概括为以下几点:

(一)在发达资本主义国家之间,后起的国家赶上或超过老牌的国家

在20世纪以前,资本主义世界基本是由英国主宰的,它的工业化进程最早,拥有的殖民地最多,资本主义商品经济最发达,称之为最文明的国家。而在19世纪末20世纪初特别是第一次世界大战中,英国的霸主地位迅速下降,美国、德国赶上来

---

❶ 《列宁全集》2版第26卷,第367页。

❷ 《列宁全集》2版第28卷,第88页。

❸ 《列宁全集》2版第27卷,第376—377页。

了,后来美国又超过了德国。"近几十年来,在大工业、交换和金融资本的压力下,世界的均等化,即各国经济条件与生活条件的平均化,虽然进展得很快,但差别还是不小的。在上述6个国家中,我们看到,一方面有年轻的进步非常快的资本主义国家(美、德、日),另一方面有近来进步比前面几国慢得多的老的资本主义国家(法、英),另外还有一个经济上最落后的国家(俄国),这个国家的现代资本帝国主义可以说是被前资本主义关系的密网紧紧缠绕着。"❶而它们所占有的殖民地半殖民地又是很不均衡的,到1914年,英、俄、法三国占92%,其中英国占52%,德、美、日只占8%。这种不平衡,势必造成各大资本主义国家在全世界范围内势力范围的再分配,乃至用战争重新瓜分世界。

(二)在不同的国家采取了不同的经济手段,运用自己的优势,施展自己的实力,来争得在世界上的地位

"起先,英国早于别国成为资本主义国家,到19世纪中叶,英国实行自由贸易,力图成为'世界工厂',由它供给各国成品,这些国家则供给它原料作为交换。但是英国的这种垄断,在19世纪最后的25年已经被打破了,因为当时有许多国家用'保护'关税来自卫,发展成为独立的资本主义国家。临近20世纪时,我们看到已经形成了另一种垄断:第一,所有发达的资本主义国家都有了资本家的垄断同盟;第二,少数积累了巨额资本的最富的国家处于垄断地位。在先进的国家里出现了大量的'过剩资本'。"❷因此,它们之间就必然展开争夺投资场所的斗争,都想以自己的资本输出超过对方,并占领对方的投资场所。

(三)生产力发展和文明程度的发展呈现极大的不平衡性

在西方资本主义现代生产力高度发展的同时,在亚洲、非

---

❶ 《列宁全集》2版第27卷,第394页。

❷ 《列宁全集》2版第27卷,第376页。

洲、拉丁美洲又存在着经济十分落后的广大地区，包括东方古代文明的国家远远落后于后起的资本主义国家，还有相当大的地区由于帝国主义的剥削一直陷于十分落后的状态（非洲就是一个典型）。

（四）在帝国主义时代，不发达国家出现许多种过渡形式

金融资本和同它相适应的国际政策，即列强为了在组织上和政治上分割世界而斗争的国际政策，造成了许多过渡的国家依附形式。"这个时代的典型的国家形式不仅有两大类国家，即殖民地占有国和殖民地，而且有各种形式的附属国，它们在政治上、形式上是独立的，实际上却被金融和外交方面的依附关系的罗网缠绕着。上面我们已经说过一种形式——半殖民地。而阿根廷这样的国家则是另一种形式的典型。"❶ 总起来说，受剥削的国家有三类形式：殖民地、半殖民地和"商品殖民地"（如阿根廷）。

（五）由于经济实力和经济发展速度的不同，必然造成政治和军事力量的不平衡

经济实力不同，经济发展速度不同，又会造成各个经济强国之间为重新瓜分世界，重新分配势力范围而引起的政治和军事力量的不平衡，一些后起的经济强国，使自己的军事力量迅速膨胀起来，依靠武力同老牌的帝国主义国家争夺殖民地和势力范围，从而导致局部战争和世界大战。

二、发展不平衡的原因

列宁从各个侧面分析了造成不平衡、跳跃式发展的动因。这里有必然因素，也有偶然因素，其中最基本的还是发达形态商品经济内在的机制。

首先，竞争机制在更高层次、更大规模上的作用。如果说在次发达商品经济条件下，竞争主要是在个别企业间展开，那么，

---

❶ 《列宁全集》2版第27卷，第398页。

在发达商品经济条件下，竞争则扩展为大企业集团之间，尤其是国家之间。竞争的范围、手段、方式都与以往有很大的差异。列宁在谈到帝国主义之间的矛盾时说道："资本就是靠同它竞争的资本家和同它竞争的国家的破产**获利**，以实现更高程度的积聚，因此，经济竞争即在经济上促使对手破产的斗争愈尖锐、回旋余地愈'狭窄'，资本家就愈是力求辅之以**军事**手段来促使对手破产。"比如，资本向附属国、半殖民地输出比之向发达国家（如美国）输出利润要大两倍多。出于资本输出的竞争，这类半独立的地区"剩下的愈少，为控制和瓜分土耳其、中国等国的斗争就**愈加剧烈。**"❶ 而激烈的大规模竞争，会使后起的资本集团和国家采取更新的经济、技术乃至军事手段去战胜老牌的对手，力争压倒它、超过它。优胜劣汰的规律必定驱使后起的赶上先起的，改变国与国之间的旧格局。

最典型的就是当时的德国和美国。老牌帝国主义英国拥有的殖民地最多，但"即使同英属殖民地的贸易，德国比英国发展得快些"，证明德国比英国制度"更新、更强大、更有组织、水平更高"，"德国帝国主义对英国帝国主义的优势，比殖民地疆界的屏障或保护关税的壁垒更厉害。"这种竞争的优势，主要是它拥有新的体制、手段和技术等超过了英国的旧东西。以工业和金融的集中程度而言，德国超过了英国。"在另一个现代资本主义先进国家北美合众国，生产集中发展得更加迅猛。"列宁首先分析的就是这两个国家由集中产生的垄断现象。❷ 他认为，"美国的托拉斯是帝国主义即垄断资本主义经济的最高表现。"❸ 德国和美国都是后起的资本主义国家，它们一方面吸取老牌资本主义国家英国、法国的经验，另一方面也设法防止出现它们在体制

---

❶ 《列宁全集》2版第26卷，第246页。
❷ 参见《列宁全集》2版第27卷，第426、332—333页。
❸ 《列宁全集》2版第28卷，第134页。

上的弊端，千方百计地利用先进技术、改进经营方式，在高起点上同它们竞争。而老牌的资本主义国家英国，体制陈旧、包袱沉重，在很多方面束缚了生产力的发展，所以在竞争中处于落后的状态。

其次，还有一些偶然因素（当然是必然性的表现）。比如，战争中的损失，使英国、法国、德国等都受到沉重的打击，而美国却大发其财，这里有地理因素（离战场太远）和执政者策略因素。列宁在总结战争给世界带来的灾难时，特别指出："只有美国一国在战争中完全是获利的，它从负债累累一跃而为各国的债主。"❶它发了战争财，加速了自身发展。另一个国家日本，没有卷入战争，却趁机抢占了殖民地和半殖民地，主要是中国，掠夺了巨额财富，使它以跳跃式的方式赶上其他资本主义国家。这些因素看来有很大的偶然性，但归根结底也还是由竞争的必然性所决定的，例如战争的爆发就是国与国之间竞争的必然结果和最残酷、最激烈的手段，是政治的继续。因此，它们利用了原来的发展不平衡又加大了新的不平衡。

三、列宁在革命和建设中对不平衡规律的运用

列宁对资本主义商品经济特别是发达商品经济发展不平衡规律的论述，不仅是对马克思主义经济学的重大理论贡献，而且在革命和建设实践中创造性地运用，也为后人树立了典范。

首先，他提出社会主义首先在一个或几个国家首先胜利的学说，并成功地领导了十月社会主义革命。1915年8月，他在批判"欧洲联邦"口号的反动性之后指出：这个口号"会造成一种曲解，以为社会主义不可能在一个国家内获得胜利，并且会使人曲解这样的国家和其余国家之间的关系。"接着，进一步指出："经济和政治发展的不平衡是资本主义的绝对规律。由此就

---

❶ 《列宁全集》2版第39卷，第207页。

应得出结论：社会主义可能首先在少数甚至在单独一个资本主义国家内获得胜利。这个国家的获得胜利的无产阶级既然剥夺了资本家并在本国组织了社会主义生产，就会奋起同其余的资本主义世界**抗衡**，把其他国家的被压迫阶级吸引到自己方面来。"❶ 在《无产阶级革命的军事纲领》一文中重申了这个观点："资本主义的发展在各个国家是极不平衡的。而且在商品生产下也只能是这样。由此得出一个必然的结论：社会主义不能**在所有**国家**内**同时获得胜利。它将首先在一个或者几个国家内获得胜利，而其余的国家在一段时间内将仍然是资产阶级的或资产阶级以前的国家。"❷ 列宁的上述论断，对马克思的共同胜利论是一个突破，是列宁主义的一个重要内容。这对于后来的社会主义国家的建立，同样有重要的指导意义。80多年的历史证明，它是非常正确的。

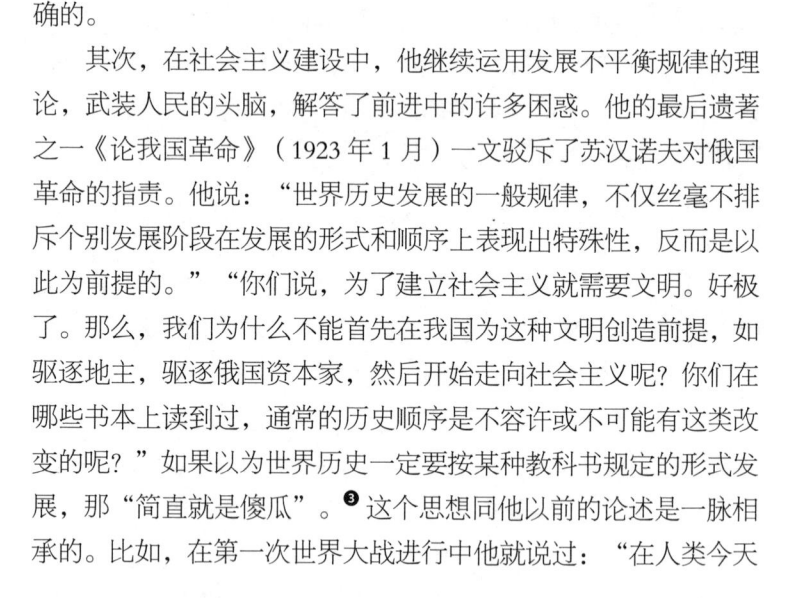

其次，在社会主义建设中，他继续运用发展不平衡规律的理论，武装人民的头脑，解答了前进中的许多困惑。他的最后遗著之一《论我国革命》（1923年1月）一文驳斥了苏汉诺夫对俄国革命的指责。他说："世界历史发展的一般规律，不仅丝毫不排斥个别发展阶段在发展的形式和顺序上表现出特殊性，反而是以此为前提的。""你们说，为了建立社会主义就需要文明。好极了。那么，我们为什么不能首先在我国为这种文明创造前提，如驱逐地主，驱逐俄国资本家，然后开始走向社会主义呢？你们在哪些书本上读到过，通常的历史顺序是不容许或不可能有这类改变的呢？"如果以为世界历史一定要按某种教科书规定的形式发展，那"简直就是傻瓜"。❸ 这个思想同他以前的论述是一脉相承的。比如，在第一次世界大战进行中他就说过："在人类今天

---

❶ 《列宁全集》2版第26卷，第367页。
❷ 《列宁全集》2版第28卷，第88页。
❸ 《列宁全集》2版第43卷，第370、372页。

的帝国主义走向明天的社会主义革命的道路上，同样会表现出这种多样性。一切民族都将走向社会主义，这是不可避免的，但是一切民族的走法却不会完全一样，在民主的这种或那种形式上，在无产阶级专政的这种或那种形态上，在社会生活各个方面的社会主义改造的速度上，每个民族都会有自己的特点。"❶这些论述不但鼓舞着人民的斗志，而且也提供了阐明一切复杂问题的钥匙。对社会主义国家来说，它是外交政策和对外经济关系政策的理论基础。

再次，列宁还把不平衡规律运用于国家内部的经济发展上。十月革命之前，他说过："把俄国帝国主义说成是严密的整体（帝国主义根本不是严密的整体），也是不对的，因为俄国还有许多地区和劳动部门在从自然经济和半自然经济向资本主义过渡。这是落后现象，是一个弱点，但它毕竟存在着。"❷后来，在《论粮食税》一书中对俄国经济发展不平衡状况进行分析，提出发展商品—市场关系的理论和政策有重要意义。再如，他在致高加索各族的信（1921年4月）中，特别提出要注意那里"情况的特殊性""高加索各共和国，同俄罗斯比较起来，更加是农民的国家"，但地理上同先进的资本主义国家比较近，应当采取特殊策略，利用外国资本发展商品交换。❸全面领会列宁的论述，应当把经济发展不平衡规律应用于区域经济的发展中去，将它作为指导地方发展商品经济的重要观点。

最后，他在作为遗嘱的文章中，对世界革命发展的不平衡性也有新的看法，认为在发达资本主义国家中实现社会主义革命进程将是不平衡的："这些国家完成这一发展过程，不会像我们从前所期待的那样。它们完成这一发展过程，不会是经过社会主

---

❶ 《列宁全集》2版第28卷，第163页。

❷ 《列宁全集》2版第29卷，第480页。

❸ 《列宁全集》2版第41卷，第184—186页。

义在这些国家里平衡'成熟',而将是经过一些国家对另一些国家进行剥削,经过对帝国主义战争中第一个战败国进行剥削,再加上对整个东方进行剥削的道路来完成的。另一方面,正是由于第一次帝国主义大战,东方已经最终加入了革命运动,最终卷入了全世界革命运动的总漩涡。"然而,"在东方那些人口无比众多、社会情况无比复杂的国家里,今后的革命无疑会比俄国革命带有更多的特殊性。"❶ 特别是他把希望寄托在东方的革命运动。历史证实了他的预言。

---

❶ 《列宁全集》2版第43卷,第389—390、372页。

第十六章　提出社会主义对外经济理论

有一种力量胜过任何一个跟我们敌对的政府或阶级的愿望、意志和决定，这种力量就是世界共同的经济关系。

……俄国和国际的市场举行的一场考试，我们受制于这个市场，同它有割不断的联系。

当我们国家在经济上还极其薄弱的时候，怎样才能加速经济的发展呢？那就是要利用资产阶级的资本。

——列宁

社会主义国家对外经济政策的理论，是列宁商品经济理论的重要内容。它同马克思主义全部理论一样，是随着社会的发展逐步产生、形成和发展的。马克思恩格斯在创立科学社会主义学说时，处于资本主义次发达商品经济时代，当时考虑问题的基点是社会主义在欧洲共同胜利，从而不可能论述社会主义国家同资本主义国家的经济关系问题。他们所论证的是资本主义世界贸易的理论，可以作为社会主义国家的借鉴，但还不是社会主义国家对外开放理论。到了帝国主义时代，特别是第一次世界大战爆发以后，列宁科学地发现了帝国主义经济、政治发展不平衡的规律，创造性地提出了社会主义可以首先在一国胜利的理论，并且指导俄国十月革命取得了胜利。列宁的"帝国主义论"和"一国胜利论"，乃是他关于社会主义国家对外政策一系列论述的理论前提。在实践上正是一国首先胜利后才出现了两种制度、两类国家并存的世界，也才产生了两类国家的政治、经济、文化诸多方面关系问题。当然，这个理论的提出和完善，同样不是纯粹理论推导的产物，而是实践的需要，并在实践中逐步形成和系统化。

第一节 发展对外经济的必然性

从实践上说，无产阶级一取得政权，就直接面临着如何处理同其他国家特别是资本主义国家的关系问题，立刻需要制定自己的外交政策。十月革命的第二天（1917年11月8日），列宁亲自起草了《和平法令》，明确地提出同其他资本主义国家建立和平关系。在1918年初，他从敌我悬殊的实际情况出发，采取灵活的策略，力排众议果断地签订了《布列斯特和约》。在此前后，围绕和约问题，他与拒绝同资本主义国家发生任何关系的"左派共产主义者"展开了论战。他认为，"从社会主义政府在一个国家里获得胜利的时候起"，考虑它同世界帝国主义之间的联系，"只能从发展和巩固已经开始的社会主义革命的最有利的条件出发"。他嘲讽"左派"的奇谈怪论："按照这种观点，处在帝国主义列强中间的社会主义共和国，是不能缔结任何经济条约的，如果不飞到月球上去，那就无法生存。"他严厉批驳了所谓"强行推动"世界和别国革命、反对和平发展的观点，明确地指出："马克思主义从来都否认'强行推动'革命，因为革命是随着产生革命的阶级矛盾的日趋尖锐而发展起来的。"❶接着，在"暂时喘息"时期提出引进资本主义国家的先进技术、利用高薪聘请外国专家、准备实行对外贸易的国家垄断。他说："社会主义建设是否可能，就全看我们能否在一定的过渡时期内，用向

---

❶ 《列宁全集》2版第33卷，第250、419页。

外国资本交纳一些贡赋的办法保护自己国内经济的独立。"❶但是，由于国内战争的爆发，帝国主义国家对苏维埃国家实行了全面的经济封锁，列宁初步制定的对外经济政策没有能够得以贯彻。

经过三年的浴血苦战，帝国主义武装干涉的阴谋被粉碎了，迫使它们解除了对苏俄的经济封锁。1920年以后，苏俄先后同一些资本主义国家订立了经济协定，逐步开展了对外贸易工作。但是，真正的发展还是在新经济政策时期。在这个过程中的一个重要的变化，是对于其他资本主义国家革命爆发的期望，在时间上估计得更长了，从而对于对外经济政策更加重视，并逐步系统化。

一、社会主义国家同资本主义世界经济交往的客观必然性

列宁的多次论述，揭示了社会主义国家同资本主义国家经济交往和技术交往的客观必然性，批驳了闭关自守的狭隘的"爱国主义情绪"，强调社会主义国家应当善于利用这些交往和联系。综合起来看，这种交往和联系的必要性和可能性由以下几个方面决定。

（1）发达市场经济的世界经济特点。古代和中世纪的世界，以互相隔绝、闭关锁国为特征，各国之间虽有零星的往来，但经济上不能形成有机的联系。进入资本主义时代尤其是帝国主义时代以后，各国经济则是互相依赖的。列宁反复说明各国之间在经济上的这种依赖性。他认为，"有一种力量胜过任何一个跟我们敌对的政府或阶级的愿望、意志和决定，这种力量就是世界共同的经济关系。正是这种关系迫使它们走上这条同我们往来的道路。"❷所谓"全世界的共同经济关系"，就是生产力的发展超

---

❶ 《列宁全集》2版第34卷，第164页。
❷ 《列宁全集》2版第42卷，第332页。

出一国的范围，世界范围内社会分工和协作的发展，形成以社会化大生产为基础的发达的商品经济。任何一个国家都不可能生产出它所需要的一切产品（像自给自足的自然经济那样），更不可能拥有生产所需要的全部资源。所以，俄国必然"受制于"国际市场，"同它有割不断的联系"。1922年4月，他在同《纽约先驱报》记者谈话时说道："俄国需要同资产阶级国家做生意。另一方面，各国资产阶级政府也很清楚，没有俄国，欧洲的经济生活就不可能调整好。"❶因此，在对外经济政策上，"我们强调世界经济的意义。"

（2）经济政治发展不平衡规律还决定社会主义革命在经济上比较落后的国家首先胜利而同其他资本主义国家发生关系。列宁一方面认为，"既然就世界范围来说存在着大工业，那么直接过渡到社会主义无疑是可能的。"另一方面又指出，"我们是在国家落后这种情况下投入革命的，因此现在没有我们所必需的发达的工业。"❷首先胜利的社会主义国家，在政治上是先进的，在经济上是落后的；而与社会主义国家并存的资本主义大国，在政治上是落后的，在经济上则是先进的。这是一个尖锐的矛盾，增加了社会主义经济建设的困难。要解决这一矛盾，除了利用社会主义国家内部的政治上和生产关系上的优势，依靠本国人民的积极性自力更生地搞建设之外，还要善于利用国际的工业技术力量。这是列宁自十月革命以来一再强调的一个重要观点。在《苏维埃政权的当前任务》一文中，他指出："社会主义能否实现，就取决于我们把苏维埃政权和苏维埃管理组织同资本主义最新的进步的东西结合得好坏。"当时，提出一个著名的公式："乐于吸取外国的好东西：苏维埃政权＋普鲁士的铁路秩序＋美国的技术和托拉斯组织＋美国的国民教育等＋……＝总和＝社会主

---

❶ 《列宁全集》2版第43卷，第82、156页。

❷ 《列宁全集》2版第42卷，第336—337页。

义。"❶ 国内战争时期，在《致美国工人》一文中提出，要设法取得技术上比较先进的国家在技术上帮助苏俄。❷ 以后，在谈到实现全俄电气化计划时，多次强调引用外国的技术、设备和资金，认为"没有外国的资本和生产资料的帮助，我们就不能很快执行这个计划。"❸ 还要求运用最新的资本主义技术来改善本国的企业。"社会主义共和国不同世界发生联系是不能生存下去的，在目前情况下应当把自己的生存同资本主义的关系联系起来。"❹

（3）在经济十分困难的条件下，利用外资更是摆脱危机的重要手段之一。当时的苏俄，由于7年的战争，经济遭到毁灭性的摧残，列宁形容为"被打得遍体鳞伤的叫化子"。为了尽快摆脱困境，争取时间，改善人民的生活状况，更应当积极争取一些外援。他认为："在革命（指世界革命——引者）还没有到来以前，资产阶级的资本对我们是有利的。当我们国家在经济上还极其薄弱的时候，怎样才能加速经济的发展呢？那就是要利用资产阶级的资本。"❺ 又说："现在是否必须这样提出任务：鉴于苏维埃政权因经济破坏和落后而面临垮台的巨大危险、**落后**和**赶不上**的危险，只能这样提出任务：**借助**联合外国资本**赶上去**？……如果五年能解决，那就是伟大的胜利。这才是切实地，而不是幼稚地提问题。"❻ 为人民解除痛苦着想，"只要能够改善工农的生活状况，我们不惜让外国资本家拿走2000％的利润。"❼ 直到1922年底，列宁还坚持这样的看法："没有外国资本参与我国经

---

❶ 《列宁全集》2版第34卷，第170、171、520页。
❷ 《列宁全集》2版第37卷，第188页。
❸ 《列宁全集》2版第40卷，第75页。
❹ 《列宁全集》2版第41卷，第167页。
❺ 《列宁全集》2版第40卷，第42页。
❻ 《列宁全集》2版第40卷，第376页。
❼ 《列宁全集》2版第41卷，第168页。

济的发展，要迅速恢复经济是不可能的。"❶

（4）帝国主义之间、各个经济集团之间的矛盾，为社会主义国家造成了可以利用的条件。垄断资本主义没有消灭竞争，而是在更大规模的基础上以新的形式加剧了它们之间的竞争，产生并加剧了一系列矛盾。"我们过去所以打败世界资产阶级，是因为世界资产阶级不能团结起来。"❷只要善于利用这个矛盾，就可以为社会主义国家带来经济上的利益。"我们的目的只有一个，就是要在资本主义包围中利用资本家对利润的贪婪和托拉斯与托拉斯之间的敌对关系，为社会主义共和国的生存创造条件。"❸

基于上述分析，列宁主张积极地开展对外的经济联系工作，实行独立自主、平等互利、积极进展、机动灵活的对外经济政策。他在俄共（布）十大提出了一个重要的对外经济战略思想："对我们来说，同其他先进国家的国家托拉斯实行这种联合，是十分必要的。"❹他反对闭关锁国的主张和盲目排外的情绪，把诸如"我们无敌于天下""我们大家吐点口水也能把外国人淹死"之类的言论，斥之为胡说八道，并说："这种胡说愈是披上'纯共产主义的'外衣就愈危险。"❺他指出："如果不实行租让政策，不抛弃偏见，不抛弃地方'爱国主义'，不抛弃行会'爱国主义'和所谓我们自己'想办法'的看法，我们就不能认真地提出立即改善经济状况的问题。"❻

二、处理好国际市场和国内市场的相互关系

列宁在研究利用国际市场的时候，一个重要的出发点在于活

---

❶ 《列宁全集》2版第43卷，第291页。
❷ 《列宁全集》2版第40卷，第42页。
❸ 《列宁全集》2版第41卷，第167页。
❹ 《列宁全集》2版第41卷，第17页。
❺ 《列宁全集》2版第50卷，第211页。
❻ 《列宁全集》2版第41卷，第154页。

跃国内市场，弥补其不足，保持它的稳定性。在他看来，国际市场和国内市场是两个互相区别又互相联系的市场。社会主义的国内市场是由国家计划指导的（调节商业），可以由国家来控制和掌握；国际市场则不可能由一个国家控制和掌握，它完全是无计划指导的市场。但这两个市场相互影响，在资本主义条件下，国际市场往往与国内市场的沟通更直接一些，而社会主义国家则可以有控制地把国际市场的直接影响变为间接影响，但无论如何这种影响是始终存在的。社会主义国家如何认识和利用这种影响，对于保证经济调节、活跃国内市场、促进工农业生产有着重要作用。关于这个问题，列宁在新经济政策时期进行过多次探索。

在《论黄金在目前和在社会主义完全胜利后的作用》一文中，他论证了世界货币经济对社会主义国家的影响，认为社会主义还没有在全世界取得胜利之前，不可能用黄金去建"公共厕所"，它仍然起着世界货币的作用，而只要黄金还在全世界流通，社会主义国家内部就"仍然应当爱惜黄金，卖黄金时要卖得贵些，用黄金买商品时要买得便宜些"，并且要通过商业沟通国内工农业之间的联系。❶ 根据列宁的这个思想，俄共（布）十一大提出了恢复货币黄金准备的任务，并指出："所以需要黄金准备，是因为黄金始终是世界货币，是因为黄金在世界市场上的这种作用也必然会在国内市场的各个方面反映出来，甚至在主要的工业和运输业部门实行了国有化、一部分经济已经纳入计划轨道的国家里反映出来。"❷ 只要全世界还以市场经济为基础，社会主义国家就必须在一定程度上适应世界商品货币流通的情况，在国内不但不能急于消灭商品和货币，而且要充分发展和利用这个关系。这是社会主义社会存在着发达的、开放的市场体系的一个外部原因。

---

❶ 参见《列宁全集》2版第42卷，第249页。
❷ 《苏共决议汇编》第2分册，第167页。

列宁认为，善于利用国际市场，对于活跃国内市场，保证物资供应是有好处的。在当时国内商品十分匮乏的条件下，列宁恰当而有效地利用国际市场供应了国内一些急需的商品。在俄共（布）十大决定实行粮食税政策的时候，他就提出"怎样把利用我国资源和发展市场这两者连接和结合起来"的问题，他说："我们正在争取同资本主义达成有关租让的协议，使我国的资源得到利用和市场得到发展，这样就会使我们提高农业生产。这些方法我们中间谁利用得好，得到的结果就会好。"他主张用三个方式从国外取得一些商品同农民进行交换：（α）从国外借款（打算先借1亿金卢布），（β）同英国、美国的通商条约，（γ）租让制。❶1921年3月他在给克拉辛的信中写道："各种贷款我们都非常需要，因为当前主要的是要得到并且是立即得到用来换取农民粮食的商品。对外贸易人民委员部的整个政策现在都应服从这一直接目的。"❷同年12月，他给秘书的一个便条中写道："请提醒我在星期五**检查**粮食人民委员部为**东南部**商品交换做了哪些工作（大镰刀、对外贸易人民委员部商品储备）。"❸列宁把垄断对外贸易作为活跃国内市场、稳定物价和控制"耐普曼"的手段之一，既善于利用国际市场的积极影响，又注意防止国际市场直接冲击国内市场。

同时，他注重以国内商品生产的发展和市场的活跃来促进对外贸易的发展。1921年5月，他在给劳动国防委员会的指令中特别要求："研究一下：有没有可以通过提高实物奖的办法来获得当地的产品（用来同外国进行商品交换和满足国内特别重要的用途）？这种研究是非常重要的，如果能够正确地、普遍地进行这种研究，我们就能获得许多宝贵的产品，用来行销国外，获得

---

❶ 参见《列宁全集》2版第41卷，第74、366页。

❷ 《列宁全集》2版第50卷，第208页。

❸ 《列宁全集》2版第52卷，第109页。

利润；甚至从国外输入一定数量的货物作为实物奖，我们仍能获利。"❶ 这就是说，只有国内经济发展，商品生产活跃了，才能有更多商品出口。而国际市场的需要也会刺激国内的商品生产的发展，对某些部门和产品还有一定的调节作用，只是不能让它完全自发起作用罢了。

从列宁的论述看，他充分认识发达商品经济是由国内和国外两个相互联系的市场为基础的。考虑国内市场经济的发展必须同世界市场联系起来。这也是社会主义国家发展对外经济关系的一个必然因素。而恰当地处理好两个市场的关系，是社会主义市场经济运行的一条重要原则。

第二节 苏俄的对外贸易理论和政策

历史地看，列宁对苏俄的对外商品交换认识早于对国内的社会主义建设初期的商品—市场关系的认识。如前所述，列宁在十月革命后曾经提出逐步由实物交换、分配取代国内的贸易，尤其在战时共产主义时期采取了关闭市场和准备消灭商品交换的政策。但在对外经济关系上，他没有讲过消灭对外贸易，而是实行对外贸易的垄断。在战时共产主义政策的末期，就强调了发展对外贸易。可见在建立政权之初，他把国内的市场同对外贸易两个方面严格划分开来。然而，由于客观事物内在的联系，特别是实际经济生活的需要，又使得列宁回到商品经济的理论体系上来，只是采取的政策同资本主义国家有差异。

一、研究和借鉴资本主义的对外贸易

从19世纪末到十月革命，列宁深入地研究过资本主义商品经济下的对外贸易，这是后来制定苏俄对外贸易政策的理论基础

---

❶ 《列宁全集》2版第41卷，第278页。

和历史借鉴。对此,可归纳以下几点:

(一)分析资本主义内外贸易的内在联系及其重要地位

早期他在同民粹派和"合法马克思主义者"争论俄国资本主义国内市场问题时,便围绕实现论阐述了资本主义商品经济发展中两个市场的内在联系、对外贸易对资本主义经济的重要作用。民粹派不懂得马克思的社会再生产理论,把马克思论证时有意舍象的对外贸易与实现问题混在一起,说资本家无法在国内市场上实现剩余价值,因此把"国外市场"当作"摆脱困难"的出路。列宁用马克思的观点反驳了他们:资本主义寻求国外市场决不是在国内无法实现剩余价值(因为剩余价值决不只是消费资料的实物形态,它还包括生产资料的实物形态),而是由于扩大再生产的规律、流通的规律和社会分工的规律所决定的。"所有这些产品(Ⅰ和Ⅱ两大部类——引者)都只是在'困难'中,在随着资本主义的发展而日益加剧的经常波动中,在激烈的竞争中实现的,这种竞争**迫使**每一个企业主竭力无限扩大生产,越过本国的疆界,到那些尚未卷入资本主义商品流通的国家去寻找新的市场。""国外市场表明资本主义如何为社会发展**消除**历史上造成的种种困难,即村社的、部落的、地域的和民族的壁障。"这种对外贸易有利于世界生产力的发展,是生产社会化进一步扩展的表现,也是资本主义商品经济发展和人类文明提高的重要条件。

(二)论述了进出口贸易平衡的原理

在反驳民粹派的时候,列宁反复用再生产原理说明国外市场的交换关系。"浪漫主义者说,资本家不能消费额外价值(即剩余价值——引者),因此必须把它销售到国外去。试问,资本家是不是把自己的产品白白送给外国人或者抛到大海里去呢?出售就是获得等价物,输出一种产品就意味着输入另一种产品。"他还说:"用向国外销售的办法来实现产品,总的说来,是需要有相应的输入的。"这"无疑是十分正确的思想。"❶ 以后,他对俄国的进出口贸易作了实证性考察。这对后来制定苏俄的对外贸易政策提供了一定的研究基础。

（三）研究了保护关税制度

列宁早年在同民粹派论战时,专门批判了瑞士小资产阶级经济学家西斯蒙第关于保护关税的理论,并以19世纪前半叶英国谷物法为例,分析了保护关税的阶级基础。他指出:"保护关税政策是资本主义的'社会政治因素'",它"只是一定的经济制度和该制度一定的矛盾造成的,它反映了国民经济中起主导作用的现实阶级的实际利益。"英国实行谷物税（保护关税的一种）及对它的争论"是实际利益的冲突造成的"。按照马克思主义的观点,"在现代社会经济制度下自由贸易和保护关税政策具有的同一的基础",而在一定条件下自由贸易具有进步意义。❷ 就是说,实行那种政策,要看对哪个阶级有利,要看本国的实力。

（四）考察世界许多重要国家对外贸易的发展趋势

较早是考察英国和德国之间的贸易。如在评《世界市场和农业危机》一书时,他指出,它"以世界市场的发展为重点,首先描述了近来这一发展随着英国工业霸权的衰落所经历的各个阶段""英国购买的德国工业产品愈来愈多,目前竟占德国输出总额的1/5到1/4"。它"根据工商业统计资料,描述了各个资本主义国家之间的奇特分工:一些国家的生产主要是为了向殖民地销售,另一些国家则是为了向欧洲销售。"❸ 后来,在研究帝国主义的时候,他又考察了老牌资本主义英国自由贸易与新兴资本主义德国、美国的保护主义之间的矛盾,研究了保护关税问题和倾销、反倾销问题。这些对于后来制定外贸政策都有重要的意义。

---

❶ 《列宁全集》2版第2卷,第133、134、132、221页。

❷ 《列宁全集》2版第2卷,第161、163、224、231页。

❸ 《列宁全集》2版第4卷,第55页。

二、反复说明对外贸易的重要性，克服封闭观念

十月革命后不久，列宁就提出了开展对外贸易的主张。但是战争中断了这种关系。1920年初，列宁利用几个月的短暂的喘息时机，又重提对外贸易工作。他向群众宣传："在国际形势方面，最突出的事情是同爱沙尼亚签订了和约。这项和约是一扇通向欧洲的窗户。它使我们有可能同西欧各国进行商品交换。"❶接着，同立陶宛、芬兰等邻国订立和约，互通贸易。当时他在同美国、英国记者的谈话中进一步阐明了苏俄同资本主义国家发展贸易关系的必要性和可能性。"为什么像我们这样的社会主义国家不能同资本主义国家有无限制的生意往来，我看不出有任何理由不能这样做。我们并不反对使用资本主义国家的机车和农业机器，那么，为什么他们要反对利用我们社会主义国家的小麦、亚麻和白金呢？要知道社会主义国家粮食的味道同任何其他国家粮食的味道是一样的，不是吗？当然，他们不得不同可怕的布尔什维克，即同苏维埃政府有生意往来。但是，同苏维埃有生意往来，对美国企业家，比如对生产钢的企业家来说，并不比他们在战时同协约国各国政府在军事装备问题上打交道更困难。"❷他特别说明了要同美国发展贸易关系的可能性、对双方的好处。

由于战争结束，列强解除了对苏俄的封锁。列宁指出："封锁的解除一定会促进电气化计划的实现。"❸1921年9月，他在一封信中写道："我国在伦敦的贸易代表团作成的几笔出口木材的大交易具有重大的政治意义和经济意义，这是在事实上冲破了封锁。因此必须高度重视。"要求千方百计地增加出口储备，接

---

❶ 《列宁全集》2版第38卷，第119页。
❷ 《列宁全集》2版第38卷，第165页。
❸ 《列宁全集》2版第38卷，第161页。

着签署了出口储备的决定。❶ 后来斯大林也说过，战争的结束，俄国的国民经济才从"封锁时期的那种闭关自守的自给自足经济变成同外国通商的……交换经济。"❷ 但是，人们的思想还跟不上去。对此，列宁作了大量的理论、思想工作。1920年11月，列宁对国际形势作了这样的判断：经过三年的抵抗资本主义武装干涉的战争，取得了一个同多数国家和平相处的局面，这时需要发展对外贸易。当时正在同英国谈判建立贸易关系的协定，他非常重视这件事情，并指出："我们现在的情况是：我们虽然没有获得国际胜利，即对我们来说是唯一可靠的胜利，但是却给自己争得了能够同那些现在不得不与我们建立贸易关系的资本主义列强并存的条件。"❸ 他说："有一个极大的因素，使我们能够在这种复杂而又十分特殊的情况下存在下去，这一因素就是一个社会主义国家开始同各资本主义国家建立贸易关系。""那些曾经因为我们采取的恐怖手段或者因为我们的整个制度而对我们发动战争的列强，明知同我们建立贸易关系会增强我们的力量，现在却不得不违心地走上这条道路，这正是俄罗斯苏维埃共和国在物质上和精神上战胜了全世界资本主义最好不过的证明。"接着，他向苏维埃第八次代表大会阐述了对外贸易的政策："我们现在准备作最大的让步，并且认为我们关心的就是得到贸易协定，尽快地购买恢复运输业所需要的主要东西即机车，以及购买恢复工业和实行电气化所需要的主要东西。这一点对我们最重要。"又说："既然我们想同外国进行商品交换，我们想这样做，我们懂得进行商品交换的必要性，那么我们主要应该关心的是尽快地从资本主义国家获得机车、机器、电气器材等生产资料，没有这些生产资料，我们便不能稍许像样地恢复甚至根本不可能恢复我们

---

❶ 参见《列宁全集》2版第49卷，第537页。
❷ 《斯大林全集》第5卷，第102页。
❸ 《列宁全集》2版第40卷，第23页。

的工业。"❶

实行新经济政策以后,对外贸易有了较快的发展,他多次要求全党学会做生意,接受国际市场的考试,强调:"我们绝对必须同资本主义国家(只要它们还没有完全垮台)进行贸易""只要资本主义国家还照样存在,我们就必须同它们做生意"。"不管它曾经怎样敌视我们,也不得不同意和我们做交易,同我们来往。"❷ "如不进行对外商品交换,共和国的经济复兴是不可能的。"❸ 他亲自给美国人写信,表示高兴建立贸易关系,"我们是十分重视我们今后同美国的生意往来的。"❹ 为发展对外贸易,他领导苏维埃初步建立了新的外贸体制。

三、对外贸易垄断制

在列宁领导下,当时实行了对外贸易的国家垄断制,对进出口货物实行国家专卖,国内外任何私商都不能随便经营对外贸易,外商进出口货物必须持有苏俄政府发给的许可证。这个政策和体制早在1917年11月就提出来了("国家垄断对外贸易"❺)。具体办法,开始是实行国家监督,后来逐步加强了国家垄断。1918年春重申了这个政策。到新经济政策时,对于外贸垄断制党内曾发生过争论,列宁专门写了许多文章。

为什么列宁要强调对外贸易的国家垄断制?总的说来,是出于当时外国资本主义经济十分强大,苏俄经济相当微弱的情况,为保证社会主义经济独立的一种强制措施。一方面必须利用和发展国际间的贸易关系,另一方面必须严加控制,因为它与国内的

---

❶ 《列宁全集》2版第40卷,第25、105—106、112页。

❷ 《列宁全集》2版第43卷,第2、4、300页。

❸ 《列宁全集》2版第51卷,第442页。

❹ 《列宁全集》2版第50卷,第165页。

❺ 《列宁全集》2版第33卷,第120、121页。

市场经济不同,主动权很容易掌握在强大无比的国际资本手中,弄得不好即陷于灭顶之灾。而国家垄断制则是面对世界市场的特殊控制手段。

第一,这个措施有利于当时维护经济上的主权和扶持本国新兴的社会主义工业。有些人提出用关税政策代替国家垄断制,列宁反驳说:"在帝国主义时代,在国与国之间贫富悬殊得惊人的时代,任何关税政策都不会有效果……在上述条件下,任何一个富有的工业国都能够把这种关税保护完全摧毁""任何一个工业国都肯定能摧毁我们本国的工业。"❶列宁坚定地说:在进出口方面,"我们不能搞自由贸易,这会葬送俄国的。"❷

第二,这个措施可以割断国内外资本主义的联系,有利于稳定国内市场。取消了国家对外贸易的垄断,就"会使收益完全落到耐普曼的手里"。列宁举了一个例子:当时的亚麻在俄国值4.5卢布,在英国值14卢布,如果允许私人经营,他们就会立刻得到暴利,使社会主义工业没有原料,这实际上就是"保护投机者、小资产者和农民上层分子,反对工业无产阶级。"如果开放彼得格勒港,就会使同芬兰交界地区的亚麻走私达到可怕的程度。"我们与之斗争的将不是职业走私者,而是亚麻产区的**全体农民**。在这场斗争中,我们几乎一定要挨打,而且会弄得不可收拾。"❸列宁坚持割断国内的为数众多的自发势力同国际资本联系,如果失去控制,便会动摇苏维埃政权的基础。

第三,防止国内各个部门、企业之间在国外市场上过度竞争,乃至损害本国的整体利益。为此,国家通过一定的垄断措施,对各经营单位加以控制。如苏俄当时规定,不同单位要"避

---

❶ 《列宁全集》2版第43卷,第330页。

❷ 《列宁全集》2版第42卷,第462页。

❸ 《列宁全集》2版第43卷,第328、331、222页。

免在国外市场上的竞争"❶，以防止给外商造成可乘之机。为此，要求所有驻外商务机构保持绝对的统一。

第四，这种措施可以使国家获得高额的利润，是增加积累的一个手段。正如列宁所说，这个制度刚刚试验就获得了几百万卢布，并将使我们获得几千万卢布。❷

基于上述原因。列宁把对外贸易的国家垄断制看作是苏维埃社会主义经济的一项基本政策，当作掌握和控制商品生产和市场流通的一个重要手段（1921年春天给布哈林的便条中，他把国家掌握工厂、铁路、对外贸易垄断这三项当作控制商品生产和交换的"物质基础"），也是社会主义经济计划对市场的一种调控，是当时掌握国内外贸易的相互关系的一个很重要的法宝。

当然，列宁的对外贸易国家垄断制并不排除社会主义企业采取机动灵活的多种办法和多样形式（它主要是对付私商的）；相反，列宁正是把垄断制和灵活性结合在一起，把"绝对垄断制""自由垄断制"结合起来。1922年3月，他认为，"现在绝对垄断已为**自由**垄断所代替，但不管怎么说这无疑仍然是垄断。"❸他在总结新经济政策实行一年半以来外贸方面的经验时又说："我相信对这个问题的深入思考只能使你们得出一个结论：现在我们需要有比以前在国内战争中表现出来的更大的灵活性。"❹根据列宁的指示，苏维埃有关经济部门采取了较为灵活的贸易形式。

当时，允许国营商业和合作社商业机构在统一计划指导下经营一些外贸业务。除了中央进出口贸易公司外，中央和地方的许多贸易机构也与国外贸易机关直接订立贸易合同，例如，中央消

---

❶ 《列宁全集》2版第17卷，第11页。
❷ 参见《列宁全集》2版第43卷，第221页。
❸ 《列宁全集》2版第52卷，第359页。
❹ 《列宁全集》2版第43卷，第298页。

费合作总社、麻织品贸易公司、谷物出口公司和其他一些地方贸易机关，都与外商签订了某一方面的贸易合同，千方百计地促进国外贸易发展。后来，又给予一些国有企业一定的进出口权。

由于列宁和俄共（布）中央采取了正确的指导方针和政策（如提成奖励办法等），经济恢复时期的对外贸易发展是很快的。1925年出口贸易总额为1921年的30倍，进口贸易总额为1921年的29倍。当时出口的商品主要是农副产品，这类产品大约占出口总额的53.9%。其他出口的商品有木材、石油、林产、化学工业品和煤炭工业产品。进口产品中，大量的是生产资料。在新经济政策初期，为了国内供应的需要，进口了大量的粮食和工业消费品，以后这类商品日渐减少，例如1924—1925年度进口的生产资料占总进口额的65.1%，包括机器、电气器材、重要的工业原料（磷酸钙、棉花等）。列宁对进口生产资料非常重视，例如当时恢复交通急需的机车，1921年就订了几千台的货物。他说："这终究说明，先进国家的大工业在帮助我们，资本主义国家的大工业在帮助我们恢复我国经济，虽然这些国家是由那些对我们恨之入骨的资本家领导的。"❶1922年10月，他在《关于同德国公司财团的合同给俄共（布）中央政治局的信》中指出："机床和机器，例如电力托拉斯所需的机床和机器，之所以是我们绝对必需的，是因为我们的这项工业才开始复兴，而对我们至为重要的是发展我们的这项工业，用德国的生产资料来彻底地巩固它。"❷列宁的指导思想很明确，就是善于利用国际市场保证实现自己的经济发展计划，提高自力更生的能力。

当时，实行国家垄断制又是和打击走私活动相关联的。列宁主张用严厉的措施坚决打击走私。1922年3月3日他在给加米涅夫关于外贸工作的信中说："以为实行**新经济政策**会终止使用恐

---

❶ 《列宁全集》2版第42卷，第330页。
❷ 《列宁全集》2版第43卷，第227页。

怖手段，那是极大的错误。我们还会重新采取恐怖手段，采取经济方面的恐怖手段的。外国人现在已经在行贿收买我们的官员，并'运走俄国仅存的一点东西'。他们一定会运走的。垄断是一种客气的警告：我亲爱的，总有一天，我会为此把你们绞死。"因此，"凡是蓄意欺骗我们（或者逃避垄断，如此等等）的人，将遭到恐怖手段的回击。"❶他认为，不打击走私活动，就无法保证对外贸易的正常进行。为此，苏维埃政权制定了相应的法律。同时，也注意划清民间交往与走私的界限，例如对带有一些小日用品和食品的外籍人，不作太严格的限制，对贫困地区有帮助的商品还给予鼓励。❷

四、保护关税和进出口平衡

列宁主张实行对外贸易的国家垄断制并不排斥保护关税政策（认为仅靠保护关税不够），而是同时加强它。根据列宁的思想，1923年4月，俄共（布）十二大决议要求，认真研究"从保护国内一定工业部门的角度出发，对进口货物这种那种关税率的作用的问题"，提出"只有坚决、彻底地执行社会主义的保护关税制度，才能在目前过渡时期保证处在资本主义包围中的苏维埃国家的工业得到真正的发展。"❸在当时，这种保护关税制度同外贸垄断体制是相辅相成的，都是用来保护社会主义民族工业的手段。

保持进出口平衡也是他关注的问题。列宁在《论统一的经济计划》一文中，讲到实现电气化计划黄金平衡表中的赤字（当时估算约60亿金卢布）时，提出要"通过租让和信贷业务来弥补"，并用北方木材的出口偿还外债。1921年7月，当克拉辛

---

❶ 《列宁全集》2版第42卷，第460—461页。

❷ 参见《列宁全集》2版第50卷，第152页。

❸ 《苏共决议汇编》第2分册，第270页。

报告英国同意贷款和进口设备并建议利用这些条件制定恢复国民经济的计划时,列宁批示:"我的意见:成立一个工作小组以研究计划的各项细节。**总的说来应予赞同**。更准确地确定贷款的数目、期限和用**原料**、**木材**进行偿付的条件(第一年用**我们的**黄金:3000万金卢布;也可连续**两年**,每年付3000万金卢布)。每年**偿付**10%?是否多了?"❶

列宁的这个思想,是把国内的经济和对外经济关系作为一个统一问题的两个方面统盘考虑。不仅要考虑借款,而且要考虑偿还能力和办法。不仅要考虑进口设备,还要考虑补偿它的出口贸易。尽可能地使二者平衡,而不能只顾一头。这是连接国内外商品交换关系的一个很重要的原则。因此,有时候为了出口的需要,一些商品在国内供应就要严加控制。有一次列宁发现各地外贸机关出于当地经济机关的压力,出售了一些出口商品,非常生气,亲自起草了一份电报,指出:"在我们物资极端缺乏的情况下,这种挥霍国家出口储备的行为是对国家的犯罪。我命令停止这类贸易。"今后凡出售这类商品必须经外贸人民委员部批准。❷根据这一思想,俄共(布)十二大决议还要求:"向国外采购和订货,尽管价格比国内低廉,如果不是绝对必需的,如果在国内购买这项订货可以大大刺激我国这一工业部门的发展,那就应该坚决停止。"❸总之,要设法保持一定的进出口平衡,以有利于保护和发展自己的工业。

第三节 引进、利用外资和技术的形式

引进和利用外资发展本国经济,是列宁关于对外经济关系理

---

❶ 《列宁全集》2版第51卷,第132页。
❷ 《列宁全集》2版第52卷,第561页。
❸ 《苏共决议汇编》第2分册,第270页。

论的重要内容,它同发达形态的世界市场经济有着十分密切的联系,实质上是利用发达资本主义的投资市场和技术市场。当时的主要形式是租让制。

一、租让制——引进外资和先进技术的特殊形式

在社会主义国家内实行租让制,是列宁的一个创造。他认为这是吸引外资和利用先进技术的一种好形式。在《论粮食税》中,他把它列为国家资本主义的第一种形式。他说:"租让制这种国家资本主义,和苏维埃体系内其他形式的国家资本主义比较起来,大概是最简单、明显、清楚和一目了然的形式。"❶

按照列宁的观点,租让制的实质,是社会主义国家利用帝国主义国家的资本输出和先进技术发展自己的经济。社会主义国家以自己尚无能力开发的自然资料为条件,租给外国资本家经营,然后实行分成,在合同期满之后最终归社会主义国家所有。

租让制本来就是发达资本主义资本输出的一种形式。列宁对这种旧形式加以扬弃,用来为社会主义经济服务,当作处理社会主义国家和资本主义国家之间经济关系的一种特殊形式。早在1918年5月,列宁在给美国红十字会代表团的信中,表示愿意对资本主义国家给予承租权。在1919年2、3月间,他提出对修筑北方大铁路实行租让的办法,即利用外国资本修筑一条由鄂毕河经科特拉斯到彼得格勒、摩尔曼斯克的铁路。❷同年9月,在给美国工人的信中又提出:"在社会主义国家和资本主义国家共存的时期,我们也愿意在合理的条件下给予承租权,作为俄国从技术比较先进的国家取得技术帮助的一种手段。"❸1920年以后,列宁对租让制的论述特别多,11月人民委员会专门通过

---

❶ 《列宁全集》2版第41卷,第213页。

❷ 参见《列宁全集》2版第35卷,第463页。

❸ 《列宁全集》2版第37卷,第188页。

了关于租让制的法令。进入新经济政策时期，他把租让制提到了战略地位上来，即同外国大资产阶级结成一定形式的联盟反对小私有者的自发性。"苏维埃政权'培植'租让制这种国家资本主义，就是加强大生产来反对小生产，加强先进生产来反对落后生产，加强机器生产来反对手工生产，增加可由自己支配的大工业产品的数量（即提成），加强由国家调整的经济关系来对抗小资产阶级无政府状态的经济关系。"列宁设想，通过租让制可以迅速得到一批工农业产品，用以供应市场，改善工农的生活状况；可以获得先进的技术和设备，有利于开发当时苏俄尚无力开发的自然资源。他说："不实行租让，我们就得不到设备精良的现代资本主义技术的帮助。不利用这种技术，我们就不能在石油开采这种对整个世界经济具有重大意义的部门里为我们的大生产打好基础。"❶ 同时，通过租让企业，还可以学到先进的经营管理方法。

实行租让制的客观条件，在外国资本方面，由于世界市场日趋狭小，有一定数量的剩余资本，又需要自然资源，只要对他们有利，就能够接受租让条件。在苏俄方面，有丰富的资源，可以利用自然优势吸引外资。列宁当时考虑能够实行租让的有巴库的石油、北方的森林、西部的荒地，还有一些矿山。列宁还想过用租让制的办法开发堪察加。他在1921年4月给阿塞拜疆、格鲁吉亚等共和国共产党员的信中，指示他们："通过实行租让和商品交换政策，对资本主义的西方在经济上要千方百计地加以利用，加强和加紧利用。石油、锰、煤（特克瓦尔切利煤矿）、铜——丰富的矿产资源还远远不止这些。有充分的可能来广泛实行租让政策和开展同外国的商品交换。"

如何看待租让制中的外国资本家的剥削呢？列宁认为这是一种特殊的赎买政策。"对于我们来说在理论上十分清楚：用几

---

❶ 《列宁全集》2版第41卷，第212、109页。

千万或几亿向欧洲资本赎买,这对我们是有利的,……而为了在最短期间增加用来恢复我们的大工业的装备、材料、原料和机器,这几千万或几亿我们还是拿得出来的。"又说:"我们给世界资本主义一定的'贡赋',在某些方面向他们'赎买',从而立刻在某种程度上使苏维埃政权的地位得到加强,使我们经营的条件得到改善。"❶

列宁指出,赎买是对无产阶级有好处的,像签订布列斯特和约,给了德国强盗几亿卢布,但却争得了巩固红军和苏维埃政权的时间。"只要全世界无产阶级运动还没有胜利,我们就只有或者作战,或者用贡款向这些强盗进行赎买,而赎买是不会有什么坏处的。"❷列宁把马克思恩格斯的"赎买"思想运用于利用外国资本,是理论上一项大胆的创造。他告诉取得胜利的无产阶级,不仅要善于在一定条件下对本国的资产阶级实行赎买,而且要在一定条件下善于对外国资产阶级实行赎买。前一种赎买主要用于社会主义经济改造,后一种赎买主要用于吸收先进的技术和利用外国的资金。虽然赎买要花代价,但由于加强了社会主义的经济和技术的力量,巩固和发展了社会主义国家的经济,对本国的劳动人民是有好处的。

为了加快租让制的实行,列宁决定给予重要的租让企业和地区以特殊的自主权,实行一种特殊的政策,与一般地区分别开。例如,为有利于巴库地区石油的租让,列宁指示:必须给予一定的自主权。"如果你们没有自主权,就明确电告,我们给你们自主权。"列宁让该地"提出明确的建议,用电报和信件送交劳动国防委员会。必须有一个负责巴库+巴统等地的,能独立、迅速、毫不拖拉地处理事务的区域经济中心。"为此允许他们用石油和石油产品从外国换取一切必需商品(衣服、粮食等)。根据

---

❶ 《列宁全集》2版第41卷,第185、301、213页。

❷ 《列宁全集》2版第36卷,第13页。

列宁的这个建议，人民委员会通过了相应的决议。❶再如，列宁对阿塞拜疆、格鲁吉亚、亚美尼亚、达格斯坦、哥里等共和国，也要求实行特殊政策，不要照抄俄国的一般政策，"应当立刻在经济上依靠同资本主义外国的商品交换，不要吝啬：就让它们得到几千万普特宝贵的矿产品吧。"

与此同时，列宁也还指出，租让制是阶级斗争的一种特殊形式，不是绝对"和平"。他说："租让在什么程度上和什么条件下对我们有利而无害，这要取决于力量的对比，取决于斗争，因为租让也是一种斗争形式，是阶级斗争在另一种形式下的继续，而决不是用阶级和平来代替阶级斗争。至于斗争的方式如何，将由实践来表明。"❷有时他把租让制称为"战争的继续""新的战争""在经济领域内进行的战争"。❸列宁告诉党和人民，在利用外国资本的同时，不要忘记与资本家共事的阶级实质，不要忘记必要的斗争，不要丧失了警惕性。诸如在如何争取对自己有利、改善租让企业中职工生产和提高待遇、使外国资本家严守法律和合同，特别是抵制资本主义思想腐蚀等方面，都会有不同形式的斗争。

当时，由于帝国主义者敌视新生的苏维埃政权，租让制没有像预期的那样顺利发展。不过，也还是有一定的规模，到1926年外国资本家申请办租让企业的有1800多起，共投资3200万卢布，对发展经济起到一定的作用。例如，北方森林工业租让制企业的出口量，曾占全部木材出口量的25％左右，国际资本在森林工业的投资为1400万卢布，其产值占全部租让企业的65％。参加这项工业举办租让企业的有德国、芬兰、挪威、英国、荷兰

---

❶ 参见《列宁全集》2版第50卷，第211、263、589页。
❷ 《列宁全集》2版第41卷，第186、212—213页。
❸ 《列宁全集》2版第40卷，第43、78、117页；第41卷，第167页。

等，其中办得比较好的有"俄英森林工业股份公司""俄挪森林工业股份公司""俄荷森林工业股份公司"等，再如，苏联南方矿山公司和连纳矿山公司，就是用租让办法恢复和发展起来的。另外，还和美国、英国、日本等国订立过20或30年的锰矿、金矿、石油等开采协定。

列宁在世时比较重视美国百万富翁尤里·哈默及其子阿尔曼德·哈默对乌拉尔石棉矿的租让合同和文具生产、销售的租让合同，亲自接见了小哈默。列宁多次写信给俄共（布）中央介绍他们父子的情况，认为"作为贸易的开端，这个合同具有重大的意义。"❶ "这是通向美国'实业'界的一条小径，应该千方百计加以利用。"❷ 根据阿尔曼德·哈默的回忆，列宁对他讲了这样一段话："在世界各国中，我们认为美国是资本主义最发达的国家……我们邀请美国人到俄国，是为了请他们教我们生产的方法，把我们的工业提高到应有的高度。对这样的援助，我们愿意付出代价，答应美国资本绝对不受侵犯，保证它在一定时期内能从它承租的工商企业中赚到钱……"❸ 这段话体现了列宁租让制的基本思想。

不过，列宁逝世后，租让制没有得到重视。现在看来，租让制仍不失为利用外资和引进技术的一种可供借鉴的形式。

二、利用外资和引进技术的其他形式

（1）办合营公司。如前所述，这是当时引进外资的一种股份制形式。列宁倡导利用这种形式学习商业，办得比较灵活。"第一，我们通过这种方式可以学习做生意，这对我们是必要的。第二，如果我们认为必要，我们随时都可以取消这种公

---

❶ 《列宁全集》2版第51卷，第518页。

❷ 《列宁全集》2版第52卷，第461页。

❸ 转引自阿·哈默《回忆列宁》人民出版社版，第5页。

司。"❶ 那时规定，合营公司本国股份不得少于51％，在这个前提下广泛吸取外资，并利用外国资本家在国外的地位开展对外贸易。在列宁这一政策的指导下，一两年内就组织了24个合营公司，如"苏德合营五金公司""美俄贸易股份公司""苏英木材合营公司"等。列宁在坚持外贸垄断的同时，强调多多开办这类公司。在俄共（布）十一大，他把办这种公司、学习经商当作基本教训之一。在《关于对外贸易垄断》（1922年12月）一文中，特别提出："成立合营公司的办法是能真正改善对外贸易人民委员部这个糟糕的机关的唯一办法，因为实行这个办法，外国商人和俄国商人就会在一起工作。""利用合营公司进行长期的认真的学习，这是恢复我国工业的唯一途径。"❷

（2）借贷。在列宁看来，社会主义国家和资本主义国家发生借贷关系是完全允许的，也是可行的。他多次讲过利用借贷外资等筹措电气化的资金（大约占总投资额的五分之一）、进口活跃一些市场的商品。俄共（布）十一大、十二大、十三大都提出过从国外争取借款的建议。当时的苏俄外交使团曾为此事与外国进行过广泛的谈判，例如在1922年海牙会议上，苏俄代表就提出争取为期三年的32亿金卢布的巨额贷款，用以购买工业设备。尤其对于争取优惠贷款，列宁格外重视。列宁在世时，取得的进展不大，1928年以后规模、数量就大起来了。据有人估算，在第二次世界大战前，苏联从外国取得了约有20多亿卢布的贷款，对工业的发展起了一定的作用。

（3）聘请外国专家传授技术。列宁一直对这种形式很重视。他曾多次提出用高薪聘请外国的技术专家来传授技术。他曾经设想聘请一大批外国专家，比方说美国的专家，每年付出五千万或一亿卢布，"从国民经济的利益来看，从由陈旧的生产方法过渡

---

❶ 《列宁全集》2版第43卷，第284页。
❷ 《列宁全集》2版第43卷，第331、332页。

到最新的、最完善的生产方法来看,花这笔钱是完全有理由的。为了学习生产好的方式方法而花这样一笔钱,是应当的,是值得的。"❶ 这对于资本主义世界来说,也是一种技术、人才生意,对社会主义国家来说则可以算作一种利用国际人才市场配置资源的重要智力投资。这种投资算总账是合算的。所以,列宁甚至在经济上非常困难的条件下,还指示有关部门注意聘请外国专家。

(4)收集技术情报。列宁在这方面的指示也很多。例如,在1921年9月,他就指示最高国民经济委员会科学技术部,要"清楚地、及时地、切合实际而不是例行公事地介绍欧美的技术。特别是,**在最新式的**机器中**一切**最重要的机器,莫斯科都应当有一件,以便学习和教授。"❷ 他还指示,要通过各种途径搞经济技术情报,"我们现在向欧美学一学是**很有必要的**。"❸ 这些资料,对于制定经济计划、发展内外贸易、改进企业的技术装备,都十分重要。

其他方面,我们不再一一论述。总的看来,列宁非常重视通过各种形式同资本主义国家进行经济和技术交往。

三、对外经济联系的原则性和灵活性

列宁在俄共(布)第十次代表会议上曾经指出:"全部困难就在于要找出一个行之有效的吸引西欧资本的办法。"❹ 这种事情之所以困难,是由于国际市场千变万化,资本家又有丰富的做买卖的经验,要比国内市场更难掌握。这里,既要考虑经济上的需要和合算,又要考虑政治斗争和经济斗争的形势,既要看到眼前的利益,又要看到长远的发展;既要对自己有利,又要考虑资

---

❶ 《列宁全集》2版第34卷,第130页。
❷ 《列宁全集》2版第51卷,第274页。
❸ 《列宁全集》2版第52卷,第473页。
❹ 《列宁全集》2版第41卷,第301页。

本家的接受程度（没有利他们是不干的）。为此，就要把坚定的原则性和机动的灵活性巧妙地结合起来。

所谓原则性，在政治上要维护国家的独立和主权，在经济上要符合社会主义经济发展的需要，并能有利可图，而不能成为外国的附庸。列宁在与斯大林谈话中说得好："我们主张和平的协议，但我们反对奴役和带奴役性的协议。必须紧紧地掌着舵，走我们自己的路，决不要上别人阿谀奉承的或恫吓讹诈的当。"❶

当英国资本家乌尔卡尔提出让苏俄赔偿在战争中剥夺的财产时，列宁回答说："对不起！我们已经争得的东西决不会交回。"❷ 此外，还提醒人们注意防止资本主义的腐蚀作用，他说："租让企业在经济上对我们有很大好处。当然，它们在建设一些工人村时，将带来资本主义习气，腐蚀农民。但是应该加以注意，应该处处用自己的共产主义影响加以抵制。"❸

所谓灵活性，就是善于利用资本主义国家集团之间的矛盾，善于进行讨价还价的斗争。"我们应当有本事根据资本主义世界的特点，利用资本家对原料的贪婪使我们得到好处，在资本家中间——不管这是多么奇怪——来巩固我们的经济地位。"❹ 由资本主义发展规律所决定，国家与国家、集团与集团、企业与企业之间的矛盾和斗争是不可避免的，这就给社会主义国家造成随时可以利用的机会。关键在于自己的头脑要灵活，善于发现和利用这些矛盾，特别是在资本主义市场日趋狭小的情况下，更是如此。他说："处在资本主义环境里，我们应当算计怎样保证我们的生存，怎样才能从敌人那里获得利益。敌人当然是要讨价还价的，他们永远不会忘记讨价还价，而讨价还价是为了占我们的便

---

❶ 《斯大林全集》第5卷，第111—112页。
❷ 《列宁全集》2版第43卷，第299页。
❸ 《列宁全集》2版第40卷，第77页。
❹ 《列宁全集》2版第41卷，第162—163页。

宜。这一点我们也不会忘记，我们决不会幻想某某地方的生意人会变成羔羊，而且会白白地给我们各种好处。这种事是不会有的，我们也不盼望有这种事。"为此，就要在做生意、打交道中善于学习。"我们必须抛弃旧的方法，改用崭新的方法。"❶这是经济战场上的一种斗争艺术。

列宁晚年对外经济政策的思想，总体上就是打破闭关自守、妄自尊大的观念，按照世界范围内社会分工和经济联系的规律实行对外开放政策。这在当时反对帝国主义武装干涉的战争刚刚结束，作为世界上第一个社会主义国家，面对帝国主义列强，敢于实行灵活的、有力的对外开放政策，的确表现了无产阶级伟大导师的卓越胆识。这和他的整个经济战略思想是分不开的，也是他关于商品经济理论体系在国际经济交往中的体现。列宁有关这方面的论述，为社会主义国家对外经济政策奠定了理论基础。当然，列宁在任何意义上都不是放弃必要的斗争，包括政治、思想和经济斗争，以至称之为"战争的继续"。关键在于斗争的方式和限度。

在宽严尺寸的掌握上，他注意从全局出发权衡利弊。总体上，对外的商品交换的恢复比对内早，因为当时认为前一种交换属于另一个范畴。但是，在放宽的尺度上则为内松外紧，对进出口贸易把得严，实行垄断制；而在对外交往中，引进资金的政策又宽于对外贸易的把关。主要之点在于无产阶级政权控制的能力。列宁的一个中心思想，是一定要限制在无产阶级政权可以控制的范围内，防止国内外资本主义势力结合起来（仅仅是国内的资本主义势力是容易控制的，可怕的是它同国际大资本家联合起来），以保证国家的独立性。

---

❶ 《列宁全集》2版第43卷，第299、300页。

第五篇

5

其他相关论述

　　列宁的商品经济理论主要涉及的是经济领域的各个层面，但不仅限于此。他把社会看成一个整体，把经济比作"骨骼"，把上层建筑及文化领域比作"血肉"，这是一个以经济为主体的社会运行整体观念。我们领会和研究列宁的商品经济理论体系，应当包含他所论述的相关领域，主要是有关国家、法制、执政党的建设和文化教育事业、科学技术、政治思想教育等方面的观点。特别是他在社会主义建设初期市场关系条件下的这些论述，对今天仍有借鉴意义，不能忽视。从我们今天的体验来看，缺乏上层建筑和精神文明建设方面的配套，社会主义市场经济就不可能健康地发展。

第十七章　商品经济与上层建筑改革

政府的全部工作……是要把叫作新经济政策的东西以法律形式最牢固地固定下来，以排除任何偏离这种政策的可能性。

如果不进行有步骤的和顽强的斗争来改善机构，那我们一定会在社会主义的基础还没有建成以前灭亡。

现在全部关键在于，先锋队要不怕进行自我教育，自我改造，要不怕公开承认自己素养不够，本领不大。

——列宁

"政治设施是经济基础的上层建筑。"❶商品经济同一定的所有制关系结合构成经济基础，它的运行既影响上层建筑，也需要上层建筑来保证。列宁对二者的关系作了长期的多方面的探究，尤其在实行新经济政策中有大量的新问题需要正确处理。对此，列宁既借鉴了资本主义国家的经验，又在实际中大胆探索。这里重点阐释了法制的作用、国家机关的改革和加强党组织自身的建设。

第一节　商品经济同上层建筑的关系

在长期的革命斗争中，列宁按照马克思恩格斯"交互作用"

---

❶ 《列宁全集》2版第23卷，第45页。

的原理,深入论证了经济基础和上层建筑的关系,其中也突出了商品经济运动与上层建筑的关系。这些论述不仅丰富了历史唯物论的一般原理,而且为后来探索社会主义建设初期商品—市场关系同上层建筑的关系奠定了理论基础。我们这里仅就几个要点作一些概要的阐释。

一、资本主义商品经济的发展与上层建筑变动的关系

恩格斯在论述经济基础和上层建筑的关系时指出:"这是两种不相等的力量的相互作用:一方面是经济运动,另一方面是追求尽可能大的独立性并且一经确立也就有了自己的运动的新的政治权力。总的说来,经济运动会为自己开辟道路,但是它也必定要经受它自己所确立的并且具有相对独立性的政治运动的反作用,即国家权力的以及和它同时产生的反对派的运动的反作用。"他把这种反作用也称之为"头足倒置"现象,并论述了国家权力对经济发展有三种不同的反作用,提出"暴力(即国家权力)也是一种经济力量"的著名论点。❶ 列宁结合19世纪末和20世纪初的俄国和世界发展的特点,发挥了这一科学原理。

值得注意的是,他特别研究了经济运动中商品市场关系同上层建筑的相互关系这个侧面。早年,他在批判民粹派米海洛夫斯基时说道:"他把历史上一个特定的社会形态(以交换为基础的社会形态)的范畴和上层建筑,当作同子女教育和'直接'两性关系一样普遍的和永恒的范畴。"在这里,列宁突出了"以交换为基础"的经济基础,以此对上层建筑产生影响。他用这个观点理解《资本论》,认为它不以经济理论的"骨骼"为满足,"又随时随地探究与这种生产关系相适应的上层建筑,使骨骼有血有肉",它"对这个社会和它的上层建筑作了唯物主义的分析"。马克思说明了"商品生产者的关系是法治国家公民权利平等和自

---

❶ 《马克思恩格斯选集》1995年版第4卷,第701、705页。

由契约等原则的基础"。❶ 在列宁看来，这里不仅有资本主义所有制的影响因素，而且包含了同这种所有制密不可分的一定发达程度的商品经济影响因素。以后，列宁用这个观点分析了俄国政治关系中的变化，分析了各种政治派别的倾向及其相互关系，分析了国家制度对经济运动的影响。特别是他提出的土地国有化纲领，实质上是强调国家的性质决定土地国有化的性质，即使是资产阶级革命，实现土地国有化也会为资本主义商品经济的发展扫清道路，并且为社会主义革命创造了前提条件。

此外，保护关税也是国家保护经济基础的一种行政措施，表现了它的反作用。早年的列宁分析过英国的保护关税，主要是谷物法。他指出："保护关税政策是资本主义的'社会政治因素'"，它"与历史上一定的社会经济制度、与这个制度中得到政府支持的主导阶级的利益"相联系。❷ 可见，在世界范围内商品交换的发展与作为上层建筑主要部分的政权支持是分不开的。

在研究帝国主义即发达资本主义商品经济形态时，他指出，经济基础的部分质变会反映到上层建筑中来，"在金融资本的基础上生长起来的非经济的上层建筑，即金融资本的政策和意识形态，加强了夺取殖民地的趋向。"他借用希法亭的话说："金融资本要的不是自由，而是统治。"这时它们在国内不仅压迫广大下层劳动群众，而且压迫中间阶级，为保持国内的相对稳定，必然加紧向外扩张。"金融资本和同它相适应的国际政策，即归根到底是大国为了在经济上和政治上瓜分世界而斗争的国际政策，造成了许多**过渡的**国家依附形式。"❸ 这个分析，是把金融资本同上层建筑的相互关系扩展到世界范围，形成多种形式的附属国，出现了比以往宗主国和殖民地的关系要复杂的现象。从后

---

❶ 《列宁全集》2版第1卷，第124—125、111、119页。
❷ 《列宁全集》2版第2卷，第161、165页。
❸ 《列宁全集》2版第27卷，第397—398页。

来发展的事实看，列宁分析的状况逐步成为主要形式，即许多殖民地国家表面上独立了，实际上仍然依附于资本主义大国，受到后者在经济上、政治上的控制，以新的形式维护一种新的殖民主义。

在国内，"这种新的经济即垄断资本主义……的政治上层建筑，就是**从民主转向政治反动**。民主适应于自由竞争，政治反动适应于垄断。""美国的托拉斯是帝国主义即垄断资本主义经济的最高表现。为了排除竞争者，托拉斯不限于使用经济手段，而且还常常采取政治手段乃至刑事手段。"❶ 在《帝国主义论》中，列宁分析了许多金融寡头兼任政府部长、许多政治代表人物都有大财团作为后台等现象，这些都是经济基础和上层建筑相互渗透的表现，从而揭示了现代资本主义国家的实质。他在一篇名为《银行与部长》的短文中进行了淋漓尽致的揭露："今天是部长，明天是银行家；今天是银行家，明天是部长。……这种情形不仅在俄国，而且在资本主义统治的一切地方都有。一小撮掌握着整个世界的银行家是靠战争发财。"❷ 同时，他反复论证帝国主义是战争的根源，强调战争是政治另一种形式的继续，它和经济利益特别是大资本垄断集团的利益有着直接的关系。

列宁在研究发达资本主义商品经济时，还着意分析了国家垄断资本主义及其对国家干预经济、加强计划性的影响。一方面揭示了它的本质，另一方面也说明了上层建筑在发达市场经济形态中的经济职能。后来，在无产阶级取得政权并以此组织经济建设时，他提出了国家资本主义的特殊形式，反复强调"国家，就是我们"。这也是借鉴了资本主义的国家资本主义形式。

---

❶ 《列宁全集》2版第28卷，第133—134页。
❷ 《列宁全集》2版第29卷，第224页。

二、上层建筑的变革在一定条件下的决定作用

列宁一方面多次分析了上层建筑适应于并服务于经济基础的原理,另一方面,也突出地揭示了上层建筑在一定条件下的决定作用。在《国家与革命》《论国家》等名作中,反复论证了夺取政权、建立和巩固无产阶级专政对建立、发展社会主义新型经济的决定作用,并在实践中取得了丰富的经验。他突出地指出了从政治上看问题的重要原则。"政治是经济的集中表现。""政治同经济相比不能不占首位。不肯定这一点,就忘记了马克思主义的最起码的常识。""一个阶级如果不从政治上正确地看问题,就不能维持它的统治,因而也就不能完成它的生产任务。"❶ 后来的大量事实说明,在社会主义市场经济条件下,也必须强调处理好经济和政治的关系,强调讲政治。

在社会主义建设初期的市场关系中,坚定地保持无产阶级政权的地位,善于发挥它的作用,乃是保证社会主义商品经济健康发展的根本条件之一。正如列宁和俄共(布)中央所指出的:"新经济政策没有从根本上改变苏维埃俄国社会制度方面的任何东西,只要政权还掌握在工人手里,就不可能有任何改变。"❷ "工业和运输方面的绝大部分生产资料还是掌握在无产阶级国家的手里。同时土地已经归国家所有,这种情况表明,新经济政策并不改变工人国家的实质,然而却根本改变了社会主义建设的方法和形式。"❸ 在放开市场之后,"只要无产阶级牢牢掌握着政权,牢牢掌握着运输业和大工业,无产阶级政权在这方面就没有什么可以害怕的。"❹ 从这里我们可以引申,社会主义

---

❶ 《列宁全集》2版第40卷,第279、280页。
❷ 《列宁全集》2版第43卷,第290页。
❸ 《苏共决议汇编》第2分册,第154页。
❹ 《列宁全集》2版第41卷,第232页。

基本制度同市场经济结合，不仅限于经济方面，而且包括政治方面，尤其是国家政权。

当然，国家和政治的反作用，不是完全改变经济发展的自然历史过程，而是顺应它的客观进程加以推动、调节，使之更健康地运行。例如，列宁就曾经设想立刻实行"国家生产和国家分配"（即产品经济的直接生产、直接分配）的体制，但是，实践证明它违背经济发展的客观进程，碰了钉子，列宁就改行新经济政策，恢复、扩展、利用商品—市场关系，促进了生产力的发展。与此同时，又充分发挥了国家的调节职能，保持无产阶级的政治领导。这就有利于正确把握经济运动和上层建筑的交互作用。

下面，我们具体看一看列宁是怎样阐述在社会主义建设初期市场关系中更好地发挥上层建筑的作用的。

第二节　加强法制保证新的经济秩序

十月革命后，列宁对于人民政权如何运用法律维护人民的权利、保持对反动势力的制裁，建立和巩固公有制经济、形成新的社会秩序等作过多次论述。我们这里侧重论述的是在新经济政策时期，探寻以法律形式作为一种手段来解决新的政权、公有经济同市场关系结合的问题。

一、制定法律的原则在于维护新经济政策

在这一时期，列宁给法律工作提出的任务就是保证新经济政策得以正确地贯彻。1922年10月，他在答《观察家报》和《曼彻斯特卫报》记者的提问时，明确地指出："政府方面任何人都绝对没有说过要结束'新经济政策'，恢复旧政策。政府的全部工作——顺便说一下，在全俄中央执行委员会正在举行的这次常会上也如此——是要把叫作新经济政策的东西以法律形式最牢固

地固定下来，以排除任何偏离这种政策的可能性。"❶ 正是他在同时举行的第九届全俄执行委员会第四次常委会上的讲话全面论述了贯彻制定法典的基本精神。

半年多以前（1922年2月），他就制定民法典问题给中央政治局写信，其基本精神就是既要维护公有制，又要保证商业经济的发展。该委员会（即由法学家组成的修改法典的委员会——引者）的主要任务定为："研究如何能够对一切私营企业无例外地都进行监督（事后监督），并废除一切与法律条文和工农劳动群众利益相抵触的合同和私人契约，从这一方面来充分保障无产阶级国家的利益。不要盲目抄袭资产阶级民法，而要按我们的法律的精神对它作一系列的限制，但不得妨碍经济或商业工作。"❷ 列宁这段话的基本思想，就是用法律的形式保证一种新的经济秩序，维系社会主义建设初期商品—市场关系的健康发展。

这种经济关系的新特点，在于把保护劳动者的共同利益与有秩序地活跃市场关系恰当地结合起来。制定法典的任务就是保证这种结合。当时，拟定了劳动法典、土地法典、民法典以及一般法院组织等的法规。列宁指出：所有立法工作"在我们坚决推行的、我们对之不会动摇的现行政策（即新经济政策——引者）下，这是一个对广大居民极其重要的问题。你们也知道，我们在这方面一直力求划清界限：什么是从法律上满足任何公民与目前经济流转有关的要求，什么是滥用新经济政策……一旦现实生活暴露出我们以前没有预料到的滥用新经济政策的现象，我们会马上作出必要的修正"。❸ 意思是说，法律维护的是新经济政策的正常秩序，而一旦脱离社会主义建设初期市场关系的正确轨道，就用法律手段加以制止。

---

❶ 《列宁全集》2版第43卷，第242页。
❷ 《列宁全集》2版第42卷，第430—431页。
❸ 《列宁全集》2版第43卷，第245—246页。

正是基于这个指导思想，列宁反复强调"加强法制"，要"教会人们靠**文化素养**为法制而斗争，同时丝毫不忘记法制在革命中的界限"。并且指出："**现在**的祸患不在于此，而在于有**大量**违法行为。"❶ 为了贯彻执行法律，用它进行有效的斗争，不能单靠宣传，还要靠人民群众的帮助才行。

二、运用法律规范私商和合作社的市场行为，克服新经济政策的消极面

列宁多次指出，要认真切实地执行新经济政策，又要善于克服它的一切消极面。为此，"必须善于精明地安排一切。我国的法律使我们完全可以做到这一点。"❷ 主要是依靠法律规范人们的市场行为，特别是私营企业。

他对制定民法典的要求，一方面，"西欧各国文献中和经验中所有保护**劳动**人民利益的东西一定要吸收进来"；另一方面，"**不要迎合'欧洲'，对要在加强国家对'私法关系'和民事案件的干预方面有所突破**。""现在我们面临的危险是在这方面**做得不够**，而不是做'过了头'，这在我也是非常明确的。"❸ 为此，他连续写了许多信件、批件，其中《关于司法人员委员部在新经济政策条件下的任务》（1922年2月20日）一文，最为重要。

他指出："司法人民委员部的工作看来还完全不适应新经济政策。以前，苏维埃政权的战斗机关主要是陆军人民委员部和全俄肃反委员会。现在战斗性**特别**强的职能则由司法人民委员部承担。"正是出于"司法人民委员部在保证**新经济政策**实施方面的战斗职能同样重要，因而它在这方面的软弱无能和精神不振更加令人愤慨。"他十分严厉地强调："以为实行**新经济政策**会终止

---

❶ 《列宁全集》2版第42卷，第498页。

❷ 《列宁全集》2版第43卷，第301页。

❸ 《列宁全集》2版第42卷，第444页。

使用恐怖手段,那是极大的错误。我们还会重新采取恐怖手段,采取经济方面的恐怖手段的。"❶

首先,对进行破坏和捣乱的敌对分子(特别是孟什维克、社会革命党右派残余势力),由人民法庭采取最迅速、"**最符合革命要求**的方式加以惩治",❷ 并且要进行示范性的审判,造成强大的政治影响和政治攻势,以巩固政治秩序。

其次,惩办那些"**滥用新经济政策的人**",即企图越出国家限制从事违法活动的私商。"做生意吧,发财吧!我们允许你这样做,但是我们将**加倍**严格地要求你做老实人,呈送真实准确的报表,不仅要认真对待我们共产主义法律的条文,而且要认真对待它的**精神**,不得有**一丝一毫**违背我们的法律,——这些就应当是司法人民委员部在**新经济政策**方面的基本准则。"对于投机倒把、捣乱市场、海关走私、偷税漏税的不法分子要根据法律罚以巨款。例如,1922年秋,逮捕了一批违法搞黑市交易、倒卖外币和黄金、白银、组织偷运国外的人。特别是对于那些破坏对外贸易垄断制的国内外商人更不能客气:"总有一天,我会为此把你们绞死。"❸

再次,对于党和苏维埃领导机关中的贪污受贿分子、严重的官僚主义分子,也要根据情节的轻重给予法律制裁。全俄苏维埃第九次代表大会提出:"要让人民法院加倍注意对官僚主义、拖拉作风和经济工作上的指挥失当进行司法追究。审判这类案件是必要的,这样可以提高人们过问这种目前很难对付的坏事的责任心,可以引起工农群众对这一重大问题的注意,可以达到取得更大的经济成就的实际目的。"列宁要求对于知法犯法、贪赃枉法的共产党员进行比非党员更严厉的制裁,要"消除任何利用执

---

❶ 《列宁全集》2版第42卷,第424页。
❷ 《列宁全集》2版第42卷,第425页。
❸ 《列宁全集》2版第42卷,第428、460页。

政党地位得以从轻处理的可能性"。"对共产党员的惩办应比对非党人员加倍严厉,这同样是起码常识,而司法人民委员部对此同样漠不关心。"❶1922年3月,列宁对俄共莫斯科市委姑息包庇滥用职权的党员一事十分愤慨,他建议中央政治局:"向各省委重申,凡试图对法庭'施加影响'以'减轻'共产党员罪责的人,中央都将把他们**开除出党**。""凡不执行此项规定的人民审判员和司法人民委员部部务委员应予**撤销职务**。"❷

此外,列宁还关心用法律形式健全社会保障,他要求经济领导机关、卫生人民委员部和社会保障人民委员部研究解决在实行新经济政策条件下的工人保险问题。❸1921年10月人民委员会批准了《关于雇佣劳动人员的社会保险的法令》。

列宁认为,法律手段一方面是一种强制性措施——这在社会主义时期是不可少的;另一方面,又是一种教育措施。他指出:"审判的教育意义是巨大的。我们是否关心过这件事呢?是否考虑过实际效果呢?没有,而这却是整个司法工作的起码常识。"❹尤其是经济立法,本身就是管理经济、教育职工和干部的重要武器。这对于社会主义条件下的市场关系,是须臾不可少的。列宁之所以要严厉批判当时存在的忘记或忽视法制作用的倾向,就在于这种倾向违背了社会主义经济的要求,忘记了上层建筑对经济基础的反作用,不懂得法制手段和经济手段是相辅相成的,偏废任何一种手段都会给经济建设带来损失。

三、强调法律的全国统一性,克服地方对法律随意曲解和不执行的行为

在新经济政策时期,地方主义相当严重,一些人提出对执

---

❶ 《列宁全集》2版第42卷,第362、581、426页。
❷ 《列宁全集》2版第43卷,第53页。
❸ 《列宁全集》2版第42卷,第162页。
❹ 《列宁全集》2版第42卷,第426页。

法机关（特别是检察机关）实行中央和地方"双重领导"。列宁严加驳斥，重申法律的统一性。他说："法制只能有一种""法制不能有卡卢加省的法制、喀山省的法制，而应是全俄统一的法制，甚至全苏维埃共和国联邦统一的法制。""检察长有权利和有义务做的只有一件事：注意使整个共和国对法制有真正一致的理解，不管任何地方差别，不受任何地方影响。"❶他要求认真纠正地方任意曲解和不执行统一法律的行为，非常严肃地指出："我们是生活在无法纪的海洋里，地方影响对于建立法制和文明即使不是最严重的障碍，也是最严重的障碍之一。"这种"地方官僚和地方影响的利益和偏见"是"最有害的障碍"，"我们的全部生活中和我们的一切不文明现象中的主要弊端就是纵容古老的俄罗斯观点和半野蛮人的习惯。"❷他要求切实纠正，坚决否定所谓"双重"领导，不折不扣地执行统一的法律。此外，他还坚决反对以本位主义妨碍执法、袒护违法的行为。

列宁对法制的论述，可以启迪我们认识法制同市场经济有一种密不可分的关系。正因为存在着市场关系、存在着私人和各种企业的市场行为，才更加需要用法律去规范。这是维持市场正常秩序的重要保证，也是社会主义国家管理市场的有效武器，它符合商品经济发展的客观规律，是运用"两只手"调节的重要表现。

第三节　有步骤地改革国家机关

在新经济政策时期，为适应发展生产力和社会主义建设初期商品、市场关系的需要，列宁倡导了国家机关的改革。他在《论粮食税》一书纲要中谈到经济政策的转变时指出："如果没有

---

❶　《列宁全集》2版第43卷，第195页。
❷　《列宁全集》2版第43卷，第196、197、195页。

'机构',那我们早就灭亡了。如果不进行有步骤的和顽强的斗争来改善机构,那我们一定会在社会主义的基础还没有建成以前灭亡。"❶ 第二年,他又明确提出:"**周密地考虑一下工作制度,作一番彻底的改革。**"❷ 列宁的这一论断,是在新的条件下坚持以无产阶级专政学说为基础的:"无产阶级专政不只是对剥削者使用的暴力,甚至主要的不是暴力。这种革命暴力的经济基础,它的生命力和成功的保证,就在于无产阶级代表着并实现着比资本主义更高类型的社会劳动组织。"❸ 无产阶级政权除了必须具有的暴力职能(保护经济基础)外,还具有组织和管理社会经济的职能,特别在市场关系中实现对整个国民经济正确的领导。但是,如果对被旧的影响所侵蚀、臃肿无能的国家机关不加以系统地改革,就会妨碍经济的发展,甚至导致社会主义经济的灭亡或变质。这里的重点是"有步骤的和顽强的斗争",不是零星地、一时地,而是有计划地多次改善它一切不适合经济发展要求的东西。在向新经济政策的转变中,列宁关于改善国家机关的问题,大体上抓了三个方面的工作。

一、反对和克服官僚主义作风

如果说在战争时期列宁已经觉察到"官僚主义在苏维埃制度内部部分地复活起来",那么到新经济政策时期,则把它看作是无产阶级政权的"脓包"和"祸害"了。他多次指出,以往的官僚主义作风和方法已经与新经济政策的要求远远不适应。1921年5月,他及时指出,在发展交换的情况下,"当然要求国家即国家的地方机关,从各方面鼓励创新精神和首创精神",必须研究"同官僚主义和拖拉作风做斗争的方法和效果"。❹ 他强调,

---

❶ 《列宁全集》2版第41卷,第376页。
❷ 《列宁全集》2版第42卷,第388页。
❸ 《列宁全集》2版第37卷,第11页。
❹ 《列宁全集》2版第41卷,第270、273页。

"在实际试行新经济政策时要雷厉风行，杜绝官僚主义和拖拉作风"，要"办事迅速"，提高效率。❶1922年2月22日，列宁在《给财政人民委员部》的信中指出："我们所有经济机构的一切工作中最大的毛病就是官僚主义。共产党员成了官僚主义者。如果说有什么东西会把我们毁掉的话，那就是这个。"他愤怒地用尖刻的语言说，要"用发臭的绳子吊死"那些袒护拖拉渎职者的人，"而且我总在想，说不定什么时候我们就会因此而活该被吊死。"❷

列宁认为，官僚主义作风是旧社会遗留下来的腐朽的上层建筑，它以官位、特权和虚张声势的油腔滑调掩盖自己的无能和懒惰。它贻误工作、脱离群众、压抑人才，同社会主义经济建设事业格格不入。许多经济部门之所以效率低下、浪费惊人、歪风盛行、管理混乱，同官僚主义的纵容和瞎指挥是分不开的。由此发展下去，就有使无产阶级政权变质的危险。

为了使人们认识和克服官僚主义这个"脓包"，列宁多次深刻地分析了它的根源。从经济上说，它的基础是："小生产者的分散性和涣散性，他们的贫困、不开化，交通的闭塞，文盲现象的存在，缺乏工农业间的流转，缺乏二者之间的联系和协作。"它是宗法式的小生产者的自然经济的产物，属于半封建性的家长制的思想体系，而战时共产主义的产品经济体系则助长了它的滋长。"官僚主义作为'包围状态'的后果，作为小生产者涣散性和受压制状态的上层建筑，就充分暴露了出来。"❸在政治上，执政的地位也助长了一些人居功自傲、升官发财思想的滋生、蔓延，自觉不自觉地把"社会公仆"当作人民的"老爷"，把旧统治阶级的一套腐朽的作风继承下来。列宁尖锐地批评："我们从

---

❶ 《列宁全集》2版第42卷，第380页。

❷ 《列宁全集》2版第52卷，第300、149—150页。

❸ 《列宁全集》2版第41卷，第218—219页。

沙皇俄国学到了最坏的东西，也就是简直要把我们窒息死的官僚主义和奥勃洛摩夫习气。"❶

列宁认为，要克服官僚主义必须抓住两条：在经济上发展流转，在政治上发扬民主、加强法制和对干部的教育。他在提出实行粮食税等政策的同时，又提出"反对官僚主义和发扬'工人民主'是一项政治（内部）任务，也是'建设'任务"，官僚主义和工人民主是不相容的"两种政治的上层建筑"。❷他指出，对官僚主义不可能采取一下子"彻底消灭"的方法，对多数人来说还是要进行经常的深入的教育工作，提高干部的文化水平。列宁特别提出以罢工形式反对极端严重的官僚主义："在无产阶级掌握政权的国家里采取罢工斗争，其原因只能是无产阶级国家中还存在着官僚主义弊病，在它的机构中还存在着各种资本主义旧残余"，但是尽可能采取其他的民主形式，特别是诉诸法律。❸对于少数严重的官僚主义者和因拖拉造成严重后果的人，要绳之以法。在俄共（布）十一大，他教育全党："即使处理最简单的国家事务也必须采取文明的办法，必须懂得这是国家事务、商业事务，如果有了障碍，就应该善于消除，把对办事拖拉负有罪责的人送交法院。"❹这本身也是一种教育手段。

二、精简机关，厉行节约

列宁认为，在恢复市场流转之后，"需要最大限度的灵活性，**为了这一点**，为了灵活地随机应变，就需要机构的最大的坚定性。""机关是一种辅助手段，它愈坚定，就愈好，愈能随机

---

❶ 《列宁全集》2版第42卷，第426页。
❷ 《列宁全集》2版第41卷，第362页。
❸ 参见《列宁全集》2版第42卷，第368页。
❹ 《列宁全集》2版第43卷，第102页。

应变。如果它不能做到这一点，那它就没有任何用处了。"❶ 在列宁看来，要适应新形势、发挥高效灵活而又坚定的政府职能，就必须下决心精简机构。他说："无论如何，我们必须精简我们国家机关，我们必须尽可能节约。"列宁把机构臃肿、人浮于事、铺张浪费等现象看作是沙皇俄国及其官僚机构遗留下来的祸害，与新经济政策格格不入。许多事情拖拉延误、无人负责、互相扯皮，与机构庞杂有直接的关系。而且，只有实行劳动人民多年以来梦寐以求的廉洁政治，使无产阶级政权真正成为廉洁政权，才能享有威信，才能实现对广大群众特别是农业群众的政治领导。"只有彻底清洗我们的机关，尽量削减机关非绝对必要的一切，我们才能够有十分把握地坚持下去。"❷ 1922年10月，他在全俄中央执行委员会上专门讲述此事："这个问题是我特别关心的，……这就是关于我们的国家机关问题，这是一个老问题，又永远是一个新问题。"他列举了一个数字：1918年苏维埃的职员为231 000人，经过几年的"精简"，到1922年10月，"结果发现它竟有243 000人"。他的结论是："要使机关得到改善，需要花大力气，要有能力。"❸ 该年12月，他在一份讲话的提纲中写道："国家机关的一般情况：**糟透了；低于资产阶级的文化**。"❹ 直到他最后的几篇文章，还在关心改造国家机关问题。可见，这样的上层建筑不能适应经济运行的需要，必须认真进行系统的改革。

关于国家机构改革的做法，他也作了多次论述，特别是中央领导机构是他最关心的。他要求："通过对人的考核和对实际工作的检查同腐败的官僚主义和拖拉作风做斗争；毫不留情地赶

---

❶ 《列宁全集》2版第41卷，第368、65页。
❷ 《列宁全集》2版第43卷，第282、392页。
❸ 《列宁全集》2版第43卷，第247页。
❹ 《列宁全集》2版第43卷，第325页。

走多余的官员，压缩编制，撤换不认真学习管理工作的共产党员，——人民委员和人民委员会、人民委员会主席和副主席的工作方针就应该是这样。"❶ 他多次反对文牍主义，要求精简会议、减少文件、大大地精简机构，并且提出党的工作和政府工作要明确地划分开，建立高效的政府机关。

三、建立和加强监督机制

对无产阶级政府如何进行监督，这是一个保证政权性质和适应经济运行的大问题。尤其在市场经济条件下监督机制更为重要。列宁对此作了多方面的探索。

早在十月革命胜利的第二天，政府就公开宣布：希望时刻受到本国舆论的监督。1918年年初建立了国家监察部。1919年对人民监察部改组，改组法令提出："只有吸取广大工农群众参与管理国家大事和广泛监督管理机关，才能消除机构的缺点，清除苏维埃机关中的官僚主义恶习，从而大大推进社会主义建设事业。"❷ 同年成立党的监察委员会。1920年2月，工人监督机关和国家监督机关合并为工农监察院。

进入新经济政策时期，列宁更为重视监督问题。俄共（布）十大专门作出《关于监察委员会》的决议。1922年1月，列宁在谈到克服官僚主义时形象地说，对新建立的这些政府机关"如果不注意、不督促、不检查、不拿三根鞭子抽打，在我们这可恶的、奥勃洛摩夫式的风气下，两个星期就会'松下来'"。❸ 后来，他发现工农监督院带有官僚化的倾向，威信很低，他在病中专门口授《怎样改组工农检查院》和《宁肯少些，但要好些》两

---

❶ 《列宁全集》2版第42卷，第395页。
❷ 克鲁普斯卡娅：《列宁回忆录》，人民出版社1960年版，第495页。
❸ 《列宁全集》2版第42卷，第388页。

文提交党的第十二次代表大会,要求对工农检查院进行改革:"毫无疑问,工农检查院对我们说来是一个大难题,而且这个难题至今没有解决。一些同志用否认工农检查院的好处或必要性来解决这个难题,我认为是不对的。但同时我并不否认,我们国家机关及其改善的问题,是一个非常困难、远未解决同时又亟待解决的问题。"

他说:"我们的国家机关,除了外交人民委员部,在很大程度上是旧事物的残余,极少有重大的改变。这些机关仅仅在表面上稍微粉饰了一下,而从其他方面来看,仍然是一些最典型的旧式国家机关。所以,为了找到真正革新这些机关的办法,我觉得应该向我们国内战争的经验请教。"❶他建议,代表大会从工人和农民中选出75~100名(这当然是大致的数字)新的中央监察委员。当选者也像一般中央委员一样,应该经过党的资格审查,因为他们也应享有中央委员的一切权利。另一方面,应该把工农检查院的职员缩减到300~400人,这些职员要经过专门考查,看他们是否认真负责,是否了解我们的国家机关,同时还要经过专门考验,看他们是否了解科学组织劳动特别是管理、办公等方面劳动的原理。

他认为,把工农检查院和中央监察委员会这样结合起来,对于两个机关都有好处。一方面,工农检查院因此能获得很高的,至少不亚于外交人民委员部的威信。另一方面,中央委员会就会同中央监察委员会一起最终走上变成党的最高代表会议的道路,实际上中央委员会已经走上这条道路,而为了在以下两方面正确地完成自己的任务,它应当沿着这条道路走到底:一方面,使它的组织和工作有计划、有目的、有系统,另一方面,通过工农中的优秀分子同真正广大的群众联系起来。

列宁当时关心的是两方面的事情:一是提高监察机关的质

---

❶ 《列宁全集》2版第43卷,第373页。

量，二是全面严格的监督。特别是对最高领导集团的监督："我们中央委员会已经成为一个严格集中的和威信很高的集体，但是这个集体的工作条件还和它的威信不相称。我提出的改革必将有助于改变这种状况。有一定的人数必须出席政治局每次会议的中央监察委员会的委员们，应该形成一个紧密的集体，这个集体应该'不顾情面'，应该注意不让任何人的威信，不管是总书记，还是某个其他中央委员的威信，来妨碍他们提出质询，检查文件，以至做到绝对了解情况并使各项事务严格按照规定办事。"❶ 值得提出的是：在斯大林时期所编辑的《列宁全集》（俄文4版）删掉了"不管是总书记，还是某个其他中央委员的威信"这条十分重要的遗训，以致后来最高领导失去应有的监督，造成严重的历史后果。由此看来，列宁的遗训针对性很强，抓住了上层建筑中最重要的东西。以后几十年中陆续出现一系列事件，表明监督机制的重要性。这不能不说是一个惨痛的教训。

列宁在《宁肯少些，但要好些》一文中还提出："我们应当把作为改善我们机关的工具的工农检查院改造成真正的模范机关。"❷ 他要求高质量地培训人员，既品质好，又懂业务，主要检查、制止官僚主义和各种违纪行为，促进机关的改革，铲除旧习，杜绝浪费，保证国家的正常运行，使新的制度能够迅速地发展生产力和发挥所有能发展成为社会主义的潜力。

第四节　执政党的自我教育和建设

列宁主义的建党学说是十分丰富的，可谓马克思主义理论宝库中的瑰宝。本书重点在于阐释他的商品经济理论，此处不再全

---

❶ 《列宁全集》2版第43卷，第376—377页。
❷ 《列宁全集》2版第43卷，第380页。

面论述他的建党学说，仅就列宁对社会主义建设初期市场关系条件下，执政党的建设问题作一简述。

在新经济政策中如何发挥执政党的领导作用，又如何使自身适应新的商品—市场关系，这是列宁一直关注的问题。他的观点，可以从俄共（布）十一大闭幕中的讲话集中地反映出来。他说："现在要按新方式来提出我们政策的全部任务了。现在全部关键在于，先锋队要不怕进行自我教育，自我改造，要不怕公开承认自己素养不够，本领不大。"❶其核心，还是强调如何学会领导新的经济关系以及由此产生的政治关系。

一、加强执政党的领导不能动摇

在转向新经济政策过程中，列宁同时强调加强共产党领导的重要性，坚决反对削弱取消党的领导作用的无政府工团主义（他们主张党组织不能领导整个国民经济）。列宁为此专门为俄共（布）十大起草一个决议，明确指出："只有工人阶级的政党，即共产党，才能团结、教育和组织无产阶级和全体劳动群众的先锋队，而只有这个先锋队才能抵制这些群众中不可避免的小资产阶级动摇性，抵制无产阶级中不可避免的种种行业狭隘性或行业偏见的传统和恶习的复发，并领导全体无产阶级的一切联合行动，也就是说在政治上领导无产阶级，并且通过无产阶级领导全体劳动群众。不这样，便不能实现无产阶级专政。""只要无产阶级的革命先锋队的统一、力量和影响稍微受到削弱，这种动摇的结果就只能是资本家和地主的政权以及私有制的复辟。"❷按照列宁的观点，在社会主义建设初期商品市场关系条件下，绝不能削弱党的领导作用，只能加强、改善。

---

❶ 《列宁全集》2版第43卷，第133页。
❷ 《列宁全集》2版第41卷，第85、87页。

二、克服守旧思想，学会管理和经商的本领

在开放市场之初，党内面临的主要思想障碍是小农经济的因循守旧观点，列宁称之为"旧俄半贵族半农民宗法情绪"、轻视商业的"感情社会主义"。诸如"在牢里没有教我们做生意""吐口唾沫也可把外国人淹死"之类论调，列宁再三要求克服"奥勃洛摩夫精神"，即冈察洛夫小说中描绘的一个怠惰保守、因循守旧的形象及其精神状态。他在俄共（布）十一大报告中反复讲共产党人不会做生意，"这一点证明，我们是多么不灵活、多么笨拙，证明我们还有多少奥勃洛摩夫习气，为此我们一定还要挨打。"作为执政党所缺少的不是政治力量，不是经济力量，"究竟缺少什么呢？缺什么是很清楚的"，缺少"做生意的本领和管理的本领。"❶"做管理工作的那些共产党员缺少文化。"他形象地比喻，如果我们不认真学习管理，学习文化，就好像去征服别个民族却成了被征服的人。他要求虚心学习，掌握管理的本领，实际上就是驾驭市场、善于经营的技巧。作为共产党人，一定要把革命的热忱同善于做文明商人的本领结合起来，既要忠于无产阶级的社会主义事业，又要懂得和谙于做生意。"和狼在一起，就要学狼叫。至于要消灭所有的狼……那我们就要照俄国一句精辟的俗话去做：'上战场别吹牛，下战场再夸口……'"❷直到最后的文章他还是号召全党：学习，学习，再学习！

三、反对贪污，防止脱离群众和蜕化

从共产党执政开始，尤其是实行新经济政策，列宁敏锐地觉察到，由于党的地位变化，会引出许多严重问题。

第一，许多人由于当官做老爷脱离广大群众、脱离现实。他

---

❶ 《列宁全集》2版第43卷，第89、93、395页。

❷ 《列宁全集》2版第42卷，第249页。

说："对于一个人数不多的共产党来说，对于一个作为工人阶级的先锋队来领导一个大国……向社会主义过渡的共产党来说，最严重最可怕的危险之一，就是脱离群众，就是先锋队往前跑得太远，没有'保持排面整齐'，没有同全体劳动大军即同大多数工农群众保持牢固的联系。"❶ 这里包括两层意思：一不要因为急于求成而不考虑群众的觉悟程度，造成火车头与列车脱节；二不要因为地位变化忘记了群众，不顾群众的痛痒，造成官僚主义作风引起群众不满。俄共（布）十一大专门提出警惕"升官发财"的思想作祟。以后，列宁又把共产党员的狂妄自大当作"第一个敌人"加以反对，作为政治教育的主要任务。

第二，力避由于党的地位变化使一些不够格的人涌入党内。列宁在致莫洛托夫的一封信（1922年3月）中，对于接受新党员问题发表了这样的意见："必须注意到，参加执政党的引诱力在目前是很大的。只要回顾一下路标转换派（资产阶级知识分子的一个派别——引者）的所有著作就会相信，连一点无产阶级气息都没有的人现在都对布尔什维克的政治成就心向神往了。如果热那亚会议（1922年4—5月间召开的一次国际经济和财政会议——引者）使我们取得新的政治成就，那么小资产阶级和十分敌视整个无产阶级的分子涌进党里来的势头就会更猛烈。"❷ 有鉴于此，列宁建议吸收新党员应当慎重，应当有较长的预备期，以提高党员的素质，特别是加强政治修养，加强在实践中考察。为了纯洁党的队伍，在新经济政策时期，列宁倡议进行一次清党活动，在组织上进行整顿，把"脱离群众的分子清除出党（自然，更不要说那些在群众眼中玷污了党的分子）"，包括欺骗分子、官僚化分子、不忠诚分子、不坚强分子和混进来的孟什维克，被除名的占24.1%。

---

❶ 《列宁全集》2版第42卷，第372页。

❷ 《列宁全集》2版第43卷，第19页。

第三，反对贪污受贿，防止腐蚀党的肌体。在实行新经济政策不久，列宁就把共产党员狂妄自大、文盲、贪污受贿作为"三大敌人"。他对一部分党员的贪污受贿现象十分气愤，认为"只要有贪污受贿这种现象，只要有贪污受贿的可能，就谈不上政治。在这种情况下甚至连搞政治的门径都没有，在这种情况下就无法搞政治，因为一切措施都会落空，不会产生任何结果。在容许贪污受贿和此风盛行的条件下，实施法律只会产生更坏的结果。"❶ 在活跃市场和发展对外贸易的条件下，会有一些不法之徒向官员行贿。例如，"外国人现在已经在行贿收买我们的官员，并'运走俄国仅存的一点东西'。"如果把外贸完全交给地方，那"这些对外贸易人员百分之九十将会被资本家收买。"❷ 对此，他非常关注。

按照列宁的观点，要真正克服这类腐败现象，必须从两个方面做工作：（1）切实加强政治教育和文化教育，因为"政治上有教养的人是不会贪污受贿的"，它是"靠文盲这块土壤滋养的"，要从根本上解决这一问题必须达到一定的文化水平，不仅教育本人，而且要提高广大群众的文化水平，对群众宣传，使他们具有"同拖拉作风和贪污受贿行为做斗争的文化素养""只有靠人民群众的帮助才行"。❸ 就是说，不能单靠领导机关，必须依靠群众，让群众都来监督、检举等，使之无容身之地。

（2）运用党纪国法严办。早在1918年3月，他就强调"建立真正办事迅速的、真正革命的、能无情地严惩反革命分子、受贿者、捣乱者和破坏纪律分子的法院"；是年5月，由于轻判了4名受贿和勒索财物的人，列宁亲自给党中央写信说，"我请求把审判贪污案件（1918年5月2日）的党员开除出党的问题列入

---

❶ 《列宁全集》2版第42卷，第200页。

❷ 《列宁全集》2版第42卷，第460、461页。

❸ 《列宁全集》2版第42卷，第198、201、197页。

议程""不枪毙这样的受贿者，而判以轻得令人发笑的刑罚，这对共产党员和革命者来说是**可耻的**行为。这样的同志应该受到舆论的**谴责**，并且应该**开除出党**，因为他们应该是与克伦斯基之流和马尔托夫之流为伍，而不能跻身于革命的共产党人之列。"❶根据列宁的提议和修改，当时制定了《关于惩办受贿的法令》，规定严处贪污和贿赂行为。在新经济政策时期进一步继续执行，并且作了新的补充。1921年5月，列宁起草的一项重要法律中，专门规定了要对"盗窃公共财物"现象汇报和处理。❷1921年11月，列宁根据司法机关的意见要求修改下述规定：司法机关必须将待审的共产党员交由党委委托人的人员保释，党委可以决定法院对共产党员的审判结果。他因对修订还不满意，要求中央政治局讨论，认为由党的组织部门决定这类案件是错误的，因为"这**纯粹**是政治问题，完全是政治问题""对共产党员更要追究**法律责任**，如果"党委作'结论'**必须**上报中央机关，**并由中央监察委员会审查。**"❸根据列宁的建议，对以前的规定作了彻底的修改。由此可以看出，列宁反腐败的决心。

1922年3月18日，列宁专门就惩处犯罪的共产党员问题给中央政治局写信，当时的中央房产局和莫斯科的房产局互相勾结徇私舞弊，而俄共莫斯科市委却认为证据不足加以庇护。列宁得知后气愤地写道："莫斯科委员会（包括捷连斯基同志）事实上**包庇**应该绞死的犯罪的共产党员，已经不是头一回了。这样做说起来是由于犯了'错误'，但这个'错误'的危险性极大。"他建议给这些包庇犯罪人的领导以严重警告、开除出党等处分；他要求："通告司法人民委员部（抄送各省党委），法庭对于共产党员的惩处必须**严于**非党员"，凡是不执行此规定的执法人员要

---

❶ 《列宁全集》2版第34卷，第194、263页。

❷ 《列宁全集》2版第41卷，第279页。

❸ 《列宁全集》2版第42卷，第268页。

撤销职务,并在报纸上曝光。为防止地方党委和政府不执行全国统一的法律,他又提出监督机关必须摆脱地方干扰的指示。直到他最后的一些文章,还特别强调"彻底清洗我们的机关",以保持人民对党和政府的信任。❶

第四,警惕和防止共产党向资产阶级蜕变。在实行新经济政策之后,一批资产阶级知识分子在国外建立了一个组织叫作"路标转换派"。他们认为,布尔什维克在蜕化,"正在滚进通常的资产阶级泥潭""掌权的还是原来的人,但他们本身已经不是原来的样子了""革命的黄昏正在到来"。一句话,认为实行新经济政策不是策略,而是蜕变。意思说,恢复和发展市场关系的结果,必定造成布尔什维克向资产阶级蜕化,使得党和政权变质。列宁在俄共(布)十一大专门引述了他们的话,语重心长地告诫全党:"敌人说出了阶级的真话,指出了我们面临的危险。敌人力图使之成为不可避免的事情。路标转换派反映了成千成万的各色各样的资产者或者参加我们新经济政策工作的苏维埃职员的情绪。这是一个主要的真正的危险。因此,应当把主要注意力放在这个问题上:究竟谁会得胜?"列宁向全党敲起警钟:"这种事情是可能的""历史上有过各种各样的变化"。他们的这种"直言不讳的声明对我们有很大的好处"。❷

列宁的上述思想可以作为一面镜子。他的担心有的为后来的历史所证实。不过,不是实行新经济政策造成的危险,关键仍在党的自身建设,尤其是在国内外市场经济条件下如何保持党的坚定性、纯洁性,如何抵制资本主义的腐蚀。站在历史的高度看,既要学会驾驭社会主义制度下的市场经济,又要警惕和防止和平演变,这是列宁曾经担心过的。今天重温列宁的论述,确实非常有益。

---

❶ 参见《列宁全集》2版第43卷,第53—54、391—392页。

❷ 《列宁全集》2版第43卷,第92—93页。

第十八章 商品经济与社会文明

为要完成这一"仅有"的事情,就需要一场变革,需要有全体人民群众在文化上提高的一整个阶段……在这一方面,新经济政策是一种进步……

技术进步是商品经济引起的;为了取得这种进步,业主必须有闲置的过剩的货币资金……

无论如何要继续前进并学会欧美科学中一切真正有价值的东西——这就是我们头等的最主要的任务。

政治教育的成果只能用经济状况的改善来衡量。

——列宁

人类的社会文明,特别是近现代的文明,是伴随着商品经济的发展而提高的。马克思恩格斯早就论述过资本主义商品生产和商品流通对人类文明的推动作用。列宁不仅继承了他们的基本观点,更重要的是在发达商品经济、技术飞速发展的新时代又丰富了这方面的理论。特别是晚年研究了社会主义建设初期商品—市场关系同文化建设、科学技术发展和加强政治思想教育的相互关系。

第一节 文化发展的动力和作用

列宁在研究商品经济各个发展阶段特点的同时,也考察了它同文化发展的关系，尤其在晚年，他非常注重新经济政策时期的文化建设问题。

一、资本主义商品经济推动了文化的加速发展

列宁多次强调，建设社会主义必须继承资本主义积累起来的丰富的文明成果，正是资本主义商品经济向广度和深度的扩展，加速了人类文化的进步，形成了近现代的文明成果。

他早年研究俄国资本主义市场形成时，认为它所造成的劳动社会化表现之一是引起人们精神面貌的改变，引起生产者性格的深刻改变。其中特别讲了市场发展对于文化的影响："与居民离开农业而转向城市一样，外出做非农业的零工是**进步的现象**。它把居民从偏僻的、落后的、被历史遗忘的穷乡僻壤拉出来，卷入现代社会生活的漩涡。它提高居民的文化程度及觉悟，使他们养成文明的习惯和需要。"他在注脚中引用了科斯特罗马省识字男子的百分比资料：外出零工县份占55.9%，工厂县份占34.9%，定居做森林工人的县份占25.8%。有些外出的农民回到家里埋怨父母没有把他送到圣彼得堡去读书；在做零工的家里大都拥有文具等❶。再如，他分析了俄国手工工场较多的那些非农业地区文化水平较高的事实：较高的识字率，高得多的需求水平和生活水平，他们同"土里土气的""乡下佬"迥然不同，尤其值得注意，他引用了大量统计数据，表明一般说来工商业村的特点是识字率较高。他在分析农业中的技术进步时，也指出它同经营者的文化程度的关系。由粗放农业向集约农业过渡的基本条件之一是："必须有知识分子，没有他们，就不可能提高合理程度和集约程度。"而教育程度低的多数农民就不具备这个条件。在这里文化程度和货币资金同等重要。❷

---

❶ 参见《列宁全集》2版第3卷，第530页。

❷ 参见《列宁全集》2版第1卷，第436页。

二十多年后，在与西欧比较，他对这种文化状况又作了分析。在《日记摘录》中他分别统计了欧俄、北高加索、西伯利亚（西部）三个区域识字的状况，反映出识字率与商品经济的发展程度成正比，以上三个地区的识字率分别占33.0％、28.1％、21.8％。他认为，直到20年代"还没有摆脱半亚洲式的不文明状态""甚至和沙皇时代（1897年）比，我们的进步也太慢"，要做大量的工作"才能达到西欧一个普通文明国家的水平"。❶ 他多次指出，自然经济是闭塞愚昧、保守的经济基础，商品经济则是文明进步的推动力。

以资本主义商品经济而论，它具有剥削的属性，但同时又创造了近现代文明，它把文化教育、科学技术推到了一个新的阶段。列宁曾经说过："文明国家几乎是没有文盲的。在那里，努力设法吸引人们入学；千方百计帮助建立图书馆。"❷ 资本主义创造的文明，为社会主义文化创造了前提。而"无产阶级文化并不是从天上掉下来的，也不是那些自命为无产阶级文化专家的人杜撰出来的。""无产阶级文化应当是人类在资本主义社会、地主社会和官僚社会压迫下创造出来的全部知识合乎规律的发展"，马克思所以能创造伟大的学说，就是"依靠了人类在资本主义制度下所获得的全部知识的坚固基础。"❸ 帝国主义时代的文化，是以高度发达的社会化生产力和先进科学技术及各种现代化的传播媒介为其物质基础的。发达资本主义国家剥削本国人民，也剥削世界人民，而东方不独立、受压迫的民族的存在，"只是为了给资本主义文化和文明当肥料。"❹ 列宁在1919年春就作过这样的对比：尽管在工人政权的力量方面苏俄比英国、德

---

❶ 《列宁全集》2版第43卷，第356—357页。
❷ 《列宁全集》2版第24卷，第282页。
❸ 《列宁全集》2版第39卷，第299、298页。
❹ 《列宁全集》2版第37卷，第322页。

国等先进得多,但"文明程度方面,在从物质和生产上'实施'社会主义的准备程度方面,却比西欧最落后的国家还要落后。"❶1922年12月,他在一份提纲中写道:"问题正在于整个文化,而提高文化需要好多年。"❷可见,没有发达的市场经济,就没有先进的现代文化。而没有先进的现代文化,发达市场经济也就没有支撑和进一步发展的前提。正是因为这样,列宁晚年把社会主义建设初期的商品—市场关系同文明建设的任务紧紧地联结在一起。

为了发展社会主义文化,他一再要求有分析有批判地继承资产阶级文化。他认为,资产阶级的文化有两个方面:一是带有剥削性质的腐朽的东西;二是科学的进步的东西。对于前者要摒弃,对于后者要继承。应当重视资本主义商品经济造成的重要文化遗产。"已经夺得了政权的工人阶级在它着手把资本主义所积累的一切最丰富的、从历史的角度讲对我们是必然需要的全部文化、知识和技术由资本主义的工具变成社会主义的工具时",所遇到具体困难是以前的社会主义者所不曾预料到的,必须认真地试验和探索。❸他提出一个著名的论点:"只有了解人类创造的一切财富以丰富自己的头脑,才能成为共产主义者。"如果以为"不掌握人类积累起来的知识就能成为共产主义者,那你们就犯了极大的错误。"❹

二、"文化革命"的任务

在苏俄恢复和发展市场关系之后,他更加重视文化工作。他提出的一个重要目标,就是"把半亚洲式的国家真正变成文明的、社会主义的国家"。在《论合作社》这一著名的论文中,列

---

❶ 《列宁全集》2版第34卷,第285页。
❷ 《列宁全集》2版第43卷,第325页。
❸ 参见《列宁全集》2版第34卷,第357页。
❹ 《列宁全集》2版第39卷,第299、298页。

宁提出：把重心转到和平组织"文化"建设上来："我们要做的事情'**仅有**'一件，就是要使我国居民'文明'到能够懂得人人参加合作社的一切好处，并参加进去。……可是为要完成这一'仅有'的事情，就需要一场变革，需要有全体人民群众在文化上提高一整个阶段。因此，我们的准则应该是尽量少卖弄聪明，尽量少耍花样。在这一方面，新经济政策是一种进步，因为它适合最普通的农民的水平，它没有向他们提出什么更高的要求。""现在，只要实现了这个文化革命，我们的国家就能成为完全社会主义的国家了。但是这个文化革命，无论在纯粹文化方面（因为我们是文盲）或物质方面（因为要成为有文化的人，就要有相当发达的物质生产资料的生产，要有相当的物质基础），对于我们说来，都是异常困难的。"❶联系到列宁的《日记摘录》和其他文章，可以看出，列宁一而再、再而三地倡导提高群众和干部的文化，并且同新经济政策的任务结合起来，其用意在于提高人的素质，学会以文明的形式（如合作社）从事文明经商，参加社会主义建设。实质上，他是把文化作为社会主义建设初期商品—市场关系的重要条件、重要内容和进一步发展、提高的基础。

值得注意的是，必须全面理解列宁反复强调的"文化"工作。他所说的"文化"建设、"文明"工作、"文化革命"，实际上包括了物质文明和精神文明两个方面。在《论我国革命》一文中所讲的"文化水平""文明"程度，也是这个意思。他反驳孟什维克理论家尼·苏汉诺夫等人时说道："你们说，为了建设社会主义就需要文明。好极了。那么，我们为什么不能首先在我国为这种文明创造前提，如驱逐地主，驱逐俄国资本家，然后开始走向社会主义呢？"❷他的目标，就是通过社会主义革命和社会主义建设，大力发展生产力，使无产阶级专政的国家成为世界

---

❶ 《列宁全集》2版第43卷，第151、364、368页。
❷ 《列宁全集》2版第43卷，第372页。

上最文明的国度。

关于物质方面的文明建设，就是第五章已经阐释过的发展经济、发展市场关系、发展生产力。现在我们着重阐发列宁所说的："纯粹文化方面"的建设。

文化建设的任务，对于俄国来说具有非常重要迫切的意义。当时的俄国是一个文化极端落后的国家。1920年，在1000个俄国人中，只有319人识字，几乎70%的人是文盲。"这说明我们还要做多少非做不可的粗活，才能达到西欧一个普遍文明国家的水平。这也说明，我们现在还要进行多么繁重的工作，才能在我国无产阶级所取得的成就的基础上真正达到稍高的文化水平。"他把文盲当作"三大敌人"之一，要求尽快扫除文盲。

对于当时一个遭受战争严重破坏、经济面临破产的俄国来说，最迫切的任务就是要恢复和发展经济，利用商品、市场关系，大力提高劳动生产率。而要做到这一点，就必须同步进行文化建设，以便为经济建设提供大量的有文化素养的劳动者以及有较高科学技术文化水平的技术人才和管理人才。在当时，他特别注意把文化建设同文明经商结合起来，要求劳动群众通过提高文化懂得合作社的重要性，要求工作人员学会按欧洲方式做买卖，要求把"同西欧优秀人才相比并不逊色的人才集中到工农检查院里来"。❶他把"文化任务"当作为社会主义奠定基础的政治任务。

当然，同发展商品经济相联的文化建设，不能太急，要有一个过程。"文化任务的完成不可能像政治任务和军事任务那样迅速。"❷"在开始的时候，我们能够有真正的资产阶级文化也就够了……在文化问题上，急躁冒进是最有害的。"❸要完成这个

---

❶ 《列宁全集》2版第43卷，第356—357、378页。

❷ 《列宁全集》2版第42卷，第200页。

❸ 《列宁全集》2版第43卷，第378页。

任务，需要一个相当长的阶段。

三、大力发展教育事业和文化事业

列宁把发展教育当作"文化革命"的重要内容，也是贯彻新经济政策的重大措施。他说："由于实行新经济政策，应当不断宣传这样一种思想：政治教育务必要能提高文化水平。应当用读和写的本领来提高文化水平，应当使农民有可能用读写本领来改进自己的经营和改善自己国家的状况。"❶

为了大力发展教育事业，在当时财政极端困难的情况下，列宁不让缩减教育事业的开支，指示苏维埃设法节约其他部门的开支，转作教育人民委员部的经费。他说："在无产阶级和农民的国家里，还有很多经费可以而且应当节省下来用以发展国民识字教育，办法就是把那些半贵族老爷式的玩意儿，那些在上述统计材料所表明的国民识字情况下可以不要、可以长期不要而且应当不要的机关一律撤销。"

列宁非常注重教育事业的投资，他强调："使我们的整个国家预算首先去满足初级国民教育的需要，这个工作我们还做得太少，做得还远远不够。"他提出，在经费上"首先应当削减的不是教育人民委员部的经费，而是其他部门的经费，以便把削减下来的款项转用于教育人民委员部。"❷甚至把精简军队的一部分经费也用在发展教育上。1922年11月，列宁提议："舰队我们不需要，而增加学校经费却迫切需要。"❸在当时财政、经济十分困难的情况下，用全部财政预算支出的20%左右的经费发展教育。全国城乡开展了扫盲运动。到1921年普通学校的在校学生已超过了战前的人数。1925年高等学校在校学生为战前的

---

❶ 《列宁全集》2版第42卷，第196页。
❷ 《列宁全集》2版第43卷，第357—358页。
❸ 《列宁全集》2版第43卷，第305页。

131％，中等专业学校学生人数为战前的335％，科学研究工作也有很大发展。这对于以后的经济建设起了重大的促进作用。

基于对教育事业的重视，列宁特别注意提高教师的地位，改善教师的待遇。他批评在实际工作中没有做"主要的事情"，这就是"我们没有关心或远没有充分关心把国民教师的地位提到应有的高度，而不做到这一点，就谈不上任何文化，既谈不上无产阶级文化，甚至也谈不上资产阶级文化。"他认为，"应当把我国国民教师的地位提到在资产阶级社会里从来没有，也不可能有的高度"❶，包括政治地位和物质待遇。例如，只要粮食勉强够吃，就不要舍不得增加教师的面包配给额。同时，提高他们的思想素养，使之与他们的崇高称号相称，成为苏维埃制度的支柱。

与此同时，列宁也很注重发展、繁荣文学艺术事业和出版事业，在党和政府的领导和支持下，很快便恢复了"芭蕾舞、戏剧、歌剧"的演出，进行了"近代和现代绘画雕刻的展览"——"这一切都向国外的许多人证明了我们布尔什维克决不是外国原来想象的那种可怕的野蛮人。"关于如何发展文学、艺术事业，列宁也有许多深刻的见解和主张。首先，他认为，"艺术属于人民，它必须深深扎根于广大劳苦群众中间。它必须为群众所了解和爱好。它必须使群众的感情、思想和意志一致起来，并使他们得到提高。"这可以说是列宁关于发展文学、艺术的基本指导思想。其次，对于创作的原则，列宁赞同"每一个艺术家和每一个自以为是艺术家的人，都能够有权利按照他的理想来自由创作"，但国家"必须努力做到意识清醒地去领导这一发展，去形成和决定它的结果。"❷再次，列宁还向艺术家们提出了要深入民众、深入实际、深入生活的创作道路，希望他们在这条道路

---

❶ 《列宁全集》2版第43卷，第357、358页。

❷ 克拉拉·蔡特金：《回忆列宁》人民出版社1982年版第5卷，第65—66、8、7页。

上创作出真正新兴的、共产主义艺术。关于出版工作，他也是坚持精简机构、讲求实效、面向广大读者、提高质量的原则。他批评："一个国家出版总局的编制就大得不像话，而丝毫没有注意到国家首先要关心的不应是出版机构，而是有读书的人，有更多能阅读的人，使出版机构在未来的俄国有更大的政治影响。"❶ 并且要求把出版事业同普及教育、扫除文盲结合起来。

第二节 依靠科学技术和重视人才

科学技术是社会文明的重要方面，也是生产力的首要因素。对于科学技术和专家的作用，列宁极为重视。尤其在揭示科学技术和商品经济发展之间的相互作用上，列宁作过深刻的论述，然后把它运用到社会主义建设中。特别是如何把社会主义建设初期的商品—市场关系同科学技术、人才的作用联系起来，他作了多方面的探索。

一、科学技术与市场经济的互相推动

19世纪末，列宁就肯定了"技术飞跃进步这一不容怀疑的事实"。❷ 对当时的世界科学技术的进步作了这样的判断："自然科学进步神速，正处于各个领域都发生深刻的革命性变革的时期。"❸ 世界上科学技术之所以发展如此神速，同发达市场经济的机制有着不可分割的联系。

在他早年分析俄国资本主义国内市场的形成时，就特别突出了技术进步的作用，阐明了市场扩展同技术进步的密切关系。他说："技术进步是商品经济引起的；为了取得这种进步，业主必

---

❶ 《列宁全集》2版第43卷，第358页。
❷ 《列宁全集》2版第2卷，第230页。
❸ 《列宁全集》2版第43卷，第30页。

须有闲置的过剩的（对他的消费和生产资料的再生产而言）**货币资金。……这些资金完全来自资本。**"反过来说，技术进步又是市场扩展的支撑。他得出的一个结论是："资本主义生产创造了以往各个时代无法比拟的高度发展的技术。"或者说"在资本主义社会中，生产（因而还有'市场'）的增长或是靠消费品的增加，或是（这是主要的）靠技术进步，即靠机器劳动排挤手工劳动，因为 C 与 V 的比值的变化正表示手工劳动的作用的缩小。"❶可见，技术进步和市场经济是互相推动的，而市场经济造成扩大再生产的经济需要，则是科学技术发展的强大动力。

列宁对于商业性农业和大机器商品生产中的技术进步的巨大变革作了实证性分析，认为："资本主义生产所支配的国民经济各个部门，没有一个不曾发生这样完全的技术改良。"例如，在商业性农业区域中，"因市场需求而引起的技术改良"，推动各个环节的机械化，同时推动了农艺科学的进步。至于大机器工业的商品生产所造成的国内市场和国际市场，更是带来"巨大的技术进步"。在研究俄国市场的形成时，他最后作了两个比较：一是资本主义商品经济发展起来之后与中世纪比较，应当承认经济发展是十分迅速的；二是把市场经济不够发达的俄国同市场经济相当发达的欧美相比，即"与现代整个技术文化水平之下所能有的发展速度作比较，那就确实必须承认，俄国当前的资本主义发展是缓慢的。"❷那些封建的自然经济的残余阻碍了技术进步，阻碍了生产力的发展。这正是苦于商品经济的滞后。

他在研究资本主义商业性农业中，由于技术进步，大农排挤小农经济时，提出一个著名的观点："经济学家要永远向前看，向技术进步这方面看，否则他马上就会落后。"❸又说："科学

---

❶《列宁全集》2版第1卷，第433、68页。

❷《列宁全集》2版第3卷，第549、235、552页。

❸《列宁全集》2版第5卷，第120页。

和技术每前进一步，都必不可免地、毫不留情地破坏资本主义社会内的小生产的基础，而社会主义经济学的任务是研究这一过程所表现的往往是错综复杂的一切形式"，证明在资本主义制度下是无出路的。❶ 列宁在研究世界资本主义发展时，非常关注科学技术的发展。他作了大量的笔记，如1904年秋，对《手工劳动和机器劳动》一书作了摘录，并写道："指出下面这点非常重要：为了**十分准确地**比较各种生产系统的技术水平，必须**按照工序加以分解**。这是唯一科学的方法。如采用在农业上，收获该有多大！"❷ 1913年5月，他写了一篇专文《一个伟大的技术胜利》，就英国化学家威廉·拉姆赛发明从煤层中直接提取煤气发表了评论，高兴地说："现代技术的一个重大课题就快要得到解决了。这个课题的解决所能引起的变革将是巨大的。""拉姆赛的发明是在这个可以说是资本主义国家最重要的生产部门中的一次巨大的技术革命。"当然，这样的科学技术重大成果只能为资本家所用，使利润流入他们的腰包。但是，"资本主义技术的发展，将愈来愈**超越**那些必然使劳动者处于雇佣奴隶地位的社会条件。"如果为社会主义所用，那就会为劳动人民谋福利。❸

他在专门研究发达资本主义市场经济（即帝国主义）时，对于科学技术上的进步更加关注："生产的社会化有了巨大进步。就连技术发明和技术改进的过程也社会化了。"一方面他分析了垄断对技术进步的阻碍作用，另一方面又指出生产的高度集中和激烈的市场竞争对一些部门的技术进步的推动，特别是对科学技术投入的增加（包括军事上的应用），使其发明和推广的进程进一步加快了。他在1914年3月所写的《泰罗制就是用机器奴役人》一文中说道："资本主义不可能有一分钟原地不动。它必须

---

❶ 参见《列宁全集》2版第17卷，第15页。

❷ 《列宁全集》2版第56卷，第391页。

❸ 参见《列宁全集》2版第23卷，第93—94页。

前进再前进。危机时期特别尖锐化的竞争（同我国的一样），迫使不断发明新手段来降低生产费用，而资本的统治则把所有这些新手段变成进一步压榨工人的工具。"❶这实际上就是资本主义商品经济发展科学技术的压力和动力。后来，他在《给美国工人的信》中说道："资产阶级的文明已经结出了累累硕果。美国就人的联合劳动的生产力发展水平来说，就应用机器和一切最新技术奇迹来说，都在自由文明的国家中间占第一位。同时美国也成了贫富最悬殊的国家之一。"❷在取得政权之后，他着重强调的是学习和掌握资本主义国家的科学技术。

二、在社会主义建设初期商品—市场关系中更加注重科学技术的事业

列宁晚年，他继续坚持十月革命前后提出的利用专家和技术、发展科学技术的观点和政策。他所倡导的"文化"工作、"文化革命"，就包括了利用和发展科技事业。他说："做到人人识字，并且决不满足于这一点，无论如何要继续前进并学会欧美科学中一切真正有价值的东西——这就是我们头等的最主要的任务。"❸

首先，他认为，开放市场发展流转的"特别重要"的作用，就在于"为实现伟大的电气化计划奠定基础"。❹这就是改用新的形式和方法去完成人类积累的用最新的科学技术武装各经济部门的计划。由于市场关系提高了农民经营的积极性，可以从各个方面充分发挥农民的智慧，来为完成电气化计划服务。有趣的是列宁竟然想到利用战争中的被俘农民推进技术的应用。1921年6

---

❶ 《列宁全集》2版第24卷，第398页。
❷ 《列宁全集》2版第35卷，第47—48页。
❸ 《列宁全集》2版第43卷，第209页。
❹ 《列宁全集》2版第41卷，第260页。

月，在谈到电气化计划实施情况时，他说道："不论这个开端对我们这个大国来说多么微不足道，但毕竟有了一个开端，工作已经做起来了，而且做得愈来愈好。俄国农民经过帝国主义战争，经过上百万人在德国当俘虏时对现代先进技术的了解，经过三年内战的艰苦锻炼，已经不是旧日的农民了。他们一月比一月更清楚更明白地看到，只有由无产阶级领导，才能使广大小农摆脱资本的奴役，走向社会主义。"❶

与此相关的是同提高群众的文化水平相结合普及科技知识，当时主要是普及有关电气化的知识和技能。只懂得什么是电还不够，还应该懂得怎样在技术上把电应用到工农业上去，应用到工农业的各个部门中去。所以，要实现这一任务，就需要有更高的文化和教育。全俄苏维埃九大作出决议，要求普遍举办普及电气化知识的讲座、培训班，向农民介绍科技知识，发挥农民的首创精神，没有电站的县尽快办起电站。列宁要求在所有的学校里都要设置有关电气化知识的课程，请有关专家和技术人员讲授。1922年春，当斯捷潘诺夫撰写的《俄罗斯联邦电气化与世界经济的过渡阶段》一书出版时，他亲自写序，认为这是给普通工人农民所写的一本书，要做到每个图书馆、每个学校、每个电站都有这本书，举办普及电力知识的讲座，每一位国民教师都应当有这样一本"参考书"，每个地方都组织专业领导小组，以便给青年学生和农民讲解科学技术知识。"我们是贫困的和文化落后的人。这没有关系。但要认识到必须学习。要乐意学习。要清楚地懂得，工人和农民现在需要学习不是为了使地主和资本家得到'好处'和利润，而是为了改善自己的生活。"❷他提出，如果各地苏维埃不认真定期向全国苏维埃汇报执行电气化计划和关于普及电气化知识的情况，就解除他们的职务。

---

❶ 《列宁全集》2版第42卷，第8页。
❷ 《列宁全集》2版第43卷，第52页。

其次，引进国外的技术资料和技术设备。凡是能收集到的国外科技情报都要搜集，并争取利用一切渠道取得国外的技术援助。列宁指示："外文图书委员会应给自己确定的主要任务是：尽力使1914—1921年间国外出版的最新的科学技术（化学、物理学、电工学、医学、统计学、经济学等）杂志和书籍在莫斯科、彼得格勒和共和国各大城市的专业图书馆里都备有一份，并做到按时收到一切期刊。"❶这就是前面所讲过的利用国外市场促进本国科学技术的发展。

同时，加强科学技术的研究工作。1921年9月，他严厉批评："最高国民经济委员会科学技术局看来是在睡大觉。要么把它唤醒；要么真的把这些有学问的游手好闲之徒撵走。必须明确规定由谁负责向我们清楚地、及时地、切合实际而不是例行公事式地介绍欧美的技术。特别是，在**最新式**的机器中**一切**最重要的机器，莫斯科都应当有一件，以便学习和教授。""再不要让最高国民经济委员会科学技术局和它在国外的大量懒汉们游手好闲了，否则**我们就用别的人代替他们**。"❷他要求国家计划委员会成为高级技术专家委员会，不但负责重大计划项目的技术评定，而且指导科学技术工作。这一思想，正是1918年4月列宁专门撰写的《科学技术工作计划草案》的继续，即"成立一系列由专家组成的委员会，以便尽快制定俄国的工业改造和经济发展计划。"那时特别强调了"对俄国自然生产力进行系统的研究和调查。"❸接着，便是在反对武装干涉的战争中制定电气化的伟大工程，实际上也是一项十分重大的研究课题和成果。以后，每当出现一项新的科学技术成果，他都表示赞赏、关注，例如电力犁、风力发动机、辗路机、泥炭开采的新方法等，他都写信、去

---

❶ 《列宁全集》2版第51卷，第385页。
❷ 《列宁全集》2版第51卷，第274页。
❸ 《列宁全集》2版第34卷，第212页。

电祝贺、支持。仅就支持无线电实验室的研究工作，他就多次写信、批文、签署文件，他形象地称无线电广播为不要纸张不要电线的报纸，亲自为这项实验拨款。他认为，"在完成组织无线电话通信事业上，在生产完全适用的扬声器上，绝对不要吝惜资金。"❶1922年10月，他就地质学家（后为科学院院士）古布金为首的一批工程师所取得的科研成就，写信给最高国民经济委员会主席团，赞扬他们"以近乎英勇无畏的顽强精神，在国家机关微不足道的支持下，白手起家，不仅对页岩和腐殖泥作了详尽的科学研究，而且学会了以这些矿物实际制造各种有用的产品，例如鱼石脂、黑漆、各种肥皂、石蜡、硫酸铵等。……这些工作是工业的坚实基础，一二十年后会使俄国得到几亿卢布的收益。"他建议在经费上给以支持、消除工作中的一切障碍、给这批工程师以劳动勋章和大笔奖金。❷列宁坚持的一个基本观点，就是科学技术是工业的坚实基础，也是整个国民经济各部门的坚实基础。

三、充分发挥专家的作用，培养和选拔人才

注重文化和科学技术，同尊重人才、发挥专家的作用是分不开的。从十月革命胜利后不久，到实行新经济政策之前，党内争论的一个突出问题就是如何认识和对待专家。那时一直称他们是资产阶级专家，列宁认为他们的作用不可缺少，给他们高薪是一个"妥协""赎买"。转入新经济政策，列宁的提法有了变化，主要表现在三点上：（1）较少地使用资产阶级专家的提法，也改变了"妥协"之类的字眼。列宁在回顾这一段认识上的变化时，认为"妥协"乃是1918年"当时所用的字眼"；❸（2）提

---

❶ 《列宁全集》2版第43卷，第192页。
❷ 《列宁全集》2版第43卷，第224页。
❸ 《列宁全集》2版第42卷，第221页。

出专家是社会主义时期的一个"特殊的社会阶层";(3)明确地提出专家也实行"同个人利益相结合"的原则。就是说,越来越进入正常的阶段,并且突出了商品经济中的分配原则,而不是像前几年那样视为非正常的特殊问题。

列宁的最重要论述是在《关于工会在新经济政策条件下的作用和任务的提纲草案》中的《工会与专家》一节。他说:"我们一切领导机关,无论是共产党、苏维埃政权还是工会,如果不能做到像爱护眼珠那样爱护一切勤恳工作、精通和热爱本行业务的专家(尽管他们在思想上同共产主义完全格格不入),那么社会主义建设事业就不可能取得任何重大的成就。在没有达到共产主义社会最高发展阶段以前,专家始终是一个特殊的社会阶层,我们应该使专家这个特殊的社会阶层在社会主义制度下比在资本主义制度下生活得更好,不仅在物质上和权利上如此,而且在同工农的同志合作方面以及在思想方面也如此,也就是说,使他们能从自己的工作中得到满足,能意识到自己的工作不再受资本家阶级私利左右而有益于社会。"❶ 接着,全俄苏维埃九大通过决议,对各级政府提出:"更坚持不懈地吸收专家参加经济建设工作是绝对必要的。所谓专家是指科学技术人员以及那些在经营商业、组织大企业、监督经济业务等方面具有实际工作经验和知识的人员。俄罗斯联邦的中央机关和地方机关都应经常关心改善专家的生活待遇,关心由他们指导的培训广大工人农民的工作。"❷ 列宁说明了专家在社会主义经济中的重要性、社会地位、应享受待遇和本人应持有的价值观。联系到全文,这个问题的提法同新经济政策也有着密切的联系。

"特殊的社会阶层",突出了专家在社会经济发展中的特殊作用和地位。一是肯定了在经济发展,特别是面向国内外市场

---

❶ 《列宁全集》2版第42卷,第374页。

❷ 《列宁全集》2版第42卷,第361页。

经济的条件下属于高层次脑力劳动的科学技术和管理的特殊重要性，这就从一般劳动（主要是体力劳动）中单独划分出来。如果没有从事这种高级精神生产和脑力劳动的专家，那就会在整个市场上吃败仗，"社会主义建设事业就不可能取得任何重大的成就。"联系到列宁在另一处所讲的科学的神速发展，看来他已经洞察到以科学技术为主要支撑的高层次竞争。所以，从具体的先进技术采用到科学理论的推进，从微观上的企业管理到宏观上的国家计划，他都强调充分发挥专家的作用。他对南方钢铁托拉斯指示，要求经营管理专家指导；他要求国家计划委员会成为专家委员会，包括请金融专家研究币制改革和货币流通。可见，无处不需要专家的指导，而不满足于低层次的简单脑力劳动。二是不再过多强调他们属于资产阶级范畴，不再视为"赎买"的对象，但要帮助他们提高觉悟、改造思想、转变作风，同工农打成一片。这个变化，同客观形势有关，也同列宁本人的认识转变有关，是新经济政策的应有之义。

"困难在于如何同个人利益结合。必须使每个专家也从生产的发展中得到好处。"❶ 这也是一个新的提法。以前，从 1918 年春天开始，主要是围绕给专家高薪待遇问题，列宁认为这样做既违背了巴黎公社原则，又因需要不得不为之。那时，他提出："应当解决一项新的困难的却最能收效的任务，即把这些剥削阶级分子所积累的全部经验和知识同广大劳动群众的首创精神、毅力和工作结合起来，因为只有这种结合才能架设起从资本主义旧社会通往社会主义新社会的桥梁。"❷ 现在的提法变了，一不把他们划入"剥削阶级分子"之列，二不完全是单独提出给以特殊高薪，而是在增加生产中"同个人利益结合"。列宁在报告提纲中是这样写的："'同个人利益结合'……农民、工人、专家，

---

❶ 《列宁全集》2版第42卷，第190页。

❷ 《列宁全集》2版第34卷，第129页。

在如何对待他们方面干了很多蠢事。"❶ 这是把专家同农民、工人并列,实行同一个分配原则,但不是平均的。这就意味着承认专家劳动所创造的高得多的价值,给以更高的物质待遇是使他们"从生产的发展中得到好处",与经济效益联系起来,从而纳入了社会主义分配的体系。仔细思索,列宁的这一认识和政策可以说与市场经济的要求相吻合,也同社会主义商品经济相结合的按劳分配原则相吻合。应当说,达到这样的认识和他长期深入研究商品经济特别是发达商品经济有着密切联系。

的确,在当时的条件下提出让专家群"在社会主义制度下比资本主义制度下生活得更好"是很不容易的,表现了列宁高屋建瓴、远见卓识。他出于社会主义国家的利益需要,实际上是同资本主义国家争夺人才、争夺专家、争夺科学技术竞争的制高点。以大科学家巴甫洛夫为例,1920年11月瑞典以红十字总会的名义要他去瑞典,说"那里可以为他从事自己伟大的研究工作提供良好的和安静的环境",还说是诺贝尔基金会的主意。列宁专为此事数次写了信件和文章,强调给以优待,1921年1月25日他亲自起草了《人民委员会关于保证伊·彼·巴甫洛夫院士及其助手从事科学工作的条件的决定》,高度赞扬了他"在科学上作出了对全世界劳动者具有重大意义的十分杰出的贡献",责成政府有关部门给予各方面提供良好条件,出版他的著作精装本,给予他和家属以双份口粮,其住宅归他终生所有,并给他的住宅和实验室安装最好的设备。❷1921年2月2日,列宁致函瑞典红十字总会,谢绝了他们的请求,明确指出:"苏维埃共和国现在已进入紧张的经济建设时期,这就要求调动国内一切精神力量和创造力量,而且必须得到像巴甫洛夫教授这样杰出的科学家的有效的协助和合作。"战争时期由于西欧列强的封锁,科学研究的条件

---

❶ 《列宁全集》2版第42卷,第497页。

❷ 《列宁全集》2版第40卷,第261—262页。

以及同外国交流科学成果的机会受到限制。而现在战争停止了，"同西欧各国的相互联系正在逐步地、稳固地重新建立起来，因此有希望为发展和利用俄国的学术成果创造必要的条件。"❶正是由于创造了良好环境，巴甫洛夫才进一步研究了他创立的高级神经活动学说（特别是"条件反射"），对医学、生理乃至哲学等领域都产生了很大影响。

对于不执行知识分子政策而造成严重后果的事件，列宁亲自指示严加处理。例如，1921年11月30日莫斯科自来水厂总工程师奥登博尔因领导者对其采取粗暴、挑剔和官僚主义的态度而自杀，更有甚者，顿巴斯社会化矿山的工人打死工程师，列宁十分气愤，指示有关部门必须严肃处理，亲自草拟了中央的决议，要求党政领导机关和工会"经常教育广大劳动群众同专家建立正确的相互关系，只有这样做才能收到真正重大的实际效果。"❷

列宁注意的不只是个别的优秀专家，还非常重视发挥专家群体的作用。例如，为了使电气化计划进一步具体化并解决实施中的问题，在列宁的提议下于1921年10月专门召开全俄电气技术人员第八次代表大会，与会1300多名代表和来宾来自102个城市，听取了200多篇科研报告。列宁给予高度评价：该会的报告"提供了极其重要而丰富的材料，即俄国最优秀的科学技术人员对恢复我国大工业的计划的审查意见。这个计划是唯一经过科学审查的计划"，它是"经过工程师和农艺师的集体思考提出来的"，"在俄国全体电气技术人员以及全世界许多优秀的先进学者的帮助下，通过工人和劳动农民的先锋队的英勇奋斗……我们一定能使我国电气化。"❸在科学技术问题上，列宁的观点，就是依靠专家，依靠科学技术人员的集体创造。这也就抓住了世界

---

❶ 《列宁全集》2版第50卷，第502—503页。

❷ 《列宁全集》2版第42卷，第375页。

❸ 《列宁全集》2版第42卷，第342、159—160页。

科技竞争的特点。

列宁不但尊重、爱护像专家这样的高级人才，而且向全党号召普遍重视、发现、培养、选拔各个层次、各种专业的人才。转入新经济政策之始，他就指出"挑选和提拔人才"，要求扩大经济建设人员的队伍。他说："在资本主义制度下，各个企业的'主人'都想方设法——瞒着别人并且阻挠别人——物色精明的职员、经理和厂长；他们为此奔忙了几十年，可是只有少数几个办得最好的'公司'才获得了良好的结果。现在是工农国家做了'主人'它就应当广泛地、有计划有步骤地并且公开地挑选最优秀的经济建设人员，挑选专业的和一般的、地方的和全国的行政管理人员和组织人员。"❶ 他以资本家物色经营管理人员作比较，就意味着也要借鉴他们人才竞争的经验，广征人才。在俄共（布）十一大（1922年3月），他又强调："全部工作的关键在于挑选人才和检查执行情况。"❷ 同时，要求"在最短期间从工人农民中培养出各方面的专家"，这是"教育人民委员部在新时期的任务"。❸ 俄共（布）决议多次提出加强工业中的技术力量、吸收专家参加工作和大量培养各种专业人才的问题。直到列宁最后一篇文章，还告诉全党，要注重发现、挑选"具有真正现代素质的人才，即同西欧优秀人才相比并不逊色的人才。"❹

在列宁看来，尊重知识、尊重科学和尊重人才是不可分割的两个方面。尤其是在国内外市场激烈竞争的条件下，要更加注重人才的培养、挑选和使用，充分发挥人才的作用。用现在的观点看，在市场经济条件下人才是一种比其他资源更为重要的资源。

---

❶ 《列宁全集》2版第41卷，第383、272页。
❷ 《列宁全集》2版第43卷，第110页。
❸ 《列宁全集》2版第42卷，第362页。
❹ 《列宁全集》2版第43卷，第378页。

第三节　加强和改进思想政治教育

在苏俄的市场关系得到一定的恢复和发展的同时，列宁非常关注思想政治教育。1921年10月17日，他专门作了《新经济政策和政治教育委员会的任务》的重要报告，系统阐述了加强政治教育与实行新经济政策的一系列关系。按照列宁的观点，加强和改善思想政治教育工作，用先进思想武装群众，是社会主义经济本身的要求，在市场关系成为主要经济形式的条件下尤为重要。他在论述新经济政策的内容、任务和经营商业的要求之后，接着说："必须使群众都深刻认识到这一点，不仅是认识，还要使他们把这种认识付诸实现。我认为政治教育总委员会的任务就是由此产生的。"如果人民理解了面临的经济任务和以往的教训，"那我们动手建立大工业就会迅速得多，早得多。"❶

一、结合经济任务进行思想政治教育

社会主义经济建立在生产资料公有制为主体基础上，劳动群众是国家和企业的主人，社会主义建设完全靠广大劳动者的自觉行动。"只有我们正确地表达人民的想法，我们才能管理。"❷既不能脱离经济现状过高地要求群众的觉悟，也不能完全依赖群众的自发性，而必须结合经济任务进行教育，提高他们的觉悟，使他们意识到共同的利益，只有这样才能进行管理。政治任务、政治思想工作决定于经济基础，又反作用于经济基础，集中反映经济发展的要求，为经济发展开辟道路，保证经济建设顺利进行。列宁说："政治教育的成果只能用经济状况的改善来衡量。我们不仅需要消灭文盲，消灭靠文盲这块土壤滋养的贪污受贿行为，

---

❶ 《列宁全集》2版第42卷，第194页。

❷ 《列宁全集》2版第43卷，第109页。

而且应该使我们的宣传、我们实行的领导、我们的小册子真正为人民所接受,并且使这些工作的成果体现在国民经济的改善上。"❶

列宁批评有些共产党员,依恃执政党的地位,骄傲自大、自吹自擂,不善于作思想政治工作。这同新经济政策的要求是完全不相适应的。列宁提出共产党员"要学会进行政治教育,这就是问题的所在,可是我们还没有学会,而且我们还没有正确解决这个问题的办法。"❷ 所谓正确的办法,就是要紧密地和经济工作结合起来,深入浅出地宣传党的方针政策和任务,让群众认识共同的利益,并且团结起来为之奋斗。正像列宁所说的那样,"整个宣传工作应该建立在经济建设的政治经验之上","应该首先把群众同国家经济生活的建设联系起来",❸ 从而真正能够促使国民经济得到改善。不能脱离经济工作、脱离群众的利益、脱离实际情况,讲一些漫无边际的"共产主义"空话。列宁把空洞宣言、声明之类的东西称之为"陈旧的方法",主张应当用生动的事实教育群众,用经济建设的成果、先进的人物和事迹激励群众,树立新的社会风尚,焕发劳动者的主人翁精神。列宁还特别强调"革命热情"的作用:"不能直接凭热情,而要借助于伟大革命所产生的热情。"❹ 这就是把物质利益、个人责任同革命精神和热情有机地结合起来。

列宁还认为,对思想领域中的资产阶级、封建贵族以及小资产阶级的影响不可低估。"作为资本主义残余和小生产的上层建筑的政治影响,必然会在工会中相当稳固地存在,在一个农民占极大优势的国家里尤其如此。"共产党和领导文化教育工作的苏维埃机关以及工会中的全体共产党员,都应当更加重视同工会中

---

❶ 《列宁全集》2版第42卷,第201页。
❷ 《列宁全集》2版第42卷,第199页。
❸ 《列宁全集》2版第39卷,第407、408页。
❹ 《列宁全集》2版第42卷,第176页。

的小资产阶级的影响、思潮和倾向进行思想斗争，尤其是在新经济政策不能不在某种程度上加强资本主义的时候。❶

意识形态有相对的独立性，旧思想影响并不会随着经济关系的改变就立即消灭，它还会以各种形式影响人们的精神。放弃或削弱对旧思想的斗争，就会瓦解社会主义的经济基础，犯极大的错误，在市场经济条件下更是如此。

二、同严格管理相辅相成的说服教育

列宁强调在经济建设中严格管理，同时，非常重视思想教育工作。这与他关于社会主义制度下非对抗性的矛盾关系的看法有着直接的联系。他认为，在社会主义社会对抗消灭了，矛盾还会存在。《工会在新经济政策的作用和任务》一文，对当时工人阶级内部及外部的矛盾进行了具体的分析，其中有一节的标题就是："在无产阶级专政下工会处境的矛盾"。他在分析了新经济政策的特点，社会主义、国家资本主义和私人资本主义三种企业之间的关系，实行经济核算制的国营企业同国家的关系，工会与国家机关的关系之后，写道："工会各项任务之间的许多矛盾是从上述全部问题中产生的。"就是说，由于部分利益不同、认识不同以及旧的上层建筑的影响，社会主义条件下工人阶级内部仍然会有矛盾，例如，国家资本主义和私人资本主义企业中，必然存在工人阶级和资本家的矛盾；由于实行经济核算，在国营企业里可能产生企业行政人员和工人的对立；由于官僚主义存在和工人政治上、文化上不开展，容易发生工人阶级的个别部分与工人国家的个别机关之间的摩擦和冲突；其他还有工人与专家的矛盾，工会同企业行政机构的矛盾，工会与落后工人之间的矛盾等。为此，"一方面，工会的主要工作方法是说服教育；另一方面，工会既然是国家政权的参加者，就不能拒绝参加强制。一方

---

❶ 《列宁全集》2版第42卷，第375—376页。

面，工会的主要任务是维护劳动群众的利益，而且是最直接最切身这种意义上的利益；另一方面，工会既然是国家政权的参加者和整个国民经济的建设者，就不能拒绝实行压制。一方面，工会应当按照军事方式来工作，因为无产阶级专政是一场最残酷、最顽强、最激烈的阶级战争；另一方面，正是工会最不宜采用专门适合军事的工作方法。一方面，工会要善于适应群众，适应群众当时的水平；另一方面，工会又决不应当姑息群众的偏见和落后，而要坚持不懈地提高他们的水平，如此等等。这些矛盾不是偶然的，而且不是在几十年的时间内所能消除的。因为……只要资本主义和小生产的残余还存在，在整个社会制度中这些残余和社会主义幼芽之间的矛盾就不可避免。"❶

在此基础上，列宁得出两条结论，第一，要进行有效的思想教育工作；第二，要有一个能够解决矛盾冲突的权威机关，加强党的领导作用。这对我们现在也有重要的启示，即不要因为利用市场、发展商品、贯彻物质利益原则，就否定或削弱思想教育工作。恰恰相反，必须通过经常的有效的思想政治工作，正确地解决这些内部的矛盾，用共产主义精神教育劳动者，摆正长远利益和目前利益的关系，团结一致为完成经济建设任务而奋斗。

当然，在经济管理中经济的和行政的强制手段是不可缺少的，列宁强调必须采用恰如其分的强制手段，不能软弱无力。但同时指出，强制手段和说服工作是相辅相成的。"只有当我们善于先把强制建立在说服的基础上的时候，我们才能正确而有效地实行强制。"❷ 在实行新经济政策中，应当"说服与强制""既按照军事方式，又不按照军事方式""善于把说服与强制结合起来"。❸ 社会主义的劳动纪律带有强制性，但它既不是"棍棒纪

---

❶ 《列宁全集》2版第42卷，第372—373页。

❷ 《列宁全集》2版第40卷，第213页。

❸ 《列宁全集》2版第42卷，第525、526页。

律",也不是"饥饿纪律",而是自觉纪律,建立在自觉基础上的强制。因此,决不可偏废一方,而思想政治教育应当放在领先的地位。

三、坚持不懈地进行道德教育和无神论的宣传

经济关系是道德的基础。列宁在研究经济理论(包括商品经济理论)的同时,也论述了马克思主义的伦理观。例如,他早年用马克思主义的伦理观批判了道德上的主观主义;十月革命后,提出和解答了社会主义道德如何为经济建设提供精神动力等重大问题;尤其值得称道的是,他第一次提出了"共产主义道德"的科学概念,又提出了培养共产主义新人的战略。在马克思主义伦理思想史上,列宁的伦理理论是一个重要的发展阶段。

在新经济政策时期,他继续倡导社会主义—共产主义道德。这时的新特点表现在三个方面。

一是适应现行的政策区分不同的层次,对共产党员尤其是共产党的领导干部要求按共产主义道德标准自律,对整个社会起表率作用;对普通群众则进行爱国主义、遵守纪律和公德的教育,但决不能"马上把纯粹的和狭义的共产主义思想带到农村去",这样做是"有害的""致命的"。❶

二是强调"结合",即高尚的道德与物质利益结合,个人利益和国家、集体利益结合,既能把现行的政策同提倡的精神适当区别开来,又能恰如其分地加以联系。

三是从事经济工作的干部把经商的本领与革命精神统一起来,既要学会"按欧洲方式做买卖",又要忠于社会主义事业;既要"和狼在一起,就要学狼叫",又能保持无产阶级优秀品德;既要克服因循守旧的保守观念,又要坚持共产主义的革命信念。

---

❶ 参见《列宁全集》2版第43卷,第359页。

与此同时，还要求对广大群众开展无神论的教育。因为在一个经济文化落后的国家，封建迷信思想是相当严重的，而市场放开以后，形形色色的有神论会借机披着各种各样的外衣散布开来。为此，他在1922年3月专门写了一篇哲学名著《论战斗唯物主义的意义》，他要求宣传工作担负起宣传唯物主义和马克思主义的任务，同自然科学结成联盟，运用科学知识批判唯心主义的流派及其影响，"不倦地进行无神论的宣传和斗争""善于唤起最落后的群众自觉地对待宗教问题，自觉地批判宗教"，并且要抵制外国的反动宣传，❶摆脱愚昧无知的境地。

在今天来看，列宁虽然没有像我们今天这样倡导社会主义精神文明建设，但他所讲的"文化革命""文化建设"实质上也讲的是社会主义建设初期市场关系下的精神文明的基本内容。按照他的思路，越是存在市场关系，越要突出文化建设和政治思想工作。对于科学技术和人才的重视程度，也表现了他的远见卓识。这就给我们一个重要启迪：在社会主义市场经济条件下，一定要处理好物质文明和精神文明的关系，有效地抑制市场关系的负面效应，更健康地发挥它的积极作用，保证社会主义的根本方向。

---

❶ 参见《列宁全集》2版第43卷，第25、26页。

跋

本书在作了系统研究列宁的商品经济理论的尝试之后，也想为经济科学提出进一步求索的问题。

（一）构建从马克思到邓小平的马克思主义政治经济学体系，重点是社会主义经济学体系。

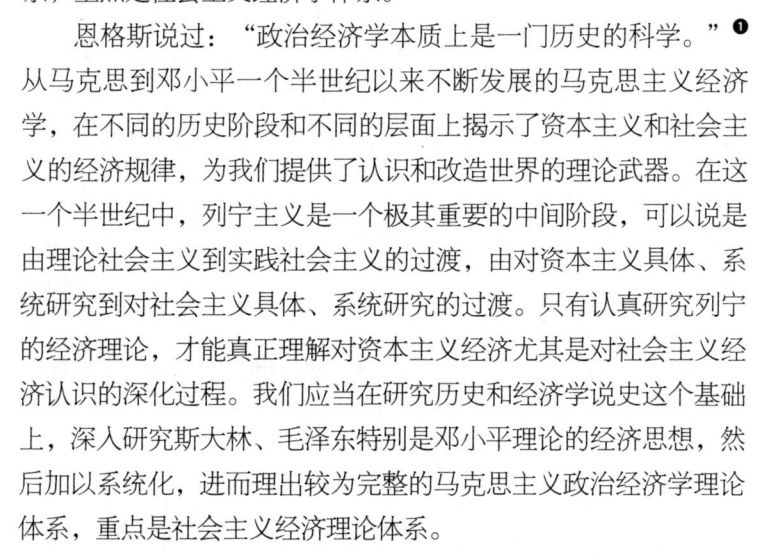

恩格斯说过："政治经济学本质上是一门历史的科学。"❶ 从马克思到邓小平一个半世纪以来不断发展的马克思主义经济学，在不同的历史阶段和不同的层面上揭示了资本主义和社会主义的经济规律，为我们提供了认识和改造世界的理论武器。在这一个半世纪中，列宁主义是一个极其重要的中间阶段，可以说是由理论社会主义到实践社会主义的过渡，由对资本主义具体、系统研究到对社会主义具体、系统研究的过渡。只有认真研究列宁的经济理论，才能真正理解对资本主义经济尤其是对社会主义经济认识的深化过程。我们应当在研究历史和经济学说史这个基础上，深入研究斯大林、毛泽东特别是邓小平理论的经济思想，然后加以系统化，进而理出较为完整的马克思主义政治经济学理论体系，重点是社会主义经济理论体系。

（二）按照邓小平的思路汲取列宁商品经济理论的精华，作为研究建设中国特色社会主义特别是社会主义市场经济和社会主义初级阶段的理论借鉴。

马克思说："人体解剖对于猴体解剖是一把钥匙。"❷ 站在

---

❶ 《马克思恩格斯选集》1995年版第3卷，第489页。

❷ 《马克思恩格斯选集》1995年版第2卷，第23页。

当今历史的认识高度去研究以往的理论成果和历史经验，也许可能看得更清楚一些，反过头来又会进一步加深对今天的理论和现实的理解。有鉴于此，我们要汲取列宁"思路"的精华，应当把它放在整个社会主义发展史特别是苏联兴衰史的大背景里去考察。

纵观1917—1991年苏联74年的历史，大体有三种思路。先是列宁新经济政策的思路（当然有转变过程），直到1928年终止；继而是斯大林的思路，以"左"的僵化为特征，实行高度集中的计划经济体制和力求纯粹的公有制，大约维持到80年代初；最后是越走越右的思路（从思想上说，1956年赫鲁晓夫就开始了），终于走向私有化，导致苏联解体。后两种思路在经济理论上有一个共同点，都是没有处理好社会主义与商品经济的关系，从排斥的极端（虽然斯大林仅承认局部的商品生产）一下子跳到旧式市场经济的极端，两者都认定商品—市场经济与社会主义制度无法兼容，只能与私有制结合。唯有列宁，第一个勇敢地探索了社会主义建设初期同商品—市场关系的结合途径和形式。在今天看来，伟大的马克思主义者列宁确有高屋建瓴的理论勇气和超越凡人的远见卓识。

自然，列宁的"思路"不是一时激动的产物，乃是他长期对商品经济深邃研究的继续和实践探索的成果。倘若没有他前期对俄国资本主义商品经济的透彻研究（当时的马克思主义者包括普列汉诺夫那样的大家，所缺少的正是这一课），倘若没有他中期对世界发达资本主义商品经济的精辟分析，那就不可能有他后期借鉴资本主义、利用商品—市场关系发展生产力的思路。虽然中间有过痛苦的转变过程（直到逝世也没有最终完成），但他早期、中期同晚年的商品经济的基本思路是一脉相通的。所以，应当把他早期、中期的研究视为新经济政策思路的两个准备阶段。而我们的研究必须尽可能发掘、厘清三个时期相通的脉络（个别论述也有矛盾之处，这是任何思想家难以避免的），以整理出它自身的理论体系。

那么，列宁的新经济政策思路（并且联系早中期研究），从哪些方面初步探索了社会主义制度和市场经济的结合点呢？如果撇开当时的表述方式和枝节问题，进一步引申理解，似应概括为以下9点：（1）商品经济的机制有利于生产力的发展，此为立足点；（2）商品经济的基础是生产社会化，这是它同公有制相通的基本因素；（3）把社会主义制度实质性的东西和可以利用的发达资本主义的形式、方法、手段区别开来，把市场关系引入社会主义建设中来，这符合社会经济发展的自然历史过程；（4）对一向认定的商品经济的基础私有制（特别是资本主义所有制）以及与此相关的"私人劳动"的理论加以扬弃，抓住利益关系，提出"同个人利益结合和个人负责原则"以及国家利益、集体利益同私人利益、私人买卖利益相结合，由此找到了商品经济与公有制最重要的结合点；（5）根据生产力发展水平和劳动人民的意愿调整所有制结构，形成以公有制占支配地位，包括个体经济、小型资本主义和外国资本主义在内的多种所有制结构，并利用国家资本主义加以调节和引导；（6）公有制采取适应市场关系的多种形式，如国营企业实行商业原则及其多种组织形式和经营形式，大力发展合作社等；（7）宏观上探寻计划与市场相结合的形式，利用金融，掌握流通，通过经济杠杆和法律手段以及相应的行政手段，抑制和弥补商品—市场关系的缺陷；（8）大力发展对外经济，利用国际资本和世界市场发展自己，同时要切断和抑制国内资本主义成分与国际资本的直接联系，保持经济上的独立性；（9）充分利用上层建筑的保证作用，尤其要强化法制的作用，改革国家机构，加强党的自我教育和自我建设，加强政治思想教育，反对贪污受贿和防止蜕化，同时注重文化教育事业和依靠科学技术。以上9点虽然处于萌芽状态，但其基本精神却是十分宝贵的，对我国社会主义初级阶段更有启迪作用。

（三）实事求是地分析列宁认识上的局限性，进而科学地研究邓小平理论对它的丰富和发展。

由于列宁逝世过早，受实践活动和时代的局限，不仅列宁新经济政策的思路未能充分展开，而且包括对发达资本主义商品经济的分析，在今天看来也有一些不足之处。我们既不能苛求于前人，也不能不认识当时的局限性。如若用今天社会主义市场经济理论同列宁的认识比较，可以说那时的许多论点尚处于萌芽阶段。从一定意义上说，列宁当时一方面摸索前进的路子，一方面清理自己的观念。他既然不是神，自然也会受许多传统理论观念的束缚，妨碍他作出明确的表述，甚至有的认识还有反复，直到临终也没有提出社会主义商品经济的科学范畴。至于社会主义建设初期市场关系中许多概念、问题，有的没有说透，有的还没有认识清楚。所以，不能用今天的尺度去要求当年的列宁。

我们现在系统地研究列宁的商品经济理论，主要还是掌握他的基本观点和基本方法，揭示他不断深化的认识过程，用作解放思想、继续探索的理论武器，引为驾驭社会主义市场经济的借鉴。更为重要的是，只有把握了列宁的经济理论体系，才能真正科学地总结以后苏联的历史教训，才能深刻理解毛泽东思想，特别是当代中国的马克思主义——邓小平理论，从历史的高度和理论的深度弄清什么是社会主义和怎样建设社会主义，领会社会主义市场经济的必然性和运作原理，使社会主义大业更加兴旺发达。

如果说上一个世纪之交是列宁系统研究商品经济之始，那么，现在的世纪之交则是我们系统研究列宁商品经济理论之机。历史提出任务，同时赋予优势。本书的阐释不过是试图拓出一条小径，供大家讨论、指正，企盼研究继续深入。

最后，需要说明的是，本书系国家社科规划"八五""九五"重点项目综合成果之一，凝聚了作者 20 多年的心血。这里，要感谢 20 世纪 80 年代初与作者合作并给予帮助的余大章同志，感谢中央编译局林基洲、顾锦屏、李兴耕、李洙泗、丁世俊、刘彦章、杨祝华、岑鼎山、郑异凡、刘淑春、李永全等同志提供宝贵意见和许多资料。对于天津市出版局局长李树人同志、天津人民出版社社长李天麻同志和各位编辑同志的大力鼎助，表示衷心的谢意。此外，杨卫、阎恒、杨继、江园园、张洪等同志参与了本书稿校对和其他工作，一并致谢。

跋